金融精英卓越计划系列

终极创业指南

来自领先风投的营销策略、实战案例与有效建议

[美]汤姆·霍根 [美]卡萝尔·布罗德本特 著
（Tom Hogan） （Carol Broadbent）
隋钰冰 译

THE ULTIMATE START-UP GUIDE

MARKETING LESSONS, WAR STORIES, AND HARD-WON ADVICE FROM LEADING VENTURE CAPITALISTS AND ANGEL INVESTORS

中信出版集团·北京

图书在版编目（CIP）数据

终极创业指南：来自领先风投的营销策略、实战案例与有效建议 /（美）汤姆·霍根，（美）卡萝尔·布罗德本特著；隋钰冰译．-- 北京：中信出版社，2018.6

（金融精英卓越计划系列）

书名原文：The Ultimate Start-Up Guide：Marketing Lessons，War Stories，and Hard-Won Advice from Leading Venture Capitalists and Angel Investors

ISBN 978-7-5086-8781-0

Ⅰ．①终… Ⅱ．①汤… ②卡… ③隋… Ⅲ．①企业管理—指南 Ⅳ．① F272-62

中国版本图书馆 CIP 数据核字（2018）第 053977 号

终极创业指南
——来自领先风投的营销策略、实战案例与有效建议

著　　者：[美] 汤姆·霍根　[美] 卡萝尔·布罗德本特
译　　者：隋钰冰
出版发行：中信出版集团股份有限公司
（北京市朝阳区惠新东街甲 4 号富盛大厦 2 座　邮编　100029）
承 印 者：中国电影出版社印刷厂

开　　本：787×1092　1/16　　印　　张：17.5　　字　　数：180 千字
版　　次：2018 年 6 月第 1 版　　印　　次：2018 年 6 月第 1 次印刷
京权图字：01-2017-6694　　广告经营许可证：京朝工商广字第 0000 号
书　　号：ISBN 978-7-5086-8781-0
定　　价：52.00 元

致　谢

写书的一个好处就是为你提供了一次表达谢意的机会，感谢帮助我们让这一切成为可能的人。

硅谷和科技领域通常被指责太以自我为中心。但是，当开始着手撰写本书并知道需要在其中纳入客户和风投伙伴的想法与故事时，我们惊奇地发现，几乎每一位我们的受邀者都说："没问题，我们如何提供帮助呢？"随后，他们在自己的日程安排中腾出时间，并在接受采访之后又联系我们，告知我们他们临时产生的一些想法。我们非常感谢他们的参与和见解。

特别感谢以其创始人克劳德·奥切安（Crowded Ocean）的名字命名的Crowded Ocean公司的同人所提出的批判视角和额外投入。他们分别是安妮·詹泽尔（Anne Janzer）、维托·巴勒莫（Vito Palermo）、史蒂夫·巴洛夫（Steve Baloff）、詹妮弗·梅瓦尼（Jennifer Melwani）、瑞安·冯（Ryan Vong）和拉姆·古普塔（Ram Gupta）。

这里，要特别感谢的还有苏莫日志（Sumo Logic）公司及它的一位创始人克里斯琴·比德根（Christian Beedgen）。当设想本书用一系列连续的章节来阐述创业过程的一般步骤时，我们认为让读者将一家企业作为范例并追踪其发展的整个过程是最为有利的。苏莫日志公司是我们的首选，非常感谢克里斯琴欣然接受加入这个项目中。他与我们会面，分享苏莫日志公司的故事（包括成功与失败），审阅稿件，并为不同的专题提供来自商界的实例以完善本书的内容。

最后，我们还要感谢那些让我们的世界持续运转的人们。卡萝尔感谢她的女儿汉娜·菲尔茨（Hannah Fields），以及她最好的伙伴唐纳·施利姆（Donna Schlimm）和琼·达纳（Jean Dana）。汤姆感谢他生命中的四个女人：母亲佩姬·霍根（Peggy Hogan），妻子帕梅拉·皮尔逊（Pamela Pearson），以及两个女儿雷切尔·霍根（Rachel Hogan）和马娅·霍根（Maya Hogan）。

感谢大家。

目 录
〔CONTENTS〕

THE ULTIMATE
START-UP GUIDE

引 言

我们究竟如何定位自己

（汤姆的母亲）

佩姬·霍根

别人到底为什么要读你们两个人写的书呢？

（一番思索之后）

克劳德·奥切安

让我们来回答您的这个问题。

90%的创业企业在投入运营的两年内便会遭遇失败。当然，我们知道自己也曾是失败者之一。

和其他创业企业一样，Crowded Ocean公司初创时经历了失败。那时，我们拥有十分有趣的创意（在后面的章节中进行详细介绍），但是，却选择在2008年雷曼兄弟（Lehman Bros）公司倒闭的同一周开业，而雷曼兄弟这家具有全球影响力的投资银行的倒闭给市场带来了巨大的冲击。虽然我们坚持最初的创意继续经营了一年的时间，但没有获得任何机会。事实上，我们在第一年连一美元都没有赚到。让我们重复一遍：一美元都没有赚到。

但是，我们并没有退却，相反，我们对企业进行重组并进行了认真的观察——首先观察市场，其次观察自己。我们在白色书写板上写满了针对不同市场的不同想法。然后，在一个晚上，我们一边喝着办公室迷你冰箱里的啤酒，一边在白色书写板上的内容中寻求灵感和突破。我们回忆起担任营销副总裁的那些日子——卡萝尔曾担任阿斯贝克通信（Aspect Communications）公司和海湾网络（Bay Networks）公司的营销副总裁，汤姆曾担任卫特新（VitalSigns）公司和朗讯（Lucent）公司的营销副总裁——和当时寻找优秀的营销机构多么困难。当回想起与前同事的谈话时，我们清晰地发现，在随后的10年间，谈话的内容并没有发生太大变化，而他们现在已经成为首席营销官（Chief Marketing Officer，简写为CMO）。Crowded Ocean公司2.0版就此诞生。我们的想法很简单：既然在担任营销领导者时，我们和同行就十分渴望能够找到优秀的营销机构，那我们就应该创立这样的公司。

这个想法本身并不是独一无二的，也并不是那么引人注目——这意味着，我们需要完成一些与众不同的工作来保证自己不被当作“另外一家机构而已”。于是，我们决定从两个方面来突出自我：架构与目标。在架构方面，我们不采用大型实体机构的形式，这种形式往往拥有大量员工并需要支付庞杂的日常管理费（为此我们不得不向客户开列账单），相反，我们打算采用“虚拟”机构或“即时”机构的形式，这样的机构不需要员工。在目标方面，我们将着重关注市场中需求没有得到满足的群体：创业企业。我们的商业目标（我们不喜欢用“使命”这个词）非常明确：为创业企业建立终极营销机构。

服务6年时间和42家企业后，我们收到一些风险资本（venture capital，简写为VC）合作伙伴的邀请，希望我们能把获得的相关经验转化为可以分享给创业新手的东西。这些就是你现在手捧着的或在屏幕上所看到的内容。

在此，我们觉得有必要对书名做一简单说明：当使用“终极”这样的词作为开头时，很容易让人感觉你要么是在妄想，要么是有能力用“铁证”来支持它。我们希望自己是后者，当然，读者是裁判。

我们希望《终极创业指南》成为创业企业的创始人、未来的企业家及更多对创业活动感兴趣的人士的必备品——在这里，他们可以找到创立和培育企业的见解、案例和建议。

那么，让我们依次考察这三项内容——见解、案例和建议，其中也包括了前文所提到的“铁证”。

见 解

在经营的6年期间，Crowded Ocean公司与超过50家企业合作过，其中42家是创业企业（其余企业是已经成熟运作了若干年但希望“转向”新市场的企业）。

然而，那又怎么样呢？或许，这个数字（42）仅仅意味着平均每年有7位足够傻的首席执行官（CEO）雇用我们。因此，这里我们也展示一些其他数据。

- 创业企业有90%在成立的头两年中失败；而我们的客户中，有超过90%的企业于两年后仍然在持续经营。
- 有风险资本投资的企业有10%公开上市或被溢价收购；而我们有超过30%的客户获得了这样的成功。同时，其他企业的并购（merger and acquisition，简写为M&A）和首次公开上市（initial public offering，简写为IPO）也在酝酿之中。

我们喜欢这些数据，我们的客户和风险资本提供者也是如此。我们认为，与这些企业进行合作的过程中所形成的见解可以被应用到多个市场中，无论对于准备进入还是已经参与的创业企业，无论是科技创业企业还是非科技创业企业，这些见解都是有价值的。

然而，本书的内容不仅仅局限于过去6年我们在Crowded Ocean公司所积累的见解。在经营Crowded Ocean公司之前，我们还分别担任过创业企业的营销副总裁，并且我们都是在一些高科技巨头的初创阶段中成长起来的。

我们的另一个比较突出的特征是，我们并不认为硅谷或科技处在朝阳阶段或夕阳阶段。在我们离开硅谷的间隙，卡萝尔曾为非营利部门工作过，而汤姆则致力于人权问题的研究并回归到他早年的职业，做一名研究历史上的大屠杀事件的教授。因此，虽然对硅谷怀着同样的热情，但是，与其他的科技企业创始人和风险资本同行相比，我们对事物的见解略有不同。

经 验

你或许已经注意到，我们曾是创业企业的股东和创始人，因此，我们也经历了一些创业的血泪史。更重要的是，在创业的每个阶段，积极的经验和消极的经验同时存在，而很多过去曾与我们合作过的创始人愿意分享这些经验。其中，部分企业在与我们合作之后，还在进行二次创业或三次创业，因此，它们既有丰富而独特的经验，也有根深蒂固的偏见。本书涵盖了非常丰富的专家经验，专家们愿意向我们分享自己的故事，也勇于揭开自己的“伤疤”，而这样的图书并不多见。此外，作为我们的客户之一，苏莫日志管理公司非常慷慨地与我们分享了它从构思到退出的经验，增添了本书在同类图书中的独特之处和价值。

建 议

风险投资者在创业领域拥有至关重要的地位。他们的点头示意或是大笔一挥，就能将企业家的梦想变成现实。他们大部分是厌恶公关的，并且希望用投资企业的成功为自己代言。这就是我们感激的原因，每位曾经与我们合作过的风险投资者［其中不乏福布斯（Forbes）年度富豪榜的上榜者］都愿意坐下来，无偿向未来的创始人分享他们的经验。他们的见解也是本书的重要组成部分。

以上就是本书的全部内容。正如得克萨斯州的俗语所说，我们使用这个题目或许“夸大其词”（farting higher than our ass）。但我们相信，慷慨的创始人和风险投资者使这本书变得有价值，尤其是对创业活动感兴趣的人士（无论是创业活动的参与者还是观察者），本书更具参考价值。

补充介绍

当我们列出本书的大纲并决定按照创业企业发展的时间先后顺序进行叙述时，即按照企业创意的诞生到收官阶段（IPO、并购或成为成功的民营企业）的整个过程，我们认为，让读者将一家企业作为例子并观察其发展的完整过程可能更有益于读者。因此，苏莫日志公司是我们的最佳选择，同时，我们非常感谢其创始人之一的克里斯琴·比德根愿意参与到我们的项目中来。他与我们见面交谈，分享苏莫日志公司的故事，审阅书稿并积极地利用现实世界的案例来完善和丰富本书的不同话题。

从第4章（创意）开始，本书遵循创业企业发展的路径，在每一个相关的章节都有一个基于苏莫日志公司如何运作的小型案例研究——它们的运作有时是成功的，但有时也不那么成功。我们希望这些案例让每一章的内容更有价值，同时让章节之间的联系更加紧密。

感谢克里斯琴。

THE ULTIMATE
START-UP GUIDE

第1章

四条腿的凳子：Crowded Ocean公式

硅谷格言

创业是一种精神状态。

克劳德·奥切安

也是一种精神分裂症。

我们启动创业。

这是我们网页上的第一句话，也是我们所从事工作的本质。或许，我们可以将自己定位为一家营销公司，但是，如果你和我们一样，在非常早的阶段就加入另一家公司当中（有时甚至是在拥有公司名之前），就会同时接触到更多的日常业务活动。

一位客户把我们称为“常识副总裁”（VPs of Common Sense）。他的逻辑非常简单：你们拥有我永远也不会具备的经验基础，培育了超过40个创业企业，与业界的杰出人士一起工作，如甲骨文（Oracle）公司的拉里·埃里森（Larry Ellison），太阳微系统（Sun）公司的斯科特·麦克尼利（Scott McNealy），希柏系统软件（Siebel Systems）公司的汤姆·希伯（Tom Siebel）以及赛富时（Salesforce）公司的马克·贝尼奥夫（Marc Benioff）。在他眼中，我们的工作从反面开始：确定他没有把事情搞砸。然后从正面着手：用我们的经验对公司进行合理的定位，随后挖掘信息和内容来支持这一定位，将创业公司推向开放的市场，并利用工具和项目来武装销售团队，尽最大的可能让他们获得成功。

Crowded Ocean公司本身就是一家创业企业，有着自身独特的经营方式。我们开始的基础与大部分创始人一样：一块白板和一个开放的头脑。我们没有需要维护的客户群，也没有需要摊销的过时技术的开发成本。我们只有为创业企业建立终极营销机构的目标。

一旦我们专注于自己的核心战略和市场，就会清晰、明确地表达我们的核心运营原则，我们不仅希望将这些原则提供给客户，还希望他们将这些原则应用到业务运营中。

"按需"营销

这一概念还有很多的名称，如"适时"、"kanban"（日语的"适时"）、"虚拟"以及时髦的形容词"流动的"。无论你把它叫作什么，归根结底就是只在你需要的时候为需要的东西付款。这一概念被应用到营销中（本书关注的重点），也越来越多地应用到创业企业运营的各个方面。

汤姆开始为甲骨文服务时，曾是甲骨文公司营销部门的三名元老之一，负责撰写公司的产品资料、年度报告及广告。在他6年的任期中，公司一飞冲天，他最终被任命为营销部的高级总监，管理70名员工，负责运营《甲骨文杂志》（*ORACLE Magazine*）、甲骨文全球大会（Oracle OpenWorld）、研讨会、直销及广告等业务部门。在当今社会，"核心"、"虚拟化"和"商品"的功能越来越突出，众多的承包商和协同技术使得不同领域和地域相互合作，原本拥有70名员工的部门现在只需要15~25人，他们大部分是利用外部资源进行采购与合作的管理者。

为什么要转而按需配置或配置"虚拟的"资源呢？事实上，这是由很多因素决定的。

- **经济性**　这一点非常明显。按需配置资源不会产生巨额的工资支出，能节约30%的企业日常管理费用并降低不动产成本。仅仅是更低的资金消耗率就会使其成为对创业企业极具吸引力的选择。
- **灵活性**　现在的工作大多是任务导向或项目导向的。如果需要针对具体任务在短时间内集结人才来处理手头的任务，即使是同样具备技术与创意的“最佳组合”，搜寻专业人才也比号召内部人才迅速得多。

- **新颖的想法** 内部人才通常变得安逸和自满。外部人才则必须保持领先地位，不断学习并将最新的创意和技术融入自设的技能组合中。

在我们参与创业企业的过程中，我们通常将以下项目的开发与交付进行外包。

- 企业形象。
- 资料制作（白皮书、数据表、案例研究和视频）。
- 公共关系。
- 网页设计与开发。
- 事件营销（贸易展会、网络研讨会及合作伙伴项目）。
- 需求挖掘、自动化与度量。
- 业务营销信息系统。
- 视频创作。
- 社交媒体。

这些内容如何促使你在规划员工总数方面做出明智的决定呢？除了CMO（或Crowded Ocean公司的虚拟营销副总裁），创业企业的营销部门至少需要一名全职员工：一位实力强大的营销经理，他得有能力采购和管理所有上述的合约服务。当创业企业进入第二阶段（销售初期）时，则应该设法增加一名员工，他应当擅长需求挖掘、网页分析和业务营销信息系统。这样就足够了。剩下的员工都应该是虚拟的或按需配置的。

这一逻辑不仅适用于营销，也适用于创业企业的绝大部分其他部门。

有一些领域是非常明显的，例如，没有创业企业需要全职的首席财务官（CFO）或法律顾问，但在Crowded Ocean公司运营的8年中，我们甚至观察到完全内部的全职职位都转变成了按需配置的职位，如编程和销售。

集客式营销和推播式营销

10年前，软件开发商HubSpot的营销智囊和联合创始人就开始推广“集客式营销”（inbound marketing）的概念。集客式营销是指，在网络时代，你需要投入目标内容来将消费者吸引或拉入到你的网页和社交渠道，以令人信服的内容和价格来建立受众群。换言之，你希望自己在网络上“被发现”，并通过自身的权威性、内容和价格来留住这些受众。

以前，一个品牌需要对外拓展，是以尝试通过传统的推播式营销（outbound marketing）或以推广为主的营销投入来寻找消费者，比如通过付费媒体（如广告）、公共关系和直邮广告。现在的创业企业则将营销资金投入到指定的网站、社交渠道或网络论坛所展示的目标内容上，以期在搜索和“免费媒体”中被发现。“集客式营销”的术语现在被普遍使用，它拥有自己的维基百科词条并形成了该领域的图书、演讲和研讨会。集客式营销是一种搜索引擎，它降低了消费者的获取成本，但这个引擎需要以对推播式营销的投资为动力，而这个过程往往需要数月的时间。

同时，集客式营销的成功隐含了对衡量的重视，而在之前的前互联网（pre-Internet）时代与推播式营销时代，衡量是无法实现的。创业企业通过使用营销自动化系统软件及其他主流的集客式营销方法，可以衡量消费者的来源，衡量吸引消费者最有效的内容，并衡量如何调整和最大化为吸引和转变消费者所投入的每一分钱，如HubSpot、Marketo和Pardot这三家软件及服务供应商。

基于销售的营销

Crowded Ocean公司自成立以来，就与“基于销售的营销”（sales-based marketing）结缘。这一概念非常简单，但也颇富争议。营销的作用可以归结为一句话：让销售更容易（make sales easier）。如果营销不能创造新的销售，不能缩短销售周期，或者不能让重复的销售更加容易，那就不要去做了。

我们写了与此相关的内容，也通过研讨会对其进行过讨论——对我们而言，这些就是常识。但是，对许多营销专业人士而言，这一点是有争议的，原因是它听起来像是我们让营销和营销者屈从于销售。但我们并非如此：营销在我们合作的每一个创业企业中都是真正与销售平等的。

但这种措辞让很多人不愉快，尤其是营销人员。很多CMO或营销副总裁都反对这一概念。他们相信两点：对于市场需要什么和不需要什么，他们比销售团队了解得更多；在他们眼中，提高销售的地位降低了营销的重要性，而这严重打击了他们强大的自尊心和大额预算。

可以明确地说，有很多公司［可口可乐、耐克和极速骑板（Quiksilver）立刻浮现在脑海中］的确是以营销为中心的。我的冲浪短裤与你的冲浪短裤之间的区别，通常不在于功能性和技术，而是在于营销。在很多情况下，基于销售的营销不起作用。但是，对于当前的大部分公司而言，基于销售的营销是主流标准。

这一点尤其适用于创业企业，它们的存在要么是源于公司或消费者在现实生活中所遇到的问题，要么是源于使用者对某种特殊应用的追捧。它意味着营销在一个以自我为中心的空间中无法发挥作用；营销必须走到产品团队中，并把他们所创造的东西传递到充满疑虑的市场。同时，营销还需要和销售人员一起走向实践，观察和听取目标用户对产品的反映。随后，还需要将这些内容融入他们的定位和信息沟通中。

基于销售的营销的下一个步骤是测试信息。比方说，在建立最初的公司和产品定位过程中，我们提供三种不同的选择来解释产品的用途：一辆自行车、一辆汽车和一艘船。在充分讨论后，通过销售和产品部分的严格评估，我们决定选择“汽车”，并据此设计宣讲和销售材料来支持这一定位。

现在，在我们对关键的营销项目进行任何时间和金钱的重大投入（如公共关系、网页和需求挖掘项目）之前，我们该测试这一新的定位了。我们与大量的消费者见面并获得反馈。并且，我们用心倾听。

早期的产品定位也是如此。你需要对自己的选择（“汽车”）充分自信，同时也要保持灵活与谦逊：市场比你更清楚它的需求和期望。因此，当消费者第一次说“你不是一辆汽车，你更像一辆自行车”时，你就应该考虑这个反馈并坚持自己的选择。如果销售人员基于这一次反馈就想要放弃演示文稿的宣讲并从头开始，那你不妨告诉他们，他们的反应过度了。如果销售团队又一次得到了这样的反馈，用心倾听，但是，改变方向还为时过早。不过，如果销售团队报告第三次听到这样的反馈，那就放弃汽车，转向自行车的策略。

既然你已经开始了产品的初步销售，那么现在该确定销售周期了。这不是通用的销售周期——而是你自己的销售周期。

这里的关键是，既要保持销售对创造收入有所贡献，又要通过向整个创业团队展示销售周期中的不足之处（或拖延的环节）来让他们参与其中，以使相应的部门（营销、产品或支持）采取合理的行动。如果这个问题缺乏市场意识，你也许会大量依赖公共关系、分析师关系、思想领导力、搜索引擎营销和社交媒体。如果遇到的问题是早期的尝试无法转化为销售量，那么我们就要为公司的先锋们设计激励计划。而如果产品的销售过程很复杂，我们则可能会尝试开展一个先试后买项目，这样可以使部分消费者充当核心客户教练。

公司特有的销售周期曲线将随着公司的成长而变化——销售人员的工作就是让这一曲线保持更新并传达给公司。而公司的营销策略和支出会据此做出调整。你可以将公共关系支出纳入维护预算并着重投资于潜在商机的开发。你也可以建立起案例研究和投资回报率（ROI）工具，即那些任何有助于验证早期的想法并确保客户不承担重大风险的东西。然后（阅读此书的过程中，你将会厌烦这个词）“衡量每一件事”，了解哪些因素在起作用，新业务源于何处，以及如何尽可能将销售周期变得更短、更有效率。

全脑营销

从左脑/右脑（左脑=逻辑与分析，右脑=创造力与想象力）的角度去看，商业活动无疑是一项左脑准则。销售就是让销量增加，你就是金子；而失去销量，你就失去了价值。产品是根据“特定的”要求和时间来生产的，然后你就能获得奖励。你频繁地错过这些，像是在免下车餐厅卡乐星汉堡（Carl’s Jr）的穿梭车道上工作。

在绝大多数时间里，营销主要占据着极少萌发商业思维的右脑区域，并自称“是艺术而非科学”。如果被要求证明在一些领域的支出是合理的，如公共关系、广告和直销，我们会把最近的新闻报道作为例证，并希望没有人问这些新闻报道是否有助于销售。这是和做广告同质的事情。

纵观历史，营销一直是所有商业活动中最不被看重的部分。（能做事的人，做事；不能做事的人，教书；两者都不会的人，做营销。）虽然没有从事管理的人会如此莽撞或愚蠢地建议公司完全不做营销——毕竟，无论如何，是营销人员与你展开初次接触并随着时间推移对你有更多了解。但是，人们仍然暗自怀疑营销是由如旅鼠般的盲目从众者来运营的，他们只是做其他公司都在做的事情，并且他们这样做也是因为其他公司都在这样做。

过去20年，两项发展改变了这一切：互联网和营销自动化系统。现在，营销是“指标反斗城”（Metrics R Us）。只要拥有正确的工具，数据驱动的数字营销专家就能报告各种数据，信息包括网站浏览量（每周、每天、每小时）及网站的下载、注册、分享和跟踪数量。什么内容使目标购买者产生共鸣，哪些渠道在创造浏览量，都是有价值的市场反馈。

现在，几乎每一次点击都是可捕捉和可追踪的，因此，数据将营销与销售、会计和产品开发一道从商业活动的右脑移到左脑。

集客式营销关注自己的公司是否被发现。目前，随着集客式营销的迅速采用，营销自动化系统—— 一种客户关系管理的副产品或电子商务软件——成为一种让这些点击和链接有意义的技术。最初，希柏系统软件和赛富时等公司引领着销售，而Marketo、Eloqua和HubSpot等新兴公司则在营销方面进行补充。现在，营销人员不仅能够知道你第一次访问网站的时间，还能够知道你来自哪里，待了多长时间，以及在网站访问期间点击的其他内容等。

现在，为了获得成功，你需要同时利用左右两部分的营销大脑。虽然，互联网和营销自动化系统创造了可视化和可计量程度的新水平，但你仍然需要创造性思维和创造力来构建你需要衡量的项目。因此，我们为客户提供咨询时所采用的模式类似于军队行进的口令：左—右—左。从分析你的市场开始，确定哪些人在寻找你所提供的东西，然后使用这些数据来引导你的创造性思维（如营销活动、公共关系定位和销售宣传等）。随后，使用你左脑的工具来追踪这些项目的效率。

接下来，重复这些工作。

THE ULTIMATE START-UP GUIDE

第2章

跟着我们念："我不是史蒂夫·乔布斯"

硅谷咒语

世界上只有一个史蒂夫·乔布斯。

克劳德·奥切安

谢天谢地。

对创业企业及其CEO而言，模仿史蒂夫·乔布斯是最糟糕的事情。这怎么理解呢？让我们来解释一下。

有抱负的棒球运动员，可能会在童年时尝试模仿前美国职棒大联盟著名球手威利·梅斯（Willie Mays），他的标志性技巧是在腰带附近接到球并跑出来。但是，一旦比赛正式开始，他们就会放弃这种模仿，用两只手去接球。摇滚崇拜者也可能曾经尝试过20世纪中期著名的美国吉他手吉米·亨德里克斯（Jimi Hendrix）的焰火吉他，但在灼伤了眼球和弄碎了牙齿之后，他们就会回到更加传统的演奏方式。有些创业企业的CEO可能会全方位地模仿史蒂夫·乔布斯，从他的坏脾气到过度追求细节。

这是一个巨大的错误。

虽然我们俩都没见过乔布斯先生［或者“史蒂夫”，因为技术领域中每一个从未见过他的人都这样称呼他，就像称呼一个人为“雪儿”（Cher）或“埃尔顿”（Elton）］，但由于他曾经对高科技产业及人们日常的生活带来了深远的影响，我们对他致以最崇高的敬意。我们的问题并不是与史蒂夫个人相关，而是关于偶像史蒂夫·乔布斯。如果乔布斯早期臭名昭著的管理方式还继续存在于苹果公司或他的家中，我们就没有撰写本章的必要了。但是，我们的大多数客户几乎都是第一次担任CEO，对他们而言，乔布斯的成就不仅能够为其在职场中和个人生活中的不合理行为开脱，还让他们认为此类行为无可厚非。这使得他们开始进行模仿，有时轻度模仿，而有时却十分夸张，模仿他的一切。

在吸收新客户时，我们会在初期检测"乔布斯症"（Jobs–itis）的征兆。并且，如果察觉到CEO开始采取任何以下行为，我们会进行求证，警示他们的不当行为并指导其做出改变，直到他们不再让自己变成令人讨厌的人。

- **粗鲁的行为** 乔布斯魅力超群，但他也要求苛刻，分不清"个人"和"职业"之间的区别，因此他一再忽略和超越这个界限，对他个人的情绪发泄给别人带来的伤害毫不在乎。苹果公司早期的员工在30年后仍然会谈及这些遭遇所留下的伤痕，至少对那些不在公司静默区域的人来说是这样。
- **工作与生活的平衡** 记住，谈到乔布斯时，我们是在讨论一位即使身患绝症，仍然担任苹果公司CEO直到去世前6周的人。那是他的选择，并不值得效仿或作为其他员工学习的榜样。现在，人们工作和生活的界限非常清晰；在欧洲企业文化中，享有工作日程安排和探亲假的员工不再被视为偷懒的人。创业企业的CEO应该意识到两件事情：一是不同于早期的苹果员工，他们的员工有家人和工作之外的生活；二是他们可以选择在什么地方工作和为谁工作。如果企业没有意识到这些事实，将导致士气不足和早早出现离职潮。
- **傲慢的威权主义** 个人的傲慢是一种选择，但是，当傲慢被转化为商业实践，你就会遇到问题。乔布斯比客户更清楚他们需要或想要的东西，他以坚信这一点而著称，这也是他的一切行动所秉持的理念。这样的信念催生出了一些令人惊喜的产品，也制造了僵化的技术、开发人员的反抗、审查及这样一种用户基础：虽然我喜欢他的产品，但厌恶产品中隐含的“吃我放在你面前的东西并感恩”的态度。

- **回报文化** 最后一点值得注意的是，一些人认为一个人的慈善事业应该仅仅是个人的。然而，众所周知，乔布斯是不做慈善的，这也渗透在他的企业文化中。现在的员工，都力求维持好工作与生活的平衡并更多地参与到自己所在的社区中，也希望自己所供职的公司有这样的企业文化。如今，很多 CEO 都有这样的机会，在员工入职的第一天就开始让“慈善行为”成为他们的企业文化（如马克·贝尼奥夫在赛富时实施的 1–1–1 哲学，即公司向全球社区捐赠 1% 的员工时间、股权和利润）。我们建议 CEO 将贝尼奥夫、盖茨和扎克伯格作为榜样，而不是乔布斯——这不仅是为了他们自己，也为了他们的企业文化。

所有这些都像是医学诊断手册中的症状：一种症状引起关注，而两种就值得警惕了，当出现三种以上的症状时，就应该进行全面检查了。因为除非尽早发现，否则，乔布斯症可能是“致命的”。

THE ULTIMATE START-UP GUIDE

第3章

失败（上）

鲁德亚德 · 吉卜林（Rudyard Kipling）

失败可以有无数的理由，但没有任何借口。

克劳德 · 奥切安

显然，鲁德亚德从来没有参加过创业企业的董事会会议。

向你表示祝贺。你已经鼓起勇气并汇集了财务资源来启动你的企业。这真是个好消息。然而，坏消息是，你很可能会失败。

是的，我们指的是“很可能”。根据你所订阅的商业出版物以及你对“失败”的描述，你有90%的概率会失败（你的企业依旧在经营，但几乎无法向投资者提供任何回报）；或者你有75%的可能会资金耗尽，关门大吉；或者仅有资产部分被收购——这里的资产通常是你的员工（被称为“人才收购”）。我们将用两章的内容来讨论失败的话题，本章是前半部分。在此，我们将集中讨论导致企业在早期夭折的因素——早期，通常是指企业尚未走向市场或刚刚走向市场的阶段。“失败”话题的后半部分则将更多地集中于导致企业投放市场失败的因素。

根据大众对创业企业的美好想象及它们自身的宣传，创业企业的涌现速度似乎比星巴克更快。但事实上，美国创业企业的数量却在不断下降。过去的30年中，被认为是“创业企业”的企业占比从14%下降到8%。或许，在初期，这对你和你的企业来说是一件好事，因为竞争减小了。但是，如果你不希望成为失败的那90%，了解这个数字及其背后的原因还是值得的。

90%的创业企业失败并不是因为技术性错误，而是因为高估了市场。直到今天，事实仍然如此。

——敏博系统存储（Nimble Storage）公司

产品运营副总裁　瓦瑞·梅塔（Varun Mehta）

企业开发副总裁　丹·利里（Dan Leary）

创始人、首席技术官（CTO）　尤迈什·马赫施瓦里（Umesh Maheshwari）

失败有其自身的发展过程。失败可能来得很快（分析显示，在失败的创业企业中，有20%的企业在融资约20个月后倒闭，平均募资金额为130万美元），也有可能被拖延数年时间（这就是所谓的“僵尸”企业）。这些走向“临终关怀”或已经处于生命维持阶段的企业，甚至被列入了监视清单。[1]

在20世纪90年代早期，本书合著者卡萝尔目睹了硅谷最大的失败案例之一。这家创业企业名为GO公司，由科技领域的风投巨头凯鹏华盈（Kleiner Perkins）投资。GO公司研制了一种全新的平板电脑，为房地产经纪人、保险公估人和现场服务人员等移动工作者服务，向他们提供可以进行重构操作的电脑，开启了一个崭新的市场。该公司设想了一种新的“社交计算”（social computing），以此使计算能达到史无前例的可接受度和可获得性。

GO公司为手持平板电脑设计了新的操作系统、新的平板硬件及应用（日历和笔记等），使其能够融入早期的社交环境中，甚至纸质笔记的时代。同时，由于使用手写笔（想象一下早期的掌上电脑）及新的手写

1 “List of Early-stage Tech Startups Runing Out of Cash (Dying), ” CB Insights, *www.cbinsights.com*。

笔点击、双击和触控笔触语言进行操作，你可以将GO电脑携带到任何地方。值得注意的是，此时，还是高速微处理器、宽带连接、商业互联网、笔记本电脑、无线网络及任何类似于真正便携式手机的东西尚未出现的时代。

卡萝尔时任GO公司营销总监，管理范围包括开发者关系、营销活动及公共关系。GO公司业务启动之时，公司的抱负和资源也同时发生了巨大的变化。建立笔控计算的目标被调整为将平板设计授权给日本的硬件制造商，并向软件开发商宣传相关应用。作为一个创业团队，GO公司重新聚焦到对被称为笔尖（PenPoint）的核心操作系统的完善与优化上。但这时，它们耗尽了最初获得的风险投资资金，而且在产品发布前的几个月，团队才发现产品的基本用户界面必须进行全面革新。而且，公司在实现这一愿景时指定了一名错误的领导。如果非要说它们过早将产品投放市场，就好像说成吉思汗脾气不好。

我还从来没见过一个公司因为竞争而失败。创业企业失败的原因在于缺乏执行力。

——罗利创投（Rally Ventures） 查尔斯·比勒（Charles Beeler）

GO公司在尚未做好准备之前就开始了行动。虽然它最终发布了产品并雇用了一名新的CEO，但是，随着大量的市场实体进入及新的竞争出现，GO公司首先陷入了困局，随后破产。最终，GO公司花费了7500万美元资金，这在当时是一笔巨资。（即使是这样也于事无补。不幸的是，凯鹏华盈对另一家姐妹创业企业Dynabook的投资也几乎在同时付诸东流。）

有人说，如果你将要面临失败，就让失败来得更猛烈些。然而，遭遇巨大的失败只是意味着更大的痛苦和尴尬——根本没有乐趣可言。

如果你拥有合适的产品与市场，你就能够解决很多其他问题，比如团队的禀赋差异、经验不足和市场化中的错误。否则，你无法建立企业。

——柏尚风投（Bessemer Venture Partners）公司
布莱恩·范斯坦（Brian Feinstein）

失败有很多种类型。以下是创业企业发展历史的早期阶段最常见的失败原因。

“狗设计”

这个常见的失败原因源于一个古老的笑话。“问：为什么狗会舔自己的生殖器呢？答：因为它们可以做到。”根据近期一项针对101家创业失败企业的调查，如图3-1所示，42%的失败企业认为“缺乏市场需求”是它们失败的原因。[1]换句话说，这些企业就像狗一样，它们之所以创造出产品仅仅是因为“它们可以做到”，而不是因为任何潜在的市场需求。“狗设计”（dog design）出现之频繁超乎你的想象。一群为新科技痴迷的工程师聚集到一起开发一种新的产品——绝对能够让同行感到惊艳并吸引他们的产品。但是，他们的同行没有经费或签字权。他们从来没有询问过真实的市场是否需要这种产品，也没有尝试去了解市场的真实需求及其原因。而当创业企业意识到这一点时已经破产，即使它拥有一大堆吸引人的专利。

1 “The Top 20 Reasons Startups Fail，” CB Insights.com，*www.cbinsights.com*。

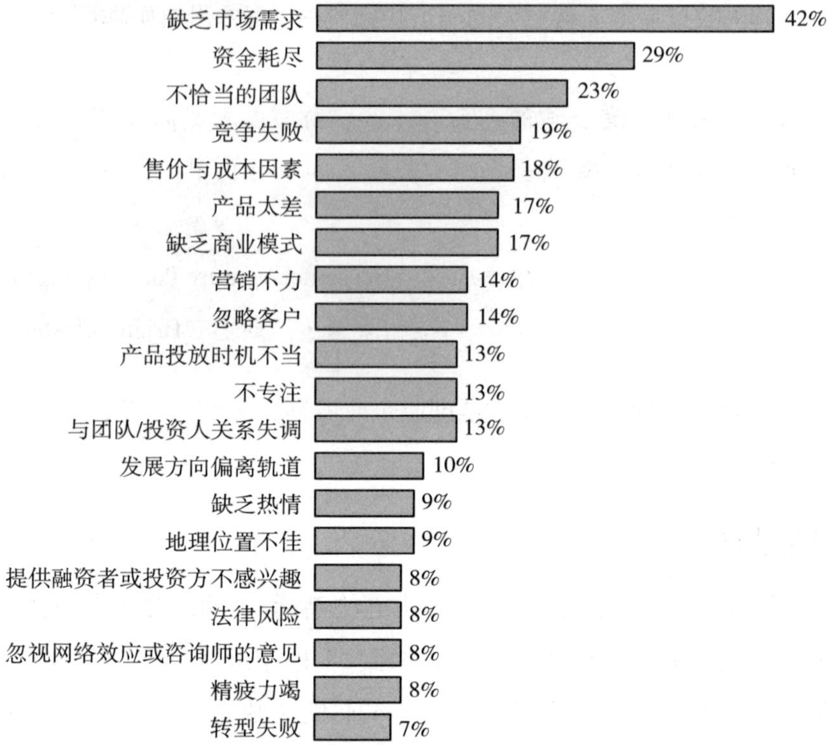

图3–1　20个创业失败最常见的原因（基于101家失败创业公司“验尸报告”的分析）

> 到达终点从来就没有捷径。创始人做好准备去适应动态的市场了吗?
>
> ——恩颐投资（New Enterprise Associates）公司
> 皮特·索思尼（Pete Sonsini）

“资金耗尽”

这个原因一点也不意外。首先，钱来之不易，无论它是来自你自己的腰包，还是来自你的朋友、家人、天使投资人或风险投资者。其次，人类的本性是尽可能少投入，尽可能为自己和员工留存更多的股权。再次，无论是由于节俭原则还是最优原则，第一次出任CEO的管理者对预算和进度的安排都是基于这样的假设：一切都会进展顺利。但通常，进展并不顺利，而创始人则会面临一些严峻的财务现实。

- **“烧钱率”（每月现金净流出）** 这一比率通常高于预期水平，导致预算和进度都陷入困境。这种情况并不令人吃惊，大部分创业新手都不知道，也不能理解创业的成本有多高。
- **“产品滞后”** 你或许会说“这说的不是我吧”、“我从来没有错过生命中任何一个产品发货的日期。”你或许是对的，但那时候你还从未在其他的干扰和影响因素之下运营过一家创业企业。我们的经验是，大多数产品至少会滞后两次，而其中至少一次是预算之外的。
- **上市延迟** 这或许与产品滞后或人事变动相关，但我们的企业与产品启动中至少有一半延迟了一个月甚至更久。因此，需要对此进行预算。

很多创始人都错误地估计了自己将要花费的金钱和时间。当然，他们通常是低估了。

——阿斯贝克风投公司 赛瑞西亚·格武（Theresia Gouw）

“骆驼设计”

这个原因源于一句老话：“骆驼就是一匹由委员会设计的马。”这里的骆驼就是指产品，这些产品在最开始可能确实密切响应市场关注，在产品规格上也尽可能适销对路。但是，随着时间的推移，无论是受到早期销售反馈的推动还是设计愿景的推动，产品都会发展成流向各种市场的形形色色的产品。虽然产品制造者可能会说，他们只是在回应市场的需求，但骆驼式营销（camel marketing）是一种无能的结果，他们没有能力说“不”，也没有能力坚持最初创办这家公司及制造出这个产品的初衷。

“梦幻之地”营销

这一点与“狗设计”的理念类似，因为它们拥有一个固执的相同信念，即科技如此强大，它可以进行自我推销。然后，企业过度关注于科技，并希望出现这样的情况：只要它们足够大声地宣传自己独特的材料和功能，消费者就会自行将这些关注点联系起来。并且，这种“梦幻之地”（field of dreams）营销认为，这实质上解决了本应该由它们自己承担的销售和市场营销方面的问题或方案。

唯一的独裁创始人

“鱼的臭味儿从鱼头开始散发。”至少有7种不同的企业文化用这句话描述自己的情况并道出了其中的原因：这是组织结构和文化的经典总结。对创业公司而言，这一点再真实不过（参考第2章）。具有强烈愿景是一回事，而拒绝容忍出现的问题或者对这种愿景的实现不再投入又是另一回事，尤其是当这种投入不仅仅是来自员工，还要来自市场时。（即使你可以忽略市场，你也无法绕过市场。）要了解你是一个多么严守规章制度的人，其中一种方法是考察员工自留额：这也许是你作为CEO面临的第一个考验，但对于大多数创业企业的员工，这是他们考虑的第三或第四位的因素。并且，如果你的行为让他们感到你在将他们往外推，你的董事会就应该安排专人介入调解，最终解雇你也是有可能的。

> 我们一直在创始人中寻找自省这种重要品质。比起自己，伟大的企业家更期待公司、方案和行动获得成功。
>
> ——加速合伙（Accel Partners）公司
>
> 杰克·弗罗门伯格（Jake Flomenberg）

缺乏凝聚力和团队合作

一位创始人俯瞰着自己公司大片的开放办公区，她的工作团队阵容不断扩大—— 一个充满才能的团队，大家低着头，戴着耳机，目光紧盯着屏幕。然而，除非这位创始人能够利用整个团队的才能和智慧，并让他们融入一个团队中，否则，她将在6个月内破产。事实上，在一项对创业企业CEO的调查中，36%的CEO认为“没有合适的团队”和“团队不和谐”是创业企业失败的原因。[1]为了让公司拥有明智的企业文化，创始人必须集中关注两件事：一是在令人讨厌的人影响到整个团队之前结束这些行为或将他们隔离（大多数难以相处的雇员并不是他们自认为的那样不可替代）；二是激发共同努力和团队协作的精神，并在共同取得成绩时给予认可和奖励。

> 优秀的领导者善于分权和信任员工，同时也要对他们负责。如果我发现他们存在重大的管理控制问题或是整日都在工作，几乎没有睡觉，这就是值得警惕的信号。
>
> ——天使投资人　弗兰·豪泽（Fran Hauser）

低估竞争的激烈程度

棒球运动中，真正成功的击球员并不是那些等待着投球手发出球之

1　“The Top 20 Reasons startups Fail，” CB Insights，*www.cbinsights.com*。

后再猛击球的“天生的击球员”。这类被动的“天生的击球员”往往在最开始声名鹊起，而在赛季末则会淡出人们的视线，因为这类球员在激烈的竞争中会被淘汰。真正成功的击球员是这样的人：他们和自己的球队坐在一起，向队里的投手和接手请教，“我刚才摆手做得怎样？如果你是我的对手，你会如何向我投球？”然后，他们会一起研讨这些技巧，直到成为一名真正的击球员，一名没有任何球队愿意面对的击球员。

大部分我们接手的创业企业都是“天生的击球员”。它们十分迷恋自己所拥有的技术，也十分确信自己将是明日之星，因而不会被忽略或是在竞争中遭到嘲笑。 这是一个巨大的错误。研究某个市场的分析师并不希望自己看起来很愚蠢，他们或许会对竞争者说一些善意的话。这一点对于企业自己的潜在顾客或正在考虑竞争的潜在客户也是一样。因此，对自己要有自嘲的心态。

但是，这里的关键在于，失败是一把双刃剑。一方面，失败是非常糟糕的经历；另一方面，失败也可以成为珍贵的学习经验。我们的经验是，招聘者和未来的员工不会对你的失败经历抱有成见——只要你仅失败过一次。如果你失败过两次以上，他们就会开始担心你是一个不幸运的人，并且在10分钟后就开始不停地看手表。

推荐阅读

1. “166 Startup Failure Post-Mortems，” CB Insights，June 28，2016，*http：//bit.ly/1ojIByN.*
2. “List of Early-Stage Tech Startups Running Out of Cash（Dying），” CB Insights，*http：//bit.ly/2ggFU5h.*
3. “The Top 20 Reasons Startups Fail，” CB Insights，*http：//bit.ly/2fwUMLJ.*

THE ULTIMATE START-UP GUIDE

第4章
创　意

剧作家

戴维·马梅特（David Mamet）

我试着想象一名比我更聪明的小伙子。然后开始思索，他会做些什么？

Y孵化器（Y Combinator）

保罗·格拉汉姆（Paul Graham）

活在未来，去创造缺失的东西。

F.司格特·菲茨杰拉德（F. Scott Fitzgerald）

聪明的创意从来不会诞生在会议室里。

在创业企业界，“创意”包含着两部分内容：创意的提出与落实到真正的商业活动中。在全球范围内，有很多关于“创意”的书籍、博客、像创业企业孵化器之类的资源和加速器项目。它们都可以让你有一个良好的开端，但最终是否成功取决于你自己：你的背景、你对市场的感觉，以及你的热情、想象力和坚持。如果我们有一些已经形成的创业创意，那么，要么我们自己去实现，要么变成风险投资者，资助别人替我们实现创意。

创业企业领域满是“尸体”，包括没有方案的技术和没有实质问题的解决方案。它们的失败都始于一个简单的原因——它们从来没有将市场和消费者联系在一起。大部分成功的创业活力都会将精力集中在某一个具体的问题或某一种具体的需求上（简言之，它们是市场驱动的），然后创业者开始寻找方法（如科技、人力和销售策略）来解决这些问题。借用乔治·哈里森（George Harrison）的话，有两个地方需要考虑：“有你的地方和没有你的地方。”我们能够在第一部分提供给你的，就是与我们直接关联的创业企业的相关背景；而在第二部分，我们将集中讨论一旦你有了创意，如何让它们走向市场。

没有风险就没有回报

风险投资合伙人迈克·斯派泽（Mike Speiser）和他在苏特希尔（Sutter Hill）投资公司的团队提出了一个非常有趣的魔力象限（Magic Quadrant，见图4-1），以此来描述他们是如何考察当前的风险投资概况的。他们将风险作为持有的货币。以技术风险和采用风险划分不同象限，区分不同类型创业企业，并将所有影响技术风险和采用风险的因素纳入投资决策。

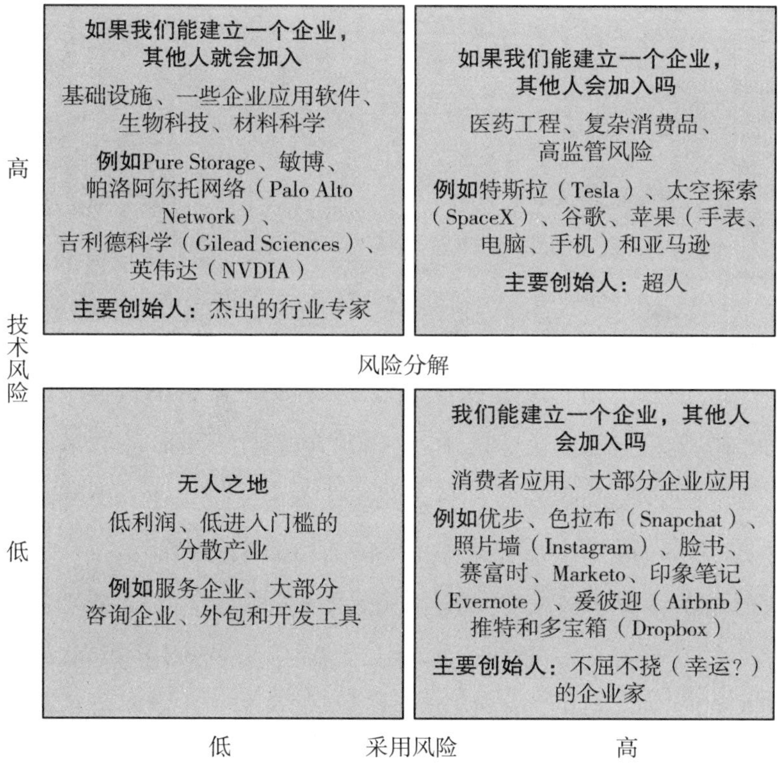

图4-1 风险的魔力象限

苏特希尔团队将其投资集中于左上角的象限。在这个象限中，需要处理的问题极其复杂，技术风险非常高。企业是否成功，取决于创始团队是否出色且拥有高端技术，是否能使用新的方法来解决目前面临的问题（这个问题可能是他们自己也在着手研究的问题）。云数据存储初创企业雪花算法（Snowflake Computing）公司就是一个很好的例子。这家企业既有出色的技术创始人，面临的风险又相当低（目标客户了解这个问题，目前的工具不充分，唯一的问题就是新的技术是否能够奏效），这时，你就拥有了通往成功的路径。

在甲骨文公司，我们制造恐龙软件并且每三年发布一次，然后不得不用多个平台来维护。这是一项糟糕的业务，同时也令人精疲力竭。

——雪花算法公司

联合创始人、CTO　贝努瓦·达根维尔（Benoit Dageville）

联合创始人、架构师　蒂埃里·科鲁安斯（Thierry Cruanes）

联合创始人　马尔钦·茹科夫斯基（Marcin Zukowski）

相反，在右下角的象限中，如优步和脸书一类的消费类应用，以及赛富时和多宝箱一类的企业应用，它们的创始团队面临着非常低的技术风险。它们并没有高端的具有突破性的技术来支持企业——赛富时基于希柏系统软件，而这个系统软件主要依靠甲骨文的内部执行系统。在技术壁垒较低的情况下（没有突破性的技术来吸引注意力），成功与否就取决于是否能够赢得用户的争夺战。由于这类企业的采用风险非常高，所以不间断的营销、时机选择和运气就是关键因素。也就是说，要认真考虑正确的地点和正确的时间。

右上角的象限代表高科技风险和高采用风险共存的企业，如具有强大吸引力的苹果、特斯拉、谷歌和皮克斯（Pixar）等公司。它们的创始人往往既是杰出的专家，也是每日全天无休的营销机器。代表人物包括乔布斯、沃兹尼亚克（Wozniak）、埃伦（Elon）、谢尔盖（Sergey）和拉里。这些消费类公司的成功取决于出色的技术执行、消费者满意度和用户采用度。

大部分美国的新企业都位于左下角的象限：主要从事服务或咨询的小型企业。它们虽然提供一系列的服务，但几乎没有技术风险。从技术上讲，这类企业的进入门槛很低，同时也面临着众多竞争者，并因此在获取与维护客户和推广业务方面面临巨大的困难。例如，每一家新餐馆都处于这个象限。从投资者的角度看，这可能是风险最高和最不具吸引力的投资领域。

> 最重要的是解释你正在解决的问题，而最好的方式就是展示你的产品出现之前和出现之后的世界有何不同。
>
> ——柏尚风投公司　布莱恩·范斯坦

Crowded Ocean公司位于左下角。没有技术的“魔力豆”让我们避免竞争。幸运的是，当我们创立Crowded Ocean 2.0时（经历了1.0的失败之后），有了一批著名的企业成为我们的客户（如甲骨文、太阳微系统、朗讯和海湾网络等）以及早期参与业务并获得成功的企业。因此，我们的客户采用风险非常低。但这个象限是一个竞争激烈的领域，市场营销和早期的成功对于这类企业的生存非常关键。

从“为什么”开始，而不是“什么”

太多的创业企业聚焦于它们所创立的对象而不是创立的原因。这个企业究竟是“什么”可能会吸引一到两名早期员工（“我喜欢你们正在创造的东西，算我一个”），但这只是一个短期的关注点。从更长远的视角（即你希望服务的市场，你希望建立的企业文化以及你希望吸引的投资者）来看，你需要就“为什么”创立这家公司展开对话。市场中有哪些被他人忽略而被你注意到的突破口？市场中有人让你感受到你的创意是存在需求的，你从他们那里了解到什么？“为什么”是你的构想的核心——不要忽略它。

市场的突破口

当我们有了为创业企业建立营销公司的想法，我们就必须去证明这个想法（市场突破口）的必要性。而当Crowded Ocean公司第一次失败时，我们坐下来，从我们最了解的方面——我们的个人经验——去审视市场。卡萝尔和汤姆都曾经是科技公司的营销副总裁，我们两人都曾向那些帮助我们启动创业企业的风险投资者咨询过。

市场的突破口就在这里：大部分创业企业都认为它们需要一位营销副总裁（或CMO）作为团队的核心成员。它们的确也这样做了，但问题在于它们是什么时候这样做的。

这也是Crowded Ocean公司所强调的问题。营销有两条腿，或许有时候是三条腿：产品营销、公司营销（我们所从事的）和产品管理（开发产品路线图并与开发者一起将其付诸实践的能力）。问题在于，长期来看，公司需要真正了解产品和市场的人，这样的人通常是一位技术专家。另一个相关的问题是在发展的早期阶段，公司从“隐形”开始起步，其需要的绝大部分内容都属于公司营销的范畴——定位、信息、品牌、公共关系、网站及展示。

> 如果你根据个人的工作经验，发现自己受到某个问题的影响，随后，你也发现，其他人也受到这个漏洞的影响，那么，你就获得了一种内在的优势。
>
> ——贝恩资本（Bain Capital）
>
> 萨里尔·德希潘德（Salil Deshpande）

而难题在于，如果公司需要一个良好的开局，那么，公司就要聘请有深厚公司营销背景的CMO。但是，一旦启动阶段结束，公司就又将重新回到发展计划的“产品”中去，这时，从长远来看，聘请的CMO将不再发挥太大的作用。这只是难题的一方面。另一方面，如果公司聘请了一位拥有强大的产品能力但没有公司营销能力的CMO，企业的启动可能会遭遇困难，而拥有强大公司营销能力的你也将被这样的公司拒之门外。

因此，我们成立了Crowded Ocean公司来充当市场的桥梁，作为“临时的营销副总裁”和企业启动的专家。它可以帮助你推动企业走上正轨，为你提供一些虚拟的资源来树立市场地位并加速企业在销售方面取得成功，然后，你可以将它替换掉（聘请资深的行业专家或产品专家），独自前行。

业界视角

卫特新软件公司被认为是20世纪90年代最成功的创业企业之一，它的诞生既源于市场存在的问题，又源于市场的一个重要突破口。卫特新公司所有的团队成员（包括该公司成立之前属于其他公司的成员）都看到一个问题：消费者反馈该公司昂贵的管理系统时常会“绿屏”（没有出现运行中断或减速的情况），与此同时，用户也在抱怨该系统运行方面的问题。事实上，系统管理者变成了咨询台，而他们也只是可以根据收到的电话或邮件的数量，或者“不满意的”用户是否是重要人物来对问题进行优先解决。

现在，转向市场问题。一家名为康科德（Concord）的公司已经建立起一个被称为“网络运行管理”的市场。而在NerdSpeak公司，有一种叫OSI协议的东西，它是一种用7个层次来代表整个IT（信息技术）通信结构的模型，内容从第1层（物理线缆）延伸到第7层（功能性应用）。康科德管理着该结构中的第1至4层，然而第5至7层却无人涉及。这就是市场的突破口。

震撼疲惫的市场

需要考虑的最后一个方面是考察市场是是否需要一股震撼的力量：这是近年来疲惫的市场所没有形成的。雪花算法公司成立于2010年，是云数据存储行业的先锋，当时，市场同时充斥着疲惫与挑战。此外，它也是一个优秀的案例，在它身上，风险投资可以与创业新手展开合作。

两位经验丰富的甲骨文数据库架构师贝努瓦·达根维尔和蒂埃里·科鲁安斯，意识到他们所处的行业正面临着全面衰退，二人拥有博士学位和100项以上的专利。尽管云计算才刚刚起步，但贝努瓦和蒂埃里认为，云计算可以应用到数据存储行业。他们向甲骨文兜售这项创意，但甲骨文这家老牌IT公司认为云技术是一种威胁而不是机遇，因而拒绝了他们。随后，他们开始和苏特希尔的迈克·斯派泽洽谈。苏特希尔是硅谷最著名的风险投资者之一，曾经创历史地成立了真正意义上的颠覆性企业。他们听说了贝努瓦和蒂埃里的这项创意，并随后发起了挑战："利用云技术建立天睿（Teradata）公司。"

贝努瓦最初的反应是迈克一定疯了。但迈克成功的历史，以及他与蒂埃里的交谈中透露出的精细思维征服了贝努瓦，让他愿意试一试。

这就是合作发挥作用的地方。无论是出于法律上还是心理上的考虑，迈克都希望他们能退出甲骨文。从法律上讲，如果二人开发技术的同时也为甲骨文工作，那么甲骨文就拥有了他们所开发的技术的部分所有权。而从心理方面考虑，只有二人放弃了甲骨文的工作，他们才能互相激励对方"全力以赴"，同时，这样的举动也能让其未来的员工相信，他们对自己的冒险信心十足。蒂埃里说："最困难的部分在于，要说服其他人加入我们和我们新成立的公司。但是，我们唯一能够说服别人的方式就是相信自己。"自从退出甲骨文之日起，他们收到了迈克所在的苏特希尔公司提供的100万美元种子资金。他们搬进了贝努瓦的公寓，带着空白的白色写字板，开始了这项工作。

“那真是一个令人害怕的时刻，”贝努瓦回忆说，“但是，雪花算法公司最好的时候也是在公寓的那段日子。那时，我们知道可以不受约束地重新开始在甲骨文所做的一切事情。”

他们在白色写字板上写满了想法，又一次次擦掉。三个月后，他们在写字板上得出了尤里卡公式（eureka formula）。他们告诉迈克：“我们成功了。”雪花算法公司由此启航。

> 第一个脱颖而出的创意和最雄厚的资金并不总是意味着胜利。谷歌确实不是第一个。
>
> ——Canvas风投公司　加里·利特尔（Gary Little）

了解未知

创业企业的创始人面临着两类有待考虑的问题，前文的这些案例就是这两类问题的反映：人们知道问题的存在并且正在积极寻找答案（如卫特新软件公司）；人们并不知道问题的存在，直到问题的解决方案已经出现在他们面前（如Crowded Ocean公司和雪花算法公司）。区分这些“已知的问题”和“未知的问题”非常重要，因为相比而言，“未知的问题”需要更多的市场资源（以及预算）。我们对创业企业所面临的这两类问题有一个形象的比喻：肩膀酸痛与癌症。

还记得当初为推销商业创意而在路上奔波的那些日子吗？你一个肩膀扛着9磅（约为4.08公斤）重的“便携式”电脑，另一个肩膀挂着西装袋。晚上，在入住酒店的房间后，你花很长的时间洗澡，然后坐在电视机前放松你的肩膀。你并没有觉得自己有什么问题，这只是生活之路上必须付出的辛苦。

然后，有一天，你在机场看见一名空乘服务人员拖着一个有轮子的行李箱经过。你的第一反应是非常羡慕；然后，你会想，为什么自己没有想到呢？这时，肩膀酸痛就成为你的问题了，然而，是因为你无意中发现了解决方法，这个问题才得以成立。如果你期望终极的解决肩膀疼痛问题的公司，优步就是一个例子。到过大城市的人都了解，在一些特定的时间段（通常，这些时候能够到达目的地是关键，而不是如何体面地到达）叫出租车有多么困难。但是，我们当中并没有人为此做些什么，直到卡兰尼克（Kalanick）和加内特·坎普（Garrett Camp）提出一种想法，把我们自己拥有的汽车变成潜在的出租车，并将智能手机作为呼叫出租车的工具。

> 不要只盯着“全垒打”。测算市场规模之类的经验并不总是可靠的。虽然你正在尝试满足社会的需求，但有时，你也在预测社会需求。你所想到的东西就有可能将一个“单打”变成“全垒打”。
>
> ——贝恩资本　萨里尔·德希潘德

现在，我们把肩膀酸痛和癌症进行对比。在此，你会发现一个确定且被普遍认可的问题，同时，如果你没有得出一个解决方案，结果将是致命的。对于能够第一个提出解决方案的人来说，一个细分的市场已经存在，支票就在手上。

每一个创意都是赢家——无论是有轮子的行李箱还是癌症的解决方案。癌症的解决方案被证明是摇钱树；而肩膀酸痛的解决方案能够创造整个新市场（及亿万富翁）。巨大的差异在于，肩膀酸痛的解决方案是一项两阶段的销售：你必须告诉市场这里存在问题，然后再提供解决方案。而对于癌症，你只需要展示你的解决方案是有效的。

定义问题

当你拥有了一项创业的创意，让它接受一些基本的压力测试吧。其中最基本的测试，是问问自己这两个问题（我们的客户将其表述为“Crowded Ocean 真言”）。

- 那又怎么样呢？（创意里最重要的事情是什么？）
- 谁关心呢？（谁是你的目标市场——哪些人有问题？他们希望解决问题的意愿如何？）

如果你不能回答这些问题，那就停止你正在做的包括资金募集、招聘和产品开发在内的一切事情，并且着手研究这些问题，直到你得到答案。认真地讲，在你对这些问题没有得到清晰准确的答案之前，不要再继续投入任何时间或金钱。

一旦你有了这些信息，下一个阶段的问题就会变得简单。

- 真正的问题是什么？它们什么时候、以怎样的程度出现？（尽可能具体地回答。）
- 谁会有这类问题？（他们的职业、头衔和权威性如何？）
- 他们知道自己会有此类问题吗？（肩膀酸痛或癌症？）
- 他们正在承担的损失是什么？无论是金钱还是对生活造成的影响，以及对职业或者其他方面的影响。
- 他们愿意为解决这些问题支付多少费用？

> 你可以以300万美元出售一种功能，但你不能以10亿美元出售这项功能。因为要做到后者，让其物有所值，你必定会陷入混乱。
>
> ——软件漏洞悬赏平台Bugcrowd
>
> 联合创始人、CEO　凯西·埃利斯（Casey Ellis）

如果你站在被风险投资者称为B2C（business to consumer，商家到消费者）的角度，你或许会希望把“问题”和“需求”替换为不那么极端的词汇，如“希望”“期望”等。大多数情况下，人们并不需要另一个新的游戏或手机的娱乐应用。但这并不意味着它不是一个很棒的商业机会。你只是必须要进行同样的市场研究并确认，有足够多的人需要你所提供的东西并且真正愿意为其付费。

无所不知就是要了解你的问题

我们从风险投资者那里学习到两件事：大部分风险投资者都相当聪明，他们的知识横跨多个市场，也超越你所拥有的知识范畴；大多数情况下，他们不屑于展示这些知识，而这对创始人而言是不利的。因此，走出车库（或备用卧室）去外面开会之前，请透彻地分析你的无知。

吉姆·戈茨（Jim Goetz）被公认为是全世界最顶尖的风险投资人，位列《福布斯》杂志2015年中期排行榜第一名。我们两人都曾和吉姆一起在SynOptics公司共事过，汤姆那时还加入了吉姆最后一次担任运营职位的创业企业卫特新软件公司，他作为CMO担负起了这家公司的运营职责。数年来，吉姆把Crowded Ocean公司发展为他所拥有的7家公司之一，其他公司还包括帕洛阿尔托网络公司和敏博，这两家公司都已经公开上市。

在最近的一次访问中，当被问及创业新手需要哪些指导时，他提出了以下建议：

> 你要比其他任何人都更精通自己的业务。我发现，最优秀的企业家大部分都是在自己的业务领域最为精明的运营官。他们了解与业务相关的一切信息，包括客户、运营企业的成本、市场的发展趋势以及自己相较于其他竞争者的优势。他们或许只比其他人聪明一点点。但所有这些信息逐步深入了他们的大脑，并随时随地为他们

所用。一项业务有时需要在一天之内做出很多决策，而拥有这些信息有助于获得更为优化的决策。

急需解决方案的技术

如果你的企业是一家技术性企业，尽快找到这项技术的一种应用吧。我们不能说拥有技术就万事大吉了，毕竟投资者寻找的是解决方案，是那些了解市场并据此行动的人。很多创始人迷恋自己的技术，相信强调技术就可以让风险投资者向他们投资。有时候，这样的情况的确会发生，但发生的概率比实现神话还要小。同时，如果他们进行了检查，发现的第一个问题会是“你会让这样的科技在什么地方，以大量和可重复的规模发挥作用呢”，接下来的问题就是“你如何将它推向市场，而你的企业又如何成长”。

> 不要因为想创业而创业。对我们而言，这种想法应该被彻底颠覆。创业是建立一种现代的解决方案。我们从一开始就应该肩负这样的使命。
>
> ——雪花算法公司创始人

我们的一位客户就是科技企业——令人惊叹的科技。这些科技正极大地改变着人工智能的面貌。还记得IBM（国际商业机器公司）的深蓝（Deep Blue）吗？它可以教自己下象棋并最终打败了当时的世界冠军加里·卡斯帕罗夫（Garry Kasparov）。随后发生的事非常有趣。如果卡斯帕罗夫是一个即将过气的棋手，那么他会爬上床并用被子蒙住自己的脑袋，但与之相反，他并没有这样做，他用另一台超级电脑来武装自己。这种人类的直觉和判断的结合，加上电脑的海量数字计算功能和自我学习能力，创造了一个不可战胜的组合。

这就是PX计算公司所做的事情，只需将象棋中的“马”和“车”替换成商业数据。通过创造强大的算法，将其应用到更强大的电脑中，利用电脑数据及其使用者的行为来预言所有的经验，并把其中最重要的部分以专家的判断来替代，他们就能提供一种真正独一无二的且更为优化的方式来理解和使用数据。

> 大部分成功的企业都会坚持并执行其初始愿景。而大部分情况下，这些愿景也都实现了。
>
> ——格雷洛克风投公司（Greylock Partners）
>
> 阿西姆·钱德纳（Asheem Chandna）

因此，有一种科技的作用是真正独一无二的，即能产生变革。但它需要一种商业应用或使用案例来实现，同时它也需要成为某个问题的解决方案。一种应用就是零售，就像PX所展示的那样，它可以分析未来两年的消费趋势，改变零售商的订单以及它们布局门店的方式。但创始人非常精明地发现，最大的问题也存在于这一阶段（换一种说法就是公司开销最多的时候），并决定将这项技术首先应用到信息安全上，保护企业免受黑客的攻击，通过为内部的安全分析师配备工具来教会电脑预防黑客。而真正的零售则安排在第二阶段。

改变虽好，但改变太多却是致命的

智慧女神雅典娜，继承了父亲宙斯的智慧。据我们所知，这是人类最后一次认为，人的想法已经很完美无须再改进了。在企业发展的早期阶段，问题无处不在，包括市场、产品细节和目标客户等。然后，用尽可能多的资源去证实你的想法：分析师、合作伙伴、潜在的投资人或潜在的员工等，而其中最重要的是你的潜在客户。聆听、记录、退回到你的大本营并对你所处的位置进行诚实的评价，然后判断自己是否处在正确的轨道上。如果是，那么全速前进。如果不是，现在就改变，而不是以后。

但是，关键在于：只有当你的市场或客户数据和你的直觉都觉得这样做正确无误之时，你才可以改变。你的创意很有可能拥有闪光点，否则，你不会到现在还没有忘记。给你的创意和自己一次机会。不要出现了一次消费者的差评或融资会议的不良反馈就匆忙改变定位。我们曾经遇到过改变核心定位和市场行情就像换袜子一样频繁和随意的创始人，吹嘘自己有多么“敏捷”和“响应市场”，后来，企业就遭受了重创：产品被客户彻底放弃，而资金也已经耗尽。

如果企业希望成为引领者，那就快快行动

从某种意义上讲，“引领”通常是“我们一团糟”的委婉表达。在早期，企业可能并不知道市场的甜头在哪里，错过了走向市场的窗口或者尚未理解消费者的预期。这些在创业领域都不是大事，但会经常发生。重要的是，你如何快速地意识到引领的必要性以及如何快速和有效地开展重要的引领活动。

> 我们最初的构想是模糊而粗略的。我们的联合创始人文卡特，用自然的语言对其中具有可能性的部分进行了大量验证。我们主要对企业软件进行了重新设想，那也是我们的核心创意。随后，红杉资本（Sequoia）让我尝试把它应用在移动终端上——建立一项价值数十亿美元的销售手机应用业务。
>
> ——云服务软件开发公司克拉里（Clari）
>
> 联合创始人、CEO 安迪·伯恩（Andy Byrne）
>
> 联合创始人、CTO 文卡特·兰根（Venkat Rangan）

将你的企业想象成一艘船，对这艘有问题的船进行修理有三种方式：首先便是在干燥的船坞里将船只吊高，远离水域，这样的方式修理船只花销最少；其次，就是在港口中修理船只，环境可控，但船仍然在水中，因此会产生一些麻烦和额外的成本；最后，在开放水域中修理船只绝对是最贵的方式（在创业企业的情景中，这相当于企业刚刚成立就开始接订单）。

敏博：终极引领者

2009年7月，瓦伦·梅塔这位创业新手和他的团队将整个公司的赌注（并不是一小部分，还包括他们的声誉）押在了技术和销售方向的重大改变上。用他们的一位投资者的话来说，他们这样做风险极大，将赌注押在了颠覆主要业务类别上，这样鲜有成功的。

敏博成立于2008年年初，目标是创造一款高端存储系统并极大改善其运行的产品——这对每天都需要像国会图书馆那样处理存储问题的公司而言是一件非常重要的事。然而，在探索过程中，他们发现，如果有及时的适量投资和技术，自己所创造的产品不仅仅是能够改善存储系统，而是能够完全替代它。换言之，这家企业会成为变革者。

这里存在两个问题（如果算上董事会最初的反对，就是三个）：一是对于存储这样至关重要的服务，即使技术非常吸引人，绝大多数公司也不会从创业企业手中购买，因为创业企业可能会破产，这样它们的数据就有损失殆尽的风险；二是公司没有时间或金融资源来同时开发和销售产品，它们将会因为风险巨大而吞噬掉赌注。

他们向董事会提出了自己的计划。首先得到的回复是否定的：继续干有保证的事情。但瓦伦和他的团队仍然坚持这项计划，并向董事会展示了这项技术是如何解决问题的。随后，董事会向敏博团队提出了挑战，要求他们开发一种成功的市场化战略。那么，他们如何向目标客户承诺自家的产品功能强大，以至能让企业愿意在一家不知名的创业企业身上试一试？

这也是Crowded Ocean公司对敏博所强调的一点。当产品团队走出公司并访问100名专家时，我们与他们一起工作，就新的市场定位、信息沟通和品牌进行讨论。从100名专家的采访中提炼出一些影响因素，团队也同意这个大胆的主张。我们可以让敏博在维持现有成本的情况下，存储能力得到10倍的提升（存储速度也是现有系统的10倍）。

董事会继续敦促他们进行更深入的论证，既包括技术方面，也包括计划销售方面。最终，董事会同意了这项改变。结果令人印象深刻：新的系统按照计划上线。创始人预计第一年的订单额为600万美元，然而这个数字在第一个季度就已经达到。

敏博的故事至此暂告一段落。瓦伦拥有新手创始人少有的质朴和真实，他意识到自身不具备使敏博这样热门的新公司进入更高更大的舞台所需的专业背景。最初的市场接受度显示，敏博可以做得很出色：这家热门的新公司能持续发展并最终公开上市。因此，他聘请了继任者——事实上也是其董事会的成员，让公司转型回归为专注于技术的企业。

敏博公司于2013年公开上市。

一个逐章分析的情景：苏莫日志

引言中曾经提到，本书将按照创业企业发展的不同阶段进行推进，我们将跟随一家企业发展的整个过程。苏莫日志的创始人十分慷慨地分享他的故事，并对他们的企业及企业发展的整个过程畅所欲言，好的经历和不好的经历都在其中。

> 这是胆量。这是连点成线。这样也是运气——正确的地点和正确的时间。
>
> ——苏莫日志公司联合创始人、CTO 克里斯琴·比德根

苏莫日志公司提供医药数据分析服务，由安全信息管理领域两位先驱级的网络专家克里斯琴·比德根和库马尔·所罗伯（Kumar Saurabh）共同创办，他们二人此前都供职于安全软件制造商、如今已被惠普公司收购的ArcSight公司。正如他们所说，公司的创立源于心理和智慧的共同作用。在心理方面，人们厌倦了参与客户事件中聆听客户的需求，对此感到疲惫不堪，同时也知道这一定会发生。“我们讨厌道歉。”库马尔回忆到。

而智慧方面的因素则发生在2008年，当时克里斯琴和库马尔正在斯坦福大学听取亚马逊CTO沃纳·威格尔（Werner Vogels）的报告，而沃纳·威格尔正在开发亚马逊网络服务（Amazon Web Services，缩写为AWS）。AWS是当时最成功的云基础设施机构业务，是亚马逊价值数十亿美元的巨头级分支机构，为网飞公司（Netflix）和美国中央情报局（CIA）等机构提供可扩展的高性能云计算平台服务。

克里斯琴在故事中提到，这次演讲结束后，在停车场，ArcSight公司的两位核心成员“灵光一现”的时刻诞生了，他们都是公司的开发人员和系统架构师。AWS的创新，意味着针对海量日志数据的灵活而即时的计算由本地的ArcSight系统进行管理，这使得AWS第一次能够向企业客户发布新的产品和服务。

受其潜力的激励，克里斯琴与ArcSight的高管层签署了备忘录，强调他们正在设想构建基于AWS的下一代ArcSight系统。遗憾的是，时机并不成熟。AWS当时刚成立两周年，而ArcSight已经公开上市。尽管如此，克里斯琴回忆道：“库马尔和我都认为，我们可以拥有更大的梦想。”但关键在于，我们要让有商业视野的人认可我们的梦想。

2009年，克里斯琴在格雷洛克风投公司与阿西姆·钱德纳会面，共同探讨他对即将成立的苏莫日志公司的一些想法。受这次会议成果及阿西姆的能力的激励——阿西姆不仅从技术上密切跟踪克里斯琴，而且为其提供了商业环境——克里斯琴回到家后通过一个结构松散的组织发放了138份宣传页，而这家组织只有阿西姆能够理解。随后，阿西姆聘请了帕洛阿尔托网络的联合创始人什洛莫·克雷默（Shlomo Kramer）为公司进行A轮融资。他们放弃了原本的日常工作，投入到新的工作中。

推荐阅读

1. “Seed Accelerators，” Seed-db.com，*http*：*//bit.ly/1mqMnXx.*

2. Paul Graham，“How to Get Startup Ideas，” November 2012，*http*：*//bit.ly/1a2wV9P.*

3. “90% of Feedback Is Crap：How to Find the Next Big Startup Idea，” Firstround.com，*http*：*//bit.ly/2fYRIGF.*

4. “What Are the Best Ways to Think of Ideas for A Startup，” May 8，2013，*http*：*//bit.ly/2fUvGYX.*

第5章
奠定基础

罗杰·麦克纳米（Roger McNamee）

战略性的基础设施投资将为企业建立长期增长的基础。

克劳德·奥切安

科技领域充满了未知的终点。

当真正开始成立你的企业时，我们喜欢将它称为修房子。这种说法并不是一句巧妙的比喻（“两次测量，一次剪裁”），而是在讨论两个行业（建筑和创业）——它们都正在经历巨大的变化，也都面临着更好的发展机会。

想一想修房子吧。在过去的4000年中，房屋的修建过程是相同的：设计房屋，挖掘地基，把建筑材料运送到修建地点，修建外部结构，进行内部检查与装修，然后搬进去。但是现在，利用模块化和可持续建筑技术，整套房（包括主间和厢房）的修建可以在地基之外的地方进行，然后将半成品运输过来进行组装。这样做有不少优点：节约时间，你可以在修建房屋的同时挖掘地基，这样使时间减少了一半；提升质量，你不再需要爬梯子，钉钉子，在阳光中眯着眼睛，你还可以从工厂化配置中获得更高的准确度；此外，你还能在修建过程中更早发现错误，降低成本。

就像修房子一样，一部分行业的先驱会引导模块化和可持续建筑技术，在创造领域，有三位富远见的人士你应该加以了解，你不妨将他们的洞见引入你的计划过程中：史蒂夫·布兰克（Steve Blank）、埃里克·莱斯（Eric Ries）和杰弗里·摩尔（Geoffrey Moore）。他们所撰写的书、他们所使用的话语及他们的行动改变了创业图景，也改变了人们对创业企业的看法。现在，让我们来看看当今的创业企业是如何建立的吧。过去的企业都是微型企业，企业的每一个职能部门都不得不利用全职（有时或许是兼职）的人力资源，这让创始人无论在心理上还是财务上都承受着压力。现在，创业企业将他们的需求分为了三个部分：什么对企业来说是独一无二的（或“中心”“核心”），哪些职能可以虚拟化，什么是可以从外部购买的商品。这些需求的最前端是核心（包括愿景、技术、产品和文化），它们推动着创业企业的建立。核心让你的公司和其他的公司区分开来。当企业实现虚拟化时，通过利用多种可获得的最优（或最佳组合）资源，你就可以拥有多样的选择来迅速接近市场。

企业建立的新方式

至少，在刚刚开始创业时，一部分职能的实现不需要通过自己的员工或由自己支付工资。图5-1中“虚拟化”部分所示的内容都是创业企业关键的组成部分，但也是可以外包的部分，这样可以让企业在降低资金消耗率方面保持灵活性，并使支持性职能具有可拓展性和灵活性。

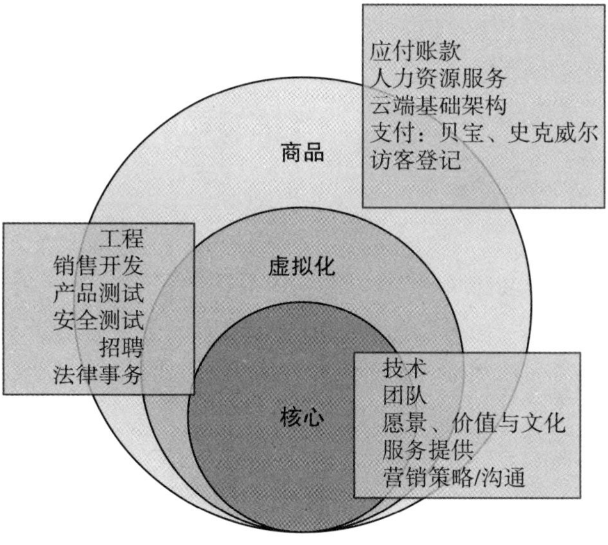

图5-1　建立企业的一种新方式

- 将用于营销、工程、销售、产品测试、法律事务和人事方面的资源虚拟化或外包。
- 对人力资源、应付账款、客户服务、电子商务和交易使用即时服务，并使用那些易于学习且可以融入自身系统的工具。

而在所有需求的后端，你可以根据不同的平台选择不同的商品元素，这些平台包括博客（WordPress）、贝宝（PayPal）和AWS，它们都能适应企业的基础设施。

顺便要提到的是，尽管以下内容不是虚拟化的，或者不是商品元素，但现在的创业企业仍然能够利用这些选择来快速建立创业企业。

- 使用孵化器或加速器之类的实体工作空间，它们可以提供办公用房和配套支持服务。
- 使用Kickstarter和Indiegogo一类的众筹平台来帮助制造样品和测试早期产品，以加速客户和产品的发展。

当所有这些支持性职能都准备就绪，崭新的创业企业就能将你从以下琐碎的工作中解放出来了：学习每一种具体职能，为人力资源、财务和法务等每一种职能招聘员工。这样，你就可以将精力集中到最为重要的两个部分：产品和客户。

> 很多创业企业都希望提供一个广阔的平台。但始终不变的是，它们不得不从一个点状的解决方案开始，然后以楔形状态结束。如果企业一开始就以一个平台的形式存在，就可能会产生很多疑惑，随后平台就会逐渐分裂，变回到只拥有单一工具的状态。
>
> ——Canvas风投公司　加里·利特尔

“开发”客户

在20世纪90年代中期，连续创业家和商业领导者史蒂夫·布兰克发现，所有创业企业成功的公式及路径都与产品和技术相关。同时，他还注意到，创业企业失败的主要原因不是因为缺乏技术，而是因为缺乏客户及其认可或反馈，所以无法根据这些信息将技术聚焦到应用和创新产品的采用上。他所创建的客户开发的焦点与方法，让企事业单位和面向消费者的创业企业开始转变其关注点，从激光束般全神贯注于产品开发转向拓展式的多个关注点，包括这些产品的目标市场和客户。客户开发方法包括客户的发现、验证和创造及企业建设四个方面。

- **客户发现** 这是客户开发最基本的意识——找出真正需要你的产品的人，然后通过他们验证你的假设（产品、问题、解决方案和价格），而不是通过你的同行或投资者来验证。客户发现的关键在于两个方面：走出回音室，到有客户的地方；让思维和技术保持灵活性，以便你将自己所听到和学习到的内容融入进来。就像布兰克所说：“对于创业企业，办公楼内存在的只有想法而没有事实。”
- **客户验证** 开始执行你从上一条方法中学习到的内容。此时，你的目标是通过试错（以及大量的自身灵活性）来进行证明，从而验证可重复的销售过程。这种验证具有双重功能：客户向你提出的意见得以验证（这些内容让你的客户感觉到他们的意见被倾听），而关于产品和客户的假设也同时得以验证。每一次销售既是一次学习也是一次验证。
- **客户创造** 这里，你应当停止试错而进入到主题中。你已经充分地了解了客户并开始向市场投资，开始将需求引导到你的销售渠道。
- **企业建设** 在完成这些之后——现在，是时候开始投资基础设施

（更多的销售人员、营销和客户服务）以支持你的模式了。你已经对此进行了验证，现在是投资的时机了。在这之前，你本应该保持较低的资金消耗率，如果你这样做了，现在是这些约束产生效果的时候了——现在，你拥有强烈的客户预期的稳定渠道。

> 企业家应当像激光束般地聚焦于两点：产品和人。同时，做好准备根据自己的发现对任意一点进行改变。
>
> ——阿斯贝克风投公司　赛瑞西亚·格武

精益创业

很少有关于创业的想法像“精益创业”（the lean start-up）这样影响深远又颇具争议。这个观点由布兰克的追随者埃里克·莱斯提出，精益创业将客户的意见提升到更高的层次。作为一名技术专家，莱斯的简历上写着若干次失败的创业经历。他决定放弃“锁在实验室”的标准开发形式，相反，使用被他称为“最低可行产品”（minimal viable product，简写为MVP）的方法进行开发。其观点的关键要素在于，在早期就将MVP交到市场的手中，然后不断地基于客户的反馈进行更新。这是一种基于灵活的软件开发方法的概念，这种方法在硅谷大行其道。

精益创业背后的概念却常常被误解为“把它扔到墙上去，看看是什么”。然而，精益创业根本不是这样随意和任性的。相反，精益创业的倡导者（并且人数众多）使用高级指标、关键绩效指标和A/B 测试来衡量和规范产品开发的每一个阶段。

鸿　沟

过去，《跨越鸿沟》（*Crossing the Chasm*）被认为是每个创业者的必读书目。现在，它仍然值得阅读。该书的作者杰弗里·摩尔认为，在早期获得销售吸引力需要意识到科技产品的早期购买者（通常被称为“早期接受者”，他们希望影响产品的最终状态，因而愿意试用早期阶段的产品）与“早期的大多数”之间的鸿沟。“早期的大多数”是指企业需要吸引其注意力，从而培养成为你的客户的旁观者。但是，这些差异巨大的旁观者有着不同的需求和购买过程，因而，如何适应这些旁观者将决定你在长期是否成功。

在我们的目标中，关键的概念是“早期接受者”。他们是狂热之人，不仅希望看到香肠是如何制作的，还希望对香肠的制作配方有发言权。如果你正在了解一款新的汽车，汽车厂商会希望你成为第一批驾驶的人。为了能够对汽车的开发提出意见，这些“早期接受者”愿意忍受汽车的故障。（他们的终极梦想是能指着这辆汽车告诉朋友们：“看到保险杠了吗？是我帮忙设计的。”）他们会是你最初寻找市场吸引力的目标人群，但更重要的是，他们将通过社交媒体渠道提升口碑，并且愿意向媒体、分析师和其他“早期接受者”宣传。

> 不要把创业当作业余爱好。你需要放弃你的工作去创业，否则，创业就像只用你的左手建立企业。
>
> ——技术创新企业Cogniance公司董事长、连续创业家　尤哈·克里斯滕森（Juha Christensen）

将前面这三位大师的教导和实践相结合，你会在企业的关键方面进展顺利：培育自己的客户，从他们身上充分了解客户的希望或需求，以及这些信息如何与你的产品相匹配；开发产品，尽早让客户接触产品，并经常搜集客户对产品的反馈；然后，探索自己如何将二者（产品和“早期接受者”）结合起来以明确进入主流市场的最佳方式。

进一步探讨之前：你属于哪个市场

问题的答案似乎看起里很明显，但请相信我们，实际情况常常并非如此。如果你正在创办一家新的企业，同时已经获得了支持企业的资金，这意味着你很可能在做一些不一样的新奇事情。这也意味着，尽管你已经给出了问题的解决方案，但是，你正在尝试接触的企业和人可能不仅不知道你的存在，而且他们可能也没意识到他们自已有这样的问题需要解决。

如果你希望自己被发现，你就必须处于人们关注的领域，也就是说，你必须确定自己实际所属的市场类别。无论对于追随和推荐你的专家，还是正在寻找你所提供的解决方案的“早期接受者”，这一步都非常关键。

以下是我们对市场类别提出的第一条建议，我们非常重视这一点：无论你认为自己的产品有多么独一无二或具有竞争力，你都没有足够的钱或时间去创造一种新的市场类别。我们的创业企业客户中，近一半的企业在初次会面时告诉我们，它们有自己特有的市场类别，或者它们正在重新定义一种已有的市场类别。问题在于，企业本身并不会建立新的市场类别。实际上，这是分析师的工作，客户会采用市场类别。

近来，“类别创造”（category creation）的想法备受关注，并随之诞生了市场类别的获胜者“类别之王”。其中，受到关注的企业包括施乐（Xerox）、谷歌和优步。虽然，我们欣赏相关讨论中的想法，也欣赏支持这些想法的科学与事实，但是，它仍然反映了将“孤注一掷”的方式用到市场当中，而我们相信大部分的企业都无力承担这种方式所造成的后果。我们向客户提出的建议是，在已有的市场中寻找他们独一无二的空间，用契合他们自身能力的方式，努力拓展这个市场的定义和标准。达到之后，才能努力去将现有的成功放大，让其在创造或定义一个新的市场类别的过程中发挥主要作用。

类别创造不只是类别拓展或类别细分。无论你做什么，如果不能在市场中区分出自己，局面就会变得被动。

——格雷洛克风投公司 阿西姆·钱德纳

我们曾经有一个创业企业客户在不同的部门之间展开合作。因此，它标榜自己希望创造一个新的类别：工作流程处理软件。这家企业的创始人质疑我们的理解能力，用提供帮助的口吻解释道："理解了吗？不是'文字处理软件'而是'工作流程处理软件'。理解了吗？"而我们也用提供帮助的口吻回复："高德纳（Gartner，一家主流的市场研究企业）有人追踪'工作流程处理软件'市场吗？（因为在引导消费者的选择和市场偏好及创业企业市场的进入方面，分析师的推荐非常关键。）我们可以在InterOp（这家企业参加的主要展销平台）的哪一个通道找到'工作流程处理软件'？"

工作流程处理软件很快就走向了预料之中的终结。（需要注意的是：本来，把他们的产品称为"第一个工作流程处理软件"是很好的，因为这是营销宣传。虽然很多人进行过尝试，但是这种夸张的宣传并没有延伸到市场的分类中。）

市场分类如此重要是因为在"集客式营销"中，这关乎企业是否能在网络中"被发现"。这意味着有影响力的人（即那些引导市场观点的人，如媒体、专业的市场分析师、成功的博主、业内权威人士、有影响力的消费者及合作伙伴）都需要在谷歌上搜索自己的问题或感兴趣的领域，从而找到创业企业提供的产品或服务。而市场分析师是不同于其他有影响力的人士的角色，他们需要了解自己所在的公司中哪些人被指定来追踪你的公司。此外，"早期接受者"会购买你的产品并帮助你改进产品，他们因此成为你真正希望接触到的人，但他们需要在网络上正确的地方发现你们，这些地方包括社交媒体、新闻或产品浏览页面。

苏莫日志的故事（续）

苏莫日志团队很早就意识到这样一项优势——它们有一个著名的竞争者，而这个竞争者比它们先进入市场。数据公司斯普伦克（Splunk）成立于2003年，比苏莫日志公司早7年。因此，它们已经做好了市场培育的工作，已经教会企业如何利用它们的机器数据来管理和保障自身的IT运营。因此，苏莫日志就可以将投入到销售和营销方面的精力投入到市场差别化中，而不是市场培育。斯普伦克公司的架构也是以技术术语为“时间标记”的。在基础技术方面，如果斯普伦克是一只笨重的恐龙，那么苏莫日志可以将自己定位为一只敏捷的哺乳动物。由于斯普伦克是在云技术出现之前成立的，苏莫日志可以用非常简洁的方式来突出自我：“我们是斯普伦克，在云端的那个。”同时，斯普伦克在分析能力方面也落后于苏莫日志，因此，我们也可以把苏莫日志定位为“有头脑的斯普伦克”。

苏莫日志公司拥有这样一个已经在市场闻名的竞争对手（并且斯普伦克正在IPO，苏莫日志也没有造成不利影响），同时，还具备分析师和市场都能理解的一些明显特征。因此，比起进入一个更加混乱、更加年轻的市场，苏莫日志公司在这样的背景下能够更容易、更快地获得市场的关注。

推荐阅读

1. Eric Ries，*The Lean Startup*（New York：Crown Business，2011）.
2. Geoffrey A. Moore，*Crossing the Chasm*（New York：HarperBusiness，2014）.

3. Geoffrey A. Moore，*Dealing with Darwin*（New York：Portfolio，2008）.

4. Steve Blank and Bob Dorf，*The Startup Owner's Manual*（Pescadero，Calif.：K & S Ranch，2012）.

5. Jim Collins，*Good to Great*（New York：HarperBusiness，2001）.

THE ULTIMATE START-UP GUIDE

第6章

团队建设

底特律俗语

从朋友那儿买一辆二手车，你就会得到一个二手朋友。

克劳德·奥切安

和家庭成员或好友一起创办公司也是如此。

连续创业家

尤哈·克里斯滕森

要想创建一家成功的创业企业，就要确保你的团队中有一个愤世嫉俗的人。或者，和这样的人结婚。

创业企业家有着孤狼般的浪漫形象。商界不乏这样的人，如杰夫·贝索斯（Jeff Bezos）和理查德·布兰森（Richard Branson）。但是，对于每一个孤狼而言，绝大部分的创业企业都是从一个核心团队起家的，如史蒂夫·乔布斯有史蒂夫·沃兹尼亚克（Steve Wozniak），拉里·埃里森有鲍勃·迈纳（Bob Miner）和爱德华·奥茨（Ed Oates），马克·扎克伯格（Mark Zuckerberg）有他来自哈佛的支持者，而谷歌、优兔（YouTube）、帕洛阿尔托网络和网络信使（WhatsApp）则都是由联合创始人共同掌舵。你已经理解到这一点了。同时，风险资本家也会告诉你，大部分情况下，他们更愿意投资于团队而不是个人。大量研究显示，由两位联合创始人领导的创业企业比独立创始人领导的企业更为成功。事实上，拥有共同奋斗历史的联合创始人最为成功。[1]

这让我们变得更加明确。创立企业是一件严肃的事，尤其强调“业务”。在第10章关于融资的内容中，我们将提醒你：当你从朋友或家庭成员那儿筹集资金时，应当告诉他们（就像拉斯维加斯的赌场老板发誓已劝告了好赌之徒）不要投资超过自己承受能力的项目。这句话也适用于创立企业，不要和你不能失去的人做合作伙伴，无论是朋友还是家人。

1 Aileen Lee，“Welcome to the Unicorn Club，2015：learning from Billion Dollar Companies”。

> 我很担心一个企业中有两个以上的创始人，因为在这样的情况下，他们的职能和职责通常很难定义。我担心厨房里有太多的厨师。
>
> ——天使投资人 弗兰·豪泽

这可能听起来很刺耳，但请记住，75%~90%（具体数值取决于你获得或引用的消息来源）的新企业会在成立的头两年内倒闭。在本书中，大部分企业的存活时间是20个月，耗费资金130万美元。[1]只有最坚韧和最成熟的关系才能经受这种灾难的考验，尤其是当人的自尊和金钱都投入到这种考验中时。

对“多元化”的多元化定义

近年来，无论是在风投行业还是创业领域，“多元化”都是高科技行业的一个热门话题。它热门的原因是：当你走进大部分风投公司，只在服务岗位才能发现女性员工；而当你走进大多数创业企业，尤其是在它们的初创阶段，你会发现种族的多元化特征非常明显（早期的编程人员通常由一支有趣的队伍组成，有中国人、印度人、乌克兰人及来自高加索地区的美国式书呆子），但是，你会很难找到女性面孔或是黑人面孔。

高科技行业显然是需要与社会进行广泛接触的，因此，如果你身处这样的行业，需要回答的问题就是“你所在的公司会在这场战斗中成为变革的推动者吗”。这一度成为创始人的难题：一方面，他们可以这么做，就像斯派克·李（Spike Lee）那样“做正确的事情”；另一方面，他们是在经营企业，因此，他们需要尽一切努力让企业开门、开灯并让他们的投资人满意。

---

1 Miller, “What it’s like to risk it all in Silicon Valley,” *New York Times*。

幸运的是，这个困境已不再是困境了。近期的调查数据显示，多元化有利于决策更加优良和利润得到提升。近期的研究也显示，在高效编码方面，女性至少表现得和男性一样好，并且常常超过男性。越来越多像霍华德（Howard）一样的黑人同事在大学校园中创建孵化器，并且向渴望人才的商界输送了新一代的黑人编程人员，不论性别和民族。因此，至少在社会层面，这方面的消息是鼓舞人心的。

然而，本书是一本商业读物，目标是让你的创业企业尽可能地实现成功。虽然我们正在告诉你“多元化”是好的事情，但是，我们也建议你对“多元化”这个词及其定义要进行更广义的理解。

心理多元化：创始人中的阴和阳

我们的一位创始人曾经提到过：“你如何判断一位工程师的性格是否外向呢？如果他和你说话时，观察的是你的鞋而不是他自己的鞋，他就是外向的。”上帝爱他们，但因为大部分创始人都有些书生气，所以当他们寻找联合创始人时，会倾向于寻找另一个书呆子。这是错误的。即使他们都是书呆子，一个强大的团队也应该同时包括外向的人（通常是CEO）和内向的人（通常是CTO或产品架构师）。实现这样的内向或外向多元化将会在随后公司创建的各个阶段发挥基础性的作用，尤其是在筹集资金和公司启动期间与媒体及分析师打交道的时候。

> 当创始人是一名技术创始人时，投资人从外部引进一名CEO是更好的选择。
>
> ——Canvas风投公司　加里·利特尔

思想多元化：聘请古怪的人

对于企业早期的产品团队——这个团队往往要创造成败攸关的技术——而言，无论是地点还是时间，它都不适合用来锻炼社交工程师。在一支新组建的队伍中找到适合的人才并激发出他们的工作热情是企业早期阶段的另一个标准。比如，如果用户界面（UI）设计师符合你需要的人才标准，但他很有可能是一名女性或有色人种，那么，你就中了头彩。但人才是第一位的。

除了聚焦于种族或性别的多元化，创业企业的创始人还应该寻找“思想的多元化”，寻找可以真正创造独一无二的产品的“破坏性”思想者。不仅要让他们成为创业团队中的中坚力量，或许还需要让他们不被谷歌、苹果和脸书的邀请所吸引，因为这些企业让其他公司现在聘请工程师人才变得非常困难。

> 大多数创业企业的产品管理和产品营销职位都有空缺。这是最为关键的职位。定义产品，明确产品是什么及如何定位实际上是由CEO完成的。
>
> ——VanEdge资本　莫·克曼尼（Moe Kermani）

当你开始为团队寻找这类有些古怪的人时，一种叫“盲选”的新公司招聘法则非常流行。在招聘中，招聘官倾向于招聘和自己相似的（如相同的背景、相同的毕业院校及地理位置）人员，为了减少这种偏见，盲选在初步筛选的过程中隐去了应聘者的人口统计特征。一部分硅谷的创业公司将这种方式作为提高员工多元化程度的一种策略。

履历多元化：新手和大公司员工的混合

大部分创业企业都推崇创业新手的热情和18小时工作制，也把他们作为必要的组成部分。但新手通常缺乏两样东西：生活与视野。引进更多成熟的员工将帮助你扩大规模，尤其是在管理层级上，企业不仅需要那些有创业经历的人，还需要来自大型机构的人（带着优秀的实践经验）。所有员工都有创业终历的团队太过单调了。

地理多元化：世界很大

地理多元化不仅仅是让南达科他州（South Dakota）古怪的开发人员在家办公，它也可以是指在大学城（在这里，你拥有一个人才库而不局限于本地仅有的人力资源）附近启用太空办公室，甚至在乌克兰或印度使用研发中心。然而，你需要保证，如果你计划打造这样的多地甚至全球办公格局，你就需要同时建设合作、沟通和适宜的企业文化来维持团队的运行，不论团队成员身处何方。

> 如果团队从一开始就必须在地理上分散，那么创始人也应该来自不同的地方。一个遥远的办公地点就像刚出生的幼鸟，只依靠从总部母亲那里"获取食物"将无法生存。
>
> ——Nexus风投公司 基什努·巴塔查尔吉（Jishnu Bhattacharjee）

性别和种族多元化

企业成立的第二年，公司从幼年发展到成年，这时，企业招聘的焦点从"独立贡献者"转向"管理者"。现在，是时候关注性别和种族的多元化了。为了实现这个目标，在任命团队每一个管理职位的最终入围名单时，应当包括女性候选人和其他肤色的候选人，这又被称作鲁尼规则（The Rooney Rule）。像即时通信平台斯莱克（Slack）那样，让它成为一项人力资源政策。[1]

多元化不仅仅是性别多元化，我们也关注年龄和种族。我们希望看到团队成员拥有不同的见解。

——天使投资人 弗兰·豪泽

按照组织结构图招聘

每到一年之中的招募时期，职业运动球队就会面临一个困境：它们是应该按照需求（比如一个篮球队需要一名强大的前锋）招募，还是招募能够招募到的最佳球员？（当开始招募时，同样的篮球队会发现，能够招募到的最好球员可以肯定是控球后卫，但球队中通常已经有一名相当不错的控球后卫了。）

当创业企业开始扩张时，也面临着同样的困境。你的产品正在稳步发展，因而需要一名质量管理（QA）人员来牵头测试工作。这时，一名你的编程人员赛思（Seth）告诉你，他以前就职的公司中主管社交媒体和营销拓展的萨拉（Sara）正准备加入创业公司。萨拉绝对是目前你能够招募到的“最佳球员”。因此，你将质量管理的职位给了萨拉。你想，这真是不错的收获——这个人马上就能发挥作用。

这种策略存在的问题主要有两个方面。首先，你还是没有负责产品测试的工作人员。你试着让编程人员挤一点自己的编程时间来做测试，以使产品符合要求并寻找可能的瑕疵。但是，编程人员不是测试人员——他们在测试方面糟透了，并且讨厌自己原本用于本职工作的时间被占用了。因此，当产品投放时，最终发现瑕疵的是市场而不是企业中

---

1 “Inclusion and Diversity at Slack，” Slackhq.com。

极有能力的质量管理人员。

> 在调查新招聘的员工时，我极其强调从非正式渠道了解其相关信息的重要性。查看领英上的信息并找到相互之间的关联。检查他们的品质、种族和领导能力。记住：大部分创始人还不是领导者。他们或许制造过产品，但并不一定在这之前带领过团队。
>
> ——天使投资人　弗兰·豪泽

其次，如此使用人才会使萨拉非常无聊。她是一名社交媒体主管，然而，在公司工作的头四个月，由于公司还没有发布产品并且以隐形的模式在运作，她只能充当一名优秀的小兵，帮助公司做一些她不擅长的事情。她就像一只离开了水的鱼，慢慢变得失望。同时，她的前任老板要到一家新的热门创业企业就职，而这家公司刚好需要一名社交媒体工作人员。故事的结尾你能猜到。现在，你既没有质量管理人员，也没有社交媒体主管了。

教训是什么？按照公司的特点创建一张组织结构图，然后按照这张图去招聘。

让你的投资人加入

请记住，除了自己和早期团队，最期待你的公司成功的就是把自己的金钱交给你的人，即投资人。这就是说，当你创立公司时，你应该让投资人加入两个关键领域：在你的朋友或家人关系网之外寻找人才；面试上一条所确定的候选人。你的投资人，尤其是有经验的风险投资者，拥有合格的技能和公正的态度去询问候选人严厉的问题，并识别出可能破坏企业平衡的人。同时，他们在面试方面比你更有经验，因此，将他们利用起来，然后把他们的建议与你自己的经验和判断结合起来。

投资人也应该在初次识别人才时发挥积极的作用。他们拥有你没有的关系网络，特别是他们曾经投资过的公司中的员工。优秀的CEO管理董事会就像董事会管理他们一样。给他们一些简历，让他们和你一起识别人才。

尽可能外包或虚拟化

此外，关于创业企业的招聘还有一个新的观点：全职雇员应当是特例，而不是常态。全职雇员会带来沉重的工资成本、管理责任和雇员流失等问题，所以你应当只把最关键的业务职能设置为全职。（事实上，如果你的员工来自欧洲，解雇他们是一次漫长且代价高昂的冒险。）因此，在你对这条建议不屑一顾之前，问问你自己：这个新的职位将发挥什么作用？它对企业的运营来说有多重要？它可以以更便宜的方式或不同的方法完成吗？

> 我们在寻找具备这三种品质的创始人。第一，我们想要有竞争力的创始人——极为睿智的强大的沟通者。如果我们由一位有才能的执行官领导，他会是我们愿意追随的人。第二，我们想要有资深专业基础的人，尤其是在创业企业领域。第三，我们在寻找拥有坚韧品质的人，他会尽自己的一切努力让公司获得成功。
>
> ——柏尚风投公司　布莱恩·范斯坦

在我们所了解的创业企业中，没有一家需要全职的CFO、人力资源主管和法律事务负责人。有很多其他的选择（包括已经将其股份套现的企业创始团队成员或正在寻找非全职工作的资深科技人士），在这里一个固定的人员可以同时为三到四家公司充当兼职的、按需配置的资源，而你只能从全职人员身上得到这些服务的一部分。

这种雇用哲学唯一最大的心理障碍在于核心技术。直到最近，即使是采纳了“虚拟”或“按需配置”观点的公司，技术也必须在同一屋檐下的公司内部完成。而其他的一系列因素（旧金山湾区的房地产价格，谷歌、脸书和苹果雇用了顶级的开发者，以及对职住平衡的新关注）都会促使公司同意聪明的编程人员不必坐班。他们虽然是全职的工作人员，但现在开始接受新的观念。下一个倒下的多米诺骨牌是外包。印度、中国和乌克兰开始建立技术中心，招募了可以按代码计费的有才能的技术人员，很多企业由于自身没有能力找到和吸引相关的技术，因而愿意冒险一试。它们发现，通过电话会议和偶尔的现场拜访，它们可以得到在本地完成工作的结果，而成本却低于后者。而皇冠上的明珠——CTO及其主要的助理人员仍然要设置在公司内部，但除此之外的企业职能现在都要接受这样的审问：“它真的是一个全职的、公司内部的职位吗？”

组建执行团队

CEO

当你做好创业企业的启动工作后，是时候考虑扩大视野并吸引更多的人员来投入战斗了。重要的问题在于，他们中是否有一个人应该成为CEO。有三种选择：

- 你在创立企业时就有明确的人选，希望他成为相当长时间内的CEO，而直到企业成立后这一切都没有发生变化；
- 你在创立企业之初担任CEO，但随后发现自己不再对此感兴趣或是无暇继续担任；
- 你希望继续担任CEO，但董事会另有想法。

创业企业的CEO人选通常由创始人和参与投资的风投企业决定，其任职时间可能非常短暂。同时，它也应该如此。你有了一个非常棒的创意，而且有能力聘请一个团队并最终将产品投放市场，但这并不意味着你是长期领导公司的合适人选。简言之，你可以选择去证明自己是合适的人选，但出任CEO并不是作为创始人的你与生俱来的权利。

一名企业家唯一需要做的大事就是找到一名导师。当你开始人生的新阶段时，拥有一位比你年长、对你关注的前辈是一件好事。99%的企业家都说，他们没有遇到那样的人。

——展想集团（SandHill.com）

创始人、出版商　M. R. 兰加斯瓦米（M. R. Rangaswami）

与我们合作的企业中，超过半数都在第二年年末聘请了新的CEO。这通常是因为创始时期的CEO意识到自己的魅力已经消失了；同时，销售、营销、人力资源和财务等运营管理职能并没有构建团队（和/或产品）那样有趣。因此，这个最初担任CTO或CSO（首席战略官）的开拓者会开始招聘自己的接班人。但我们也看到了这样的情况，即创始的CEO认为自己是合适的人选，并且就董事会的意见（或决定）提出了异议。在这种情况下，这个人也很难长久地待在这个职位上，即使最开始这是“他的公司”。

销　售

现在，你需要做两个决定：什么时候开始招聘第一批销售人员？以及这次招聘的级别有多高？我们的一位名叫肯蒂克（Kentik）的大数据分析公司客户有一位具有销售背景的联合创始人贾斯廷·比格尔（Justin Biegel），但这的确是一种罕见的情况。大部分公司觉得应该招聘第一批销售人员的时候，是产品已经处于测试阶段之时。第一次招聘的人通常是一位外向的销售工程师，他了解技术，并且与纯粹的销售代表（可能没有把产品了解得很透彻，但在销售产品时非常努力）相比，他能够更好地与早期客户建立联系。

> 每一个创业企业都希望提升销售或营销。对B2C（企业对消费者）公司来说就是营销，对B2B（企业对企业）公司来说就是销售。
>
> ——阿尔托斯风投公司（Altos Ventures） 浩南（Ho Nam）

真正的销售副总裁［或者“首席营收官”（CRO），这是他们现在的称号］很少在早期加入团队。在这个阶段，你需要可以积极销售产品或服务的人，而不是能够管理销售代表及其销售区域的人。因此，无论头衔是什么，你最初的销售人员（或团队）应该只是实际从事销售工作的人。也许他们可以成长到副总裁的角色，但可能性很小。

> 营销副总裁是最难寻找的角色，因为他的工作与信息和数字同时相关。产品定位和信息沟通后，就紧跟着数字——漏斗与渠道。
>
> ——Nexus风投公司 基什努·巴塔查尔吉

苏莫日志的故事（续）

尽管最初的团队（克里斯琴和库马尔）只有两位不太具备管理经验的技术专家，但他们的风险投资公司格雷洛克并不担心这一点，因为两位创始人希望引进有经验的专业商业团队来经营企业。格雷洛克愿意支持克里斯琴和库马尔。在第一年中，当他们有需要时，格雷洛克提供了充分的支持和建议来运营企业。而他们所需要的，是在早期引进一位有经验的“产品人”。阿西姆帮助他们寻找这样的人，并最后找到了布普洛·库尔蒂奇（Bruno Kurtic），他曾在2010年担任过数据存储软件提供商SenSage公司产品管理部的创始副总裁。

没有创始团队成员有机会或有兴趣出任CEO，虽然这一点很明确，但他们感觉到：大家只要能像团队一样合作，他们就可以一直做这项工作，直到设立或引入全职CEO的时机成熟。

这里，Crowded Ocean公司必须插话了。当我们第一次见到苏莫日志团队成员的时候，他们很自豪地告诉我们，他们的一切决策都是“协商一致”做出的。同时，他们也是这样认为的，因为我们与苏莫日志公司合作了14个月，在最初的几个月中就发现了这一点。（需要注意的是：我们并不建议将“一致”作为一种管理原则。尽管在理论上这是值得称赞的，但它可能与创业环境下的快节奏相矛盾。）苏莫日志公司能成为至今为止与我们合作时间最长的企业，这就是原因所在。

最后，2012年初，在公司正式启动和第一个产品发布后，创始人同时解决了他们对CEO和销售的需求。万斯·卢瓦塞勒（Vance Loiselle）于2012年春季加入，出任CEO并带来他的企业直销小团队。克里斯琴回忆道：“我们在企业文化方面经历了重大的转变。这就像进行了一次集体的电休克治疗。”一方面，销售人员不可置信地积极，迫使产品部门做出改变；而产品设计师已经习惯了自己的节奏和环境，从未感受过如此直接的压力。另一方面，来自大公司销售环境的这个小团队也从未被告知“不”或者你“滚”之类更直接的表达。

推荐阅读

1.“The Startup Genome Project，” *http*：*//bit.ly/2fYTY0u.*

2. Aileen Lee，“Welcome to the Unicorn Club，2015：Learning from Billion Dollar Companies，” *http*：*//tcrn.ch/29n96Qj.*

3. Claire Cain Miller, "What it's like to risk it all in Silicon Valley," *New York Times*, February 27, 2016, *http*: *//nyti.ms/1QlX4IY.*

4. "Conducting Employment Interviews—Hiring How To," *Wall Street Journal*, *http*: *//bit.ly/2fxiCHh.*

5. Anita Woolley, Thomas W. Malone, and Christopher F. Chabris, "Why Some Teams Are Smarter Than Others," *New York Times*, January 18, 2015, *http*: *//nyti.ms/2fZ2I6Q.*

6. "Inclusion and Diversity at Slack," Slackhq.com, *http*: *//bit.ly/2fxiE1I.*

7. "Huge study finds that companies with more women leaders are more profitable," Qz.com, *http*: *//bit.ly/2fZ0LHs.*

8. Claire Cain Miller, "Is Blind Hiring the Best Hiring?" *New York Times Magazine*, February 25, 2016, *http*: *//nyti.ms/1TAF7rf.*

THE ULTIMATE
START-UP GUIDE

第7章

让蓝图落地

莉莉·汤姆林（Lily Tomlin）

通向成功的道路总是在建设之中。

克劳德·奥切安

90%试图走上成功道路的企业，最终只看到“此路不通”的标志。

在第5章中，我们集中讨论了奠定企业的基础，包括企业建立过程中核心内容、虚拟化职能和商品元素的差别，如何开发你的早期客户，如何制造早期产品，以及如何将客户开发与产品开发联合起来实现早期的成功。

但是，现在的情况则是：消费者，甚至企业中的产品人，都不可避免地忽视了全局——他们只看到了你允许他们看到和购买的东西。现在，是时候退一步思考并提醒自己关注全局了，然后，去迎接挑战吧，让你的“早期采用者”在构建整个蓝图的过程中保持满意（或者将他们转变为产品的支持者或粉丝）。

全面的视角：愿景–功能连续体

我们的客户中，只有极少数能够清晰地表达出自己正在构建的全面视角，或者是因为自身在早期阶段（第一批产品、第一阶段的销售）精力非常集中，或者是从与创始人早期的交谈之后，想法就已经存在于他们的脑海中，但还没有清楚地表达出来。为了帮助他们清晰地勾勒冒险途中的各种景象，我们创造了“愿景–功能连续体”（The Vision-Function Spectrum）这项分析工具（见图7–1）。

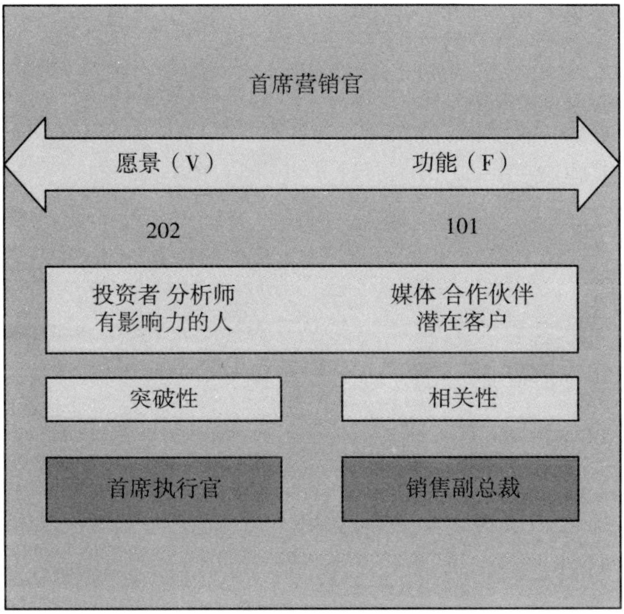

图7–1　愿景–功能连续体

关于愿景–功能连续体，首先需要注意的是你所期望的不同类型的销售或营销对象的数量。这对大部分创始人来说非常意外。虽然，愿景是你的最终（也是最重要的）目标，但它绝不是唯一的。在销售你的解决方案的过程中，你至少应当关注六种对象。如果你将现有的和潜在员工考虑在内，你关注的对象会更多。记住，无论是为了吸引他们还是留住他们，你一直都在对他们进行销售，或者完美的情况是，你把他们变成了产品或企业的热衷支持者或粉丝。

让我们从这些数字开始，即我们按照自己的想象设定的“101”和“202”。作为你的核心产品，“101”是你最大的市场风险，也是你验证企业的愿景与核心技术的第一个证据。“202”是已经成立的企业和已推向市场的产品或解决方案，是投资者把钱投入到公司的原因，也是分析师们对你表示关注的理由。

愿景是企业CEO（在没有进行区分的情况下也是创始人）的管辖范围。他们的工作是建立一种能够吸引资金、市场兴趣和员工的愿景。这里的关键在于建立一种非常具有创新性和突破性的观念，让它创造新市场的新的需求层次——它们可以让企业获得200倍的投资回报。

> 选择一个规模小但具有竞争力的团队开始，但在你明确该如何建立团队之前不要做进一步的工作。同时，不要只挑选自己认识的人，他们或许不是这项工作的最佳人选。
>
> ——Cogniance公司CEO　迈克尔·施雷曼（Michael Shraybman）

那么，既然愿景对于企业的未来十分关键，为什么只能让你的投资人、有影响力的人和分析师在签署了保密协议的情况下才能知道呢？答案在于连续体的“F”（功能）方面。

如果愿景的关键词是“突破性的”，那么功能的关键词就是“相关的”。企业产品或服务与目标对象的相关性如何？它可以为企业现在的潜在客户解决重要而紧急的问题吗？它可以创造出可以点击或分享文章的阅读者吗？对于企业而言，具备“相关性”和“突破性”同样困难。

F方面的主导者是销售主管。此人的工作就是销售企业现在拥有的东西，而不是销售企业规划之中的未来将拥有的东西。你希望以自己可能的任意一种方式帮助这位销售人员，因为他销售得越多，你的企业、你的解决方案及背后的团队的市场接受度和认知度就会越强。这样的力量有助于建立市场动能，而市场动能反过来会改进企业在资金募集、招聘等方面的定位。

不过，请记住，虽然愿景（V）在为企业筹资的过程中非常重要，但它也有可能侵蚀你的收入。早期销售意味着你在和不完善的产品打交道。这样是正常的，因为你和你的潜在客户及“早期采用者”都知道这个情况。但是，如果他们觉得创业前景一片光明，即使是最愿意冒险的风险接受者也会推迟其决定。换言之，你不能让V冻结了F在销售上的努力。

第一阶段：从全局开始，然后逆向工作

在大多数创业企业中，首先发布的产品会吸引最多的人关注，考虑到早期销售对长期成功的重要性，人们关注这个产品应该是什么样的。但是，这个问题应该放到更大的背景下考虑——不仅要考虑公司内部的因素，还要考虑与客户、具有关键影响力的人和潜在投资者的谈话内容。

> 大部分企业家都放弃了对过程的全面关注，他们没有在一开始就确定好以下问题的答案：我们的方向是什么？我们如何到达？我们如何扩大规模？我们如何筹集资金？如果没有回答这些问题，就像在没有设定导航系统的情况下驾车远行。
>
> ——Cogniance公司CEO、连续创业家 尤哈·克里斯滕森

对大部分企业来说，需要经历两个主要阶段。还记得“101”代表你面临的首个市场风险和核心产品吗？它们是员工所创造的东西，在理想的状态下，也是你的客户希望购买的东西。我们可以使用房子来进行类比，它是地基和修建房子第一件需要做的事：地基就在原地，但具体如何修建却受到房子其他部分的影响。

“202”代表整座房子，需要修建和使用。它是愿景的完全实现，也是你创立公司、投资人投资及客户如此喜欢你的原因。无论是通过收购还是IPO，“202”都是你可以成功退出的临界点。

第二阶段：蓝图

如果第一阶段是关于愿景和你的最终目的地，那么第二阶段就是关

于你如何到达目的地的地图。

你的创始团队及专家、潜在投资者和未来的员工，决定了企业需要解决的问题和可以解决该问题的产品或服务的特性。现在，是时候将愿景变为现实了。

在这个阶段，脚踏实地的务实态度才是真正重要的。哪些人会成为解决方案的潜在购买者？人数会是多少？这些购买者身份是什么或来自哪些公司？他们愿意支付多少？获得的成功是可复制的吗？你能够将运营规模化以满足需求吗？

在大部分创业公司的生命周期中，都存在一个忽略潜在反对者的阶段，企业当时只顾朝着前方全力推进。但现在，还不是时候。现在，企业应当聆听市场的情况，去了解第三方给予的客观评价，以验证你拟解决的问题和提出的解决方案。企业的潜在投资者希望知道你所服务的对象是谁，服务对象的数量有多少，他们反馈的意见是什么及他们接受服务的意愿有多强烈。在缺乏市场验证的情况，你就不能表现得信心百倍。

> 这一阶段面临着两种挑战：第一种是执行；第二种是练习聆听——他们真的愿意聆听来自市场的反馈吗？
>
> ——加速合伙（Accel Partners）公司　李平（Ping Li）

当企业通过了市场的验证（或在根据验证信息对产品进行调整之后），就该构建走向市场的蓝图了。蓝图将包括产品计划、预算和日程安排。同时，它也应当确定企业中每个成员的角色：自己、员工和第三方。

我们继续使用修房子的比喻来说明。当你构建蓝图时，也是在定义你所需要的所有成员：修地基的、修水管的、修屋顶的及电工等。

构建市场化的策略也是如此。在将来，你需要以下这些资源，对你而言最重要的决策就在于这些资源中哪些需要在公司内部完成（无论是通过把工作分配给现有员工还是雇用新员工），而哪些需要在公司外部完成。

- 网页设计和开发。
- 公共关系（没有它公司无法启动）。
- 数字营销。
- 搜索引擎营销。
- 内容（白皮书、案例研究、数据清单、使用说明、演示及页面文案）。
- 搜索引擎优化。
- 视频（说明、使用说明、关键应用和证明材料）。
- 设计。
- 自动化营销系统。

> 少即是多。如果你认为自己有关注的焦点，那么就更加专注。如果你有10件事情需要做，就把它们排序，然后去掉靠后的9项。
>
> ——Nexus风投公司 基什努·巴塔查尔吉

我们观察到，许多客户都是在这一阶段陷入危险。他们希望尽可能地让这些工作在公司内部完成，要么是为了节约资金，要么是由于自身把营销看得太容易，要么是对自己的员工评价过高。我们把这种趋势叫作“内包化”。然而，这种趋势是危险的，原因有两个：当你“竭尽全力”来启动企业时，这些员工已经找到了全职工作；所列举的原则需要一名专家来负责，其工作方式需要与修地板和天花板的人一致。在投入

“核心”及将营销和产品销售外包的模型或原则中，让企业的营销以虚拟化（在保持营销策略核心地位的同时）的方式实施。

> 我们都极为专注。一旦开始，我们在画布上所描绘的图景在初始的三年中都不会改变。知道自己的发展路径是真实的，而且我们拥有实现这一目标的关注点和资金，这对我们而言是颇为奢侈的事情。
>
> ——雪花算法公司创始人

第三阶段：构建

第三阶段的任务是执行企业的愿景及根据愿景构建蓝图。这一阶段从一项基础性的决策开始：你是自己充当总承包商来监督和管理整个过程，还是将这项使命授权给第三方来执行？在第6章中，我们谈到了资源的多样性，它既可以通过完全的商品化来实现（人力资源、财务和法律），也可以通过虚拟化或外包（工程和招聘）来实现。这些资源都是为企业的长期经营服务的，所以，你必须掌控它们而不是被它们的活动所吞没。

让企业走向市场时，尤其是与企业启动相关的一系列活动，需要具备丰富多样的市场资源（如网页设计、需求创造、销售或营销系统等）和协调这些资源的时间与能力，将它们整合到一个整体计划之中。出于上述原因，再考虑到每个企业成员（从你开始）已经是全职员工的事实，我们强烈建议让企业外部的第三方来管理企业本阶段的业务。这样既能让你将精力集中于产品开发过程及与各方的会谈，包括潜在的客户、合作伙伴及分析师；又能让你开始着手规划企业未来的发展目标，即在启动之后企业的计划。本阶段的职责包括如下6个方面。

- 控制产品开发，包括客户反馈。
- 由于现阶段你在负责整个销售部门的工作，又在负责第一批销售人员的招聘，因此，你需要让至少3个客户同意参与到企业的启动中——这意味着他们让产品组装好并顺利运行，他们对于所看到的东西评价非常积极，同时（也是最重要的），他们愿意与媒体和分析师分享他们的产品体验。
- 与营销团队一起设计新的网站。
- 聘请企业启动后所需的销售和支持团队。
- 聘请一个公共关系和社交媒体团队，与它们一起设法让企业出现在媒体和有影响力的人面前并保持持续性。
- 作为市场专家，你正在训练你所聘请的营销团队，训练的内容是与你的每一个可能的受众相关的方面：

  ——如何定义它们（没有听起来那么容易）；

  ——如何与它们接触；

  ——如何鼓励它们行动（示例、下载、申请更多的信息）；

  ——建立联系后，如何吸引它们参与进来；

  ——如何让它们购买。

苏莫日志的故事（续）

在企业启动的准备过程中，苏莫日志团队仔细考虑了它们的愿景在多大程度上应该（以及能够）得以开发、测试、验证和发布，以实现市场影响力和建立渠道。最终，“101”产品能力和“202”愿景下的产品存在的一项显著差别，变成了云计算服务的“推动分析”的能力，同时，也是一种社区元素。在Crowded Ocean的研讨会上，我们惊叹于创始人宏大的愿景和长远的战略与产品计划。他们确信，不仅相当大比例的市场会认可和欢迎云基础方式的结构化优势，而且，他们可以利用这种方式创建一个安全的社区，在这个社区中，客户们可以安全地进行跨企业的分享与合作。

最初，目标是让所有的这些元素都活跃起来。为了提高早期的市场接受度，并在测试产品第一次试验后就能成功销售，随后可以在购买前试用30天，团队最终决定暂停部分愿景之中“202”能力的发布，未来再进行发布。这一决定优化了企业的启动、销售和支持等工作的重心，并将开发进程提到了优先的位置。

推荐阅读

1. W. Chan Kim and Renée Mauborgne，*Blue Ocean Strategy*：*How to Create Uncontested Market Space and Make the Competition Irrelevant*（Boston：Harvard Business Review Press，2015）.
2. Malcolm Gladwell，*Outliers*：*The Story of Success*（New York：Little，Brown and Company，2008）.
3. Paul Arnold，“What It Takes to Grow Your Startup 500% in Months，” Firstround.com，*http*：*//bit.ly/2fhqDwO.*
4. Ross Paul，“How to Grow Your Startup 3000% in the First Year，” Tech.co，May 26，2015，*http*：*//bit.ly/1Fa1KI0.*

THE ULTIMATE START-UP GUIDE

第8章

风险投资者与顾问

丹·莱维坦（Dan Levitan）

从风险投资中赚钱的方式有很多，但碌碌无为的投资可能就更多了。

克劳德·奥切安

从风险投资中获利就好像从好朋友那借钱或从黑手党手中索要钱财。

在创业领域，没有什么比CEO与风险投资者之间的关系更重要或更复杂了。即使身处同一个董事会（假定某个风险投资项目在董事会的成员不止一位），你也可以发现，CEO和风险资本家对这一关系的看法截然不同。

一方面，我们听到这样的说法："这个伙计完全是我的障碍。我无法做任何正确的事情。他好像希望我失败，然后接替我的位置。"我们想对这样的人说，不要太想当然了，这个伙计和你一样，对企业和你的成功投入了很多。

另一方面，我们也听到不同的说法："我的风险投资者就像是我的兄弟（最好的朋友）。我真的每件事都非常依赖他/她。"我们想对这样的人说，不要太想当然了，你的兄弟（最好的朋友）不会解雇你的。

选择合适的风投合伙人

这看起来像一个奇怪的话题，因为根据定义，"合适的风投"是唯一有兴趣向你提供风险投资协议书的人。在这种情况下，这位风投合伙人无论有多少缺点，看起来都是相当不错的。然而，让我们假设你的推介工作做得很好，企业的产品积攒了一些口碑，你对可实现的收入增长计划雄心勃勃，并且拥有选择权，那么你现在应该考虑以下两个方面。

> 新手创始人既要关注要向哪些人筹集资金，也要关注资金的数量与结构。
>
> ——阿斯贝克风投公司　赛瑞西亚·格武

- **领域专长**　无论是对于 CEO 还是风险投资者，这都是头等大事。一个出色的不了解市场的伙计或姑娘就只是一名出色的伙计或姑娘，不会成为你的风投合伙人。扎实的商业经验和建议并不足够，如果候选人不具备领域专长，请继续寻找。
- **性格适合**　除了领域专长，性格也是选择风投合伙人时务必要考虑的方面。你或许会感到惊讶，CEO 和风险投资者都认为他们之间的关系就像家人（兄弟）或夫妻。然而，不那么意外的是，我们发现，许多 CEO 仅仅是因为受“嫁妆”（风险投资协议的条款）的吸引就让自己陷入了糟糕的婚姻之中。即使“嫁妆”已经消耗完毕，婚姻关系还依然存在。

如果你遇到了满足上述要求的风险投资者，签下协议吧，即使这样会在谈判桌上给对方留下一些议价空间。我们再次强调，下面这些都是 CEO 和风险投资者共同提出的建议。

- 仔细开展背景调查——不要只关注风险投资者的“全垒打”怎么样，也要关注“一垒打”和“三振”如何。确认他们向你提供的历史记录是完整的。

> 我希望创始人对我进行背景调查。如果他正在做这样的功课，他就应该在询问我的成功的同时也问问我的失误。
>
> ——先进科技风投公司（Advanced Technology Ventures）
>
> 史蒂夫·巴洛夫（Steve Baloff）

- 风险投资者的内部能够为你提供便利的服务吗？这是风险投资行业近期出现的发展趋势，即在年轻的创业企业所需要的领域创造和提供一些企业内部的服务。门罗风险投资公司（Menlo Ventures）近期宣布成立一个名为 FUEL 的内部资源中心，该中心拥有销售、营销、商业开发和人才（招聘）方面的专业技能与资源。其他企业还提供内部的房地产服务、“租赁 CEO”服务及“租赁律师”服务，为企业建设核心基础设施提供快速通道。（参见第 5 章关于核心与虚拟化和商品的内容）。
- 你的风险投资者是否具备一定的声誉？他是否向客户引荐初次的销售机会？如果有，就是一个很大的加分项。

> 所有的风险投资者都会声称自己拥有招聘和营销方面的资源。如果希望得到介绍和宣传，你需要他们；如果希望得到引荐，你也需要他们。不要因为哪一家风投公司更大，就被迷惑，以为它们能够提供更多的支持。我们有好运气，而另一些人则没有——但这些都取决于你的投入。
>
> ——肯蒂克公司联合创始人
>
> 埃维·弗里德曼（Avi Freedman）和贾斯廷·比格尔

- 一些 CEO 十分看重具有企业运营经验的风险投资者，甚至拒绝与过去没有担任过类似职位的人交流。虽然这种情形有些过于极端，但你能够理解其中的意义。如果这一点对你而言很重要的话，就应该弄清楚并据此做出合理的安排。

- 核实你的风险投资者当前在多少个董事会任职。在诚实的状况下，大部分风险投资者如果告知他们在超过7个或10个以上的董事会任职，就意味着你无法获得一名新手创始人所需要的关注和时间。这也意味着，你遇到问题时无法获得风投合伙人及时的反馈。
- 最后，风险投资者支持或替代新手CEO的口碑如何？当然，这一点有些微妙。但是，在签署协议之前，你值得这样去调查，即使看起来略显尴尬。

> 董事会最重要的工作就是聘用CEO。或者，在某些情况下，是解雇CEO。
>
> ——阿尔托斯风投公司　浩南

建立关系

如果你和风险投资者的关系变成了“单行道”，你就陷入了困境。或许，你仍然能够从他们敏锐的商业头脑中受益，但无法获得以指导、信任和亲密为特征的良好关系。

我们的朋友吉姆·戈茨认为，在与新任CEO接触的第一年中，最重要的就是“亲密”。尽管亲密这个词在男人的世界中很少被用到，但是，大部分与我们合作的风险投资者都指出，与CEO建立良好的关系非常困难。一些风险投资者会设定一项制度，即在上午10点以前不安排任何会议，那么，CEO就可以在碰到任何问题或危机时给他们打电话。另一些风险投资者则安排每周一次的公司外部会面，包括一起喝啤酒或咖啡，通过这样的方式来建立起“交易”和办公室之外的私人关系。

建立这种关系需要时间。韦努·沙马潘特（Venu Shamapant）是Live Oak风投合伙公司的普通合伙人。他指出，谈判让风险投资者与CEO坐在了谈判桌的两端。一旦签署和通过了风险投资协议，这张桌子就消失了——然而，一些风险投资者已经习惯的东西比较容易调节他们的情绪。初次任职的CEO或许会对谈判的语气和内容心怀不满，那么双方需要共同努力，排解这些情绪，向共同的目标前进。

在第22章中，我们将会谈到，要确保双方会面是富有成效的，而不仅仅是一次你欺负风险投资者的机会，或者只是在风险投资者面前摆出一副高高在上却不顾别人死活的姿态。实现这个目标最好的方式就是向你的风险投资者询问或分配会议中具体的关键要素，这一点也同样适用于董事会的会议：介绍主要客户，帮助确认未来的团队成员等。你们将共同探讨这些问题。这是一个相互协作的企业。你的风投合伙人也希望你向他们寻求帮助。

请记住，你的风险投资者最终的工作是要为你的努力提升价值。因此，请确保从他们身上获得以下三个方面的建议和帮助。

- **构建团队** 每一个风险投资者、天使投资人或董事会观察员，都（对个人）表示过他们投资的是团队而不是产品。因此，让他们来帮助你构建团队吧。你和你的联合创始人可能非常了解自己所在的行业，因而能够吸引关注产品的人，然而，除此之外，你们的关系网络可能非常有限。例如，你的风险投资者应当为你搜寻一名销售负责人、CMO或某种能加速企业成长的虚拟资源，而不是增加企业的耗资率。理想的情况是，风险投资者的企业具备招聘的能力。即使不是这样，他们也了解最优秀的专业招聘人员。同时，他们也应当积极地参与候选人的面试和录用环节。

- **帮助开展早期销售** 没有什么能像早期的交易一样可以创造初始价值，因此，让你的风险投资者越早加入越好。这项活动应当在你聘用销售副总裁之前就开始。理想的情况是，风险投资者专业的网络关系能让你取得一些早期阶段的成功，这样，企业就可以更早地聘用销售副总裁。
- **帮助企业成长** 这是风险投资者职责中一个需要积极并持续进行的领域。这也是你面临的第一个挑战，但令人欣慰的是，这也是其他人——无论是风险投资者还是企业家都会面临的障碍。企业向哪些部门进行投入，以怎样的次序投入资金，以及何时开始进入销售阶段，运营中的哪些部分可以或应该外包，哪些应当保留在企业内部——所有这些问题，风险投资者有能力并且应当为你提供帮助。当企业从车库起家或从早期阶段的共同掌权发展到更加复杂的组织结构时，企业的规模化需要自身具备灵活性，引进系统和管理制度也是如此，比如在智能设备、组织及与员工的关系中。在这些方面，你应当定期与风险投资者沟通、安排好日程并以更加结构化的方式提升自我和发展企业。

担任教练和导师

这是一个微妙的部分。虽然，你的风险投资者非常确定会发挥导师的作用，但我们强烈建议你应该至少有一位独立于企业和风险投资者之外的导师。为什么呢？因为比起掌握着你事业命运的人，面对一个独立的对象能够让你更好地表达自己。（显然，如果你正在探索如何更好地与风险投资者合作，那么风险投资者就不是导师的合适人选。）

然而，这并不意味着你的风险投资者不能担任教练，尤其是在你的职业发展过程中。问问你的董事会成员，让他们坦诚地告诉你以下这些问题的答案：你是如何召开会议的？你是如何与同事、客户及员工互动的？你如何从一个技术主导型或产品主导型的CEO发展为商业主导型的CEO？

请记住，你就是风险投资者的移动广告牌。如果你和你的企业非常成功，那么它会反映到风险投资者身上，有更多未来的CEO将这位风险投资者引入自己的创业公司中来。因此，不要害怕让风险投资者批评你的表现，也不要害怕和他们一起努力来创造你个人的职业发展规划。毕竟，这是他们的工作。

做出艰难的选择

当问及对什么事情会“爱之深责之切”时，风险投资者和CEO（如果他们诚实的话）恐怕会谈到风险资本的价值。这与前面关于关系、引导和法律顾问的内容并不冲突。但是，请始终记住，你的风险投资者对自己的企业负有信托责任，并且需要维护企业的声誉。所以，如果依赖于风险投资者，你作为CEO受到的束缚将会出奇地少（几乎不可能出现且通常不是很好的事）或者出奇地多（不是常态，但有很多风投公司都在融资后的18个月内更换了CEO）。

> 如果你是一名新手CEO，我们会在任期的开始和任期内的几个关键时点对你进行360度的全方位评估，通常会非常认真地分析你是否适合这份工作。
>
> ——先进科技风投公司　史蒂夫·巴洛夫

帮助你进入下一轮融资

正如你在本书中将会看到的，一名创业企业的CEO有着多重角色。

但是，他一直（或者至少在一个任期里）扮演的角色是筹集资金。例如，很多CEO表示，即使是正在签署B轮融资的投资协议，他们已经开始考虑如何开展C轮融资了。

比你更加了解融资的人（以及拥有资金的人）就是你的风险投资者。好消息是他们并不自私——至少在风投领域是这样。因为大部分的风险投资者会告诉你，如果他们在前一轮融资中是主要投资者，即使继续参与下一轮融资，他们也不希望再次成为主要投资者。因此，他们有动力为你寻找更多的资金。让他们和你一起来确定下一轮融资对象的清单，过滤选择范围，斟酌你的报价并帮助你做出最后的决定。

> 我们正在努力让创始人把精力集中到进入下一轮融资所需要达到的目标上——什么才是合适的指标呢？他们同时需要意识到，6个月前对融资有用的东西现在或许已经发生了变化。
>
> ——阿斯贝克风投公司 赛瑞西亚·格武

苏莫日志的故事（续）

在第4章（“创意”）中我们指出，克里斯琴和库马尔非常幸运地站在了十字路口，并随后与著名的风投合伙人——格雷洛克风投公司的阿西姆·钱德纳合作。阿西姆投身其中，在公司的早期阶段发挥了积极的作用，从招聘和面试企业早期的关键职位，到引导联合创始人在早期推动团队的计划、规模化和融资工作。阿西姆拥有自己独一无二的“剧本”，他与团队一起分享和执行这个剧本，帮助团队取得早期的成功。

苏莫日志公司接下来会和另一个风险投资者合作吗？在目前的技术和团队条件下，我们的建议是肯定的。但是，当主要投资者和合作伙伴变成了另一家风投公司，他们也会成为一家不同于以前的企业，或许也无法达到早期曾经取得的成功。想了解这种独一无二的关系的更多证据及其造成的结果，请阅读接下来两章的内容，了解阿西姆是如何快如闪电地实现一次成功的B轮融资的。

推荐阅读

1. Mark Suster，“What I Would Look for When Choosing a VC—Knowing What I Know Now?” January 22，2014，*http*：*//bit.ly/2ghtg68.*

2. Michael Litt，“The Importance of Choosing the Right VC，” May 18，2015，*http*：*//tcrn.ch/2eGzXhy.*

3. William H. Draper，*The Startup Game*：*Inside the Partnership Between Venture Capitalists and Entrepreneurs*（New York：St. Martin’s Press，2011）.

THE ULTIMATE START-UP GUIDE

第9章 推介与报价

连续创业家

尤哈·克里斯滕森

开始推介企业时，你要从最不愿意合作的风险投资者着手，然后逐步前进。

标准建议

按照你所需要的金额募集资金就好。

克劳德·奥切安

比这个金额多一些。

任何创业企业的创始人都会告诉你：募集资金是残酷的。募集资金时可能让你感到人格受损，让你脱离企业的核心业务，并且这种感觉常常挥之不去，就像和一群鲨鱼在一起玩扑克，它们在发牌之前就知道你的牌。但是，除非你非常富有，或者你的产品或服务获得了广泛认可，否则，你就需要募集资金。

募集资金的工作不适合内心脆弱的人。风投公司最终只会对推介公司中的1%进行投资。如果你的企业是需要募集资金的企业中的一员，募资不成功的概率会很高。彭博资讯（Bloomberg）显示，80%的企业家会在创立企业的18个月内遭遇失败。[1]

由于我们的业务绝大部分都来自风投界，同时，很多与我们合作的创业企业最初都设立在风投公司办公楼的“孵化区”中，所以，我们大量时间都在风投公司的办公地点度过，我们也见证了大量满怀热诚、神经紧绷的企业创始人坐在大厅里，他们念念有词地彩排至关重要的开场白。对企业创始人而言，没有什么比接下来的一个小时更重要了；而对风险投资者而言，这只是一天中召开的六个会议中的一个。所以，创始人所推介的内容及推介的方式十分关键。

---

1 Wagner，“Five Reasons 8 Out of 10 Businesses Fail”。

> 事实上，要让我参加会议，我希望他们对我进行热情的介绍。我已经被邮件和领英中来路不明的联络要求所淹没。他们需要与我所在圈子中的人对话，从而让我决定参会。
>
> ——天使投资人 弗兰·豪泽

推　介

资金募集的准备工作需要数周甚至数月的努力。企业需要搜集产品和客户数据，准备演讲并在真正与潜在投资者会面之前向值得信任的指导者和其他企业家进行试讲。请记住本章开篇时的数据，风投公司只会对1%的推介企业投资。因此，准备和推介工作是非常严肃的事情。

你的展示（无论你是用哪一种载体——Keynote或PowerPoint——来制作或Prezi）极为重要，尤其是当你要提前把它发送给对方并留作回顾之用的情况下。但是，你如何展示也同样重要。

> 当你与风险投资者会面时，你不应当看起来像老鼠遇见了猫。你应当比我们还要努力地去争取，充分利用自己拥有的信息。同时，你还必须记住，对他们而言这是一笔差额赌注，因此，你有能力达成这笔交易。
>
> ——苏莫日志公司联合创始人、CTO 克里斯琴·比德根

演讲的方式

你是在讲一个故事。由于观众会同时对故事和故事的讲述者做出评价，所以不断地磨炼吧，直到把你的故事变得引人入胜和独一无二。

这是一次演讲，而不是一次对话。你可以按照自己希望的方式尽量

发挥自身的魅力，但要注意提供有用信息并把握好时间。你并不希望有这样的感受：你的演讲才刚刚开始，风险投资者就开始看手表并打算起身离开。

> 在会议之前，我试着写下一些东西。我发现，优秀的创始人能够清晰地思考和书写。相反，如果总结或展示非常粗糙，我们就会给出消极的评价。
>
> ——格雷洛克风投公司，阿希姆·钱德纳

坐下来。站着演讲似乎表明你居于主导地位（观众们仰望着你，不是吗？），但这样的推介会实际上与你接受面试差不多。此外，当你站在观众面前时，你更加容易变得焦虑不安。研究显示，坐着进行演讲会有更高的成功率，这大概与坐着演讲营造了一种“我们是平等的”感觉相关。

表现得和蔼和有自知之明。我们接触的大部分创始人都不缺乏自信，当然也不会傲慢无礼。他们极少会表现出自己是在场的人当中最聪明的一个，也不会表现出自己无所不知。风险投资者也是人，而人喜欢和自己喜欢的人一起共事。不要废话连篇。一句“我不知道，我会稍后向您解答”会赢得别人对你的理解和善意，同时，也会给你带来与其进一步交谈的机会。

> 最开始，创始人就代表着公司。如果他们不自知，又无法听取别人的意见并根据自己所学内容做出改变，他们真的会有什么机会吸引风险投资者吗？
>
> ——加速合伙公司　李平

推介的原则与资源

关于演讲风格和结构安排，网络上有很多相关的指南。我们首选的经得住考验的资源是《演说之禅》(*Presentation Zen*)，可以通过书和网站获取（参见本章结尾的推荐阅读）。在线搜索可以帮助你了解创业企业是如何成功推介自己的，在果壳问答网（Quora）和幻灯片共享（Slideshare）之类的网站可以搜到这类资料。例如，在本章结尾的“推荐阅读”中就有顶级风投红杉资本（Sequoia Capital）公司相关人士的融资演讲稿示例。

> 不要让风险投资者终结了你对商业计划的撰写。我看到创始人逐一走访风险投资者，把他们的问题和目标写进下一份商业计划中，直到进入“科学怪人”(Frankenstein)式的推介会。更糟糕的是，如果他们获得资助，就会生产出“科学怪人”式的产品。
>
> ——Cogniance主席、连续创业家　尤哈·克里斯滕森

著名的企业家、演说家盖伊·川崎（Guy Kawasaki）让10/20/30法则声名鹊起。这条法则强调，推介应当包括10页演示文稿，用20分钟的时间来陈述并使用30磅字体。几乎所有与我们合作的创始人，都恨不得在每一张演示文稿中塞满内容。这样做的问题在于，它让风险投资者把时间都放在了看演示文稿上，而不是看你。把这些重要的内容放在推介会后留存的资料中吧。

对每一张演示文稿，你都要进行“那会怎么样或谁关心”的测试。如果你的演示文稿没有很强的目的性和要点，要么就删掉，要么就把它放在演示文稿的辅助信息部分，这些内容只有在被风险投资者问及的时候才会派上用场。所有完整的市场数据、引用和市场研究都应当放在演讲的附录部分。

在与风险投资者的第一次会面中，无论会议计划的时间是多长，你的有效时间只有投资人兴趣高度集中的那十分钟。因此，分秒必争。

——夏斯塔风投（Shasta Ventures）公司
托德·弗朗西斯（Tod Francis）

结 构

以下是你需要记住的关于演讲结构的核心元素：推介就像是第一次约会。在你面对一屋子的推介对象进行演讲时，我们提出两个你需要遵守的原则，无论演讲的听众是投资人、潜在合作者还是媒体或分析师。

从演讲一开始，你就处于销售模式。同时，只需要给听众提供充分的信息，让他们自己询问更多的信息。精心设计你的推介，让它具有艺术感。询问风险投资者，问问他们是否了解市场和自己的技术，问问他们将如何教授和培训自己。

——克拉里公司创始人

第一个原则是避免我们所提到的“一切都是关于我”综合征。在一次糟糕的约会中，男主角可能一直在说关于自己的事情，然后深吸一口气说：“这些就是关于我的信息，接下来让我聊聊我的爱好。”而在推介的场景中，糟糕的推介演讲可能始于你的团队（“谈一谈我们”），而不是听众所关心的内容：眼前的机会。

在推介过程中，如果你将介绍自己及团队的演示文稿作为演讲的开场时，“一切都是关于我”综合征就出现了。你要能够回答“这些对我来说有什么意义”这样富有挑战性的问题。你的听众并不看重你在哪家公司工作，拥有多少专利。因此，把你公司潜在的商业机会和独一无二的定位放在开头吧，而不是以你高中时代的个人肖像一类的图片开头。

第二个原则是避免被我们称为“颠倒层级”的综合征。我们向技术主导型的创始人解释的方式是，当他们进行推介的时候，对很多创始人而言都存在一种需要遵循的技术营销层级。如图9–1所示，这种综合征的层次是下面这样的4个层级。

- 第1层：德萨氢氯（Texahydrochlorophine，你独一无二的突破性科技）。
- 第2层：更白的牙齿。
- 第3层：更多的约会。
- 第4层：更加幸运。

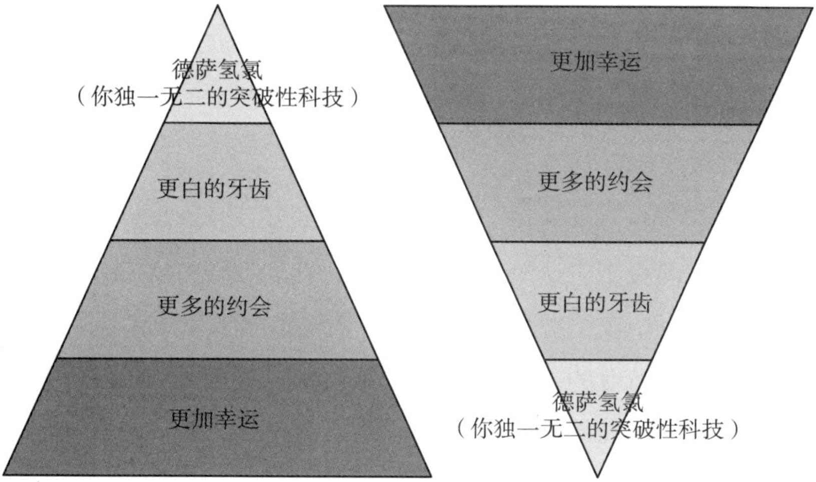

图9–1　颠倒你的故事的层级

事实上，每一家与我们合作的公司都是从第1层开始，自上而下向第4层延伸。他们的技术是市场上最新的东西（如正在申请的专利），因此，这种技术被认为应该成为我们所有人聚集在这里的原因。实际上，这是错误的。我们聚集在这里的原因和“一切都是关于我”综合征里的原因一样：机会。这意味着，你应该当从第4层开始，而不是第1层。

我们的客户需要学习的是，从“更加幸运”（最终的结果）开始会更好，随后再展示为什么德萨氢氯是达成这个结果的最佳方式。我们需要用观众的自身利益去吸引他们，而现在你需要用证据来支持它。另一种方式是，从德萨氢氯开始，并且不得不对其进行详细的解释，然后，自下而上地引导你的听众，即按照更白的牙齿、更多的约会、更加幸运的顺序。这是一条非常费劲的路径，而沿着这条路径介绍的过程中，你非常容易失去观众。相反，通过从价值层级的最顶层开始，你可以向听众表明你在沿着他们的思维线索（基于销售方案的长期市场影响力）与短期注意力（请看这项神奇的技术）进行思考。

> 如果你不能向潜在风险投资者之类认真聆听演讲的人表达自己的价值定位，那么你将面临困境。一位创始人必须具备这种核心能力，表达出定位以招募自己的团队。
>
> ——红杉资本　吉姆·戈茨

另一个风险投资者认为，企业家存在失误的地方是在市场分析中花费了过多的时间。我们观察到客户使用了大量的时间研究不同来源的资料，从此对某一行业的市场价值和预期收益进行分析，并试图用市场知识和新产品将来潜在的市场份额征服观众。但是，市场数据就像一份手稿，只要投入充分的时间和努力，任何一个人都可以通过寻找自己需要的东西来支持自己的定位。请相信我们，风险投资者比你更熟悉这个领域及相关的数据，这也是他们出现在你的清单中并同意会面的原因。他们想知道的仅仅是市场本身足够大，而你在市场中的份额也将具有竞争力。所以，你应展示这些数据（以表明你做了这些功课）并向风险投资者报告，以此来确认他们的看法是否与此相符。请记住，你是在尝试把演讲推向你是某一方面——解决方案和潜在的能力——的专家。

> 当创业者可以回答“为什么是现在”和“为什么是我们”的时候，我们才会真正相信这家公司及其发现的市场机会。
>
> ——加速合伙公司　李平

到目前为止，我们都在提醒你哪些事不能做。那么，当你开始一场演讲时需要做什么呢？告诉听众你为什么站在这里——为了进入市场并获得市场认可和相应的份额，你将要做什么。然后，任何一位聪明的听众都会开始思考核心问题：这些对我来说有何意义呢？

这里，我们谈论的不是用自我吹嘘和A型行为（Type A behavior）来冲击听众的头脑。我们谈论的，是一种目标或承诺，即你相信自己可以完成或实现你的目标。以下是我们过去的客户所经历的一些例子。（注意，使用下列表达时，如果是在投资者推介中，你应当用“我们有能力……”这样的表述开头；而在销售推介中，你应当用“如果我告诉你，你有能力……”开头。）

- **卫特新**　“……见证你的每一个应用是如何在为每一位用户服务的？”（在 1995 年，甚至没有人可以接近这个目标。）
- **ThousandEyes**　“……在整个工作过程中的任意一个节点——从开始到结束，用几分钟而不是几天的时间，将每一个独立的 IT（信息技术）性能问题分离开。”
- **Thrutu**　“……使用电话的同时，分享不同种类的信息和媒体——一切只需轻轻一按，无须中断电话？”
- **Trifacta**　“……让商业分析师直接接触大数据的同时，让数据分析师和科学家拥有十倍于以前的生产力？”

- **苏莫日志** “……在无须任何查询的情况下，知道你的IT基础设施所发生的一切变化？”

> 对科技企业而言，将信息整合到个别的价值定位，整合成与其本身截然不同的东西非常困难。
>
> ——连续创业家购物搜索引擎The Find创始人、CEO
>
> Next Force科技公司联合创始人、CEO
>
> 锡瓦·库马尔（Siva Kumar）

如果你觉得上述内容本质上都和科技比较接近，那么让我们以Crowded Ocean为例。我们非常享受二人公司的结构，并且直接与客户一起工作。但是，如果我们想要扩大规模和寻求风投合作伙伴，那么，更安全的演讲安排是从我们过去的业绩记录开始：启动了多少家创业公司，其中被并购或IPO的比例是多少，仍然在经营的比例是多少。

如果我们确实希望开门见山，搭建起与风险投资者之间的对话，那我们就应该使用这样的加粗字体来开场：**如果你的公开上市或被收购的投资组合公司价值增长到以前的3倍会怎么样？**

现在你就吸引了听众的注意力。听众可能会质疑或挑剔我们的部分数据，但关键的问题是我们获得了他们的关注，并且谈话将以我们为主，而不是他们。

那么接下来应该做什么？接下来就是应该突出机遇（通常也等同于问题）的时刻。这是一个从市场的角度向下挖掘的过程，应当设计细节的内容，如谁会有问题，哪些东西会带来成本（有形的或无形的），以及为了解决这些问题他们会投入什么。这也展示了你的企业并不是另一家“需要解决方案”的公司。

> 我很喜欢和两类人合作：与自己及合作伙伴曾经有合作关系的人，或者是我们的拓展关系网中的企业家推荐的人。20年前，我们每个人都互相认识，获得他们本人的真诚的参考意见相对容易一些。但这种情形已经彻底改变了：现在，企业家们来自天南海北，因此，要获得可靠的第一手参考意见就需要一点技巧了。
>
> ——红点风投公司（Redpoint Ventures）
>
> 约翰·瓦尔勒卡（John Walecka）

讲完这些内容，现在，你可以开始进入解决方案的核心了——解决方案由哪些内容构成，它如何运行，投资回报率（return on investment，缩写为ROI）如何等问题。这些内容的展示最多不超过2~3页演示文稿。请记住，你希望听众要么要求你回到之前的页面以询问更多细节，要么要求你做一个示范。

此时，你正处在冲刺阶段并且很可能就要用完所有的时间了。这时，就是你展示“关于我们”的演示文稿的时机了，向听众展示证明团队的官方文件（专利或经验等）。你还需要一张介绍企业商业模式的演示文稿：你们将采用直销、在线销售还是通过渠道合作伙伴销售？你们所规划的聘用计划是怎样的？你们目前的和规划中的财务安排又是怎样的？

当你圆满完成推介会时，最后一张总结的演示文稿将很可能帮助你在这里停留一会。所以，尽可能让它充分发挥作用吧。不要让这宝贵的最后一张演示文稿变成对已经说过的信息进行的乏味总结。要让总结有助于解决风险投资者自己想要提出的问题：为什么要投资这个领域？为什么要和这些人一起合作？为什么是现在？

报　价

下一章中，我们将讨论不同层次和不同类型的融资安排。但是，由于报价是推介的一个组成部分，所以我们要在这里强调两个关键性的问题：我应该报价多少？我愿意为了达到这个目标放弃多少？

> 我十分关注数据，即使它们毫无根据也要给予关注，因为创始人所预测的数据透露了很多他们的想法。
>
> ——Nexus 风投公司　基什努·巴塔查尔吉

> 有这样一句所谓的创业箴言：创始人不应该在与风险投资者见面后给他们发邮件，因为这会让创始人看起来太急迫了。而我不这样想，我想看到你向我推销。当你走出房间时，第一阶段还没有结束，后续工作也要跟上。
>
> ——夏斯塔风投公司　托德·弗朗西斯

不同于过去，现在的融资已经变成了一个循序渐进的过程。初次创业者登门拜访知名的风投公司，轻松融资数百万美元而大获成功，这样的日子已经一去不复返。如果你是一名相信自己正在做大事的企业家，你会更有可能在各个阶段的融资中取得成功，因为你怀着这样的希望：相比你作为毫不知名的商品，早期的成功会让你筹集到数额更多的、条件更优的资金。我们将在下一章中进行详细的讨论。

因此，在早期阶段，找出企业在初期需要的东西（即骨架），然后在1/3至1/2处做好标记。这样做包括产品和市场两方面的原因。

- **产品滞后**　你可能会合乎逻辑地说，“这不会是我”，“在我的一生中，我从来没有错过任何一个截止日期，从大学时期的学年论文到我所创造的六种产品”。也许的确是这样，然而，你以前从来没有担任过CEO。非常自信和天生乐观的你（否则，你很可能不会成为创业公司的创始人），希望尽可能少地放弃公司的权益，因为你知道一旦市场了解了你的技术及其用途，你的产品价格就会上涨。但事实上，我们的每一位客户都曾经发生过初始阶段的产品滞后，一部分客户还不止一次，因此从他们身上吸取教训吧。如果你有一项周期为 12 个月的产品计划，就要为其计划 18 个月的融资期。

- **市场变化** 不可预见的事件，完全无法由创业团队掌控。这些事件可能会冻结资金市场或某一个特定领域的投资（或许就是你所在的领域）。例如，2016 年年初，全球性问题不断升级，涉及企业安全、公司欺诈及大量的网络犯罪报告等。在这一背景下，安全领域的创业公司突然面临资金短缺。[1]短缺意味着融资周期被拉长，从而导致部分企业不得不大量紧缩开支，进而使企业的关键性投资被迫延期。

苏莫日志的故事（续）

苏莫日志的联合创始人从格雷洛克风投公司的组合投资中获得了第一笔资金，这笔组合投资由阿希姆·钱德勒和天使投资人什洛莫·克雷默共同发起。A轮融资获得的资金帮助苏莫日志团队度过了2010—2011年关键性的产品和客户开发阶段，直到它们针对个人客户试验的云日志管理服务在2011年春季上线。随后，它们在2011年7月开始了B轮融资，在信息、定位与市场计划研讨会中首次与Crowded Ocean展开合作。

从2011年8月的美国黑帽（BlackHat）技术大会和世界黑客（Defcon）大会归来后，苏莫日志团队启用了研讨会中的新思维方式和决策，以此对

---

1 Somerville and Finkle，“Cyber security startups face funding drought”。

融资演讲稿的最终版演示文稿进行修改。它们曾在格雷洛克风投公司的彩排环节对此有过练习。在它们向Crowded Ocean（我们经常到位于山景城市区的苏莫日志团队办公室参与现场工作）的第一次展示中，我们看到了它们所呈现的硅谷版本的闪电约会。而它们与潜在风险投资者的会面在背靠背推介环节中进行，推介由格雷洛克主持。9月，经历焦灼的52个小时后，它们最终获得了1 500万美元的B轮融资，由苏特希尔、格雷洛克合伙人及什洛莫·克雷默共同出资，并宣布将此作为在2012年1月公司官方发布会的内容之一。

推荐阅读

1. Eric T. Wagner，"Five Reasons 8 Out of 10 Businesses Fail，" *Forbes*，September 12，2013，*http*：*//bit.ly/2fY5LOJ.*
2. Heather Somerville and Jim Finkle，"Cyber security startups face funding drought，" *Reuters*，February 23，2016，*http*：*//reut.rs/1QehJyI.*
3. Nathan Furr and Ahlstrom，*Nail It then Scale It*：*The Entrepreneur's Guide to Creating and Managing Breakthrough Innovation*（NISI Institute，2011）.
4. Garr Reynolds，*Presentation Zen*：*Simple Ideas on Presentation Design and Delivery*（Berkeley，Calif.：New Riders，2011）.
5. "Sequoia Capital Pitch Deck Template，" March 24，2015，*http*：*//bit.ly/2aGrbMH.*
6. Malcolm Lewis，"A Pitch Deck Template，" May 7，2015，*http*：*//bit.ly/2f17Q8g.*

THE ULTIMATE START-UP GUIDE

第10章

融　资

Y孵化器

保罗·格雷厄姆（Paul Graham）

孵化器的人揍你的下巴，而投资人则掐着你的咽喉。

克劳德·奥切安

请记住，当你想获得资助时，你就不是屋子里最聪明的人（即使你的确是）。

你的推介已经打磨得十分精彩。你已经不再畏首畏尾，决定要在演讲中表现出自信，但也要让风险投资者相信，他们对于业务的了解比你更透彻。你穿上了自己少有的带领衬衫（而不是西装——你不想给别人留下迫切的印象）。现在是时候筹集一些资金了。

你需要资金来使公司成长。你和风险投资者都知道这一点。此外，你还需要注意这样的缩减定律（请相信我们，因为风险投资者关心该定律）：25%的创业企业最开始从朋友和家人那里获得资金；2.5%的创业企业从天使投资人和微型风险投资者处获得资金；0.25%的创业企业可以获得风险投资者的早期投资；而仅有0.025%的创业企业可以获得风险投资者的后续投资。因此，拥有一个良好的开端非常重要。

你筹集资金的一个重要原因是让企业以快于目前投资所带来的增长速度成长。而其中的微妙之处在于向谁筹集资金，什么时候筹集资金，报价多少（或者多少能接受），以及为了获得资金愿意放弃的公司权益比例。另一方面，你需要资金来支持企业早期的发展——寻找办公场所，招募员工，支付租金并启动销售开发的过程。但是，越早需要这样一笔资金（以及需要的资金越多），你对公司的控制权就会越弱。这意味着，你将会一直在两个问题之间挣扎：我需要多少资金？为了得到资金我需要放弃多少？

> 我们常常在不需要钱的时候也要借钱。这里的挑战在于，借钱之后，你需要保持较低的支出率。
>
> ——敏博团队

不要和自己开玩笑。你所筹集的每一元钱都是有成本的。这种成本或许是感情成本（向朋友或家人借钱带来的负担）；更常见的，是股权方式的成本（800万美元的资金要以28%的公司股权作为回报）。但是，无论以哪种形式，筹集的每一元资金都有成本，不论你是否承认。所以，一定要认真考虑向谁借钱以及以怎样的条件借钱。

我需要多少

“多少”的问题和我们之前所讨论的内容相关：精益创业的方法是创造一种最低可行产品（MVP），实现产品与市场的匹配，然后再进行风险投资者所指的“规模化”。你计划以怎样的规模和速度增长？在内部分析和针对投资者的反馈报告中，你如何衡量这种增长？你是以用户数量、市场份额、收入和利润来衡量吗？为了实现这些目标，你需要投入哪些时间、人力和资源？

> 创业企业的CEO认为风险投资者希望看到“曲棍球棒”式（陡峭、向右上方正向上升）的收益曲线。是的，我们是这样认为，但仅仅是在它们可能实现的情况下。否则，你就是在让自己和风险投资者走向失败。
>
> ——先进技术风投公司　史蒂夫·巴洛夫

确定你的目标

在决定需要筹集的资金数量时，想一想企业发展过程中明确的里程碑，以及达到这些里程碑所需要的资金。例如制造出第一个样品，产品测试或概念验证，用户评价，市场发布，收获第一批付款用户以及验证客户获取模型，实现这些目标分别需要多长的时间？与精益创业时代一致，潜在的投资者也希望知道你有明确的里程碑，并且知道你了解实现这些目标需要多少资金。因此，这一概念被称为“里程碑资金”或“基于里程碑的资金”一点儿也不奇怪。这是一种十分流行的融资方式，适用于在强调节省开支的发展阶段为企业筹集资金。尤其是在企业发展的早期阶段，产品开发和客户开发十分重要，这两个时期非常关键并且相互联系。

> 在成立创业企业之前，我们需要花费最多时间去做的事情就是把握市场机会。这个机会足够大吗？它的背后有足够大的力量来推动转变，以创造更大、更有价值的市场吗？
>
> ——加速合伙公司　杰克·弗罗门伯格

一般而言，在精益创业时代，创业企业所处的发展阶段越早，其资金的计划就应该越精细。而创业企业所处的发展阶段越晚，资金的范围就越大。在启动阶段，你要确定6~12个月的耗资率；而在产品开发和早期吸引客户兴趣的阶段，你要确定12~18个月的耗资率；在客户采用、商业模式可行、销售迅速增长和拓展国际市场的阶段，你要确定18~24个月的耗资率。这种做法并不罕见。

很多创业企业创始人认为，他们不得不表现出企业未来将走向IPO，尽管他们事实上希望企业在3~5年内被收购。然而，实际情况并不是这样的。在这个领域，风险投资者比你聪明得多。企业IPO有很多的影响因素，而大部分因素与企业的可持续增长及抵御同行业竞争者冲击的能力相关。如果你是在销售一个“单点产品”，这种产品最开始会非常引人注目，但随着时间的推移，它更适合更大的工厂，这样，你就会成为被收购的主要对象。但是，如果你告诉风险投资者你计划将一个生产单点产品的公司公开上市，他们并不会把你的话当真。因此，应该向他们表明你对自己和市场的真实评价。这样，你会因实事求是和诚实而给投资人留下好印象。

当你与潜在投资人会面时，在开口发言之前做好有关并购和IPO的功课。一部分风投公司只关注“本垒打”，比如谷歌这样的企业，其投资回报率往往要超过200倍，而你的企业不在他们的关注范围中。而另一些风投公司则可以接受一位数或两位数的投资回报率，以色列的创业公司和风投公司就以此著称。获得这样的回报后，它们会投资于下一个创业企业。因此，在推介之前务必要了解你的投资人，了解他们投资的领域和历史记录。

就时间角度而言，成为收购目标也具有吸引力。一方面，新手创始人对IPO抱有过时的印象，这些印象是基于2000年的淘金热，当时从融资到IPO的平均时间仅需3.1年。但是，到2013年，平均时间变为7.4年。[1]而另一方面，收购可能发生得更早。一旦收购公司看到你早期取得的成功并能够从中推测未来也会成功，收购就有可能发生。

但是，这两种事件——收购和IPO——都需要数年的时间，因而，你需要相应地制订计划和预算。投资人希望看到，你了解公司在产品开发、发布、市场验证及规模化等不同阶段的情况，同时，他们也希望看到在每一个阶段对应的资金数据。这又把我们带回到应该报价多少以及以怎样的成本融资的问题。

---

1 Sharf，“Is the IPO Outmoded? Why Venture Backed Companies Are Waiting Longer to go Public”。

融资轮次

本章所使用的术语具有很大的灵活性。例如，“天使”也可以进一步细分为“超级天使”（就像“模特”和“超级模特”）；当前的融资术语有2.5万美元以下的“种子轮”融资，15万~100万美元的“天使轮”融资，100万~1000万美元的A轮融资，以及更大金额的B轮、C轮、D轮或E轮等“后续”融资。从融资目标的角度而言，考虑融资的金额和类型有助于了解你融资和路演所需的时长。

通常而言，资金的数量或“范围”从几十万（6位数）到数百万甚至上亿美元不等。当创业企业规模很小时，资金的需求处于“种子”或“种子前”的水平，而当企业变得更加成熟时，可能需要数千万美元的资金。后续阶段的资金需求被称为B轮、C轮、D轮或E轮融资，甚至达到1亿美元的“巨型轮”（mega-rounds）。（更多关于融资轮次、融资术语，以及相关的法律权利、特权和条款，参见本章末尾的推荐阅读。）请记住，基于里程碑的融资方式强调，小团队应筹集小额资金（100万美元以下）来实现每一个里程碑，如样品、第一位客户，而在进入下一轮融资后，再筹集更多资金推动企业下一阶段的发展。

> 尽可能推迟你的A轮融资，因为你所创造的资金价值越高，你在谈判桌上的话语权就越强。
>
> ——克拉里公司联合创始人、总裁　安迪·伯恩

- **0~2.5万美元**　资金来源：朋友、家人和你的信用卡。这是真正的“种子”资金，种下你小小的创意“种子”，看看它是否会长大。如果你是用自己的钱投资，则有助于你时刻牢记自己的责任承诺。
- **2.5万~15万美元**　资金来源：与上一条一致，但现在需要用文字

记录下来，尤其是其中“外界资金”的情况。基本的企业文件（在网上可以获得）将帮助你记录这些交易，无论是普通股的出售，还是在下一轮专业性的融资中将可转换债券转换成了普通股。

- **15 万 ~100 万美元** 资金来源：个人投资者或投资者团体（后者又被称为“天使”或“超级天使”），通常既可用转换债券的形式进行投资，又可参与种子轮或 A 轮中的可转换优先股投资。投资可通过使用与风险投资者相似的文件进行。
- **100 万 ~1000 万美元** 资金来源：一般而言，这是风险投资者开始介入的临界点，也通常被我们称为 A 轮融资。有时，某一家风投公司会提供该轮所需的全部资金，但更常见的情况是由一家公司牵头，联合其他公司共同投资。这家牵头的风投公司会规定企业的里程碑必须实现，并且通常会在董事会中占有席位。

  这也是融资过程变得严格的临界点。确保你的律师和风险投资者对A轮融资的条款达成一致，因为后续的条款也将以此为准。同时，你并不希望A轮融资的安排或条款抑制了后续的融资。
- **1000 万 ~2000 万美元** 这些都是 A 轮融资之后进行的一系列融资（包括 B、C、D、E 甚至更多）。之所以称之为“后续”融资，是因为这些融资通常都发生在大部分风险（产品风险、团队风险及消费者采用风险）都消除之后，而大部分风险的消除会使企业价值增加并降低后期投资者所投资金的占比。后期投资者完全不同于早期投资者，前者投资公司估值更高的企业，比后者投入的资金额度更大（早期投资者此时则倾向于继续投资以维持其股权份额）。

资金来源

在公司发展的任何一个阶段，尤其是这里提到的最早期的阶段，请确保你了解并关注资金来源这一问题，即提供给你资金的人是否是一名“合格投资人”。美国证券交易委员会（SEC）将合格投资人定义为：拥有超过100万美元的流动资产或年收入超过20万美元的投资人。

如果你正在与普通的公众进行合作，无论他们是朋友、家人还是众筹出资者，对他们进行一些调查或投入一些时间来咨询律师都是值得的，这样可以找出你未来面临的约束。你会希望在进入下一轮的融资之前，把这些方面都用文件确定下来。

> 最优秀的企业家都是从难以筹集资金的艰苦岁月中磨炼出来的。
>
> ——红杉资本　吉姆·戈茨

赠　予

这是一个被忽视的资金来源，特别是对于那些非营利性的创业企业，以及对社区或环境有所贡献的创业企业。但是，如果你被划分为“社会公益”类的企业，你或许可以向政府、非营利机构或其他组织申请资助。虽然这是一个很漫长的过程，你或许需要大量的时间来撰写申请书，但是，如果你属于这样的企业就去申请吧——比起向天使投资人或风险投资者融资，申请资助几乎没有附加条件。

朋友和家人

我们认为你属于这一个类别，这是你最为显而易见的首选融资渠道。创业企业的排行榜上广泛流传着这样的故事：一个荣耀的家庭资助有才能的儿子或女儿，最后家庭成员都变得富裕。而不那么受欢迎（但更为常见）的故事是：投资越来越糟糕，家庭成员的财富越来越少，而且家人之间的关系也越来越紧张。我们的建议是，在你让自己认识的人或所爱之人投资于你的企业之前，确保他们知道投资的风险。更为重要的是，你要尽可能地确保你们之间的关系能够经受投资失败的考验——他们所有的投资有可能血本无归。

众包或众筹

这是金融业的新版“漂亮女孩”。既然“大众”可以为企业命名或创建标志，那么他们为何不能向你提供资金呢？这种融资方式在其他领域也变得越来越流行，电影业就是一个例子，而在创业领域更是如此。诸如GoFundMe和Kickstarter一类的网站吸引了大量人群，包括未来的电影制作人及创业企业的CEO。同时，2016年新通过的法规将通过众筹方式征集的真实投资（给予参与者企业的股权份额）合法化。在这一背景下，众包也将迅猛增长。好消息是，你可以收获市场早期的热情，而这种热情可以转化为投资者的利益。坏消息是，你必须十分努力地获得市场的关注，而一旦这样做了，你就必须寻找到让投资者对方方面面的信息充分知情并感到满意的方式。请记住，从定义上讲，他们也是“大众”。

一些人将众包作为终极自由的市场：那些从未被风险投资关注（或支持）的小玩家，可以通过联合志趣相投的人来参与到投资中。而另一部分人则把众包视为终极的“乌合之众”，因为在这种方式下需要与太多的个人沟通，而他们对企业的见解或贡献却微不足道。

加速器

在当今的创业领域，没有比加速器更模糊或者更令人疑惑的术语了。对一部分人来说，它是一个拥有共享资源的大型建筑，这些资源包括办公空间、新型商业相关主题的课程及受到资助的行业专家会议等。另一部分人则认为，它是一个由创业专家组成的群体，他们聚集在一起评估、资助和支持特定的创业企业。他们进行选拔，那些通过筛选的企业则会获得一定金额的资金，这笔钱也可以视为是该企业非等额的股本。但是，你的加速器资助人所持有的合同，以及被资深的创业团队选中而获得的声望，可以对企业的早期销售和A轮融资出资人提供帮助与激励。

种子基金公司

这种资金来源属于下一个阶段，不同于天使投资人融资，而更接近于一种天使投资人融资的替代性选择。种子基金公司通常被称为“孵化器”，因为大部分种子基金公司都在积极地“孵化”公司——为公司提供工作场地、建议（既有来自孵化器所有者的建议，也有来自它们引进参与指导的专家们的建议）及共享资源。全国商业孵化器协会（the National Association of Business Incubators）的数据显示，美国有大约800家孵化器。尽管其中大部分都是利用小城镇的老建筑改造而成的“孵化器”，但是其租金非常低。它们通过这种方式将企业吸引到贫困地区。如果只是在企业发展的较早阶段有一群志同道合的企业家聚集在一起，那么这种方式还有待考察；你需要进一步了解企业是否需要使用它们提供的辅助服务，如办公室员工、律师和会计等。

种子基金公司常常对许多公司进行相对小额的投资，以对冲自己的押注并降低风险。同时，如果种子基金公司的名气越大，就越容易避免一些比较苛刻的条件，例如，2.5万美元的资金只能换取5%~10%的公司控制权。因此，请确保任意一笔种子基金都能获得较高的投资回报率。否则的话，就向天使投资人或风投公司融资吧。

天使投资人

天使投资人的名称源于投资人对百老汇戏剧的支持，但现在，这个名称更加与投资者在创业领域的联系著称。天使投资人是“高净值”投资人，他们中的大部分过去都担任过创业企业的CEO，并且希望继续留在创业领域参与游戏。天使投资人是一个不错的融资来源，因为与风险资本家相比，很多天使投资人更加了解和谅解他人。然而，讨论有多少种类型的天使投资人的问题，就像是讨论针尖上能容纳多少个天使跳舞一样毫无价值。

但是，如果需要在这个时点对投资者进行选择，你就选那些拥有创业经验的天使投资人吧，尤其是与你同在一个领域的（同时，相较于那些充斥在部分企业的“一次性”创业，我们更推荐有多次创业经历的）。这一点似乎非常明显。这样的天使投资人不仅会关注你所面临的境况，还会向你提供建议，并且能联系到一些可以帮助你度过艰难时期的人或机构。换言之，如果你正在寻求帮助、指导和真实的创立企业的经验，就让他们成为你选择融资来源的部分标准吧。

此时，天使投资人所能提供的经验和联系非常关键。90%的天使投资人并不是你的融资需求的终点，而是将朋友和家人与风险资本这两种融资来源连接起来的桥梁。所以，选择能够将引导工作干得最漂亮的天使投资人吧，他们将带领你从一个世界走向另一个世界。

天使轮融资很有可能是你第一次需要对自己的公司进行估值的时刻。在朋友和家人的资金来源中，这通常只是一次握手或电子邮件的交流：“我将资助你5万美元，如果项目最终赢利了，给我X%的股份就行。”天使投资人是真正意义上的投资者，他们希望知道自己投入的钱可以带来什么回报。如果一位天使投资人愿意资助你50万美元资金，以公司10%的股份作为回报，那么，你的企业现在的估值就是500万美元。这个估值会随着公司的日渐成熟而变化，而你需要出售你所创造的东西，但是，这只是未来投资的一个起点。

不要假设天使投资人会比你更了解投资，或优先考虑你的利益。一些天使投资人会有意识或无意识地在投资中添加苛刻的条款——你或许在当时没有及时了解这些条款，但它们却会在日后成为坑害你的陷阱。另一方面，无论是出于疏忽还是事先设计，天使投资人可能比风险投资者提供更有利的条款和条件，而风险投资者则有更为严格的参与规则。

大部分新手创始人都不理解如何衡量风险投资者的成功。并且，如果他们从天使投资人手中获得了大笔资金的话，情况就会更糟。

——VanEdge资本　莫·克曼尼

风险资本家

风险资本家（VCs）在本书中非常重要，我们已经在此前的章节中对其进行了介绍。因此，这里我们将只关注风险资本家在创业企业的融资中所发挥的作用。

过去的20年中，风险资本家成为一种神话，他们通过苹果、谷歌和脸书这样的风云企业彻底改变了商业环境。但现实的情况是，市场上存在着数以千计的风投基金，对应着数百家风投公司，然而，它们当中仅有一小部分创造了神话般的投资回报（具有重大的商业影响力），成为传奇的缔造者。

风投公司是用别人（如有限合伙人和公司基金）的钱进行投资的公司。这些资金被分配到各个基金中，由普通合伙人或投资合伙人进行投资。普通合伙人或投资合伙人从基金中收取2%~3%的“管理费”作为劳动回报，并另外附加20%的基金收益（每一家公司都有自己的分配原则）。成为风险投资者非常不错。

成立创业企业需要面对的问题在于每个人都想对你进行试探。你可能要浪费大量的时间来找到谁是来试探你的人，谁是真正有投资意愿的人。

——Bugcrowd联合创始人CEO　凯西·埃利斯（Casey Ellis）

第一梯队的风投公司依靠自身取得的成功立足市场，与领域内的其他风投公司关系较为疏远。根据命中率，它们会首先投资所有的热门创业企业（这些企业需要声望、建议和巨头所能提供的社会关系），这意味着有钱的人会变得更加有钱。如果你也是热门公司之一，能够与风投合伙人会面或是从他们那里获得资金，那么祝贺你：你成了非常令人羡慕的少数群体。这些风险投资者也承认，虽然在网页上设有“提交你的计划”的表格，但他们更多情况下是与有私人关系的创始人或由同行推荐的创始人会面，这也被称为“热情的引荐”。

大部分创业企业最终都是与第二或第三梯队的风险投资者合作。这并没有什么不对，尤其是它们能够为企业带来领域内的专业技术，并赢得训练和指导年轻创始人的时间。这些风投公司更加渴望成功，这意味着你通常能够从它们身上获得更有利的条件。但同时，它们没有顶级风投公司那么具有侵入性。

融资过程中的一些规则

- 考虑使用里程碑式的融资方式，就像在本章前面部分所讨论的那样。
- 在早期融资阶段，找到合适的合作伙伴比初始估值更重要。
- 即便通常出现的是否定的答案，也只有当你准备好做出肯定回复的时候，才能与风险投资者会面。风险投资者不喜欢探讨型的会议。他们已经被淹没在大量的会议中，只有有限的精力投入到帮助年轻企业成长的投资中。“适合”非常重要。
- 设法利用你的关系网来获得会面机会。如果你无法通过一系列的努力和社会关系接触到合伙人，就意味着你的关系网和未来规划都没有激发起足够的自信心。
- 同时向多个风险投资者寻求合作。他们会询问目前你正在和哪些人接触（而他们也会在风险投资者当中讨论），因此，告诉他们哪些人正在与你接触，以及哪些人有合作意向，这样做并没有坏处。对潜在的风险投资者进行背景调查，了解他们的成功与失败。

- 在一次融资中，多个风险投资者同时参与是一项标准化的通行做法，适用于融资的所有参与方。这将降低你的风险，并使你受益于拥有两个顾问。同时，它也帮助你把权力掌握在CEO手中，但在独立创始人的情况下并不适用多方同时参与。
- 不要被谈判和各种条款的复杂性吓倒，风险投资者是以此为生计的。确保获得了外部咨询（不只是法律上的咨询，还包括咨询和该风险投资者合作过的其他创始人）。
- 了解自己（以及市场）在"风险投资者或创始人"的"钟摆"中所处的位置。当市场中资金充裕时，风险投资者会"花钱如流水"，创始人拥有谈判优势，而在制定条款以及与不同风投公司周旋方面具有更多优势。而在其他时候，资金流受到限制或是缩减得非常少，这样的时期也被称为"核冬天"。在此期间，创始人与处于主导地位的风险投资者会面，将面对非常严苛的条款，而实力较弱的公司则会被淘汰出局。

我们正在与另一家企业合作，它正在对我们进行尽职调查。但吉姆·戈茨与我们见面并随即做出了决定，他愿意把赌注押在团队或市场上。他并没有太看重我们的技术。他的自信让我觉得这就是我们发展的方向。

——敏博团队

如果我们发现CEO在协议结束时没有向律师咨询，这就会成为我们审核程序的一部分，有些类似于IQ测试。

——先进科技风投公司　史蒂夫·巴洛夫

苏莫日志的故事（续）

在企业刚刚起步时融资会非常烦琐和困难。但是，一旦你在公开市场上证明了自己的创意或产品的价值，或是证明有人正在经营这些业务，融资就会变得容易一些。在苏莫日志的案例中，即使CEO没有在董事会中占有席位，该团队也能够进行融资。正如我们在前面的章节中重点介绍的，苏莫日志用52个小时的时间获得了1 500万美元的资金——这是一项了不起的成就。而B轮融资也有你想得到的东西：知名投资者投入了更多的资金，同时新投资者进入了董事会。

自那时起，苏莫日志公司总计从5轮融资和9位投资人手中筹集了16 050万美元资金。其中，格雷洛克合伙公司牵头了A轮和B轮融资（与天使投资人什洛莫・克雷默共同发起），加速合伙公司牵头了C轮融资，红杉资本牵头了D轮融资，德丰杰成长基金（DFJ Growth）牵头了E轮融资。这是一份任何一家创业公司都会羡慕的投资人清单。

推荐阅读

1. Samantha Sharf，“Is the IPO Outmoded? Why Venture Backed Companies Are Waiting Longer to go Public，” Forbes，December 24，2014，*http：//bit.ly/2f5aq0g*.
2. Anna Vital，“How Funding Works—Splitting the Equity Pie With Investors，” May 9，2013，*http：//bit.ly/18sPlQh*.
3. Drew Hendricks，“7 Steps to Getting Funding For Your Startups，” July 29，2014，*http：//bit.ly/2gib1yh*.
4. “How to Get Funding for Startup：7 Best Places，” *http：//bit.ly/2fGdAWh*.

THE ULTIMATE
START-UP GUIDE

第11章
股　权

红杉资本

道格·莱昂内（Doug Leone）

对你的股权，要做到令人难以置信的冷酷、无情和自私。

克劳德·奥切安

如果每个人都对他们的股份不满意，那就说明你做对了。

这是你的公司。现在，是时候拆分股权了。你如何完成这件事情需要一个漫长的思考过程，你不仅要决定你的净值，还要考虑这件事完成之后你还能剩下几个朋友。

股权是创业公司的共同货币。你用来对此进行描述的陈词滥调中包括这些：它就是彩虹尽头的那一桶金，它就是你从公司大蛋糕中分得的一块，它就是你的私房钱，或者它就是你的金蛋。而这里的底线在于，它也是我们大多数人加入创业企业的原因，是我们在艰难的日子里从床上爬起来去工作的原因。

股权对于创业企业的成功非常关键，它也是创业企业最容易被误解和最富争议的组成部分。所以，我们要从不同角度来分析一下这个问题。

谁会获得股权

硅谷通常到处流传着这样的故事：很早进入公司的前台接待员或办公室经理，在公司IPO后获得了数百万美元并在26岁就宣布退休。然而，现实不再是这样。当今，创始人在股权问题上不再那么民主，而是把它作为一个有价值的商品，根据发展过程中员工对公司的贡献来分配。因此，我们要从哪些人应该获得什么（我们将在本章后续内容中进行详细讨论）和股权的分配方式开始探讨股权。

> 如果创始人不理解自己股权的价值，他们就处于非常不利的竞争地位。
>
> ——Canvas风投公司 加里·利特尔

一种经验法则是“三三制”：1/3的股权给创始人，1/3的股权给员工，1/3的股权给投资者。但随着时间的推移，这种常见的分配比例逐渐改变了，员工的份额某种程度上有所降低。在我们的公司和进行的研究中，我们发现，投资者少则获得了25%的股权（独立创始人在A轮或B轮融资中获得的比例），多则获得了40%的股权（如果你遇到了两个重量级的投资人分别要求获得20%的股权，同时他们有资格获得这样的比例）。员工的持股比例为25%~35%。剩余的部分就属于创始人——通常是两人或三人的团队。

关于“创始人”，有一点需要明确：仅仅因为你在公司成立之时就进入公司工作并不会让你成为“创始人”。你更有可能是一位核心员工，可以尽可能地争取更多股份，但是，你并不是创始人。这种区分在投票权和优先偿付条款、股权稀释保护条款中非常重要。

在时间问题上，越早进入公司越好。你离开现有工作而加入一家新公司（早期阶段）的风险是最高的，因此，你应该获得与职业风险相对应的股权作为补偿。同时，这一阶段的股权也是最充足、最便宜的——创始人拥有的股权比资本多，因而在股权分配上更慷慨。而在这之后的公司发展历程中，只有副总裁一类的高管人员才有可能得到重大的股权激励，原因在于这一阶段的股票已经具有相当的价值而风险已经降低。

股权如何运作

设想一下：你有一项很棒的创意，然后创立了一家公司，你是唯一的所有者。那么恭喜你，你拥有100%的股权。你向律师咨询并决定将这些股权拆分成100万份——全都属于你。到目前为止是这样。

现在，让我们来看看在不同的融资阶段，你的股票会发生什么变化。

联合创始人

你可能会碰到只有一群早期员工而没有联合创始人的情形。但是，让我们假设你不会一个人充当"一切"——CEO、关键的产品开发人员、关键销售代表、关键客户支持人员和优秀的营销人员。你需要合作伙伴。在做出很多取舍之后，你发现有一位伙伴对公司的贡献和你一样多，因此你这样拆分股权：两人各占50%（或者50万股）。

依靠自己的资金经营了数月之后，很显然，你的公司需要一些营运资本。这就意味着，你需要融资（关于融资的类型和来源，参见第10章）。一旦获得了融资，你就会失去公司部分的所有权和珍贵的股份。这些就是你经营企业的代价。

朋友和家人

忘掉从家人那里借钱这件事吧，这太混乱了。但幸运的是，你的大学室友——让我叫他特里普（Trip）——是一名家底殷实的信托基金宝贝（trust-fund baby），他愿意资助你3万美元来启动和运营企业。作为回报，你给了他10%的公司股权。

> 当你想退出时，每个人都会知道股票分配的数量。如果你现在羞于将这些数量公之于众，你的做法就是错误的。
>
> ——雪花算法公司创始人

等等，刚才发生了什么？你对自己的公司进行了估值。如果3万美元让你的大学室友获得了公司10%的股份，那就意味着你们双方都认同公司的价值是30万美元。到目前为止，没有任何问题。因为在公司的待产出阶段，公司的估值就取决于你认为的价值（当你是唯一所有者的时候）或你们两人都认同的价值（当你有朋友或家人出资的时候）。一旦超越了这个限度，你就会进入一个非常棘手的区域。从维基百科到风险投资者，再到果壳问答网、幻灯片共享和创始人研究所（Founders Institute）等网站，都给出了如何对公司估值的建议。无论你使用哪种方法，只要涉及了外部资金的进入，你就无法使用"掐指一算"的方法来进行估值。

种子基金（天使投资人）

你非常合理地使用了大学室友提供的资金，公司的产品便有了雏形。现在，你需要进一步发展公司，开始生产产品并将它投放市场。这时有很多因素需要考虑，我们将在本书后面的章节对部分因素重点分析。但现在，我们讨论的是股权。所以，在你开始面试员工并发放录用通知之前，你需要为未来的员工留存一部分股份。当然，你拥有决定权。在大部分现在的创业企业中，这个比例是20%。因此，如果记录下来的话，你目前的股权分配如下。

- 你：35%。
- 联合创始人：35%。
- 特里普：10%。
- 员工：20%。

让我们假定你已经完成了以下两个步骤：对公司进行估值——假设你使用了前面所提及的若干估值方法的组合形式，（为了便于计算）所得到的创业企业估值为100万美元；你为员工留存了20%的股权。现在，你可以开始与种子投资人、个人投资者或个人投资者团体（通常是天使投资人）会面了，他们是你融资之路的第一个站点。

在多次精疲力竭的会面之后，你与天使投资人Z达成了协议，他愿意向你的创业企业投入20万美元资金。那么，Z将获得公司20%的股份，对吗？没有这么快。你需要将这20万美元考虑到公司的整体资本中。你的公司现在价值120万美元，这意味着天使投资人Z将得到16.7%的股权——不是公司股权的1/5，而是1/6。

股权稀释

那么，在整个过程中，你的股份、联合创始人的股份及特里普的股份发生了什么变化呢？你们所有人的股份都被稀释了1/6。你们拥有的股权变少了。是的，变少了。乍看之下，这也是所有初创创业公司的员工都非常讨厌“稀释”这个概念的原因。

> 任何一次股权稀释都应当由所有股份共担。
>
> ——克拉里公司创始人

尽管如此，这里的核心是，稀释股权对创业公司而言是必要的而且是有利的。你最终分得的公司蛋糕份额变少了，但公司的蛋糕可能变大了。同时，如果你的企业和大部分创业公司一样，那么这样的融资/稀释游戏才刚刚开始。要到达企业的套现临界点（企业既可以被收购，也可以公开上市），你至少要经历三轮以上的融资。

> 要知道，你在第一份投资协议书中所同意的条款，将是每一位后来的投资人都会要求的条款。
>
> ——苏莫日志联合创始人　克里斯琴·比德根

一些可以言喻（和不可言喻）的指导方针

这是一个很棘手的问题。你是非常直截了当地管理公司创立时的股份吗（这通常意味着你对每一位创始人进行了平等的分配）？还是希望先观察他们的动向再做决定？这里的问题在于，尽管第一种选择带有平等的意味，但在这个时候就告诉所有参与者他们对公司的投入是多少以及对公司的贡献程度如何有些为时过早。一位创始人或许从心理上和专业技术上都“全部投入”了，这意味着她放弃了自己的工作，每个星期为公司工作80个小时。而另一位创始人出于一些合理的原因，可能仍然留在原来的工作岗位，但只是在尽可能地为公司服务。这两种情况很难等同，并且在大部分情况下，他们两人将各获得50%的创始股份。

因此，一部分公司（确切地说是极少数）在分配创始股份之前会等待6个月或1年的时间。公司内部确实存在紧张的气氛，但如果所有创始人都同意，这是一项很好的时间安排。当我们与合作的部分创始人讨论这种方式时，他们看到了其中的优点，但表示这在他们的企业中可能永远不能发挥作用。原因是它太像狗群中的狗在相互嗅探，每个人都在试着确认企业创始人是否意识到了他/她对公司早期的贡献。

风险投资者希望与那些非常重视股权并极力保护股权分配方式的创始人合作，这类创始人的目的是使公司未来的人才聘用保持灵活性。因此，如果你刚刚接触股权问题，一定要具备薪酬结构方面的经验。

尽早制订行权计划。正常的支付时间通常在4年以上（如果超过4年，你就处于竞争劣势）。员工在为公司服务的情况下，每年可以将所持有的1/4的股票行权。在正常的行权计划中，如果员工在公司成立的一年内离职，他们不能获得任何股份。而1年之后，他们可以按照每个月2%的比例行权。

推荐阅读

1. Ji Eun（Jamie）Lee，“Getting Start–up Equity? Everything You Need to Know，” *http：//muse.cm/2ghCIq6.*

2. Mary Russell，“Joining an Early Stage Startup? Negotiate Your Equity and Salary with Stock Option Counsel Tips，” February 12，2014，*http：//bit.ly/1G5DGfi.*

3. Conner Forrest，“5 Things you need to know about stock options，” December 24，2015，*http：//tek.io/2ghGrDN.*

4. “Equity Investment Simulation：Illustrating Dilution，” *http：//bit.ly/1KmZFBO.*

5. Mark Suster，“Understanding How Dilution Affects Your At A Startup，” October 13，2011，*http：//tcrn.ch/2fZynoR.*

THE ULTIMATE START-UP GUIDE

第12章 网站

托马斯·爱迪生（Thomas Edison）

没有执行的愿景只是一种幻觉。

中西方名言

眼睛是心灵的窗户。

克劳德·奥切安

这意味着，网站是企业之窗。

当你开始建设网站时，不妨想象自己正在进行网络约会。你会最终收获一个更好的网站，也会收获更多的约会。

在过去的20年中，约会的世界（业务）发生了巨大的变化。以前，约会主要是通过事先不了解对方情况的相亲（“我会穿着红色衬衫，西装的翻领上别着玫瑰花”）或者去单身酒吧，而现在，约会的场景就是一场控制狂的梦。试想一下：无论你是哪一个网站的活跃会员——Match.com、eHarmony.com或者其他类似网站，还是你只知道有一些人是这些网站的会员，你都知道我们讨论的是什么。在网络时代之前，你唯一的信息来源和参考是相亲约会中的担保人。（“他真的是一个非常好的人。他的牙完好无损，他的工作也很好。”）而现在，你打开一个空白页面，上传一张最适合你的图片（你的网络简介）。它可能是一张你正在冲过马拉松终点的照片，也可能是过去10年你游览过的地点清单，也许是你对日落和世界和平的爱——你控制着你所展示或描述的自己及描述的顺序。别人阅读和了解你的时间越长，当你积极地与这个人互动时，成功的机会就会越大（没有“点击状态栏”就意味着被遗忘了）。

这就是你的网站要做的工作：吸引和控制客户对你的第一印象。网站就是要让客户尽可能按照你所期望的顺序，用更多时间参与其中。

你的祖母是对的：在第一印象中，你只有一次机会（参见第15章：发布）。你的网站是你所拥有的最关键的商业工具，原因就在于此。因此，当你开始架构和设计网站时，不要从颜色和外观开始，而是要从网站怎样才能最好地服务于业务开始。在我们的分析框架中，它包含三个方面：内容、对话与竞争。

潜在的受众与客户的人物角色

大多数创业企业都把大部分时间花费在了两件事情上：企业想在网站上说些什么；它期望呈现怎样的网站外观。两件事都需要重点考虑。然而，在这个过程中常常被忽略的却是另一个关键因素：你想通过网站和哪些人接触？对很多创业企业而言，这个问题并不能够立即得到明确，这是一门寻找市场的技术。创业企业会把网站视为自己的一个早期产品——把它抛向市场，看看会有什么反响。只要你知道这是你的一个策略，而不是弥补未进行市场调查的懒惰的解决方案，结果就不会错。

定义你的观众是早期要重点考虑的问题的另一个原因在于：你也许拥有不止一个目标受众。如果是这样，那么一个“一刀切”的网站不会成为有效的销售工具。在很多企业到企业（B2B）的产品或服务中，有三类不同的受众。

- **使用者或评估员**　他们通常不是具有财务预算的支付决定权的人，但他们更有可能是对产品进行研究并列出潜在解决方案的人，或者是更有可能成为产品实际用户的人。
- **业务主管**　他们或许是分析师、单项业务的总监或信息技术架构师，负责满足对客户常规的、可度量的服务，但这种服务水平目前的解决方案无法满足。或许，他们与公司层面的方案相关，如云计算、虚拟化或移动安全。

- **支付者** 他们是真正签署订单的人，企业需要让他们确信，接受前述两类人的推荐能够使他们获得明显的经济利益。

如果上述任何一类受众或客户人物角色都在销售过程中发挥重要作用，那么你会愿意考虑建立专业化的网页并将网页分层，以使每一种类型的目标客户人物角色可以随着销售过程向购买环节移动而在网站的页面中实现自我识别，并且在对应的页面中进行下一步操作。

那么，你如何建立客户人物角色呢？首先，不要让设定过程太短。在客户访问两次之后就确定的人物角色没有什么价值；你至少需要通过15位潜在受众或客户的访问和接触来确定一个有意义的客户人物角色，这样的角色将体现出你营销与销售的焦点。

其次，以研究为基础，从人口统计学特征出发开始人物角色的设定：职位或头衔、年龄、性别、经历及访问你的网站时偏好的设施（笔记本电脑、手机或平板电脑）。随着时间推移不断提炼这些信息。根据目标群体关于学习习惯和购买行为相关问题的回答来建立人物角色。他们最初是从什么地方获得这些信息的？是从网络、社交媒体、分析师报告还是文章中获得？同等重要的问题是，什么驱动了他们的决策过程？是同行的报告、分析师的建议还是产品评论？

最后，到他们去过的地方。参与他们出席的活动并在他们认为有价值的网络研讨会注册。这些都是能够帮助你建立有意义的客户人物角色的要素。

一旦建立起客户人物角色，你就可以据此量身定制针对他们的销售策略和信息——从网站开始。如果你的销售过程中遇到三种不同类型的人物角色，你就可以在网站上开发三种不同的区域。追踪他们与网站的互动——他们来自何方，在网站停留多长时间，访问了哪些页面，以及以怎样的顺序访问的。有了这些信息，你就可以在网站上为每一种人物角色创造一次“旅行”，而最终目标是提高销售效率并建立和维护忠实客户。

客户获取与参与

讽刺的是，在任何事物都可以被测量的大数据时代，创业企业的创始人却常常变成了沮丧的艺术家，将精力集中于主观性的可量化细节，如颜色、字体、布局和标题。当被问及自己最喜欢的网站时，他们总是提到艺术性的因素（颜色、使用的样式、较多的留白等）而不是现有的最有效率的网站——这些网站都是基于量化的实质性组件而构建的，如信息访问接口、简捷的导航、有吸引力的优惠及简单的注册步骤。因此，尽管设计方面的考虑非常重要，尤其是在第一印象中，但我们对创业企业创始人的建议是，从定义开始设计你的网站，然后再进一步向量化的商业目标发展。让结构和客户获取的目标来引导你的设计过程，然后再追求主观方面的选择。

让我们回到在线约会的例子中，考虑一下你的客户，即你在试着吸引并让其留下印象的人。就像当前“向左滑动”的世界（Swipe-left World，即十分多元化的社会）一样，你的客户拥有太多的选择和太多的供给来开展独立的研究，并对他们做出的产品和品牌选择进行评估。因此，在开始设计网页之前，定义你期望的“客户之旅”的样子非常重要。而要定义“客户之旅”的样子意味着你知道客户是谁，他们如何进行决策，以及他们的决策过程包含多少个步骤。（一笔20美元的冲动购买可能发生在30秒的网页浏览过程中；而一项购买“经营你的企业”软件的决策却需要6个月的时间及7~10次品牌与其他渠道的互动，从手机到网络研讨会再到免费的亲身体验——然后才能做出决定。）这里的底线是，要吸引一个潜在客户浏览你的网页并参与其中，你需要首先决定你希望他们在哪里浏览你的网页，以及你需要他们采取什么行动。只有这样，你才能开始网页设计和网站架构方面的工作。

内容、转换与竞争

在最早的阶段，创业企业既没有网站，也没有包含了“在线用户手册”的简单页面。这个网站的作用有两个：吸引潜在的员工；通过制造参与感吸引早期的有影响力的人，或者不时地播放“拭目以待”的文字广告，为即将发生的大事做准备。

但是，当我们的客户做好发布的准备时，网站就从广告牌变成了有力的销售工具。这让我们回到了“内容、转换与竞争”的咒语。

内　容

在创业企业领域，你永远不会拥有充分的内容。对于文字内容（不是形式丰富的媒体），充分意味着精心设计的、容易理解的、易于分享的且可视化的丰富内容，它们可以让信息主页为不同的目标客户（购买者、合作伙伴与分析师）服务，使其在销售周期中移动。这也是我们激励每一个客户都尽早提供内容计划的原因（这个计划要反映出你的销售周期和对话时点），以保证有充分的时间来写作、编辑和检查内容，并确保每一条信息的设计都是为了推动潜在客户进入销售过程的下一个阶段。

为内容设计预留更多的时间，这样从某种程度上会反过来让你的内容变得“凝练”，以使每条内容都变得更简短、更精辟与更具实质性。在“注意缺陷障碍”（Attention-Deficit Hyperactivity Disorder，缩写为ADHD）患者的世界中，12页纸的内容被替换成6页纸的内容，而8分钟时长的视频变成了不超过两分钟的视频。ADHD领域中的每一位内容创作者都知道，设计简短的内容相较于设计更长的内容要花费更多的时间。请记住，在集客式营销的时代，只有高质量的内容才能让公司吸引和获取潜在客户。最后，请尽早开始。更充足的时间会让负责内容的团队

（同时包括创业企业内部的和外部的团队）规划好其他的变换方式，如将5~7页的文字内容变成博客文章、期刊稿件等，或许还能变成通讯稿。

当需要创立一个用于发布的网站时，滞后性主要表现在内容方面，而不是设计或程序方面。这是我们建议创业企业尽早开始开发工作的另一个原因。不言自明的情况是，在发布之后，网站不再会有足够的内容来满足向潜在客户提供实时的、新鲜的销售支持信息，或是保持相关的、及时的内容占据重要位置，以此支持你的品牌树立领导地位。（更多关于内容的信息，请参见第20章。）

转　换

如果创业企业着手建立以业务为中心的网站，我们建议客户从转换开始，将其纳入构建网站可靠的结构性计划的一部分。转换的规模将随着企业的发展而扩大。转换是一次点击或敲击，它将你的目标客户与特定的销售周期环节联系起来。即使是在早期，也要尽可能详细地构思销售周期，既要基于客户首次的回应，也要基于你希望他们选择的路径。首先，在每一个环节，都要问问自己，你希望自己的目标客户在下一步采取怎样的行动，以及你是否能够为此提供支持。其次，在销售过程中，哪些内容是让目标客户移动到下一个环节所必须提供的？换言之，你如何尽可能迅速地把一个网站的访客变成潜在的销售客户？从聚焦于转换着手，可以将网站变成一种客户获取和增长的策略，而不只是打造一种品牌印象。

由于每一个创业企业都在网站上使用内容来讲述故事，如果想要网站的访客按照你期望的方式浏览网页，并使他们消费你期望他们消费的内容，你就需要一个计划。这个计划不仅要重视我们前面所提及的内容和转换，还要重视网站的导航和“底层”架构。网站计划应当与一名网站设计和开发的专家共同制订，这位专家具有能够帮助你在不同阶段建设网站的经验，覆盖从秘密行动到发布以及销售加速的整个过程。为此，你需要选择一位拥有优秀业绩历史的网站设计合作伙伴，这个人专注于信息架构和网站设计方面的最佳实践原则。你的目标应当确定为建立一个可以扩大创业企业规模的网站，而不是一个建立于计划之外而可以随时抛弃的网站。

你的网站专家应当带来广泛的最佳实践原则，这些原则包括有设计感、实用性和无障碍性。例如，构成网站计划的元素应当包括建立和遵循主要但基本的SEO（搜索引擎优化）战略，服务于网站地址结构（URL structure）、关键词、页面及站外优化链接的建设，以确保目标客户可以在网络上发现你的公司。它将包括以下元素：持续使用的结构化元素，如标题和元标记；行动唤醒，即共享小部件用以促进内容的传播；在部分内容中是否使用动画的决定——动画的使用可能影响到一部分用户获取这些内容的无障碍性；以及哪些内容是直接发送的，哪些内容是需要设置“门槛”（在获取利用表单捕捉的信息之后才提供）。与可靠的网页设计专家合作将诞生一个结构优良的网站，这个网站将优化所有利益相关者的企业网站体验。同时，你还应当有能力用总体流量、在线时间、网页加载时间和跳出率等指标对网站体验进行测量。

如你所能够想象的，我们将网站的设计和建设视为你的关键性商业决策之一。然而，很多我们的客户却把网站建设当作实践“内包”的最佳时机。他们读到或者听说了各种各样新兴的网页工具，而这些工具过分吹捧设计和建设一个网站是多么容易（“n小时即成！数日可交付！”）。他们拥有具备设计技能的人员或用户网页设计师一类的人才，于是就让这些人在周末的空闲时间为其设计网页。也许，所有这些对你而言都是有用的（虽然很确定你知道自己在每一个决策中的放弃与收获），但是，网站的设计和运行才是关键。如果没有网站的设计和运行，你所拥有的只是一份图片精美的生活手册而已。

竞　争

声称“我们没有任何竞争”可能在最开始的时候听起来不错，但是，请考虑一下这种情况：如果你没有任何竞争，你也就没有市场。你需要市场，消费者希望发现你，而投资者希望知道你的市场规模和其他市场参与者。网站在这个过程中扮演着重要的角色。你的观众知道你面临着竞争，同时，他们也在寻找比较、对照和决定的方法。你的网站既可以是“妄想的”（“我们没有任何竞争”），也可以帮助你的消费者或投资者更好地了解你所在的市场，以及你在这个市场中独一无二的地位。

网站设计的一部分工作就是研究和评估竞争。这并不意味着要在网站设置一个区域来显示这些信息并直接将竞争对手与自己进行对比（尽管如此，但如果你拥有非常明显的逐项对比的优势，这可能就是一种推荐的做法），但是，你应当知道竞争对手的网站标题是什么，他们的网站结构如何，他们提供了哪些信息以及所有这些信息与你的网站和基本流程对比结果如何。在内部产品开发和早期客户支持问题上艰难前行数月或数年之后，企业仍然只关注自己开发的产品及其效果，这种情况很容易发生。但是，只有懒惰的创业企业才只关注自己；在当今瞬息万变的市场环境中，你无法承受这样做的可能后果。追踪你的竞争对手并迅速有力地反馈吧，从你的网站建设开始。

测试、清理与重复

本部分讨论测试及利用数据指导网站结构和页面决策的重要性。在你的网站发布之后，网站的流量会逐渐增加，团队自我纠错和追求完美的本性让他们放弃了原来对网页和结构的看法。那些你在网站的规划和设计阶段通过研究竞争而形成的“新鲜看法”，现在失去了客观性。这就是数据——从谷歌分析（Google Analytics）等免费工具开始——如此重要的原因。创业公司需要观测数据并关注其中所承载的企业目标方面的信息。你的网站上最受欢迎的内容是什么？潜在的客户访问了哪些页面？你可以通过什么样的结构互动来提升网站访问的时间、页面浏览量及转换量？

和网页开发一样，测试永远没有完成的一天。数据应当被用于内部分析，然后进行一系列的转换或调整（如标题、内容安排和标价），随后开始新一轮的测试。测试与模拟数据是一种准则和一个持续的过程，它们致力于改善和优化网站的适用性、网页的有效性及网站作为销售工具的综合效率。

> 网站应当清晰地表达你正在做的事情——短视频是最好的方式——并让你的潜在客户容易取得联系。为了测量网页发挥了多大作用，我们使用时间追踪器来监测点击来源、跳出率、浏览时间和转化率。每周我们都会选出一个指标并尝试对其进行优化。
>
> ——克拉里公司需求激励与区域营销高级总监
> 多诺万·艾尔芭（Donovan Erba）

苏莫日志的故事（续）

在发布的5个月之前，苏莫日志团队开始开发视觉标识、网站和页面。时任苏莫日志公司实习营销副总裁的克劳德·奥切安做出的最佳决策之一，就是选择了Flickerbox作为网页设计者，该企业非常重视客户网站的信息架构。

5个月听起来是一段漫长的时间，但是，如果你知道自己即将发布

（你的确知道），就没有理由不去尽早开展工作。这种方式能让你避免因情况紧急而增加的费用、最后一刻的恐慌，以及为了保持与其他机构同步而产生的问题（尤其是节假日问题）。同时，尽早开始也能让你将视觉形象（从企业标志开始）融入主要的宣传信息，比如产品仪表盘的屏幕截图、讲解视频或电子邮件模板。

由Flickerbox开发的视觉标识包括采用亮粉色作为公司的代表色（一次大胆的尝试），以及将色谱开发为一种设计元素（隐含意义是苏莫日志数据分析解决方案的“登录缩写”互联网协议）。

也是在这5个月中，我们将嵌入外部安全性条款作为一个目标——包括网页的质量保证（QA）和渗透测试。最终，尽管为了发布需要熬夜数个夜晚，但团队最终完成并测试了大量的网页、登录页面清单以及针对赛富时和市场自动化的表单（Marketo），同时安装了基本的网站分析工具（谷歌）。

推荐阅读

1. Search Engine Land，*http：//searchengineland.com.*
2. Content Marketing Institute，*http：//contentmarketinginstitute.com.*
3. Doug Kessler，“Buyer personas in B2B content marketing：a round-up of resources，” May 15，2012，*http：//bit.ly/2gi9ibW.*
4. “Persona Marketing，” June 28，2011，*http：//bit.ly/2fWPfer.*

第13章

公共关系

琼·路易斯·卡西（Jean Louis Gassee）

广告里说你很好。公共关系则是从其他方面来说你很好。

里吉斯·麦肯纳（Regis McKenna）

最好的营销是教育。

克劳德·奥切安

你需要公共关系的时间比你想象的更早，而你为此付出的比你想要得到的更多。

公关关系

如果你噘起嘴唇或者你对这四个字感到畏惧，那么，本章的内容就是为你而写的，因为公共关系是当今创业企业所能使用的工具中最容易被误解和低估的一个。如何理解和如何使用公共关系，将对创业企业初始的（或最终）的成功有很大帮助。

早期阶段的CEO面临的一个主要问题就是我们所称的“风险投资者男子气概的不确定状态”。在这种情况下，风险投资者相互赶超，看谁为自己的“黄金时代”投资组合公司的公共关系支付得更少。例如，在当前的市场上，聘请公关机构的平均薪酬是每月1万~1.5万美元，风险投资者可能会对董事会说：“我从来没有支付过高于每月7000美元的费用。最高就这么多。”问题在于他们要么是在谈论20世纪的公关，要么就是在赤裸裸地欺骗，或者二者兼而有之。

为了理解一些创业企业对公关表现出的第一反应，让我们来看看部分新手CEO对公关的态度。

- **太肮脏了**　你知道我的意思。假如，在一家化工厂附近出生的孩子额头上长出了手。然后，化工厂的公关人员不得不在摄像头前坚称，化工产品所含的化学元素和长出的手没有任何关系（即使迫于压力之下，他表示不会饮用当地的水）。这就是“危机管理”。尽管这是公关的附属产品，但我们的 42 家创业企业也没有任何一家需要这项服务。

- **需要公关机构并不意味着你的产品或服务本身不够好** 我们在其他地方也提到，很多创业企业过度迷恋科技，认为自己身处梦幻之地，唯一需要做的就是据此制造出产品，而其他的一切则由对这种科技惊奇不已的人们口口相传来完成。这是错误的想法。
- **太贵了** 公关费用将成为你第一年最大的一笔支出，这是真的。但是，正如我们在本书其他部分所提及的，你祖母的话是对的：你只有一次机会建立第一印象。所以，不要因为钱的事情把它搞砸了。

如何入门公共关系

你要了解公关可以做到和无法做到的事。公关并不是一颗有魔力的子弹，它无法弥补糟糕的产品或服务。然而，它仍然是向消费者传递信息的最佳方式，告诉他们你有什么产品，如何使用以及可以为他们带来哪些帮助。公关也是鼓励新闻记者和博主撰写文章的最佳渠道，他们介绍你的企业、科技、产品和团队；而因此“赚取”的媒体报道则带来了企业的网站或产品介绍无法具备的第三方真实性。公关可以创造出市场动向感，让企业看起来更大，建立或提升你的市场权威地位。公关也可以让你所关心的大部分利益相关者浏览你的网站，这些相关者可以包括员工候选人、未来投资者、科技和渠道合作伙伴，当然，还有消费者。

你需要一直维护公共关系。我们曾经看到一些客户对公共关系进行了投资之后又停止了，他们想要节约资金。这样做存在两个问题：一是你无法像在股票市场中“选择时机”那样在公共关系的结果中“选择时机”，因为为了得到有利的媒体报道和关注而与市场分析师和媒体建立关系，往往需要付出持续的时间投资；二是你在公关公司所培育的客户团队不会原地不动，不会等着你将他们裁掉。因此，你必须要在每一次停止公关支出后重新开始。你将面临的，是好几个月都看不到大量报道——这时你就能分辨出哪家公司是强大的公关机构（有独特的方式让你与市场保持联系并出现在社论版上），而哪家公司是弱小的公关机构。

是在公司内部处理还是寻求机构的帮助呢？我们在这里强烈建议：在企业运营的第一年使用知名机构提供服务，第二年之后你就可以评估将公关事务内部化的可能性与优势。

如果公关公司对你所在的领域非常了解，并且与新闻记者和市场分析师保持着密切联系，那么，对你的目标受众（包括新闻媒体、分析师和有影响力的人）而言，它们也是家喻户晓的（通常是值得信任的）。公关团队成员们可以利用与媒体和分析师已经建立起来的关系来接近这些人，而这一点是企业内部的公关经理无法做到的。

公关公司因受雇于人而保持着及时性，也就是说，它们及时关注反映发展动向的文章以及新闻记者正在报道的其他内容。例如，如果有一篇文章发表在你的目标刊物上，假设内容是关于正在开发中的网络安全技术，那么，你所聘请的领域内资深的公关机构就可能将你放到这篇文章的附属报道中，而企业内部的公关人员很可能没有这种关系或意识。

最后，还存在合法性的问题。如果你所使用的投稿邮箱后缀与你正在推介的企业名称一样，就会让人产生一定程度的不信任感。换言之，如果我们希望宣传Crowded Ocean，若是推介企业故事的人没有使用“xxxxxx@crowdedocean.com”这样的邮箱，我们或许能够得到更好的报道。公关机构的媒体专员与各大媒体联系紧密，进而与权威信息和可信的发言人保持着联系。当你聘请了公关机构的团队来代表企业处理相关事务时，这种联系也是你所购买的服务的组成部分。

当企业成为知名公司并且媒体报道有了一定的“运营率”时，就可以考虑将公关事务内部化了。这时，你的企业是知名的，你的公关人员也是知名的。虽然你或许仍然会错过外部公关机构带来的一些辅助效益，但你可以让一个或更多的人致力于让公司保持已有的位置。

如何评价公共关系

公关被视为培育媒体关系的一项长期投资。最有力、最有效率的新闻报道将形成强大的且具有差异化的信息，这些信息在恰当的媒体中持续传播。然而，你如何评价创业公司的公关呢？让我们来列举一下吧。

- 消费者调查一直把新闻报道作为消费者购买决策的主要影响因素。消费者（以及其他的利益相关者，如合伙人、员工和供应商）将有利的出版物报道作为企业解决方案的价值与权威的客观性的市场验证。
- 作为创业企业营销项目的组成部分，公关机构（随后可能是你的公关经理）通常会紧密地按照你的内容计划（参见第20章）开展工作，对内容进行重设、拓展和材料巩固。例如，公关宣布像白皮书之类的初始内容。或者，公关可以让内容像一篇意味深长的博文，然后再对其进行雕琢，将其替换为由CEO署名的来稿。
- 规律的且积极的新闻报道有助于建立和提升企业的品牌价值。
- 公关是潜在客户开发流程的一个强大的贡献因素。测量一下公司内部的网站流量，你会发现，出版物报道是重要的贡献因素。

选择公关机构

很多创业企业认为，如果使用一种正式的“需求建议书”流程，采用公关机构候选人必须以固定形式回复的详细标准，它们会选择更适合自己的公关机构进行合作。根据我们的经验，前面讨论的评价潜在公关机构的标准将引导你的公关机构选择流程。

除了死板的需求建议书，还可以通过四个步骤来评价数量不多的候选公关机构（至少三家）。首先，审核公关机构对业务的兴趣、可用性、预算恰当性和是否存在利益冲突，安排一次30~60分钟的介绍性电话沟通。你得告诉他们你所经营的业务并回答他们提出的问题。仔细听取这些问题，你就可以了解他们的想法及他们在接听电话之前是否真正有所准备或研究。

其次，邀请对方为你的企业推荐的客户团队就其团队及历史业绩进行自我介绍，包括针对你的企业所拟订的一份公关计划草案。他们应当围绕过去参与过的项目进行介绍，重点突出他们如何展开工作、公关项目结构图以及他们如何与你的企业相契合。他们应当基于自身在领域内的知识和从你的介绍性电话中所获得的信息，对计划草案进行个性化的制作。计划草案也许不会完全说到点上，但他们向你展示了团队所具备的才能和经验。

再次，确保你亲自参与了会面（不是在电脑上或手机上），以了解公关机构所派出的团队如何回应你提出的“剧本之外”的问题，以及他们准备的演讲之外的问题。

最后，不要省掉背景调查。这是你将要进行投资的一段关系，也是希望能够长久保持的关系，因此，针对你最终确定的机构，值得花一些时间与他们过去和现在的客户交流。“感觉”很重要，而第三方的验证更重要。

购买公关机构的服务应当是一个复杂的过程，它可以帮助你巩固领导层团队对公关机构所达成的共识和承诺，帮助你和公关机构共同铸造长期持续的合作伙伴关系。但是，和所有成功的购物经验一样，你需要一份包含如下内容的清单。

- **搜寻领域内的专家** 这一点需要列于清单之首，原因是你不希望付钱向自己所聘请的机构讲解你的市场空间。领域内的专家能确保你的公关机构具有与你的利益相关的及时的媒体联系。但是，你也希望你的公关机构了解分析师、博客、文化、场馆及同一市场空间参与者的产业论坛。
- **尽可能与负责人合作** 公共关系资源包括从个人从业者到跨国企业的各种层次。我们向创业企业提出的建议是：远离跨国企业，即使你自认为付得起服务费。跨国公关企业通常名气很大，价格也很高，同时，它们也拥有大量的初级员工。这些对你而言只是普通的组成部分而不是策略性的部分。根据我们的经验，就像你希望直接与网页设计、图片、文案和用户界面设计的负责人合作一样，你也应当聘请一个足够小的公关机构，以便直接与其负责人合作。
- **确认公关团队的能力** 你希望拥有一个没有同时服务于太多其他客户的团队。你希望获得这个团队充分的关注，以使自己的企业得到“超越公平份额”的关注并能听到好建议，也希望你购买了其服务的公关团队支持企业的发展。我们的首要原则是，公关团队的任何一个成员都不能同时为四个以上的客户服务，包括你自己在内。你还需要其中有人（你应当亲自面试并觉得和这个人相处愉快）单独为你的企业服务。这个人要和企业同呼吸、共命运——作为联络人，他应当是公关团队的负责人。此外，请确保在签署合同之前，你认同这个人并已经与之会面。
- **中断支付就是半途而废** 你可能面临着预算约束（大部分创业企业都是这样），但是，有很多富有想象力的方式，可以让支付给公关机构的钱所带来的价值，超过用同样多的钱聘请质量机构在企业开展非全职工作所带来的价值。正如你将在第 15 章所看到的，你只有一次发布的机会。让它物有所值吧，即使这样意味着你需要提前安排公关预算。同时，为了规避“发布后的低谷”，你要扩充预算以确保在发布后的四个月内拥有完整的公关项目（媒体关系、文章 / 发言人部署、文案与社交媒体等）。

- **避免上钩后被调包** 公关机构在进行自我推介时，通常会从创始人（写在门上的名字）和将来负责“运营团队”的副总裁开始。为什么不这样做呢？毕竟，它们正在尝试获取你的业务。我们给你的建议是，尽管如此，让它们从根本出发或者将演讲交给将来实际负责本企业业务的人。应该由真正为你进行服务的团队来推介，否则，你会发现，实际分配到你的业务上的人只是看起来或表现得像获得过“公关荣誉徽章”的初级人员。这一点很容易做到，只要你坚持和参与推介的团队会面，坚持不要轻易上钩以及被调包。
- **立足本土** 与我们合作过的公关机构虽然和我们的客户不在同一个国家，但它们的工作完成得非常出色，利用视频会议和项目管理软件来尽可能地接近现场。然而，对于创业企业而言，在其他条件不变的情况下，我们更加建议与本土的公关机构合作。与成熟的公司相比，创业企业或许需要更多面对面的活动。展开头脑风暴环节，在白色写字板上写满创意，获得来自“声音”和“文化”的感受——所有这些在面对面的交流中效果更好。
- **选择自下而上的团队** 选择团队的部分决策取决于创业企业自身领导团队的风格。例如，如果企业有一名盛气凌人的 CEO，他不喜欢被挑战权威；此外还有一个“自上而下”的公关机构，这个公司不喜欢参与战略规划但非常擅长执行指令。这两者就是天生的绝配。但是，如果可能的话，我们更喜欢选择“自下而上”的公关机构，他们能与你并肩作战，帮助你制定战略并独立地提出创造性的新颖想法。

> 公关非常重要，因为它可以让你的公司比实际规模更大。
>
> ——VanEdge资本 莫·克曼尼

管理公关机构

任何一个主流市场都存在众多的公关机构。从个体营业者（不要过早忽略他们）到小型机构再到大型机构，总有一家公关公司适合你的企业文化和预算。一旦开始正式启用公关机构，我们建议你们共同制订两份分别为期30天和90天的滚动计划，将远大的目标转换为具体步骤。这个计划将涵盖关于角色和职责、交付内容、最后期限和预期结果的清晰构架。这些计划是“流动的”，要像产品或销售计划那样经常更新，但如果没有写下来或在企业内发布，你就没有真正拥有一个可测量的项目。

以下是需要坚持和关注的内容。

- **定期更新计划并召开每周例会** 这是一条标准化的原则。双方应该就报告的形式达成一致。我们喜欢简单的三步式报告：“取得的成绩”（我们本周完成了什么），“优先事项”（我们下周将要完成什么），以及“漏洞”（公关机构认为将阻碍优先事项的任何事物，他们需要你对此给予重视）。
- **有丰富的知识和强烈的竞争意识** 最优秀的公关团队也会与你的竞争对手开展合作，这意味着他们能够并且应当追踪媒体和社交媒体中你的竞争对手在说什么。了解你的竞争对手在说什么并进行策略性的回应非常重要，尤其是在企业的早期阶段。如果你的公关机构没有认真了解你的竞争对手，那就说明你在审核他们时工作没做到位。

- **坚持将他们编织到你的组织架构中** 从最开始就让公关机构变成自己团队的一部分。你正在编织一个故事，而他们是故事的讲述者。因此，让他们参与到创作的过程中。是否有重要的客户备忘录提出你的公关团队可以“窃听”？对有益于公关团队的目标、开发和销售问题，是否有规律地进行了管理团队的回顾？企业会把公关团队纳入销售收入的审查中，以帮助他们激发投稿文章或趋势部分的创意吗？将公关纳入有效的商务会议同时也向你的团队发出了一种信号，即你对公关的投资给予了充分的重视。请记住，如果对公关团队的邀请由公司的高层发起，你会发现，额外的接触将有利于激励公关团队，或许能使他们更加富有创造力、更有策略性。
- **避免“大帽子公关”** 就像“打肿脸充胖子”一样，这种公关机构喜欢吹嘘过去的成功，并且有着这样的暗示：如果他们在这次的业务中没有成功，一定是因为你自己的失误。过去的血汗史和案例研究当然很好，但除非他们能引领你走向成功，否则，你也会变成血汗史。
- **避免“无能的公关”** 每一次发布都包含大量的项目日历、推介截止日和文案截止日。当你发现自己对进度的推动多于聘请的公关机构，他们就是无能的公关。如果你自己完成了所有的初稿，你所支付的公关费用就不值得。如果你的公关团队无法提供初稿，他们就没有学会你的语言，这时，你需要给他们施加压力。

评估公共关系

历史上，公关更多的是一门艺术而非技术，但目前的网页追踪工具和新型营销系统意味着你有大量的指标可以用于确定公共关系投资的价值。

这些指标包括网站流量、影响力（“声音份额”）、关注者数量和转发量等。

要求公关团队描述他们是如何对推介企业和业务的结果进行评估的。注意他们是将评估写入了意向书，还是只是一种事后的想法，即在回应你的询问时有所提及。现在，我们都处在一个大数据时代——你的公关团队也应该融入大数据时代。

数据指标应当纳入你的公关项目，并按照时间周期评估。知道谁是你所在的市场空间中最有影响力的媒体和分析师还不够充分，你的公关机构应当根据覆盖率和影响力对这个领域的参与者进行排序，而你则应当根据参与者在该领域的表现来评估公关机构的表现。（这意味着你必须要定期了解和追踪这些有影响力的参与者。）随后你就能够在公关计划中建立起一系列的可交付成果、截止日期和预期结果，以排除你对新闻资产、投稿文章、发言机会等可以提升企业形象的事项的假设。

苏莫日志的故事（续）

苏莫日志公司在公共关系方面的经历覆盖了本章所提及的方方面面，包括有利的和不利的。克劳德·奥切安牵头开展了公关机构的搜寻工作，并且我们发现了一个不错的公司，领域内的专家和公司的CEO（不只是公共关系总监）都对它给予了高度评价。这个业务团队“擅长开会”，因此我们非常容易地做出了聘用决定。

发布进行得非常成功，有非常不错的报道，包括超过20条经过编辑的或“赚来的”新闻报道。但是，考虑到近期的资金状况、斯普伦克悬而未决的IPO、创始人受到的出身名门的攻击及早期客户充当评论人的意愿等，任何一件除了发布报道的数量之外的事都令人失望。

随后，麻烦就开始了。在发布之后，公关机构的负责人，即亲手帮助苏莫日志公司走向发布的人不再那么投入地工作（在大多数业务中，某种程度上可以预见这种情况的出现）。更为重要的是，公关公司最终变成了一个“自上而下”的机构，即那种等待着客户指令来创造公关机会的机构。当时，有很多想法，包括新产品特性或新客户获取的传统声明。然而，却没有一种可操作的、可执行的想法可以让公司的名字在发布之后和其他可靠信息能够获得之前，始终出现在评论版面上。换言之，在发布新闻报道之后，我们所重视的趋势追踪、思维引导和投稿文章是缺失的。

我们本应该在开发博客之外的更多的投稿文章和白皮书资产上更加努力。一个进取的公关团队会尝试用新闻推动竞争，并且将不断增加的记者和分析师对云、开发运营（development and operations，缩写为DevOps）和大数据的兴趣补充进来。这些都是热门的、被新闻界定期调查的话题。换言之，我们自上而下的公关机构在等待指令。进一步地，它们倒退成“大帽子公关”，谈论自己过去的成功而不是以苏莫日志为中心进一步挖掘业务。

尽管需求激励项目也在同时进行，但完整公关项目的匮乏并没有减少。在发布之后很短的时间内，新的CEO就到任了，因此，改善公共关系的表现变得十分紧急。我们以私下的方式向CEO报告公关机构的表现。然后，我们迅速地更换了一个新的、自下而上的公关机构，它在随后的四年一直陪伴着苏莫日志公司。

推荐阅读

1. “25 Best Free Online Resources for PR Professionals，” Marketing Sherpa，*http*：*//bit.ly/2eGPspI.*

2. PR Resources，Cision.com，*http*：*//bit.ly/1rcom6E.*

THE ULTIMATE
START-UP GUIDE

第14章

社交媒体

财捷集团（Intuit）联合创始人

斯科特·库克（Scott Cook）

品牌不再是我们灌输给消费者的东西——而是消费者之间互相传播的东西。

克劳德·奥切安

你的公司品牌就像是自己的个人风格；让它自然地进化到一个点，然后再看看你的服饰。

经常使用社交媒体的创业企业创始人很少见。从时间上来说，公司筹建过程中无止境的工作需求通常是他们参与任何一种社交渠道的最大障碍，无论是推特还是脸书，玻璃门网站（GlassDoor）还是开源托管网站（GitHub）。当与技术型创始人掌管的创业企业接触时，我们通常发现，大部分团队在领英等社交媒体上都注册了资料或拥有主页，但账户很不活跃。事实上，它们甚至只是拥有推特用户名，但几乎处于休眠状态。因此，我们从来没有假设社交媒体会被企业团队视为一种接近客户的渠道，也没有设想社交渠道会是企业营销计划的组成部分，哪怕只是集客式营销策略的一部分也未曾想过。

目前，有两种类型的社交参与者：原生参与者和习得参与者。原生参与者通常年龄在35岁以下，与社交媒体一起长大，当他们经历、阅读或看到一些东西时，就会自然倾向于分享、评论或将其上传到其他社交网站上。习得参与者通常是被别人提醒而上传或分享，而不是自己想到或是很自然地这么做。

对“习得”的人而言，这就像是去健身房。一部分人的身体里携带了锻炼的基因——锻炼对他们来说是一种自然的、每天都发生的事情；但另一部分人却需要私人教练或烦人的手机应用，他们在你燃烧完一定数量的卡路里之前会一直工作。你的创业企业最终就需要这样一名社交媒体总监，其部分工作就是充当你的私人教练，培训和监管整个公司关于社交媒体方面的事务。这和与创始团队会面没什么两样，社交媒体总监往往都希望在《纽约时报》（*New York Times*）和《连线》（*Wired*）报道自己的公司。但事实上，当询问他希望由哪位记者或专栏作家撰稿及其原因时，你就会发现，他并没有定期阅读他所垂涎的这些媒体。

因此，为了建立企业的社交媒体战略，你需要从利益相关者（潜在客户、有影响力的人、合伙人和开发商）所在的网络聚集地开始。如果你正在领导一家早期阶段的创业企业，那你无疑需要参与顶尖人才的竞争，因此，领英就是你的首选。再次强调，成功利用社交渠道的最佳方式就是你需要在这里注册并经常上线。通过这样的方式，你可以第一手地了解这些渠道的惯例，了解到内容和新闻如何让这个渠道运作起来，进而了解到如何在渠道中进行“对话”以实现自己的目标。

一旦你确定了自己最中意的几个有限的社交媒体选项（稍后将进行详细解释），你就需要一个“数字时代的原生参与者”来领导你的社交媒体项目。同时，这位原生参与者可以帮助团队学习如何流利地、成功地使用社交平台。

我们已经了解到，大多数创业企业的领导没有时间频繁使用社交平台，所以在此列举了可以突出社交媒体重要性的营销实例。

- 社交媒体、SEO和电子邮件是排名前三位的集客式线索来源［HubSpot，《2016年集客式营销发展状况》（*The State of Inbound 2016*）］。
- 消费者调查显示，社交媒体是建立或提升品牌信任度、品牌声誉和思想领导力的有力工具［Brandfog，《全球社交首席执行官调查》（*The Global Social CEO Survey*）］。

- 来自60个国家和地区的被调查者中有83%的人表示信任朋友和家人的推荐，这些推荐越来越多地通过社交媒体渠道进行［Nielsen，《尼尔森全球广告信任度调查》（*The Nielsen Global Survey of Trust in Advertising*），2015］。
- 社交媒体和电子邮件以最低的成本吸引注册量［HubSpot，《2016年集客式营销发展状况》（*The State of Inbound 2016*）］。
- 社交媒体在客户获取中发挥着关键作用［HubSpot，《2016年集客式营销发展状况》（*The State of Inbound 2016*）］。
- 参与到社交媒体中的首席执行官被认为更值得信任、更加透明［Brandfog，《全球社交首席执行官调查》（*The Global Social CEO Survey*）］。
- 众筹网站将来自社交渠道的数据作为投资前尽职调查的一部分［《软件正在侵蚀风险资本行业》（*Software is Disrupting Venture-Capital Sector*），《华尔街日报》（*Wall Street Journal*），2016年3月7日］。
- 记者、风险合作伙伴、首席执行官同行及产业领导者们积极地使用推特一类的社交渠道来评论趋势和突发新闻。
- 通过社交媒体搜寻求职者的企业正在增加［人力资源管理学会（Society for Human Resource Management），《调查：利用社交媒体寻找消极候选人的雇主》（*Survey: Employers Using Social Media to Find Passive Candidates*），2016年1月7日］。

焦点，焦点，焦点

既然社交媒体对于招聘、品牌声誉、客户获取及构建销售渠道而言如此重要，那么资源缺乏的创业企业应该怎么做呢？和生活中的大多数事情一样，这是一个焦点问题。我们的建议是，从指定一名获取人开始。正如创业企业需要一名首席内容官来真正“获取”所有的内容一样。你的创业企业也需要一个人来获取社会存在感。请放心，我们并不是在建议你聘请一位类似于“首席社交官”的人物（这可能会非常危险地漂向“销售摇滚明星”和“空想家”一类的可恶之人的境地）。但是，你理解了这种想法，任命了团队中的成员充当获取人——他在通过社交渠道的沟通和联系方面具有天然的亲和力。尽早在创业企业的早期阶段将这个人发掘成为整个团队的旗手、老师和行为榜样。请记住，这只是短暂的。随着企业的成长和收入增加，会有更多的员工、公关机构的资源及专门的承包商来支持企业的社交媒体运行。

在确定了获取人之后，第二步就是决定你的目标和受众。对很多企业而言，排名前三的渠道分别是推特（与潜在客户、合作伙伴和有影响力的人联系）、优兔（分享大量的媒体内容）和领英（招聘新的人才和联系消费者）。对部分公司而言，脸书可能是第四种渠道，但由于本章此部分的内容是关于焦点的，因此，用救生艇游戏的话来说，脸书太火了。

同时，你的社交媒体获取人也会帮助企业和团队接触新兴的渠道，这些渠道在你所处的特定行业中对利益相关者也开始具有影响力，如社交娱乐平台色拉布（SnapChat）、图片分享网站IMGUR及社交化新闻和娱乐网站红迪网（Reddit），同时也包括已有渠道最新增加的内容（如推特上的动图、脸书上的直播视频和赞助商广告）。社交媒体获取人将轻松应对社交媒体的最佳实践方式，深入了解企业的内容和销售战略，同时具备在企业内部协调工作的能力，以教会其他同事社交媒体的新方式和价值。

澳大利亚初创企业Bugcrowd是众包安全行业的先锋，也是我们曾经的客户，因此，它提供一个非常方便的关于如何让创业企业利用推特积极构建业务的案例。在构建业务的过程中，Bugcrowd只聚焦于两类受众。第一类受众由独立的安全测试员构成，即所谓的“黑客”和“白帽”。Bugcrowd聘请他们使用自己的软件平台，通过“漏洞报告奖励”项目来测试公司的产品。第二类受众是其他公司聘请Bugcrowd，通过安全测试员社区来测试它们的产品。Bugcrowd通过推特的渠道来招聘测试员并培育测试员社区，推送关于漏洞报告奖励项目、产品改进、新合作伙伴、荣誉、认可、创客聚会等方面的新闻。对Bugcrowd而言，推特就是一个真实的社区构建者。而就在撰写本书之时，Bugcrowd的全球测试员社区已经突破2.5万名成员。

由于当前的社交媒体中有很多不断变化的部分，因此，识别领域内的专家就显得格外重要。针对企业在每一种渠道中发布信息的频率、节奏和内容，领域内的专家都能提供指导方针、工具和最佳实践，HubSpot和 Marketo就是两个范例。此外，当每一种新渠道都在不断调整产品以争夺新的受众和公司广告收入时，新的渠道（如色拉布和推特旗下直播平台Periscope）和新的广告及内容邀约也不时涌现。这些也同时成为企业需要依靠社交媒体获取人的原因，常常要通过他们的协助来监测销售杠杆的新机遇。你会希望确认，你的内容官和社交媒体获取人正在紧密合作，以便使企业内容不仅能够分享，还能够测量。有大量免费或付费的工具用于创造监测指标和自动上传信息，让创业企业可以开发、规划和测算自己的社交媒体成果。

社交媒体经理的可交付成果

现在，你已经任命了中意的社交媒体经理，他将集聚和宣传企业内容与社交媒体项目，为企业的优先级利益相关者服务。那么，社交媒体经理究竟要负责交付什么样的成果呢？

当你的创业项目非常小并且面临着多个期限紧急的产品任务时，你就应当指望社交媒体经理每周提供一系列的“帖子”。这些“帖子”遵循频率、主题、相关链接和标签方面的最佳实践，为每一个优先的社交渠道量身定制对应的内容，提供给团队成员用于发帖、改变或“分享”（推特转发等）。在这种方式下，创业企业的团队成员不会有任何一位是真正白手起家的。每一位写手都知道，从零开始是非常令人无力的，但有了社交媒体经历，你就有了一位可以凝聚起内部支持并提供专业帮助的人。你的社交媒体经理既可以充当内容的创作人，又可以充当鼓励团队成员进行传播的老师或教练。如果说21天可以养成一个新的习惯，那么，让社交分享成为技术团队的习惯就需要更长的时间，因为技术团队通常都在极力追赶紧急的产品和客户截止日期。这就是一名有效率的社交媒体经理的用武之地，他能够非常得心应手地鼓励和支持团队。

此外，社交媒体经理还应当表明他对竞争对手的关注。因为你的竞争对手很有可能正在争取与你相同的受众（合作伙伴、潜在员工、媒体、分析师和未来的消费者）。因此，请确保社交媒体经理在追踪和报告竞争对手所发布的内容及其发布渠道，这样你才能尽早做好开发的标记。

数据指标也是社交媒体经理应当向团队报告的一项重要内容。你要让团队成员了解关于自己的品牌有哪些正在宣传和分享的内容，同时要让他们对重要的指标引起重视，如关注人数、分享次数和发帖数等。你的社交媒体经理应当有能力回答简单的问题，比如“上个月转发量最多的博客帖子是什么”。易于理解的报告将会使社交媒体在创业团队中保持重要的优先地位。

建立自己的品牌

最后，你或许会发现自己确实对加入推特空间产生了兴趣（也许这是被社交媒体获取人训练而成的）。在教会团队关于内容和工具方面的最佳实践之后，如果企业的联合创始人或CEO个人开始投入到社交媒体中，社交媒体经理就能够提供很大的帮助。虽然事实上，在《财富》500强公司的CEO中仅有42位拥有推特账户［根据《麻省理工斯隆管理评论》（*MIT Sloan Management Review*）］，但想想成果丰硕的埃隆·马斯克（Elon Musk），他的身份包括特斯拉汽车联合创始人及CEO、太空探索技术公司CEO、贝宝联合创始人以及太阳城公司（SolarCity）董事会主席等。很多人认为，从有效率的产品、对产品细节的痴迷以及掌握媒体的关注方面而言，马斯克就是下一个史蒂夫·乔布斯。马斯克在推特上非常活跃并经常与"粉丝"互动，非常平易近人。他借此将推特作为主要渠道，通过这个平台发布新产品、媒体会议和新的招聘职位，更不用说与客户和产品"粉丝"直接互动。和其他的推特大咖一样［如维珍航空（Virgin Airlines）公司的理查德·布兰森，现任美国总统唐纳德·特朗普（Donald Trump）和风险投资巨头马克·安德森（Marc Andreessen）］，马斯克在推特上用自己的声音分享观点，并由此提升了个人和企业的品牌知名度。

苏莫日志的故事（续）

我们再次访问了在苏莫日志的朋友。对他们而言，在早期阶段为社交媒体工作招聘员工和制定准则是一项巨大的挑战。公司完全专注于客户和产品，停滞不前。和多数持有背水一战心态的创业企业一样，苏莫日志专注于编写代码和培养早期的客户路径，而社交媒体工作在公司的优先事项清单上非常靠后。但是，当公司开始准备发布时，营销团队在公关机构的激励下，鼓励所有员工（包括所有为公司工作的机构和个人）都积极地活跃于领英、优兔和推特。（而脸书随后通过协助招聘工作的方式推动了公司在这一领域的重大进展。）渠道发布的内容源于公关团队的新闻报道，消费者评价源于销售团队，而趋势分析则由博客生成。

博客最终成为产品发布的秘密武器。苏莫日志在企业内部开展了一项类似于内部“竞赛”的运动。首先，它们指定了一名技术团队的资深成员来建立一份主题和作者的日历，她通过谷歌文件（Google Docs）进行分享。这些文件按照博客和SEO进行分类，她不仅充当编辑，还要确保关键词、视觉效果、结构和声音的一致性。其次，她（在CEO的帮助下）利用每周的全员大会来明确当周的博客并提议即将推出的活动，为每一个团队创作新的主题留出空间。最后，她利用论坛来报告过去博客的分享量和推特转发量，激发内部竞赛来评选出最受欢迎的博客。

苏莫日志被认为是近年来硅谷首秀企业中最成功者之一，令人印象深刻的新闻报道和社交媒体竞赛成为未来公司的典范。

推荐阅读

1. Marketo blog：*http*：*//blog.marketo.com*.
2. HubSpot blog：*http*：*//blog.hubspot.com*.
3. Seth Godin：*http*：*//www.sethgodin.com/sg*.

第15章

发　布

领英联合创始人、董事会执行主席、格雷洛克风投合伙人

里德·霍夫曼（Reid Hoffman）

如果你没有因为产品的第一个版本感到尴尬，那就是你发布得太晚了。

你的外祖母

你只有一次机会建立第一印象。

克劳德·奥切安

每一个企业的发布至少推迟过一次，通常是两次。

如果向硅谷的任何一个人请教，他都会有自己的一套关于如何发布一个企业的理论。这些理论包括“软发布”、“滚动式发布”和“稳步推进发布”。你已经明白了这一点。同时，也有创始人吹嘘自己在营销上没有花过一分钱，最后却将企业卖出天价。在营销上零投入的罕见做法导致公司失败的例子数不胜数，尽管社交平台网络信使就是其中难得的成功案例。

对于另外98%的我们——没有在最完美的时间用最完美的产品抓住市场的企业，需要“发布”。发布是你初次亮相的聚会，是一个里程碑，带着首次发布的产品以官方形式将公司从秘密的地下或“地堡”中推向公开市场。换句话说，这就是发布，别把它搞砸了。

你的创业企业的发布是你目前为止所学习到和完成的一切事物的顶点。这里的“顶点”（culmination）是指：你把自己所学到的一切关于创立企业的内容、一切关于开发首批产品和服务的内容及最早期的市场告诉你的那些你可从中学到的内容都加总起来了。就像在成人礼上，你罗列并突出自己成长过程中最好的方面，宣布自己正式步入社会。

> 我们并没有在发布的背后投入更多价值，因为在发布之后，一切都只与收入相关。但是，发布及其所带来的新闻报道，帮助我们招聘到下一阶段所需要的工程师，同时为营销系统配备获得早期客户所需的员工。
>
> ——克拉里公司创始人

发布是企业的生命周期中巨大的里程碑，对每一位参与其中的人来说都是如此，这些人包括创始人、员工、投资人、合作伙伴、早期客户及所有你珍爱的为你的成功付出努力的人。为了充分利用此生仅有一次的机会，你需要计划、细心、合作与创造性。在“精益创业”时代，你需要根据消费者的积极反馈，通过不断迭代的方式来调整产品特征组合和产品应用，即使是这样，展示企业的官方首秀也是一件大事。一定要仔细检查，因为这是一件重要的事情。你或许有机会从搞砸了的发布中存活下来，但这只是小概率事件。

部分创业企业通过发布来“合法化”自身业务在消费者和潜在投资者眼中的地位。每一件在发布之前完成的事情都被认为是“试错”，即便你已经有了初始网站也是如此。通常来讲，发布就是企业向各种受众宣布正式开业，这些受众包括消费者、投资者、市场分析师、媒体及竞争对手。你对自己的创业企业已进行了精心的打磨，通过网站、销售内容和公共关系来定义自己的市场信息，甚至升级了企业的办公空间。你这样做的原因，是消费者希望与他们信任的品牌开展业务，与他们认为具有持续影响力的企业合作。这一点对于新一轮的投资者和员工来说同样适用。每一个创业企业都希望自己看起来更大。一次官方首秀（包括有力的新闻报道）对于实现这些商业目标将产生巨大的影响。

此外，发布还存在其他的原因。一部分企业认为，发布是其在竞争性的就业市场中吸引合适的人才和构建团队的关键。另一部分企业则认为，企业在发布之后能够成功接触到投资者或潜在合作伙伴，而他们在发布之前不会回复电话。这里的关键在于，发布是以一种有力的、差异化的、可记忆的和规范的方式将企业的故事推向市场，与利益相关者建立起联系，以促进企业发展和扩大公司规模。

软发布

不同于大多数企业的一次性“重大”发布，部分企业选择软发布，它通常是企业进行两阶段发布的第一阶段，更加突出企业而不是产品。软发布主要聚焦于企业的创始人团队、市场空间及所获得的资金。它也会涉及“局部的”产品发布，但不包括产品的重要细节。

那么，什么时候进行软发布是合适的呢？有四个原因支持这个选择。

- **招聘** 创业企业通常会利用软发布产生的“能见度”来招聘高级人才并构建企业团队，尤其是在异常火热和竞争激烈的硅谷就业市场中。
- **竞争** 创业企业认为会在市场中遭遇竞争对手的攻击。为了成为市场中的第一个参与者，使企业能够根据自己的条件定义市场并为自己出众的技术建立舞台，很多创业企业都分两个阶段进行发布，软发布旨在减少竞争并将企业推入次级市场（second-to-market）中。
- **树立权威** 成为科技领域令人瞩目的新事物是十分有价值的且具有良好势头的，即使它所在的领域并不是一个那么具有吸引力的或不讨人喜欢的细分市场。社交媒体和新闻权威可以帮助企业加快速度进行招聘、融资和客户开发。
- **企业筹备** 相较于年轻的创业企业，现在的大型企业在新科技价值方面更有经验。这并不意味着新成立的创业企业希望对一个新产品冒险投入大量的信息技术（IT）运营和预算。但是，由软发布产生的分析师与新闻界的市场验证和有利报道可以为年轻的创业企业带来相当大程度的合法性，这种合法性可以让企业与早期开发者及知名的企业客户达成交易。

“直接投放市场”如何

斯莱克和网络信使这样的企业曾经公开地自我吹嘘，称企业的营销支出几乎为零，也没有进行过发布，它们只是把新产品投放到“野外”以试探消费者的反应。这种策略只对非常特定类型的创业企业起作用。它不是一种“玩世不恭”的策略——在这种策略下，企业故意炫耀已经获得的市场份额。相反，它是一种运行良好的实验，避免了对传统发布的需求。因此，如果你要走这种路线，那就试试运气吧。只需要记住，新闻界和分析师都有自己的双眼和判断。如果你因为“无发布”产生的“有限的”市场回应而回过头去找他们，他们通常不会搭理你，因为你已经是“过去时”了。

如何发布

每一个成功的创业企业的核心都在于由专门的跨职能团队负责构建故事和工具，让企业引起公众的关注。让我们来面对这件事吧，整个企业都要参与到发布当中。虽然发布是由营销部门负责，但它需要所有员工的共同努力。创始人及来自产品、维护和销售的代表都应加入营销团队当中，创造新解决方案的价值和利益，这样的方案才能解决真正的难题。

尽管每个人都有自己的日常工作（最终完成产品，支持早期的客户路径和为公司内的关键性跨职能岗位服务），但是，发布只有成为所有人一项共同的工作时才能取得成功。为了实现这个目标，我们建议设立一个“发布指挥官”的职位，并告诉企业的每一个人（包括创始人），在企业发布期间，每个人（同样也包括创始人）都向发布指挥官汇报。如果没有这样的承诺，企业将会错过发布日期（这看起来很糟糕）或是进行了一场没有效率的发布（这看起来更糟糕）。

前面的注意事项是关于哪些人要参与发布。接下来我们关注哪些人不应当参与发布。当董事会成员或善意的投资者（或创始人的配偶）开始“帮助”发布事项（如信息、材料或标语）时，就存在问题了。事实上，当我们看到董事会成员在发布之前频繁地随意拜访创业企业的办公地点时，这就是一种警示的标志。

任何一次发布的一个重要目标就是有利的媒体报道。它意味着向公共关系投资。在讨论公共关系的一章中，我们谈到，“如果你需要公关的时间比想象的要早，那么，你就需要支付比你预计的更多的费用。”这就是投资的价值所在。

“比想象的时间要早”的含义是，在理想的状态下，你的公关机构可以从一开始就关注定位和信息传递的过程，同时，它们也应当成为发布过程的参与者之一，提供有关它们的市场的反馈：接受或相信什么，以及什么不会对它们起作用。这个市场包括分析师、新闻界和市场中有影响力的人。

这也是你发现公关机构表现如何的切入点。在参与的多次发布中，我们与大量的公关机构合作过。而最为重要的事情就是在这个过程中要有一位积极的合作伙伴。

产　品

不幸的是，几乎每一次发布都会碰到棘手的问题。如果发布的日期延误了，通常由三种原因中的其中一条造成：产品问题、消费者问题和内容延误。产品的发布习惯上有一条令人厌恶的不稳定的完成路径。在技术领域，大家默认的状态就是产品在投放市场的过程中会至少延误两次。所以，随机应变地计划吧。

消费者

产品与消费者的结合是一个微妙的问题，尤其是在早期阶段。一方面，早期采用者是先锋，他们愿意使用尚未完成的产品以便在产品的完成过程中发挥积极的作用。但早期采用者有时也会表现出颇为出名的古怪，不具备企业的相关知识，也不能获得企业的认可。因此，我们有一条经验法则：除非企业拥有三名以上的可以提供评价的消费者——他们将回应来自新闻界和分析师的电话并向其正面宣传目前的和长期的产品体验，否则，企业就不要进行发布。

让企业发布有公开“证词”的预期是有问题的，比如在秘密的网络安全市场中的这种预期。特别是，新闻界不会报道没有消费者评价的产品；过去，企业的产品声明不真实，新闻界很多时候都受到这些企业的不利影响。而要求至少三名消费者的原因是，可以提供评价的消费者存在至少50%的“死亡率”：或是由于产品故障，或是因为企业针对新闻媒体的内部规定。

> 创始人只能基于有限的数据信息进行假设。走向市场之前，你永远不知道市场的真实情况。
>
> ——恩颐投资公司　皮特·索思尼

内　容

在即时可用在线信息的竞技场上，“你永远无法获得充足的信息”这句格言非常正确。对你的网站来说也是如此，它只是一种让信息更加丰富的工具（让浏览者在网页上停留更多的时间，建立起品牌忠诚度），但是，在销售活动中，这句格言体现得更加淋漓尽致。当今，除非你是在销售那些顾客容易冲动购买的产品，否则，你就需要自行培育潜在的消费者。据估计，正常的企业销售需要你与潜在消费者互动（或者接触）5~7次。这意味着，除非你希望空手达成交易，无须任何新的信息来促进与潜在消费者之间的联系，否则，你最好在发布时拥有5~7种可使用的内容信息，甚至更多（可能是白皮书、数据表、示范视频、CEO最新报道的复印件、相关主题的最新博客等）。因此，不要让你的发布因为缺乏内容而被延误或不完整。

当我们谈到发布网站时，最重要的考虑因素之一就是网站的基本结构、信息架构与内容是否能够推动点击率的转化和优化访问者的体验（参见第12章“网站”）。没错，设计是一个成功的网站不可或缺的组成部分，品牌意识也是。但是，你首先应该关注内容和转化，否则你将会被更为主观性的、不那么重要的决策分散注意力。

需求项目

在推动发布的过程中，我们建议企业的发布团队至少利用三个月的时间开发需求激励项目，以确保企业在发布之后有储备的项目，以便于帮助企业将发布所增加的关注度和兴趣转化为销售机会。否则，你就可能面临风险，让早期采用者在发布过程中反馈的所有“能见度”、品牌意识和网站流量等信息都失去作用，原因是你没有规划重要的跟进内容和项目，而它们是将意识转变为兴趣和参与所必需的。为了转变发布所付出的血汗和泪水，利用早期的市场动能实现早期销售，你就需要通过精心的计划避免发布后的低谷。（关于需求激励的内容请参见第19章。）

评　估

每次发布的一个关键步骤是确保对正在发挥作用的和没有发挥作用

的事项进行定期评估。我们对任何一次发布的成功（及投资回报率）的评估既包括定性评估，又包括定量评估，尤其是发布后的前几个星期。从定量评估角度而言，我们要求发布团队观察在网站中规划的转化次数，是否有人真正去注册和下载，以及是否达到一定的注册量，它们都是团队制定发布目标时所期望的指标。值得强调的是：进入精益创业时代，循环意味着利用互联网的速度和网站捕捉的数据来告诉你什么在发挥作用，并基于此进行相应的优化。

定性评估则是针对销售和消费者支持团队或成功的团队所报告的内容。它们在客户和潜在消费者的转化中与在现场和社交媒体中真正听到的是什么呢？这些信息能够证实网站数据所提供的信息还是与之相矛盾呢？

苏莫日志的故事（续）

苏莫日志团队分三次完成企业的发布：企业首秀、首轮融资（包括由格雷洛克风投公司和苏特希尔公司牵头的A轮融资和B轮融资）和安排在2012年2月的首个产品的通用版本。（这个产品自2011年春季以来就在秘密开发之中，希望为发布建立一个良好的客户基础）。而定位、信息和发布时间表是在与我们共同召开的研讨会中形成的，这也是我们所经历过的最让人精疲力竭也最具生产力的阶段。很多事情都同时取决于市场和正确的信息，因为在这个市场中，已经有非常有影响力的参与者（斯普伦克）。因此，我们需要差异化的策略，以此向市场证明斯普伦克着手解决的问题依然存在。

2011年9月，苏莫日志团队已经确定了自己的市场定位和要传递的信息（并制作了一份具有“撒手锏”作用的演示文稿），在硅谷的风投企业聚集地沙丘路（Sand Hill Road）经历了惊心动魄的长达两天的推介会之后，它们获得了由苏特希尔和格雷洛克牵头的B轮融资，而两天的会议时间长度也是前所未有的。通过大量讨论，团队决定暂不公开获得B轮融资的消息，计划将这一消息与产品消息一起作为2012年春季的“重磅”新闻发布。这个决定综合考虑了客户的可及性、不可避免的年末节日效应，以及希望确保产品的稳定性和安全性的愿望。

团队将时间投入到额外的测试、网站安全性和关键“沙盒”（sandbox，发布的一个关键性组成部分）中。“沙盒”将新的云基础服务提供给潜在的企业客户。它允许消费者测试性地免费使用真实的样本日志管理服务，或是在安全的测试环境下使用真实的日志数据。六个月的发布准备带来的成果包括一个内容丰富的网站，上面提供了部分产品（说明书或“如何使用”）的视频，四位消费者的推荐词，以及每个创始人团队成员的补充说明视频、技术与产品白皮书，并将载有丰富内容的使用案例用于网站浏览者的启动销售（他们的关注源于一系列有利的新闻报道）。苏莫日志团队从已经完成的发布迅速进入了需求激励项目和新一轮的免费增值供应，我们将在后面的章节中更详细地对此进行介绍。

推荐阅读

1. Marc Benioff and Carlye Adler，*Behind the Cloud*：*The Untold Story of How Salesforce.com Went from Idea to Billion-Dollar Company*（San Francisco，Calif.：Jossey-Bass，2009）.
2. Chris Anderson，*The Long Tail*：*Why the Future of Business is Selling Less of More*（New York：Hyperion，2008）.
3. Jack Trout and Steve Rivkin，*Differentiate or Die*：*Survival in our Era of Killer Competition*（Hoboken，NJ：John Wiley & Sons，2008）.

第16章

走出“发布后低谷”

发布之后，我们的大部分客户

聚会发生了什么？

克劳德·奥切安

治疗“发布后低谷”有一种可靠的方案，那就是不要发布。

“悲伤低谷”（trough of sorrow）的概念由Y孵化器的保罗·格雷厄姆（Paul Graham）提出。这个概念在硅谷受到追捧，很大程度上是因为它真实地描述了很多创业企业在进入市场时所面临的困境。这些企业在发布时投入那么多时间和金钱，却忽略了需要考虑维持和利用发布势头的所有步骤。它们就像在医院的育婴室里看着宝宝头顶的父母，相互对视并思考着：“现在我们应该做些什么呢？”

在格雷厄姆看来，精心设计内容、商业转化和培育适当的应急计划可以避开“发布后低谷”（post-launch depression，缩写为PLD）（见图16–1）。尽管如此，你最好对各个方面都有所规划并加以执行，因为在发

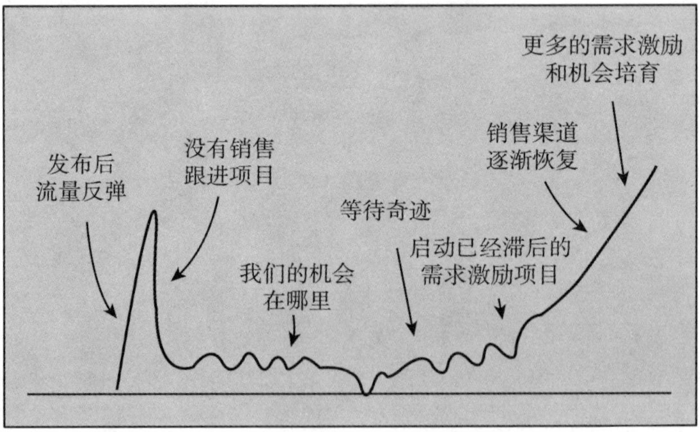

图16–1　如何走出“发布后低谷”

资料来源：根据保罗·格雷厄姆的建议绘制。

布后的第一次董事会议上，你可能只会预期自己因极为成功的发布而受到无尽的称赞，董事会一定会给予众星捧月般的待遇，然后就会问你新生婴儿的父母同样的问题：现在你计划做些什么呢？

> 我们的模式是用第一年的时间来确认产品是有效的，用第二年的时间来使用产品，而第三年的时间则用来观察是否有人愿意购买产品。
>
> ——雪花算法公司创始人

市场对企业的兴趣在发布后的数周或数月内一定程度上有所消退，这是非常自然的现象。但是，就像你在过去的两个月从0发展到60，你没有理由从60变回到0。这一段发布后的时间或许是销售和营销第一次处于董事会的严格审查之下，同时也可能是更换创始人的时候。创造的过程结束了——现在我们进入了成长阶段。这意味着，每个人都会被询问这些数据：首要的是销售机会和收入，也包括网站流量数据、商机现状及指标。所以，你最好把准备工作做充分了。

> 市场细分是创业企业做得不太好的方面。与尝试射击相反，你需要在市场的入口处主动开枪射击。如果你没有这样做，你将一无所获。
>
> ——格雷洛克风投合伙人　阿西姆·钱德纳

走出发布后低谷

制订一个90天计划

尽管说起来容易做起来难，但任何一个创业团队都不应当在没有准备好未来90天的销售和营销计划的情况下进行企业发布。发布后的第一个季度应该成为发布计划的基本组成部分，其目标是将发布带来的兴趣转化为意识，构建集客式营销的流量、商机和市场份额。

> 当开始进入市场的时候，你需要一个清晰的计划。除非你已经制订好计划，否则，不要超越个人贡献者的能力去扩大营销资源。
>
> ——门罗（Menlo）风投公司　麦特·墨菲（Matt Murphy）

应急计划

每个创业企业都应当预留专项现金储备，以此应对发布后面临的困难。例如，如果你在发布时向消费者供应的茶品没有带来预期的点击率和转换率怎么办？如果消费者只对1号门回应，而不是同时对1号门和2号门都做出回应，你有可用的资金和资源迅速地推出一个新的产品、一种新内容或一项新的推广活动吗？或者，如果你的竞争对手意外地推出了一个与你的产品相似而价格便宜25%的新产品，你怎么办？在发布之前，你通过“如果……怎么办”的思考来帮助自己迅速做出反应了吗？

向三位“首席”致敬

有一句话贴切又准确地描述了早期的创业企业——“销售是每个人的工作。”但是，“销售”是一回事，收入却是另一回事。在发布后的阶段，你需要一位CRO（很有可能是你自己），这个人将推动整个销售过程，并清楚地意识到企业目前的状况与收入目标（收入应当在企业内部共享）之间的差距。这位CRO应当成为下一位“首席”的消费者，即首席内容官（CCO）的消费者。CCO应当持续为网站添加新的内容，不断更新企业的市场形象。更重要的是，这位“首席”应当不断创造用来保持与早期客户联系的内容，通过传递新的内容来改善销售过程，让消费者加深对产品或服务优势的了解和关注。最后，你需要一名从创业企业的团队成员中产生的“首席文化官”，密切关注企业文化的发展。通过这样的方式，你才能保证，随着团队阵容的扩大，你所追求的特征保持稳固并得到强化。首席文化官应当是由团队成员推选出来定期报告企业文化发展状况，并向领导团队提出警示的人。

> 企业第一个高管级别的招聘是一个关键的转折点。大部分创始人的团队都太技术化，对它们而言，这也是专长领域之外进行的第一次关键招聘。这个决定可能对企业的发展轨迹和文化产生巨大的影响。
>
> ——加速合伙公司 杰克·弗罗门伯格

> 我们全身心地投入到发布中，没有关注接下来会发生什么。我们没有明确发布之后的营销领导者的形象。同时，也忽略了自己的需要：简短而吸引人的内容及更多其他的内容。
>
> ——肯蒂克公司联合创始人
>
> 阿维·弗里德曼（Avi Freedman）
>
> 贾斯廷·比格尔（Justin Biegel）

内容，内容，还是内容

正如我们在第20章将要提到的，创业企业永远不可能拥有充足的内容。在发布之后的阶段更是如此。但是，通过计划，你可以建立起内容的储备池，以支持需求激励项目、商机培育活动及新的优先客户出现时定制内容的快速完成。

发布开启了以众包为中心的转化。我们利用这次机会来促进转化：为什么不试试众包，如果你尝试了，为什么不将管理外包呢？没有我们的参与，人们只会停留在想法上，而不会去真正实施。

——Bugcrowd联合创始人、CEO 凯西·埃利斯

倾听、测试、评估与调整

在发布之后，吸引客户的路径还取决于不断重复的信息、材料及关注的方式。换句话说，测试你目前为止完成了什么（以及它带来了哪些反馈），然后据此调整你的计划。成功的创业团队在向发布前进时会不断聆听、测试、评估反馈，然后基于这些反馈和发布中所获得的信息调整它们的销售着眼点、内容和工具。

发布是企业的漫漫长路中一个重要的里程碑。不要错误地认为它是终点。

苏莫日志的故事（续）

当苏莫日志在2012年2月发布企业云日志管理服务时，已经有三种解决方案或“使用案例”：应用管理、IT运营及安全或合规。在发布之前关注的焦点是构建可靠的信息、丰富的内容（包括产品示例、案例研究和“如何使用”内容的视频）以确保它们一旦开启了发布，所有注意力和网站上的集客式流量能够被获取并转化为高质量的销售机会。

尽管发布带来了大量有利的新闻报道，销售和营销团队的客户获取策略却取决于网站上两种类型的“行动号召”：注册获得30天的免费试用服务；使用苏莫日志提供的示例日志数据试用“沙盒“服务。公关团队利用发布报道的优势推动后续功能，这些优势包括：包含关键词广告（Adwords）和市场重新定位在内的需求激励项目，内容整合项目和部

分行业会议（这些会议关注企业基础设施与云软件管理的新兴DevOps方法）。

发布后不久，销售和营销团队开始为实现“销售与营销同步”而一起开会，共同回顾集客式流量指标的表现，回顾营销自动化（Marketo）渠道的数据，并听取来自两位内部销售代表的定性反馈。对市场进行基于云解决方案的价值与安全性教育并为此花费更多的时间，因而拉长了销售周期并增加了对更多内容的需求，这一点并不令人惊奇。但令人惊奇的是，我们发现销售团队的注意力明显地偏向于苏莫日志的IT运营应用。出现这种情况的部分原因是苏莫日志在其他两类使用案例的供应上缺乏竞争力。更主要的原因是，消费者的难点更多是在于IT运营应用。因此，销售和营销团队在发布之后不到六周的时间内对需求生成的投资重新划分了优先等级，从而使企业主要专注于销售IT运营解决方案。

推荐阅读

1. HubSpot marketing blog：*http*：*//bit.ly/2gibsZ6*.
2. Moz on content marketing strategy：*https*：*//moz.com*.

THE ULTIMATE START-UP GUIDE

第17章

销售101（前期）

脸书COO

谢丽尔·桑德伯格（Sheryl Sandberg）

如果你获得了一张乘坐火箭的票，不要问是什么舱位，上去就好。

克劳德·奥切安

在创业企业中，每个员工在头两年都要从事销售工作。每一个人，包括高管。

现在，让我们来谈谈销售。没有什么比早期的成功更重要了。同时，如果你和大多数创始人一样，那么对你来说，没有什么比你的基因更让人陌生的了。你很有可能是一名产品天才、技术天才或设计天才（否则，你过去是如何吸引团队和初始融资的呢），或者有一点像营销专家（在创始人当中很少见），但是，直到现在你大概仍然认为，销售是不信任、厌恶和神秘的结合体。虽然你不知道销售人士真正在做些什么，但你知道他们是不可或缺的（非常勉强，因为你的母校可能会告诉你“优秀的产品会推销自己”）。你也知道，他们常常抱怨。现在，他们是你的下属，或者就是你本人。

尽管情况如此，但在你的公司发展的过程中（让我们期待你的公司正在走向成功的IPO或被收购），你的职业发展将发生改变并且这一改变对你的要求会更高，没有任何一个方面能够比销售对你的改变更大、要求更高。在这个发展过程中，你最有可能从公司最优秀的或唯一的销售人员发展为一个小型的、紧凑的早期销售部门经理，再发展成管理整个销售部门的CEO。这个部门的主要职责包括直销、渠道项目、免费版本、免费试用、内部销售团队、销售工程师及客户服务。所以，让我们开始吧。

何为基于销售的营销

在第1章中，我们介绍了“基于销售的营销”的概念，它建立在营销可以归结为三个英文单词的概念之上：让销售更容易（make sales easier）。简而言之，如果正在做的事情不会创造新的销售，不能缩短销售周期或者不能让重复销售变得更容易，你就不要做这件事情。现在，让我们聚焦于早期销售过程，从实际行动中观察这个概念。

这是一种可怕的概念。在发布之前，你很可能是公司最优秀的（或唯一的）销售代表。但如果你和大多数创始人一样，是一名做产品出身的人士，那么现在你需要改变两件事情：一是你如何看待自己；二是公司的其他人如何看待你。你不再代表产品团队（它们可能是公司中最大的、存在时间最长的团队），你代表的是销售团队。更重要的是，你代表客户与公司其他人打交道。是的，你仍然可以走到大厅和产品团队交谈，但你的关注点需要从以前的角色（“让我们看看如何改进这个产品”），转变到新的角色（“我知道我们是围绕A概念来生产产品，但我越来越多地从消费者那里了解到，他们希望是概念B加上一点概念A。因此，我们需要制造出这样的产品给他们”）。

在你的新角色中，你不仅需要告诉公司你的新角色，还需要让公司知道你从工作中学到的东西。你需要告诉公司，什么时候理想的产品会与市场现实碰撞出火花及市场需要什么。传统的做法是，让其他人来传达公司决议中的产品部分。通过电话销售，或是旁听内部的销售电话，或是两者并施，鼓励整个公司更多地了解这个新的过程。这类行动而非嘴上功夫，是让公司真正掌握“基于销售的营销”的唯一方法。

你需要销售什么

你需要销售什么的决策，或许是在公司早期阶段你需要做出的最重要的决策。它看起来像一个愚蠢的问题，或者这个问题至少有明显的答案：“我们一直以来为之努力的产品”。

但是，等一等。一家公司正在开发的产品恰好就是市场需要的或被认为是市场需要的，这种情况极少出现。因此，对于其中的“delta”，即两者之间的差异，你怎么来弥合呢？

最低可行产品

让我们从最低可行产品（MVP）的发明者之一埃里克·莱斯所提出的定义开始：“一种新产品的版本能够让团队以最少的投入搜集到最大数量来自消费者的可验证的经验。”[1]“以最少的投入”经常被一些人利用，他们把实现MVP的过程描述成偷懒的过程，“一切都顺其自然”。但事实并非如此，MVP是一种结构化的方法，它需要大量有效的原则和努力来支撑。一旦你创造并发布了一个“最低”产品，你就必须始终与市场保持联系并不断根据反馈调整产品。如果正确地实施，MVP将非常有效。

一位克劳德·奥切安的好朋友和本书中描写的大多数人，他们与一个被称为“销售就绪产品”（sales ready product，缩写为SRP）的概念之间的关系，就像史蒂夫·布兰克与埃里克·莱斯和MVP的关系一样。最近，唐·坦普尔顿（Don Templeton）不仅完善了SRP过程，还改进了缩短该过程的手段，使得SRP就算没有超越MVP，也能与其相媲美。为了向唐表示敬意，红杉资本的人将这个过程称为“坦普尔顿压缩因子”（The Templeton Compression Factor）。准确地执行这一过程，可以将整个企业的销售周期（通常需要180天）缩短到30~60天。（想进一步了解唐的压缩因子和销售就绪产品，请参见本章推荐阅读

1 Eric Ries，*The Lean Startup*（NewYork：Grown Business，2011）。

中的第一条。）

那么，哪一种产品更适合你呢？是MVP还是SRP呢？这取决于你的产品团队和市场。你的企业越年轻越新，市场就会越广阔——只要你的产品团队不断迅速而准确地完善产品。然而，我们也看到过成熟企业尝试实践MVP，但它们的销售部门抱怨自己快要死掉了——因为客户期望它们提供更加成熟的产品。如果你的产品是（使用这个已经让人厌烦了的表述）十分关键的，那么SRP可能是更好的选择。

优先招聘的时间和对象

在发布之前及发布后的头几个月，大部分公司都不需要销售副总裁（或CRO及任何一个当前时髦的职位）。除非这个人是一名具有“撒手锏”作用的销售代表并且能够额外帮助公司做一些销售工程方面的工作，否则，聘请这样一位高层就为时过早。在你的产品经过市场验证而且你已经创造出早期销售机会之前，最好的方式就是和创始人带领的现有团队一起开展早期的销售工作。

产品营销

无论你是否采用了MVP原则，持续地在市场中检验，将消费者的建议传递给产品团队并最终纳入产品发展路线图中，这一点才是至关重要的。出于这个原因，我们建议将产品营销人员作为早期招聘的对象。产品营销在向企业营销团队解释产品的工作原理和优点时发挥着关键性的作用，而企业营销团队可以帮助包装和推广产品。

销售工程师

除了产品营销人员，对处于早期的创业企业而言，另一个关键性的招聘职位就是销售工程师或携带了大量销售工程师基因的总监级销售人员。这个职位的重要性不可低估。正如前面所提到的唐·坦普尔顿，他就是一位顶极销售工程师。在公司外部的活动中，他与早期消费者接触，将此作为销售的延伸，为他们示范和组装产品，记录下所有早期消费者的反馈并充当起消费者和产品团队之间的桥梁。回到公司里，他把技术人员和工程师及产品团队召集到一起，用自己的想法向他们描述消费者的看法及这些看法是否可以借鉴。

很多最优秀的销售工程师都是销售副总裁阵容的组成部分。这两类人就像列侬（Lennon）或麦卡特尼（McCartney）。如果你不能将他们分开，就同时聘请他们吧，即使现在招聘一名销售副总裁为时尚早。你只需要确保这名副总裁明白，即使距离直接开发客户资源还有一段时间，但这些是他们未来可预见的工作。

渠　道

公司在最初始阶段的销售尝试就像春天的花朵：它们的出现又美丽又早，似乎不需要任何努力。但是，一定要警惕：它们并不是下一个季节的指示器。为什么呢？因为早期销售通常是你和投资者的家人及朋友所构成的人际网络产生的。这些人非常愿意帮助你测试产品，或者是因为你在上一个公司中正确地引导了他们，或者是因为你将产品免费赠送给他们。无论是哪一种原因，他们都不能成为真实市场的代表。

你将面临的来自文化和经济方面的重大挑战之一，是你从“朋友和家人”向销售代表所称的“任务式销售”的转变。任务式销售类似于你回到家躺在沙发上，这时有人敲门，两位面带稚气的虔诚的传教士面带微笑，捧着可以“改变你生命”的印刷品。想想有多少人会无视那些宗教印刷品而当着他们的面砰的一声把门关上，尽管只有极少的潜在客户会按照这些印刷品上的信息去参加会面。

初始阶段的销售工作是咨询性的。这让人充满幻想。如果不是由CEO亲自完成的话，销售人员会经常和团队一起坐下来精细设计这件事情。目前还没有充分的数据来武装销售代表并让他们完全依靠自己进行销售。

——加速合伙公司　李平

如果你的销售仅仅是始于朋友和家人，你就让自己陷入了困境，因为他们乐观的反馈会误导你。你应当投入时间拜访新的陌生人群。我们总是发现在创业企业中，如果一个团队有8位客户的话，那么8位都是团队成员的朋友。

——罗利创投公司　查尔斯·比勒

尽早频繁地主动拜访

不要等到走向市场时才发现什么是市场真正思考、期待和需要的东西。就像拨打痛苦而尴尬的陌生拜访电话一样，拿起电话，与你的销售团队（一旦他们被雇用）希望接触的人联系。如果你只是根据从朋友和家人那里听到的内容来构建走向市场的策略，你将非常乐观，但往往是自欺欺人，然后非常失望。如果你没有足够警惕，你也有可能会破产。

尽早构建渠道

根据陌生拜访电话、市场调查及来自投资者和同行的建议，你大概能够获得应该尝试与哪些人联系的好主意。因此，现在就开始投资于构建潜在联系人名单、销售技术和资源（人力资源及其他资源），以保证一旦你打开了“任务式推销”的开关，你的销售团队（它们将机会变成销售会获得报酬）就有一份很诱人的机会清单去完成。

赛　思

这里我们将给出招聘对象和招聘时间的最终建议。让我们把这个人叫作“赛思”（Seth）。就像我们鼓励客户为销售对象创造“人物角色”一样，以下是赛思的人物角色设定。

- 24~30 岁。
- 希望“深入了解”技术、产品及竞争对手。
- 熟悉社交媒体、协作软件、聊天工具和社交销售。
- 活跃于各种屏幕。
- 热爱数据，尤其是与企业网站相关的数据，例如每日访问量、哪些人在访问、来自何方、停留了多长时间及哪些内容吸引他们等。
- 知道如何寻找早期潜在客户的核心材料，包括来自机构的和付费购买的。

赛思就是你的数字原生玩家，你希望他管理销售团队的销售机会“仪表盘”和营销“自动化仪表盘”，同时他也是轻松愉快地通过众多的渠道与潜在客户和合作伙伴交流的人。这些渠道包括电子邮件、推特、HipChat、谷歌群聊工具（Google Hangouts）、领英——但凡你能说出来的都可以。他能够将销售和营销连接起来，同时在不同的销售目标之间专注于核心目标和机会。如果你是在行业会议或展销会上，赛思可以成为展台工作和协助销售的多面手型团队成员。此外，如果你希望团队中有人负责追踪企业的前三大竞争对手，并向整个团队介绍他们最近发布的信息、社交媒体策略及新的内容和产品发布，赛思会是你的理想人选。

销售领域的赛思非常稀少，但对他的需求却很大。因此，你甚至可以从发布之前就开始寻找他，因为寻找的过程需要一些时间。同时，如果出现了这样的情景，请不要感到意外——赛思可能意识到自身技能的独特性，要求薪资涨到每小时165美元，否则他要离开你的企业去创办自己的公司。那么，给他一些动力（股权）让他留下来。

网站：销售最好的朋友

由于我们是从销售过程的角度去看网站及其发挥的作用，所以，让我们回过头去看看网络约会的例子。在构建网络形象时，你的心里已经有了一个目标：要让你自己足够迷人和具有吸引力，以引导自己的目标观众按照正确的流程移动到下一个阶段。你如何设计自己的形象，即“展示”的顺序，可以注意这样两点：利用优点；通过一系列的教育、评价、考虑和尝试来引导你的目标受众。例如，如果你的学历相对较差，但旅行经验丰富，就不要用高中毕业证书来引导，而应该使用你在巴厘岛骑着大象的照片。

企业的网站也是如此，在对网站设计师或开发人员投入资金之前，你需要和销售人员（即使你自己就是这个销售人员）一起坐下来决定这些事项：你希望消费者在网站上展开什么样的“旅程”（依次进行产品视频之旅，挖掘白皮书、示例、消费者使用案例及免费试用）；网站和内容如何给予这个旅程最好的支持。

转变你的思维

回到第9章“推介与报价”，我们讨论了颠倒层级的必要性，即从自下而上的销售（专注于你的核心技术，“德萨氢氯”）转变为自上而下的销售（“更加幸运”）。或者就像一名销售代表所解释的：“我不是在销售真空清洁器，而是在销售‘清洁’。”转变思维及其背后的价值层级是销售团队最难做的工作之一。毕竟，吸引早期员工或关键员工和早期投资者大概是你的独门技术。但是，你的主要客户不同于早期采用者，他们没有那么关心德萨氢氯。他们只是希望知道你将如何改善他们的生活/工作（更加幸运）。因此，让我们来看看颠倒的层级如何在你真实的销售工具中发挥作用。

你的初始销售文稿（提示：你没有那么吸引人）

我们的约会和销售都进入了新世界。你的潜在消费者已经对你进行了研究——他们不需要推介，他们需要一次面对面的谈话。那么，和他们谈一谈吧。

第一个要改变的事情就是删掉（或者往后面调整）可怕的“关于我们”的演示文稿。你不会以这样的方式开始一次约会：“让我对自己做一些介绍。我是这样的小伙（姑娘）……”所以，为什么要在销售拜访中这样做呢？不要从公司的基本情况开始介绍，包括地理位置、员工数量和专利之类的信息无须告诉对方，除非他主动问到。如果你打动了我，我会在稍后向你询问这些信息。让我们从那些对他们而言重要的事情开始，而不是你自己。

图17-1是我们所使用的公式，由此可以让客户从令人窒息的传统销售推介升级到销售2.0时代双方对话的出发点。

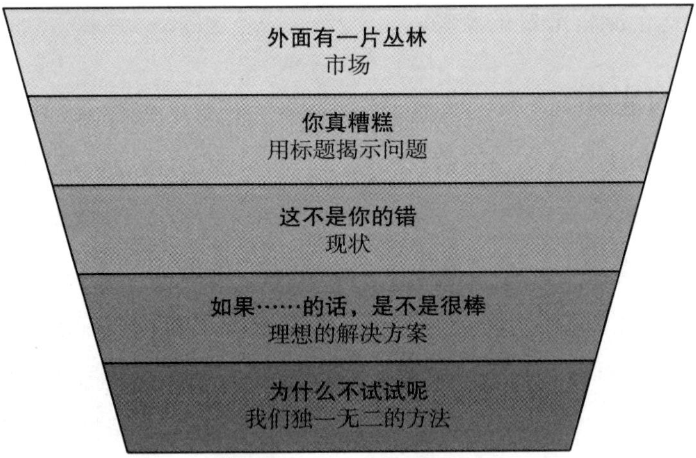

图17-1 从推介到对话

这个系列的第一张演示文稿是你的“市场分析”。它是你自己对分析师、投资者和早期客户所表现出来的你的受众所处的行业、这些行业正在发生的变化及这些变化在行业/整体层面产生的影响进行的提炼。这张演示文稿的目标有两个：为你提供宏观层面的可信度；开始由推介转向对话。你用“这些是你所看到的吗”作为结尾，圆满完成了以这些事实作为支撑的演讲。这会让他们非常高兴（你把他们当作了迷你版市场分析师）并引出了对话。

现在，我们将对话向前推进一个层次，来到“你真糟糕”这张演示文稿。演示文稿中的“你”不是指个人本身（你不应当自以为对他们非常了解），而是指他们的工作说明或在公司中的职位。这张演示文稿主要在讲，“和你从事同样工作的人们告诉我们，管理层的预期是不正常的，尤其是考虑你所使用的工具的情况下。这导致了……”这张演示文稿的目标是向你的消费者提供机会，在你所报告的内容上进一步拓展：“你是对的，但是只了解了一半的情况。就在上个星期，我的经历让我……”到这个时候，对话才刚刚从演讲转换过来。

这些内容带领我们来到写着“这不是你的错——真的不是”的演示文稿。在这里，你和你的新朋友可以分析（或抛弃）现有的解决方案，顺便引入你的竞争对手。这里你也可以对管理层的苛刻与无知表示同情，他们在工具有限的情况下期待着非常好的结果。

好吧，现在你已经完成了消极方面的分析。通过一个以业务为中心的场景，你将对话推进到积极方面。“如果……的话，是不是很棒”把省略号换成你对“更加幸运”这个表述的定义，或者使用加粗的标题：“如果可以看到每一位应用的员工是如何为用户服务的，是不是很棒？”这张演示文稿十分具有鼓动性，只有这一张演示文稿有自夸的成分。这样做的目的在于，让你的潜在客户能够说出：“是的，那样很棒。但是，那是不可能的事。”

现在，挑战就在你面前，你的潜在客户允许你从对话回到演讲，尽管这种允许是下意识的。现在，你的工作就是展示你的产品、解决方案或技术，如何能够实现你们共同达成的目标。（“是的，那样很棒！”）现在，你已经拥有了一个好的开始。

苏莫日志的故事（续）

2011年秋天，苏莫日志团队尚处于秘密运营状态，准备在2012年第一季度进行企业和通用版本产品的发布。在25人的产品或销售团队中，仅有一位是由董事会成员聘用的，并且大约是在发布前的6个月才加入公司。他具有邻近企业领域的经验，意味着他可以直接加入并立即产生生产力。

作为企业的中层人员，他适应早期阶段的创业企业在销售结构、过程和系统上的不足，并且已经做好准备完成自己所有的工作，从潜在客户（名单由董事会成员提供）的陌生拜访到从领英群组中筛选机会。同时，苏莫日志也正在运营一个拥有两个页面的网站，分别为有目的性地招募工程师和销售工程师服务。仅此而已。在设计上，网站没有提供任何关于产品的可获得的信息。此时，企业没有市场意识，也没有投资销售工具或推广活动来培养市场对企业的兴趣。苏莫日志一直这样保持到2012年第一季度的发布。

推荐阅读

1. “The Templeton Compression and the Sales Ready Product,” *http*：*//bit.ly/2fhC2gk.*
2. Mark Leslie and Charles Holloway，“The Sales Learning Curve,” *Harvard Business Review* July–August 2006，*http*：*//bit.ly/1L3UwsD.*

THE ULTIMATE START-UP GUIDE

第18章

销售101（后期）

销售副总裁

聪明的销售人员会承认错误并从中吸取经验教训。

克劳德·奥切安

更聪明的销售人员把这些错误归咎于营销。

你知道商场里写着“你在这里”的二维地图吗？在企业的构架图或路径图上，你才刚刚到达最大的一座里程碑：“你的企业发布了。”没有退路，你已经展现在所有观众面前——潜在的客户、竞争者、员工候选人、新的投资者、行业分析师及家人。无论你唯一的关注点是提升销售，招募人才（员工、合伙人、新的投资者）还是增加利润，游戏已经开始。

然而，你的视角和用语需要做出细微的改变。本章所指的“销售”，并不是向“朋友和家人”或宽容的早期采用者客户进行销售。我们这里所讨论的是更广阔的市场，这个市场会成就或毁灭你的企业。这就是“真实世界”的销售，而它可以归结为两个词：客户与收入。

客　户

我们已经从个人销售机会的世界（朋友或者与早期产品有良好关系的人）转移到了集中销售的世界。

> 我们看到，大多数销售领导没有在企业中培植系统的和流程驱动的销售文化。这种文化采用一种罕见的领导风格和一种分析式的、指标驱动的导向来成功地拓展业务。
>
> ——加速合伙公司　杰克·弗罗门伯格

这把我们带回到客户的任务角色——构建你的销售对象。很多创业企业并没有严肃对待这个过程，它们把这看作一种无用的练习。但是，那是它们傲慢的表现，这是一种“这件事真棒，适合的人看到它就会知道”的思维。

或许，就像在第12章“网站”中提到的，你已经通过识别你的潜在受众开始了这个过程，并随后在网站上开辟了为他们定制的区域。如果是这样，你就在游戏中遥遥领先了，因为你不仅对每一种客户细分提供了量身定制的内容，还为他们提供了量身定制的（或可追踪的）具体报价。（“免费试用，了解更多，点击获取示例。”）如果不是这样，现在你的机会来了。在销售代表从向朋友和合作伙伴轻轻松松地销售转变为向陌生人销售时，营销人员必须和销售人员保持密切的联系。在一个月之后，或者与这样的消费者会面之后，销售人员就会和营销人员一起合作，立足于他们潜在客户的三维画面中：职位、责任、任期，他们期望什么以及什么样的工作问题让他们通宵达旦。然后，他们就会开始工作，尝试将内容和销售策略按照客户的任务角色来安排。

用定制化内容定位客户

在发布之后，你可使用两种武器进行销售：一把猎枪和一把步枪。猎枪用来向整个市场传播信息（公关、期刊文章、电子邮件营销和赞助内容）。你不知道是否击中了目标，但你需要将自己的信息广泛“撒网”。用于这些活动的内容会出现在网站上，而可以下载的内容包括视频、白皮书和案例等。

你的销售人员将告诉你的是，一旦他们用“猎枪”击中了目标（“大面积撒网”），他们就需要一系列新的销售工具，而这些工具则很有可能没有被规划为发布的组成部分。这些都是精准的内容，好比是用步枪瞄准有特殊需求的特定目标。有时候，这些工具是用来推送信息的（来自同一行业的客户的成功案例），而有时它们是销售代表的在线工具（一个定制的销售平台）。而其他时候，它们是内部推荐的工具——或许甚至是真实的使用者——代表你进行使用。但是在发布之后，你就应该加强火力，根据你的客户人物角色及其在销售周期中所处的位置来定位。

> 我们的销售领导就是在为工作寻找合适的人手。他们的地理位置并不重要，因为人岗匹配对于销售而言确实非常重要。
>
> ——敏博团队

测试一切

这一点适用于所有的创业企业及其CEO，潜台词是你什么都不知道。实际上，你无法知道。因此，不要假装自己知道，不要用那些创立企业时所使用的概念来勉强支撑。现在，是时候测试企业所有的核心概念了，这些概念包括产品、潜在客户、建议和目标内容等。即使你对哪些部分在发挥作用很了解，你也需要对以下内容进行测试，以便了解哪些部分发挥的作用最大。

- **产品**　无论把你是使用最低可行产品（MVP）还是销售就绪产品（SRP）方法，现在是你将产品交付到特定消费者手中的时候（既有早期采用者也有后来的核心客户），记录他们的反馈，将他们的想法整合到下一个版本的产品当中，然后重复这个过程。
- **客户**　如果你足够聪明，发现了创业企业解决问题的思路（不只是你和你的团队所创造的），那么你的客户就非常明显：有这些问题的人（或企业）。现在就是同时对问题的假设和目标客户进行测试的时候。有问题的这个人，和需要解决方案、提出建议甚至签下订单的人是同一个人吗？还是那些属于完全不同部门的人？

- **内容和报价** 早期销售的成功不仅取决于找到正确的客户，还取决于发现如何接触和打动他们。发现和接触客户需要推播式营销一类的活动。任何一位营销人员都会告诉你要测试一切：你所构建或购买的清单的有效性、业务拓展结束时提出的建议及客户的反馈。坚持改进，直到你得到一个自己舒心的方案。然后更多地投入到这个项目中，追踪结果并再次测试。

作战室

当销售团队加入公司时，我们经历了难以置信的文化冲击。它就像一次电疗。

——苏莫日志公司联合创始人、CTO 克里斯琴·比德根

当人们（过去的员工、分析师和网络新闻人等）对失败的创业企业进行检验时，他们发现最突出的问题是没有追踪竞争对手。或者，他们没有将追踪竞争者明确地放在首要位置。创始人会解释自己太“埋头”忙于产品的开发、营销或销售了——这些都是废话。你的客户拥有很多选择。如果你没有意识到这些选择，以及这些选择有哪些优缺点，你就应该承担由此产生的一切后果。

这就是每一个创业企业需要一个“作战室”的原因。就像过去的政治竞选（“笨蛋，问题在于经济”——美国前总统克林顿1992年的竞选口号）中著名的作战室一样，聪明的创业企业会为追踪竞争对手分配物理空间和时间。创业企业从客户的人物角色开始，将客户画像贴在墙上，提醒自己目标是什么。然后聚焦于其他的同样在关注它们的人。每一个潜在的竞争者的画像也会在墙上占有一定的空间，然后把能够找到的关于它们的一切信息打印出来并贴在对应位置：它们的网站主页、产品架

构（你会为早期客户分享的各种来自竞争对手的材料而感到震惊）和电子邮件报价等。

这个作战室也应该是销售人员开会的地方。最重要的是，这里是他们在每一次销售失败后进行事后回顾的地方。这些会议固然痛苦，但也非常关键。一旦你知道了为什么失败以及输给了谁，你就需要在每周的全员大会上把这些信息分享给公司里的其他人。然后，你需要确保自己不会在三个月后开同样的会议，也无须报告同样的结果。

定义和构建你的销售周期

在发布之后，就应该重新根据源于真实世界的经验重新审视自己对销售周期的假设。将你在销售周期每一个阶段的真实经验衔接起来，直到你获得一个特定企业的完整周期。然后向整个企业展示这个周期，向每一个部门说明它们在快速而高效的周期运行中所发挥的独一无二的作用。

例如，你的客户可能从来没有听说过你。没关系，你的公司才刚刚成立，但你可能希望增加公关支出来解决这个问题。另外，公关人员可能会告诉销售人员，为了让公关工作真正有效，他们需要使用消费者的评价来进行案例研究，因为案例研究被证明是最具生产力的销售工具。

客户在下载，但是为什么不活跃？他们在浏览网站，但是为什么不会停留？这些问题就是赛思（你的数字伙伴）和他的数据需要参与的环节。追踪哪些数据下降并寻找新的卖点或促销活动来引发消费者的兴趣。

或许潜在消费者在下载适用版本，但没有转变为付费版本。在这种情况下，销售人员都应当进行深入的挖掘，或者客户维护人员需要进一步维护。

你明白了吧。销售人员需要对公司的收益负责，但公司也需要对销售人员负责。发布之后，你就可以正式启动销售人员和营销人员共同参与的每周例会。无论是谁来管理销售和营销部门，无论他的职位是什么，都应当召集这些会议。但是，这里应当起统领作用的是赛思（营销数据小伙）和销售代表，尤其是内部充满微笑、始终在拨打电话的销售人员。他们拥有你所需要的数据，帮助你从通用销售转变为针对特定企业的有生产力的销售。

维护你的客户

最早期的销售是非常昂贵的。幸运的是，经济性原则在这一阶段也同样适用：最便宜的销售（在许多方面同时也是最有价值的销售）是重复销售。这条原则在社交媒体时代变得更加有效。现在，满意的消费者不仅是重复销售的对象，他们还能影响同伴以同样低廉的销售成本到你这里来购买。这也是维护客户或者“客户至上”的重要之处。随着公司的发展，客户维护将成为一项日常的职能，它也将是公司最重要的职能之一。

在与消费者互动方面，很多公司都为销售人员提供了较大的自由空间。不幸的是，这种观点可能导致销售人员只是为了达成交易而工作，随后就立即转移到下一笔交易。在企业销售中，这种“若即若离”的方式虽然会带来快速销售，但会导致较低的消费者满意度。在社交媒体和同行评价销售盛行——甚至这种评价会产生爆炸性影响——的时代，这对创业企业来说是致命的。我们建议，不仅要重视销售在生产配额中的作用，更要重视在销售过程中保持高水平的消费者满意度。这些公司都为“消费者满意度”建立了一个基准（比如任何低于“8”的评价都是不可接受的），然后聘请客观的第三方来定期对消费者群体进行调查。这种方式不仅让销售人员和客户看到你非常重视消费者满意度，还显示了满意的消费者能够让重复销售变得更容易——这让销售部门也很高兴。

思考一下你如何通过不同的方式来让一个愉快的消费者为你服务。这些方式可能包括以下几种。

- **评论人** 愿意充当评论人的消费者是无价的，这意味着你应当尽你所能地获取早期评价，包括大幅调低价格。最重要的是，在早期阶段，当新闻界和分析师（从未听说过你的人）在尝试确定你是否真实的时候，消费者对你的验证是其他方式所不能达到的。你拥有的评论人越多越好。尽管早期采用者或许非常热衷于你的产品或服务，但他们的法律部门可能限制其做出正式的可引用的评价。在二次验证的时候，你仍然可以使用这些评价（他们将会和新闻界及分析师交谈，但是以匿名形式），然而，只要可能的话，你需要的是“原始的”可引用的评价。在他们与同行的交流中，原始的和二次的评价都是有用的，有助于早期销售获得成功。
- **网站** 来到网站的潜在消费者如果看到主页上有大量商标列表（特别是他们熟悉的），会更加确信自己来对地方了。请确保使用客户商标的权利已经写入了销售合同，以保证不会让团队把时间浪费在逐个获得商标上。
- **案例研究** 在同行评价不足的情况下，案例研究是你所拥有的最具生产力的销售工具。它们是800~1200个词构成的故事，会出现在网站和印刷资料上，内容与某个公司如何使用（热爱）产品和服务相关。你的公关团队或内部营销文案撰写者都可以和你的消费者见面交流，并在一周之内推出这些内容，但需要获得消费者的同意（通常是这个过程中比较花费时间的环节）。

苏莫日志的故事（续）

在发布后不到三个月的时间，苏莫日志的头号竞争对手斯普伦克就公开上市了。斯普伦克的股价在上市的第一天飙升，以至让行业研究员回忆起了1999年的繁荣市场。到2012年4月的首次公开发行时，斯普伦克公司已经成立9年了，对刚成立两年的苏莫日志公司来说，它是一个有价值的显而易见的竞争对手。如果人们没有听说过苏莫日志，那我们就让销售人员把产品称为“云端的斯普伦克”（当时斯普伦克还没有任何一个基于云端版本的产品）或者“有脑子的斯普伦克”（斯普伦克没有苏莫日志的内嵌智能）。

较早关注斯普伦克甚至让苏莫日志团队有机会在其公开发行期间“劫持”一部分来自媒体和行业的关注。苏莫日志让公关团队利用突发新闻事件来获取斯普伦克产品市场中的媒体注意力，因此将自己注入斯普伦克的新闻报道中。同时，苏莫日志还用谷歌的关键词广告策略来吸取斯普伦克的部分机构搜索流量，并因此收到了斯普伦克律师发出的“结束并停止”信件——这通常是你做对了的标志。此外，销售团队还利用斯普伦克来进行市场验证，这个行动表明了斯普伦克的产品已经过时。它是一个富有的过时之物，但的确已经过时了。

利用强大的发布，苏莫日志迅速拓展了销售团队，聘请了一群具有销售经验的专家。新员工的加入迅速改变了办公楼的动态。首先，团队成员来自更多大型的、知名的企业，他们习惯于对产品的方向产生很大的影响力。其次，他们不会接受从技术创始人和内部工程师那里得到的“不”的回答。他们是非传统的销售人员，由他们曾经合作过的苏莫日志的CEO招募而来。他们知道如何完成这些工作，并且让每周的销售和营销会议重点关注销售漏斗。

推荐阅读

1. Jessica Livingston，“Why Startups Need to Focus on Sales，Not Marketing，” *Wall Street Journal*，June 3，2014，*http*：*//on.wsj.*

com/2fY9Typ.

2. Greg Skloot，“The Guide to Sales and Marketing for Technical Startup People，” *http*：*//startupsheartcustomers.com*.
3. Dharmesh Shah，“10 Ideas for Those Critical Early Startup Sales，” April 21，2011，*http*：*//bit.ly/1jyLKql*.
4. Jean–Baptiste Daguene，“9 Sales Tips for Early Stage B2B Startups，” April 27，2016，*http*：*//bit.ly/2fWU1Za*.

THE ULTIMATE
START-UP GUIDE

第19章

需求激励和系统

电影《大亨游戏》（*Glengarry Glen Ross*）中的推销大师

布莱克（Blake）

A：一直（Always）；B：在（Be）；C：靠近（Closing）！A–I–D–A：关注、兴趣、决定、行动（Attention，Interest，Decision，Action）。

关注：我引起了你的关注吗？兴趣：你感兴趣吗？

克劳德·奥切安

营销工作就是三个英文单词：让销售更容易（make sales easier）。如果一件事情不能启动销售、缩短销售或是让重复销售更加容易，就不要做这件事。

企业已经发布了。恭喜你。现在应该做什么呢？最理想的情况是，你已经准备好了计划，以充分利用发布带来的市场关注度和集客式流量，这样的计划既包括系统性的营销计划，也包括内容、需求激励、销售支持、新闻和评估事项。发布日对创业企业来说是一生只有一次的时刻，但它同时也是为收获发布的全面成功而实施的持续营销计划的开始。在本章中，我们将讨论如何逐步按照需求激励项目构建出你的“客户获取策略”，以最低的成本实现最高的销售效率。

在本书前面部分，我们讨论了企业的新产品或新服务走向市场过程中掌握必要策略的重要性，这些策略包括如下三个要点。

- 定义目标客户的预期（又被称为购买者的任务角色，包括他们的需求和特质）。
- 定义销售循环的步骤。
- 内容的种类，以连接并引导目标购买者进入销售周期的下一步。

理解和准备好三个要点之后，你已经着手探索这些购买者从哪里获得信息以及如何吸引他们。现在是弄清你的消费者究竟是在哪些地方（网络和实体）闲逛的时候了，这样你才能知道自己的营销和销售拓展项目应该聚焦于何处。一个项目应当包括目标、负责人、可交付的成果、截止时间和指标。这些内容看起来一目了然，但如果没有的话，一切都只是空想，而空想不值钱。

销售的新现实

让我们从新的销售漏斗出发（见图19-1）。在理想情况下，最低成本的销售机会是潜在的消费者刚好匹配你所设定的购买者任务角色，而来到你的网站浏览的人购买了你的产品或服务，不需要你做任何投入。但是，即使看起来是这样，集客式营销并不会自己发生。

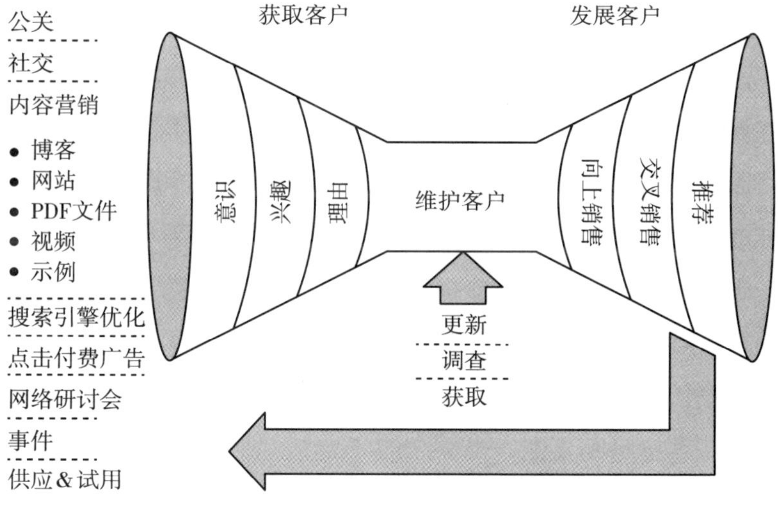

图19-1 怎样运作：新销售漏斗

资料来源：史蒂夫·布兰克。

首先，你需要投资于集客式营销以“刺激发展”。同时，通过营销项目培养关于企业和产品的市场意识，这些项目包括内容营销（电子邮件、博客等）、社交媒体、广告、事件和免费试用等。（请记住：所有这些内容都与第13章所讨论的公共关系方面的工作相关。）

这里的目标是以策略性的方式组合并发布这些项目，以便接触到目标消费者并推动他们来访问网站，从而启动销售过程。一旦他们来到了网站，你希望通过包括以下一项或多项内容的过程来引导他们：阅读新产品材料，观看视频，注册申请免费试用，在社交媒体中关注你并分享内容。但是，请记住，这是一个长期的过程。在发布后的时期构建销售漏斗，你需要对集客式营销进行初始投资，在集客式营销开始逐渐带来生产力（如网站流量、注册量和机构调查排名等上升）之前，你需要细心维持和评估。

你（及你的企业和投资者）需要把推播式营销作为播下的种子，而集客式营销作为收获的成果。这些种子可能需要数月的时间才能带来成果，时间的长短取决于你的产品和市场。因此，如果你没有尽早引导你的投资者（和企业），你将会在播种之后、收获之前付出大量努力以维护推播式营销支出的成果，尤其是在初始销售进展缓慢的时候。

在新销售漏斗的左边，你可以看到不同类型的推播式营销的例子，它们可以用于构建产品需求。无论是网络研讨会、展销会，还是免费试用，你的内容营销引擎都在接近目标受众，利用一系列的内容来开发他们的兴趣，推动他们对你所能提供的内容（免费下载、示例概览或成功客户的故事等）提出要求或完全接受。

而新销售漏斗的右边则讲的是如何构建可重复的、忠实的客户基础，这些客户要有意愿向其他人推荐你的产品和企业并更多地购买下一代的优质产品。虽然企业大部分的营销资源最初都投入到了图表的左侧，但随着客户基础的夯实，企业就开始投资于右侧的项目，因为有回报的销售是对营销投入的最佳回报。（我们将在第20章深入讨论新销售漏斗。）

需求激励的新现实

陌生拜访电话

不要假设能够通过网站或销售漏斗获取或开发出100%的收入。为了让集客式营销类似飞轮的吸客惯性开始发挥作用，你不仅需要投资于推播式营销项目，还需要知道销售需要大量的陌生拜访电话。没有人喜欢做这件事，同时市场上也存在着大量可获得的外包资源来帮助企业分担这项工作，但是，这是任何一家创业企业都必须面对的事实。

> 构建效率指标。你必须展示出：一美元的销售和营销投入能够非常迅速地带来一美元的收入。
>
> ——门罗风险投资公司　麦特·墨菲

就像提倡虚拟化资源和适合的活动（以及商品化非核心的服务，如最初阶段的会计和人力资源服务）一样，我们对于初始阶段的销售活动外包有强烈的偏爱。有很多服务都可以由专门的电话呼叫员小组来提供，从验证联系信息到电话预约及早期账户资格认证。但是，除非这些电话银行是经过了详细训练并由你的销售人员监督，否则，它们存在很快被视为“电话磨坊”（phone mill）的风险，而这将对你带来负面影响。

内　容

如果你听到这样的说法，就立刻叫我们停下：你不可能拥有足够优质的内容。为尽早建立内容搜索引擎并不断提供新的内容和项目，销售部门和负责需求激励的员工都在持续努力。你需要这种多样化的稳定内容流来吸引和接触目标购买者。确保企业将社交销售的现实融入你的想法当中，以使提供的内容能够轻松地在潜在客户中分享——他们可能会通过领英、推特或品趣志（Pinterest）等社交渠道来与你接触。

系　统

很多创业企业都犯了这样的错误：将全部的初始营销预算投资于没有自动化追踪和评价的项目。需求激励的最佳实践需要自动营销系统在企业发布之时就准备就绪，以获取网站流量并有效地计划、追踪和评估所有推播式营销项目。目前，最受创业企业欢迎的自动营销系统包括

HubSpot、Marketo和Pardot。（特别是HubSpot，它的主要服务和功能都定位于创业企业。）这些系统将通过易于观察的仪表盘，揭示你的销售漏斗中有多少条咨询、引导和机会，为营销和销售团队提供早期的评估功能。

尽早进行销售

有效的需求激励系统会尽早地并经常性地融入销售部门当中。出现这种情况的部分原因是公司政治。我们从来没有遇到过一位销售人员会对营销人员所做的工作满意，因此，通过让他们参与投资哪些项目并以什么样的顺序实施之类的决策中来，让他们留下参与的证据。如果他们继续抱怨（记住：他们是销售人员，抱怨存在于他们的基因中），就用这些证据回应他们。机会溜走了？什么让机会溜走了？销售人员可以改变什么？一旦机会来临，将其进行分类和整理，以使营销和销售人员可以一起工作来确保他们拥有正确的组合。

> 当今，数据驱动的营销是创业企业的必备需求，也是创业企业早期最佳的投资之一。
>
> ——VanEdge资本　莫·克曼尼

如果一种类型的机会与另一种之间存在障碍，那我们应该相信自己要怎么做才能挽救这种不利局面呢？（或者他们告诉我们要怎么做了吗？）在销售周期的每一个阶段中，客户（和销售人员）面临的具体问题是什么？他们非常感兴趣，但没有足够多的人试用？他们有足够多的人试用，但没有那么多人购买？他们有足够多的人在早期购买，但没有大规模购买的计划？把所有这些问题或者说是担心以及从其他来源（如HubSpot、Salesforce和你的网站）所了解到的信息结合在一起进行决策，确定如何重新分配资源以达到最大的效用。如果存在的问题是早期试用无法实现转换，那么是否能用营销人员可以使用的大胆的主张、产品供应或竞争来加速转换过程呢？例如，像这样的语句：给我们数据和30天的时间，如果我们不能让你在接下来的6个月看到产品成本的下降，你就获得免费使用的权力。然而，所有这些决策和投资都只有在销售人员和营销人员积极沟通与共同协作下才能发挥作用。

逆向设计交易需求

需求激励的基础是数学。一项强大的需求激励计划始于你的收入目标，然后逆向发挥作用。事实上，它将你的销售过程进行了逆向设计，从销售或营销系统搜集数据来决定你需要进行多少次询问来创造一条合格的销售线索，决定你需要多少条线索才能转换成一次交易等。有时候，该计划被解释为一张传统的瀑布图（waterfall chart，见图19–2），非常简单而方便地描绘出你需要多少个需求激励项目，以及需要投入多少营销资金来支持这些项目。

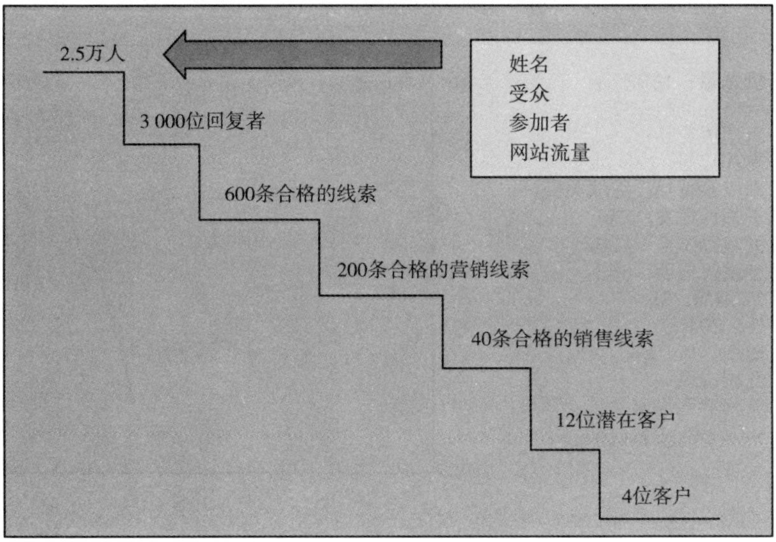

图19–2 瀑布图

对所有参与者来说，这都是一个不错的教学工具，因为数字不会说谎。正如瀑布图所揭示的，如果你真的需要2.5万人的姓名清单来获取4次交易，那么，我们要么需要持续地寻找额外的2.5万人的姓名清单，要么寻找一种让每一个步骤都更具生产力从而改变这些瀑布表上的数字（以及经济性）的方法。无论使用哪一种方式，可靠的瀑布图都是一个良好的起点和不错的工具，可以帮助我们追踪前进道路上每一步的过程。

苏莫日志的故事（续）

在发布前的几个月中，开发的内容都旨在让苏莫日志团队发布之后能够旗开得胜，维持发布带来的市场动能并提高集客式营销的流量。就像我们在第16章所描述的关于避免发布后低谷的内容，我们乘胜追击，由公关团队引导了一大批正面的报道，然后紧跟一系列需求激励项目（电子邮件、同步发行内容、谷歌关键词广告和贸易展会等），旨在为网站带来流量。

在图19–3和图19–4中，你可以看到项目的清单，以及我们对利用销售漏斗追踪商机的数量和表现的关注。苏莫日志于2月发布了企业版

商机总量：1692
- 合格的商机：32
- 新达成交易：7
- 尚在接触：22

搜索引擎营销：谷歌关键词：76
电子邮件群发：21
线索激励试点：138
同步发行内容：585
网站/组织：354
事件：294
- 奥斯汀DevOps
- 红帽旋风
- 亚马逊网络服务展会
- Meetup网站大数据

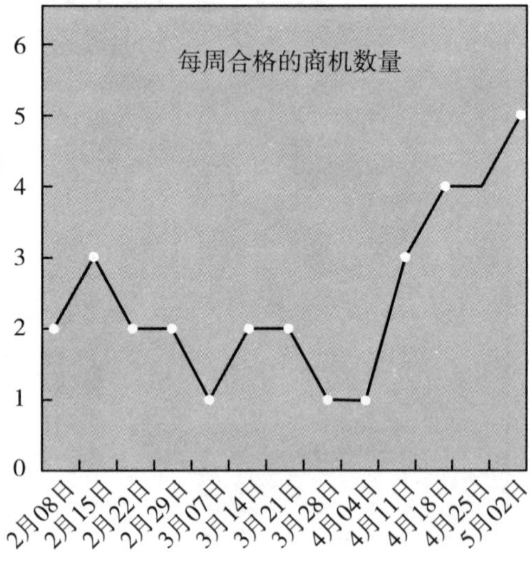

图19–3 苏莫日志发布后3个月的潜在商机

资料来源：苏莫日志。

本，6月发布了免费试用版，在此期间的3个月中，我们采取与更新产品或服务一样的热情来准备企业的发布。

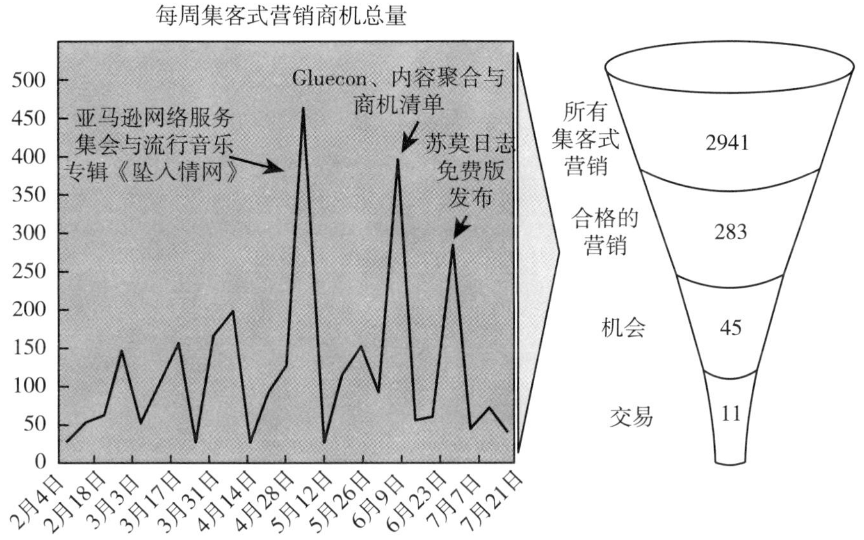

图19-4　商机激励与认证过程正在改善

资料来源：苏莫日志。

推荐阅读

1. Pamela Vaughan，“How to Create Detailed Buyer Personas for Your Business（Free Persona Template），”May 28，2015，*http：//bit.ly/2fxOrPX.*

2. David L. Rogers，*The Digital Transformation Playbook：Rethink Your Business for the Digital Age*（New York：Columbia University Press，2016）.

3. Marketing Automation Simplified：*http：//digitalpi.com.*

4. Sales and marketing disciplines and analytics：Sirius Decisions，*www.siriusdecisions.com.*

5. Behavior analytics for driving growth：*www.kissmetrics.com.*

THE ULTIMATE START-UP GUIDE

第20章
内 容

IQT（In-Q-Tel）风投公司投资人、董事会顾问

乔治·霍耶姆（George Hoyem）

对今天的创业企业而言，内容就是王牌。

克劳德·奥切安

你永远不会有太多的内容。永远不会。

《大白鲨》主人公

布罗迪（Brody）

我们都需要一条更大的船。

一旦进行了企业发布或产品发布并开始走向竞争性的市场，你的营销部门（以及销售部门）就开始为了“内容”逼迫你，并要求你维持稳定的内容流量。但究竟什么是“内容”？你又为什么如此需要它呢？

当我们（或董事会、销售部门）提到内容时，我们指的是对你的长远成功来说非常关键的一种多元化的组成部分。内容是任何与你是谁，你生产什么，你向市场承诺了什么甚至你在想什么之类的问题有关的文字的、口头的和视觉的表现形式。它是你的左脑与市场之间的对话。如果能够正确地开发并以适当的方式呈现，它就可以显著地加快销售过程。

内容也是一种并非天然生成的原则或过程，它需要开发。它需要有动机地和持续地回答两个问题：你在开发什么和你为谁而开发？它需要成为销售过程的一部分——在销售周期的此阶段，我们要使用哪一种内容来把消费者推动到下一步呢？同时，它也需要代表整个公司——你的声音及技术或服务。任何一位员工都可以创造内容，因为它既可以像白皮书一样复杂，又可以像博客一样简单有趣，所以这样的内容适合宣传公司的文化，也可以成为一个极好的招聘工具。

以下是内容的部分举例：

- 视频（动画“解说员”，如何使用视频、会议记录、展示记录、幻灯片演示、产品演示）；

- 白皮书；
- 你的博客；
- 产品资料（数据表、应用程序说明、投资回报率分析、情况说明书）；
- 案例研究（视频和文字）；
- 使用案例（我们将在本章随后的部分解释使用案例和案例研究的区别）；
- 播客；
- 社交媒体（及你与用户的对话）；
- 用户创作的内容；
- 信息图、屏幕截图和可交换图像文件（GIF）；
- 思想领导力：新闻报道、声明、演讲、投稿文章。

如果这个清单令人生畏的话，它本来就应该这样；不仅其中的每一类对你来说都非常重要（你或许不需要全部的种类，但你需要很多的种类），而且每一类都有很多相关的工作要做。

什么是“内容营销”

内容营销是这样一个过程，它把所有的内容放到一个结构化的有重心的计划之中，针对目标购买者量身定制，通过众多的渠道和设备来建立市场意识，并驱动更多的集客式访问者来到你的网站。内容营销对于集客式营销来说十分关键，它意味着消费者正在网络上寻找你，并且以相对较低的销售成本来到你的网站，而同时，你的内容树立了企业在特定市场中的权威。这个过程的目的是决定谁是你最合适的受众，然后用一些从一开始就能吸引他们的资料与其接触，让他们持续回访并最终将其变为产品的购买者或重复销售社区的成员。内容营销还意味着，搜索引擎会根据内容的质量来分配你的网站和品牌的权重，这对你在搜索引擎上的排名有积极的影响。

而内容营销的基本目标是利用有竞争力的、高质量的内容，把消费者吸引到你的面前（集客），这些内容树立并加强了你的品牌和权威。内容营销是“集客式”的而不是“推播式”的营销。你所制造的每一个内容，都会拥有一类特定的受众，在销售过程中充当确定的角色并产生预期的效果（或转换）。

无论如何，为什么还需要这么多呢

首先，你需要说的很多。最开始你或许没有考虑，但那可能是由于你太接近你的目标（你的产品和企业）。如果你可以客观地回溯融资的历史，你会看到故事、话题、独一无二的创意及产品/业务策略的出发点，而大部分潜在购买者认为这些内容非常令人着迷。如果你不能自已创造这个清单，可以请别人代劳——很多数字营销和公关公司拥有开发分支机构，它们的工作就是创造这些内容。

其次，购买者以不同的方式了解并做出购买决策。因此，通用的内容不起作用。为了让内容针对购买者量身定制，你需要纳入购买者的人物角色（通过销售来验证或补充），然后决定如何更好地接触这些人。有的人是视觉型的，偏好视频；有的人则喜欢内容丰富的白皮书，这样他们可以进行深入挖掘。还有一部分人喜欢成为社区的成员，并且非常依赖社交媒体和博客活动。

再次，或许也是最重要的一点，内容支撑着销售机器的运转。你需要在整个销售循环周期中接触潜在消费者，然后进行客户维护，除非你的产品是冲动购买型的，如免费或廉价的手机应用。据估计，正常的企业销售需要4~6个月的时间，包括7~10次“接触”（与消费者的互动）。这就意味着会产生7~10种新鲜的高质量内容，它可以是关于你的一篇文章、一个案例研究、一篇相关的博客帖子、一段视频或其他在幻灯片共享上分享的内容，而且你要明白它们的意义。最重要的事情是，新鲜的内容将为营销提供一种有价值的内容支持的追踪方式，它可以将潜在消费者培育成“合格的销售”，它也可以为销售部门提供一个与对方再次接触的机会，从而将销售过程从下意识的状态向理性、评价后再购买的状态推动。同时，新鲜的内容可以纳入目标购买者正在搜索的术语，这将帮助企业提升其在搜索结果中的机构排名。换言之，你将会发现，有效的内容营销投资带来了极大的便利。

了解你的受众

我们生活在ADHD（注意力缺陷障碍）患者的世界。这并不是一个可爱的短语，但这是事实。消费者面临着碎片化的信息轰炸，这意味着你必须有一项计划来突破这些噪声。你需要学习并改变你的营销策略和内容，以适应这类新的、更为重要的且消息更灵通的消费者。

为了更好地理解这一点，最重要的是关注你的客户最开始如何获取你的信息。直到来到大屏幕的电脑前（如果他们真的有一台的话）他们才不再等待。在过去的两年中，我们破釜沉舟、背水一战，最终超过50%的用户会首先使用自己的手机来找到你并获取关键信息。他们会等待，直到他们来到电脑前阅读白皮书，但他们会使用手机来阅读推广性质的电子邮件、收听播客、观看视频或浏览博客。这些内容在智能手机时代需要被创造。

另外，让我们关注ADHD如何影响你展示内容的方式。通常来讲，阅读为浏览提供了途径。因此，让子标题发挥作用并把内容按照简短的段落来组织。将你的白皮书从传统的10~12页缩短一半的篇幅。视频也不应该超过两分钟。此外，还有一条很好的经验法则是让博客文章保持在300~600词之间（我们知道少数受众是很会长篇大论的）。

SEO 和关键词是内容战略的核心

作为内容战略的组成部分，你需要定义目标购买者用来搜索并找到你的词条或问题。为此，你需要着重运用案例、技术、具体问题或所有这些形式。这里的要点在于，对术语的定义将为你的内容、社交渠道、公关所需要纳入的词条及需要嵌入网站架构的元数据提供一个平台。SEO是一个复杂的和不断变化的领域。关于SEO是什么、如何运行及如何使用更详细的讨论，请参考本章结尾处的推荐阅读。为便于讨论，这里对此进行说明：SEO是让你的企业和内容在网络上被发现的最关键的工具。

为了更好地理解SEO对于内容营销的重要性，请记住，谷歌就在从事“相关性”的业务，根据所接收的搜索信息返回最为准确（相关）的网站页面。在这种环境下，它们一直在调整算法，按照网站的质量、可信度和权威进行排序。同时，搜索引擎竞争正在发生改变。例如，谷歌正在开发自然语言查询和语音查询。2015年，谷歌正式宣布，它们将在谷歌的桌面搜索中展示推特的内容。因此，SEO并不是一个一劳永逸的优先选项。

那么，在这些内容中你的工作是什么呢？为什么SEO出现在本章而不是网站那一章呢？因为，内容才是SEO获得成功的关键，而不仅仅是网站背后的架构。对你而言，你需要和一名SEO专家合作（你既可以通过自己完成，也可以通过网站设计或开发合作伙伴完成），建立一个与你的企业和客户最为相关的话题与词条（也被称为“关键词”）的清单。然后，像一名政治候选人那样“胸有成竹”，你就可以重复地、连贯地使用这些词条。这些词条使用越频繁，做出回应的消费者就会越多，而搜索引擎就会让你的网站排名更高。

新的销售漏斗

很难想象商业领域有哪一种元素受到互联网及其相关的应用和工

具的影响比销售还要大。如果你不相信我们，想一想现在购买汽车与在“过去的美好时光”购买汽车的差别。在过去，销售为王。你的销售代表掌控所有的信息，而作为顾客的你只是在黑暗中前行。现在，如果你屈尊来到汽车展示厅，你大概能够从美国领先的车辆历史信息提供商卡法克斯（Carfax）的报告中获得一切信息，包括你所在地区过去6个月特定车型的平均销售价格。同时，当身处汽车展示厅时，你也能在智能手机上查看“展示厅式”的竞争性报价。想必你也了解这一点。

现在，把这个应用到你的企业中。传统的销售模型（由图20–1的漏斗代表）是一种简单的线性过程，在这个过程中，销售人员至少在每一个阶段都有意识，即使没有完全掌控的话。

问题：“约翰（John）和珍妮（Jane）在销售过程的什么位置？”

回答：“他们开了一辆吉普车进行驾驶体验并在当晚就把它带回了家。我想我们已经成功了。”

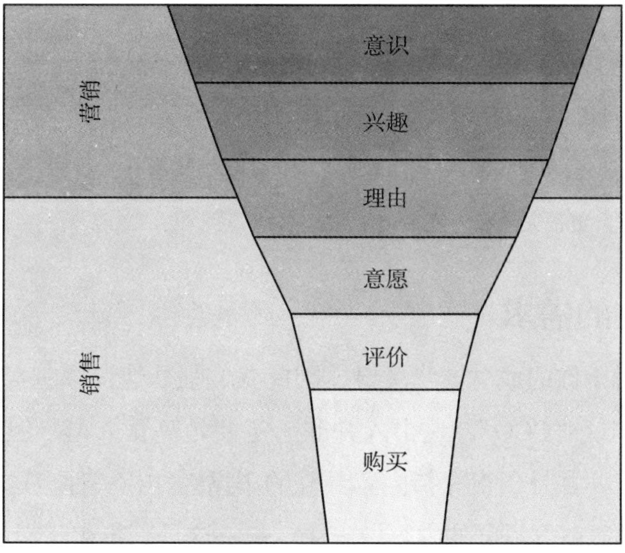

图20–1 怎样运作：传统的销售漏斗

如图20–2所示，新式销售漏斗的线性程度和销售的控制程度都明显降低了。新式销售漏斗像是一座有很多窗户和门的房子：你的潜在消费者可以随时进出，只留下来过的痕迹，但不用声明自己的身份和意图。这使得很多类型的内容对于销售而言都十分关键，而这些内容位于不同的入口。此外，社交销售的作用、多样的内容和需求激励的类型增加了新式销售漏斗的复杂性。

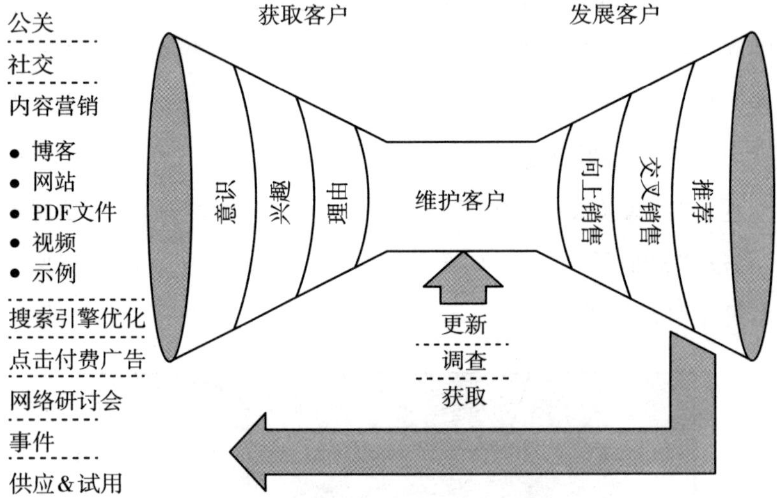

图20–2　怎样运作：新式销售漏斗

资料来源：史蒂夫·布兰克。

对CCO的需求

内容对于你的成功非常关键，因此我们强烈建议你应当在运营中指定一个人担任“CCO”。这个人并非一定要是高管人员，但他必须向高管人员汇报，并且负责保持内容漏斗的丰富性和相关性。这个人的工作不是由他自己就你需要的内容做出决定——这是销售和营销人员的工作，也包括产品人员提出的建议。但是，一旦主题的清单生成了，CCO就应当与高管人员会面并把这些主题分配给公司内部的人（有时候是外部），同时监督清单上每一项内容的执行。

博客：思想领导力遇见销售驱动力

博客就像健身：每个人都知道自己需要锻炼，但其他的事却经常放在了更优先的位置。这就是上帝要创造健身教练这个角色的原因。因为，一方面你说了你会去健身，但实际上并没去；另一方面，当你的健身教练出现在你的家门口或健身房向你收取错过课程的费用时，就是另一回事了。

> 内容可以帮助小企业成长。好的内容会降低任何一个渠道的成本。你的声音代表企业，而你用它向市场展示那些自己笃定要说的。
>
> ——Next Force联合创始人、CEO、
> The Find创始人、CEO、连续创业家　锡瓦·库马尔

把你的CCO当作健身教练吧，尤其是讨论到博客的时候。公司内部的人就关注的话题注册一个博客很常见，但是面对着空空如也的博客页面时，他们就会惊慌失措，转而回到自己的日常工作中去，让博客清单和CCO陷入困境。

为了保持新鲜和相关，我们建议在企业运营一周后就开始使用博客。互联网营销公司HubSpot的数据显示，平均而言，使用博客的企业的网站访问量比没有使用博客的企业高55%。经常在网站上传高质量的帖子（跟随你的SEO策略）将提升你在搜索引擎中的热度。同时，使用包含不同层面内容的博客：官方的宏观问题导向的或产业趋势的博客，源于副总裁的整合了技术部门、消费者和企业等方面信息的博客，以及更多来自产品人士的技术（高密度的）博客。当你把三

种层次的博客汇总到一起，你会发现，如果你开发了博客策略并正确地加以执行，博客创作的负担就分散了。就像我们向客户所提供的咨询一样，如果你在公司的会议上表扬了核心的博客人员，甚至奖励给他们礼券或是在酒店度周末，你会发现你拥有一群积极主动的博客作者。

发布前后的内容

在第15章，我们展示了发布过程的重要步骤。其中，内容处于首要地位。网站的主页上使用的加粗标题（或是推送信息）——这就是内容。但是，如果你的主页及其期望是让早期消费者来到你的网站，那么其他的内容就是为了让他们留在网站或者回访。

你将成为发布前后网站上需要什么内容的最终决定者，但是这里让我们从客户开始。

为企业撰写白皮书

为企业撰写白皮书是你的新解决方案的基本组成部分。白皮书的第一页应当提出问题，列出现有工具的缺陷，把它作为在高端研讨会上展示自身独特性和大家关注的原因的框架。白皮书的第二页和第三页则应当详细讨论第一页内容所包含的要素。如果你是一名技术销售，那这些内容不是针对购买产品的人——而是针对验证你的声明和承诺的人。一份可靠的完整的白皮书最大的优点在于，它可以被分解并重塑成其他形式的内容，如各种形式的博客贴、推广文章甚至投稿文章。一份可靠的白皮书可以为需求激励项目提供令人信服的结果，如网络研讨会或行业会议上的技术讨论。通过白皮书来重构你的内容是非常有效的一种方式，可参考图20-3。

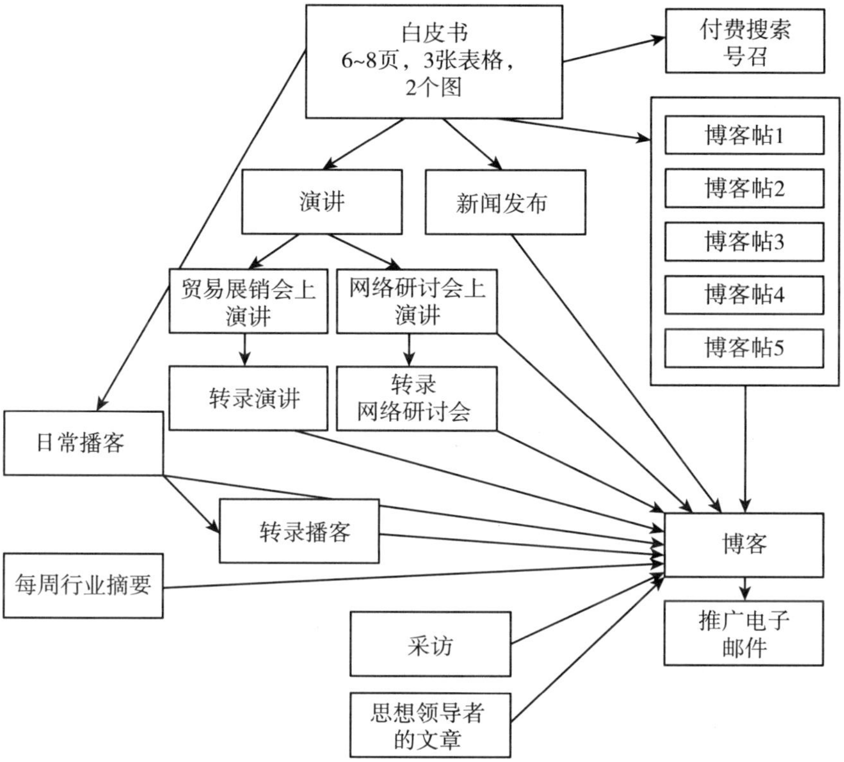

图20-3 重构你的内容

资料来源：泰德·艾夫斯（Ted Ives），搜索引擎天地（Search Engine Land）。

视 频

令人惊奇的是，优兔是排名第二的网络搜索引擎（当我们正在撰写此书之时，它是访问量排名第三的网站）。除此之外，如Periscope和照片墙一类的社交媒体让短视频变得无处不在，因此你应该充分利用它——视频是你的内容计划中必备的项目。请记住，在营销内容中加入视频和图像将增加内容被转发或分享的机会。

- **动画简介** 用一个动画的、通俗易懂的视频，以友好的语调生动地讲述你的创业故事。这通常被称为“讲解视频”。它的时长可以为两分钟或更短的时间，不包括采访团队或创始人的内部通信，也不包括行业专家的采访片段。它就是可视或动画形式的企业故事。声音和风格都与介绍你的品牌相关（它的外观和感觉是随意的、权威的、保守的吗），因此，要多花心思。其中包括的要点不要超过三个，同时设置可以让观众接受的下一步。

- **“证明”视频** CEO、创始人、顾问和关键员工都可以在视频中谈谈他们创造的内容。为早期客户和公司顾问配上“移动字幕”的名称，提供他们对企业和产品的评价以提升参与度。这类视频的参与者也可以包括知名的行业专家和分析师。

案例研究

案例研究是正在使用你的产品或服务的单个客户的故事。公关公司和销售部门都非常重视案例研究，因为它是所谓的客观第三方的消费者评价，因此对你来说具有实用的商业推广价值。一旦消费者同意充当评论人，无论他们是真的喜欢你还是因获得了折扣而表示喜欢你，立即向公关公司提供这个开心的消费者的名字。成果（也包括他们在视频中的参与）应该是一篇800~1000字的关于公司的故事，包括三个层次：一是激发他们来考察和购买你的解决方案的问题；二是他们如何安装、运行和评估结果；三是对公司而言，解决方案在财务方面或其他方面的意义。如果可能的话，也让他们参与到视频中。

> 我们持续关注的东西是内容——它向销售人员提供了继续前进所需要的东西。标题与消费者相关，白皮书解释了初步探讨可能遇见的技术难题。你永远不会拥有完美无缺的内容。
>
> ——肯蒂克公司联合创始人　阿维·弗里德曼、贾斯廷·比格尔

使用案例

前一部分描述了“案例研究”，那么“使用案例”又是什么呢？使用案例是你的产品在使用过程中以下三个方面的集中体现。

- **行业（或者垂直的）** 如果你的软件对制造业来说特别好，你就要以该产品在制造行业的使用情况作为实例进行简明扼要的描述。
- **商业应用** 让我们假设你的软件产品具有多种用途，对追踪存储安全漏洞有用的部分在预测消费者行为方面也会大有用途（不只是他们想要偷什么，而是他们想要买什么）。在这种情况下，你需要使用两个独立的而且有些惨痛教训的故事来向不同的受众讲述这样的使用案例。
- **消费者规模** 与大企业相比，中小企业（small to medium businesses，缩写为 SMBs）有不同的购买需求（和购买力）。将使用案例细分到每一个企业，以使你的潜在购买者可以在卖点或使用的语言中便捷地进行自我识别。

思想领导力

每一个重视新市场、商机或其他方面的创业企业都应该通过思想领导力战略来树立自己在消费者眼中的权威。享有权威的参与者控制着产品定价，他们为行业问题和发展趋势建立了一个舞台，并塑造了行业的发展方向和消费者的购买偏好。因此，投资于思想领导力来助力销售吧。让你的公关机构对你做一个采访，让公关团队将你大胆的想法变成它们可以用于公关计划和博客的内容。作为公关计划的一部分，你可以创作一些署名的投稿文章，到行业会议或展销会进行演讲，也可以参加自己网站的论坛。

马克·贝尼奥夫于1999年离开甲骨文创办赛富时，他因提出“软件即服务”（Software as a Service，缩写为SaaS）的概念而备受尊敬，而他的倡议后来发展成“云”技术。在赛富时创办最初的几年中，这家企业的主要标识是“软件死掉了”（software is dead）这个词条。（网站用违规字样或斜线突出显示“死掉了”这个词。）赛富时首先使用了游击式营销，它们的员工来到一些知名的场所，穿着带有违规字样的T恤衫“轰炸”公众，这些场所包括它们的竞争性用户的会场。马克也采用了更为保守的方式。首先，他与公关公司一起撰写了多篇关于这个煽动性话题的文章；其次，维护发言的机会，使马克和他的话题得到合法性的支撑。这些行动比任何人想象的都快，而其结果是，赛富时如今的价值已达到550亿美元并致力于树立卓越的新标准。

愿景声明（或者，更好的是“宣言”）

我们讨厌使命式的声明（“成为地球上最最______的公司”）。除非你所说的内容独一无二、令人振奋或这些内容对消费者很重要，否则，他们只会感到乏味无聊。同样，我们也怀疑“核心价值”式的声明。好吧，谁不会说自己“会以客户期待的方式对待他们”。把这些声明和“坚持”的海报一起贴在办公室的墙上或许是合适的，但它们不会让你脱颖而出或是以与众不同的方式处理问题。尽管如此，我们对“宣言”（manifesto）却持有不同的态度。宣言是一系列声明的集合，以令人信服的、满怀希望的和独一无二的方式从总体上表述企业的创始原则。你可以把它们称为“愿景声明”，我们更喜欢“宣言”。马克思就有宣言，你为什么没有呢？这些宣言让市场了解你的想法、你的运营原则及它们希望与你公开合作的原因。

以下是我们的客户雪花算法公司所使用的宣言的要点。

- 数据就是数据。你应当有能力把所有的数据放在一起，让每个人都可以获得和使用数据。

- 每个人都应当有能力利用已有的工具和技能使用数据。
- 你应当把时间和资源用于提取数据蕴含的价值，而不是管理数据背后的系统和架构。
- 搜集和使用自己的数据不应该付出昂贵的价格。
- 用自己的数据做事，做什么都没有限制。
- “云”是唯一能够到达的方式。
- 从头开始基于云设计需求解决方案并不是重新包装过时的新闻。

从整体角度看，这些要点为一个不堪重负的行业（数据库存储）提供了新鲜的方式；而从个体角度看，每一条都能被开发为可以持续对话的博客。

指标与数据

内容有效性的终极评估标准在于：它有作用吗？这意味着你需要做两件事情：定义“起作用”的含义（你开发和利用特定内容的既定目标）；评估并分析背后的原因，因为正如卡萝尔所说，“可以被评估的东西才能被资助”。

那么，具体而言，你需要评估什么呢？你会使用哪些工具进行评估呢？你会如何看待结果呢？这是大部分创业企业的营销高管应当被评估的核心方面。

- **网站指标** 谷歌分析可能是你的核心供给，它可能让你淹没在海量的数据中。但只需要关注网页浏览量、网站停留时间、跳出率及访问者来源这些项目即可。以“发布前”的数据作为基准，然后搜集“发布后”的数据，从中寻找可以改善状况的模式和信号。
- **社交媒体指标** 这一类指标不像网站指标那样有明确的判断标准——非黑即白，但它却同等重要。这类指标追踪参与的环节

（转发、分享、推特转发等）、参与程度（粉丝、关注者、注册用户等）和热门话题。

- **潜在商机指标** 你现在离销售越来越近了。你的指标取决于你所建立的销售过程 / 漏斗。哪些内容创造了期望的回应？他们完整填写了提供的表格还是中途退出了？无论是下载、免费试用还是任何形式的产品供应，都要知道消费者的兴趣所在及能够加速销售过程的东西，然后着重在这些领域进行投资。

苏莫日志的故事（续）

当苏莫日志进入发布的准备阶段，我们拥有奢侈的近三个月的时间来制作内容——从2月发布到6月免费试用产品的供应。范围既包括针对发布的内容，又包括用于十分重要的需求激励项目的内容。购买者的人物角色是来自3个使用案例的技术架构师及用户。我们的内容计划包括，1个涵盖产品和技术内容的强大网站、3份白皮书、1份数据清单、3个使用案例、3份文字的案例研究、4个创始人视频、4个客户经验分享视频、1个简介视频、1个如何使用的示例来解释如何快速安装及在安装了产品“沙盒”状态下可以获得的产品细节信息。

推荐阅读

1. 关于内容营销：

Content Marketing Institute：*http：//contentmarketinginstitute.com.*

Contently：*https：//contently.com/content-marketing.*

2. 关于白皮书的力量：

Ted Ives，“Key to B2B Enterprise SEO Power，” *September 25，2013，http：//selnd.com/2f1enzO.*

3. 关于SEO和SEM：

Jayson DeMers，“7 e-commerce SEO trends we’re seeing in 2016，” June 14，2016，*http：//selnd.com/1UsWxY0.*

4. 关于集客式营销的原则：

Brian Halligan and Dharmesh Shah，“Inbound Marketing，” *www.inboundmarketing.com.*

5. 关于指标和分析：

Laura Patterson，“Analytics and Metrics：Related but not the Same（An Explanation and a Checklist），” April 14，2015，*http：//bit.ly/1PINpeg.*

6. 关于销售漏斗：

Jonsen Carmack，“Funnel Cake：Visualizing Your Customer’s Journey，” September 9，2015，*http：//bit.ly/2fWRG0d.*

THE ULTIMATE START-UP GUIDE

第21章

失败（下）

托马斯·爱迪生

我学习了5万种方法，但最终没有完成。因此，我在最终成功的实验周围徘徊了5万次。

克劳德·奥切安

如果托马斯·爱迪生是一家风投公司的话，它不会存活过一年的时间。

硅谷对死亡有一种迷恋，而我们把它称为“失败”。没有哪一个行业像科技行业一样，如此密集而狂热地追逐着失败。无论是一种廉价的心理疗法，还是足够老套的幸灾乐祸，硅谷［或称之为硅巷（Silicon Alley，）、硅沙漠（Silicon Desert）等］都喜欢先仔细剖析失败的原因，然后在未来几年中重蹈覆辙。我们的网站上有一份“验尸”清单，列出了100多家失败的创业企业的故事；我们也为其出具了“验尸报告”（RIP reports），甚至还召开了会议，即失败大会（FailCon）。当然，“僵尸创业企业”的名单也总是存在的，名单上的企业绝望地观察着即将到来的失败。

本章讨论的是企业后续阶段的种种失败，这些企业通过早期阶段的摸爬滚打存活了下来，现在正活跃于市场，享受和忍受着日复一日的企业运营。早期阶段失败的部分原因会长期重复地出现，并且让处于任何发展阶段的企业都感到苦恼。让我们回顾一下这些失败的原因。

缺乏市场需求

对失败企业的创始人进行调查分析后发现：创始人认为排名第一的问题是他们构建的是别人期望他们构建的产品或服务，或者是他们自认为市场希望他们构建的产品或服务。无论哪一种方式都是错误的。或许他们尝试解决的问题最终被证明比他们想象的要小——或是根本不存在。而我们回到第3章的“狗设计”中，创始团队如此迷恋于自己的发明，以至只顾脚踏实地地前进，却没有关注消费者反馈，以验证自己的假设和目标购买者是否一致。

验证正在解决的问题并测试不同的可能解决方式对于成功非常关键，因此，每一个创业企业都应当从第一天起就参与其中。这样不仅能够让你与目标市场及其财务环境保持联系，还能够让你同时关注竞争。请记住，每一个潜在的投资人都会向你询问证据，以证明你已经进行过市场考察和验证。一个没有包括市场或消费者建议的推介方案最终将无人问津。

> 失败的模式：企业家所知道的并没有自己想象的那么多。这经常发生。你可以拥有很优秀的团队和很充足的资本，但这些只会帮助你抵达目前的某个时点——关于执行的某个时点。
>
> ——恩颐投资　皮特·索思尼

创业企业回声

创业企业的创始人往往非常顽固，而在大多时候，这会成为一把两败俱伤的利器。他们的专一不仅可能让他们自己及公司都陷入困境，还会阻止他们发现和承认致命的错误。在分析200多家企业失败背后的原因时，《公司》（*Inc.*）杂志发现，大多数的失败都源于创始人的不妥协态度，并将失败归咎于“傲慢”、“自负”和“狂妄”[1]。

一方面，创始人忽略了员工的投入（不被提倡，但或许不会致命）；另一方面，也忽略了董事会（这或许对个人是致命的，但对公司不是）

1 James，“The 7 Real Reasons Startups Fail（and What to Do Instead）”。

和顾问的建议。但是，忽略市场却是绝对致命的，而不忽略市场就意味着在不同行业、不同企业规模或应用中与10个、20个甚至100个潜在消费者进行一对一的会面。然而，新手创始人会再一次引用他们的导师史蒂夫·乔布斯的话并告诉你，人们不知道自己想要什么，直到你向他们展示他们想要的东西。

> 我看到营销以两种方式导致企业的失败。首先，企业在确定定位和信息之前就过早地投资于销售（并且通常是过度投资）和营销。其次，在发布之后，它们认为自己唯一需要做的事情就是投资于销售人员，而此举让营销失去了活力——这样一来就削弱了企业。
>
> ——VanEdge资本合伙人 莫·克曼尼

转变失败

这一部分与前面CEO的不妥协态度相关，但它也涉及董事会。剖析错误成因对个人来说是痛苦的，但对企业而言，它可能是一个漫长的过程。这也是企业对转变如此犹豫的原因。然而，一流的团队相较于实力较弱的团队更具优势，它们不仅能够识别出转变的需求，还能够迅速地实现这种转变。事实上，这也是很多投资者将“团队”作为投资的首要标准的原因，而“创意或产品”则以微弱的差距排名第二。

这里的核心在于，强大的团队可以向新的创意转变并获得成功。停留在糟糕的决策上是致命的——无论是关于你所在的市场、某一个关键产品的功能，还是关键的员工。在这个问题上，强大的董事会或顾问迟早会发挥作用。你的董事会成员应当具备在第一时间推动团队做出转变决策的经验和客观性，并验证（或取消）不明确的转变。

> 更多的营销并不能挽救糟糕的产品。
>
> ——夏斯塔风投公司 托德·弗朗西斯

迅速启动，资金耗尽

在当今的市场中，你的心理、财务和产品或服务供应都需要长久保持。创业企业领域充斥着所谓的“詹姆斯·迪恩”（James Dean）企业，它们过着放纵的生活，然后夭折，留下僵硬的尸体。有时候这就是财务方面的问题造成的。公司只获得了能够支持到发布时的资金，而创业团队却相信发布就可以推动企业快速成长，实现突破，即使只拥有对早期消费者的销售。但是，如果市场接受度没有那么“高”的质量，它们只能在不景气的市场中寻求传统方式的融资，这样就会失败，即使所有成功的要素都已准备就绪。

尽管如此，硅谷以用“迅速消失”的咒语拥抱失败而著称，这已经被写入了书本中、标语中及描述创业企业文化的相关内容中。硅谷从失败中迅速学习的精神名不虚传，同时也是对硅谷创业精神进行拙劣模仿的最简单的方式之一。

与市场失去联系

在我们与风投伙伴的交谈中，他们认为失败最首要的原因是创始人与市场失去了联系。虽然创始人可能在推介过程中展示了他们对市场前景的估算，但在开发和销售产品的过程中，他们没有坚持了解市场。他们仍旧埋头聚焦于产品，却忽略了市场的走向、不断变化的市场动态及竞争者的一举一动。

我们所指的“市场”，并不是分析师所设定或追踪的部分宏观趋势，而是真实的消费者。风险投资者在多个案例中都发现，创始人得到的消费者反馈来源中，他们的产品或服务都没能满足消费者的迫切需求与急需解决的问题，无论该来源是直接的（因为创始人是销售的执行领导）还是通过销售人员间接反馈的。他们忽略了这些反馈，相信自己的产品愿景是正确的并一直持续下去，全力以赴地开发着市场几乎不需要的产品。

> 我们发现新手CEO最大的问题之一就是他们拒绝听取市场的呼声。
>
> ——罗利创投公司　查尔斯·比勒

遥遥无期

正如前面所提到的，创业企业火热出炉，要么公开上市，规模飞速增长，要么在头三年就被收购，这样的日子早已经消失了。现在，正常进行IPO或被收购的周期是6~8年。创业团队有这样的持久力和产品愿景来维持这么长的时间吗？或者它们有了声名赫赫的成功的发布，但却像那些一炮走红却只能在酒吧演奏的乐队一样吗？企业里的员工会长久地待在公司，还是会在两至三年后离开，到下一个热门的创业企业工作？最重要的或许是创始人要进行长期的管理，不只是产品，还包括改变商业过程和人，他们有这样的技能吗？

> 记得要非常严格地控制初始的支出：饥饿的老鼠活得更久。
>
> ——连续创业家、Cogniance公司主席　尤哈·克里斯滕森

在人才竞争中失利

有这样一个时期，人们排着队加入创业公司——为了一夜暴富，共

享挑战与社团的感觉，以及对新事物的憧憬。但是，经济现实及2000年和2008年的经济危机仍然历历在目，人才储备情况已今非昔比。我们知道很多创业企业的员工，要么在公司被收购之后继续留在发起收购的公司（通常是更大的、更稳定的公司），要么在创业企业失败后去更大、更知名的公司工作，以求得安全感。然后就有领域中的巨头（目前是谷歌和脸书）支付大笔资金发动人才攻势，让员工从企业文化上感到自己才是聪明的人才，从而驱动团队构建一些特殊的内容。这就是寻找和维护人才对于当今的创业企业如此重要的原因。

最优秀的创业企业CEO告诉我们，他们把人力资源（或其他你愿意使用的名称——现在，有很多听起来非常美好的名称和外包的人力资源服务）排在优先的位置。有些CEO认为，寻找优秀的员工，构建良好的企业文化（员工希望每天为公司工作10个小时）和为关键员工创造职业发展路径在他们每周工作中应当占30%的比例。

竞 争

几乎每一种产品或服务都会面临竞争。而经常面临竞争的行业通常让行业分析师和消费者持怀疑态度，从而延长或经常拖延决策过程。正如在第18章中所提到的，我们建议自己的创业企业客户在活跃的作战室中充分重视竞争问题。

> 失败可能源于竞争性的变化……市场变化得很快，而现在的供应商变化得更快，他们可以将你的产品供应作为诱饵，甚至可以免费提供这种诱饵。在当今的竞争经济中，开放性资源也有重大的影响。
>
> ——红点风投公司 约翰·瓦尔勒卡

如果你的产品或服务足够好，为何不花一些时间追踪竞争对手呢？

这样做的原因是：如果他们尚未在市场上立足，就对任何一个新的开发者保持关注；如果他们在业务上输给了你，他们就会经常剽窃你的网站并发布同样的标题，以混淆和扰乱市场。你的“确定性”销售突然变得不那么确定，而你却不知道原因。如果你正在追踪竞争对手，你就能够要求他们合理使用你的标题，因为你知道他们会失败，但是，这有一个前提：你对他们进行了追踪并采取了积极的应对措施。

因此，考虑所有这些因素，失败是不可避免的吗？基本不是这样的。但来自硅谷的教训是，不同于其他的职业或行业，简历上的一次或两次失败并不会对你造成不利的影响。事实上，一些和我们合作的招聘者告诉我们，他们经常寻找那些简历上能看到失败经历的人，因为这意味着这位求职者通常具备经验丰富、谦虚和成熟等品质，而这些有利于预防将来的失败。

我们并不是说失败是一个加分项。但是，就像克劳德·奥切安自身及众多的创始人一样，他们可以证明，失败并不是世界末日，而只是另一个开始。

> 最为明显的失败模式就是竞争者的行动比你想象的快。你需要尝试投资一位具有卓越市场视野的企业家。
>
> ——阿尔托斯风投公司　浩南

推荐阅读

1. Geoffrey James,“The 7 Real Reasons Startups Fail (and What to Do Instead),” *Inc.*, *http*: *//on.inc.com/1LnWxR9.*

2. Startup Autopsies: Lessons from Failed Startups, *http*: *//bit.*

ly/2fY8fgb.

3. Dave Feinleib，“Why Startups Fail，” *Forbes*，November 13，2012，*http*：*//bit.ly/2fZDYLT*.
4. Alice Truong，“After analyzing 200 founders’ postmortems，researchers
5. say these are the reasons startups fail，” May 12，2016，Qz.com，*http*：*//bit.ly/1XsqzMx*.

THE ULTIMATE START-UP GUIDE

第22章

董事会

理查德·布兰森

听着，拿走最好的，留下其他的。

克劳德·奥切安

如果你不知道自己不知道的是什么，那你就完蛋了。你只是不知道而已。

当谈到“董事会”（the board）时，90%的创业企业都是指董事会（the board of directors）。但除此之外，还有其他辅助性的董事会对企业早期的成功也做出了贡献。让我们来看看。

你的董事会

你的董事会可能是一种无价的资源，也可能是一个令人讨厌的存在，或者兼而有之。它可以成为一种战略性的资产，其内部的大部分关系都是友好协作的和积极的；或者，它也可能被打上问号，整个公司（尤其是CEO）大部分时间都在恐惧中度过。构建和管理积极的董事会是新手CEO工作的核心部分。

公司的顶层是孤独的。大部分CEO都感觉到，他们无法忍受团队成员之间甚至联合创始人之间的相互怀疑和不确定性。为了让投资者或顾问有能力向你（创业企业的CEO）提供有意义的建议和训练——不论是在董事会中还是私下一对一的交流中，你都需要首先建立信任，然后让自己能够寻求和听取建议，无论好坏。这是董事会的终极作用——支持你并分享他们的资源、才能和其他方面，让你能够顺利度过顺境和逆境。一位举世闻名的风险投资者将他在创业企业第一年的首要目标设立为与CEO“亲密无间”。

> 我们希望成为友好且有共鸣的董事会，希望自己是出现情况时第一个被拨通电话的人。在一些案例中，我们发现，成为非董事的高管团队成员有助于与CEO建立不那么紧张的关系。
>
> ——阿尔托斯风投公司 浩南

尽管我们提到了董事会中的“风险投资者”，但事实上每一位我们认识的人都会告诉你，在董事会中安排两位风险投资者比只安排一位好。风险投资者和创始人都是如此。这样不仅是为了获得更多的融资和建议，也是因为这样做可以为你带来董事会中仅有一位风险投资者时所不能具备的优势。（“好吧，投票结果是1∶1，但我的投票权重更大，因为我为你提供了资金。”）

在创业企业的早期阶段，典型的董事会结构是五人制：两名投资人，两名内部人或联合创始人和一名拥有运营或其他领域专长的外部人。这样的结构通过内部或外部、投资人和运营者（假设你的投资人也了解这个领域，但不是非常精通企业的实际运营）的维度来维持平衡。

> 从未有一位董事会成员对我说：“我来这里是为了向你提供三种支持——创意、建议和指令。”
>
> ——Bugcrowd联合创始人、CEO 凯西·埃利斯

管理你的董事会

在你不是特别聪明的情况下，既可以是你管理着董事会，也可以是董事会管理着你。同时，请记住，你的董事会可以解雇你。因此，这是一项微妙的任务。

在与创业企业合作的数年中，我们所看到的最影响生产力的事情就是董事会会议的筹备。对于新手CEO而言，这一点尤为真切，他们每准

备一次董事会会议就像参加一次美国大学入学考试（SAT）。发生这种情况的部分原因是他们希望在会议上成为屋子里最聪明的人，这意味着他们必须充分地准备任何一个可能的话题或问题。还有部分原因可能是团队动态——一名风险投资者习惯于操控一切，因此形成一种令人生畏的气场。无论是什么原因，从第一次董事会会议开始，你都要掌控自己和董事会会议。

> 没有任何两位企业家是相似的，因此，风险投资者和顾问应当灵活地改变自己以适应创始人的需求。
>
> ——Maveron风投公司　贾森·斯托弗（Jason Stoffer）

当我们告诉风投合伙人准备董事会会议需付出多少时间和精力时，他们非常惊奇地摇头并感到十分困惑。他们会说："我们想要的只是知道事情的进展如何，以及我们如何提供帮助。"而他们的意图的确如此——大部分时间是这样。

> 在董事会层面，大家看到的往往是经过过滤的信息。提升董事会和管理层之间的理性的诚实与信任是建设成功企业的关键。
>
> ——格雷洛克风投公司　阿希姆·钱德勒

> 当我去世的时候，我不希望自己的墓碑上写着我解雇了最多的CEO，而是写着我让很多的企业家和企业获得了成功。
>
> ——Live Oak风投合伙公司　韦努·沙马潘特

那么，为了保证召开一次有效率的董事会会议，而不耗费一整个星期甚至更多的准备时间，你可以做些什么呢？

第一，设定一套流程并在董事会召开之前公布。它应当由如下三部分组成。

- **哪些事情进展顺利** 突出最好的项目和可交付的成果，并辅以数据支持。
- **哪些事情进展不顺利** 在董事会发现之前承认错误。坦诚面对，并制订一项解决和补救问题的计划。
- **董事会能够提供哪些帮助** 这并不是一条单行道。识别出哪些活动（招聘、介绍大客户）在董事会的参与下会受益，给他们分配有截止时间的事项并让每一位董事都发挥作用（在每一个议程中考虑所有的事项——包括分配给董事会成员的事项）。

第二，不要让令人讨厌的人把持了会议。这里需要提醒你的是：一些风险投资者心里只装着自己，并且喜欢听自己高谈阔论。（需要提示的是你确保让这些人承担最多的待办事项并承担相应的责任。）

第三，每次挑选公司中不同的领域作为会议的主题。首先是销售，然后是营销，如此轮换。邀请负责运营该领域的人参加会议，这将为他们带来享受愉悦的时刻（或者成为残酷的焦点）并显示出你并不只是关心自己的事情。

> 董事会会议有利于制定决策，但不利于获取信息。如果有敏感数据的话，最好在会议之前和你的董事碰碰头。
>
> ——Nexus风投公司　基什努·巴塔查尔吉

第四，这样说是没有问题的：“我不知道。我需要考虑一下再回答你的问题。”这样回答比你花费数小时尝试猜测和回答所有可能出现的问题要好。

第五，向所有董事会成员提供可以带走的会议总结，因为他们需要根据日常的情况来对合作伙伴进行更新。

在董事会会议间隙

这段时间是展现一名董事会成员最真实的价值的地方——作为一名值得信任的参谋、一位特定领域的专家和一位他人可以交谈和倾听的顾问。董事会成员应积极回应你的电话或邮件——在一天之内完成，并且愿意成为一听就产生共鸣的董事。充分利用自己的专长，没有人会期望一名董事会成员成为每一个领域的专家。当他们说“我能为你做什么”时，告诉他们具体的问题或行动项目。他们在你通往成功的道路上，发挥着和你自己一样重要的作用。

> 我们对表现良好的企业要求最为苛刻。在第3~5年——那才是我们真正推动企业更上一层楼的时候。
>
> ——红杉资本　吉姆·戈茨

请记住，无论他们说什么，你们之间的关系都不会是一种家庭关系。如果你和风险投资者详细讨论他们对于创始人及整个公司的作用和关系，他们通常会用家庭来做比喻。“我们就像一个大家庭——始终在一起，甘苦与共。当然，我们也会像任何一个家庭一样，存在分歧，但是，当一天结束之后……”

有时候，这是真的，但大多数时候，这都是不现实的。你的大哥不会对他所投资的公司和其他投资人负有法律责任。更重要的是，你的大哥不会解雇你。

> 风险投资者不会因为成为好人或优秀的董事会成员而受到赞赏，但他们会因为赚了很多的钱而受到赞赏。
>
> ——先迪科技风投公司　史蒂夫·巴洛夫

创业企业的创始人被解雇或边缘化的问题非常普遍，这种情形被称为“创始人困境”。根据一项长达10年的调查，在创业企业开始第三轮融资的时候，52%的创始人CEO就已经被替换了，而他们当中大部分是被自己的董事会解雇的。[1]

当然，你对此进行思考是非常有意义的，因为这种一成不变的模式一再地重复。有天分的创始人会在自身的热情和冲劲的驱动之下，针对问题X提出一种创新性的、颠覆性的解决方案。这种动力让其有能力展开招聘并向早期的采用者、投资人和团队成员进行销售。但是，一旦你的想法被“证实”，或者以决定性多数的早期成功被市场验证，就应该进入到下一个阶段——企业建设。这个阶段需要不同的技能和经验，如融资、招募更大的团队及建立业务流程来发展企业。而就是在这些重大的里程碑和转变发生的地方，CEO和他们的助手往往比较脆弱。

> 一种可能出现早期分离的情况是，风险投资者的风险状况是分散化，而企业家的风险状况则是单一的、高度集中的。
>
> ——VanEdge资本合伙人 莫·克曼尼

顾问，是的；顾问委员会，没那么着急

在董事会之外，很多创业企业都迅速建立了第二个“董事会”，这就是顾问委员会，通常由技术专家构成。在这一方面，我们提供的建议非常明确：顾问非常有用，尤其是对于新手CEO。但是，顾问委员会就更多的只是作为一种概念，而不是现实。

让我们看看顾问的作用，以及为什么创业企业需要顾问。在早期阶

---

1 Bruder，“A Harvard Professor Analyzes Why Start_Ups Fails，” *New York Times*。

段，创业企业非常精简，几乎只有产品开发和客户开发的员工。但即使是大部分资源集中的领域，创业企业团队也确定能够从专家经验中受益，因为专家们已经经历过这些过程，并且通常是在同一领域或使用同样的（类似的）技术。因此，这一时期的顾问非常关键。

随着时间渐渐推移，一旦产品开始投产，就应该把顾问分配到其他需要专业技能的领域，如销售、渠道或合伙伙伴的开发。例如，一名具备实战经验的渠道战略教练，可以通过帮助你物色和获得适合于企业的合作伙伴来为你节约大量的时间、金钱和机会成本，对于可以帮助你设计和寻找未来销售机构的人也是如此。

一般而言，顾问的作用就像是一位兼职的咨询师，向创始人或董事会成员汇报。创业企业和战略顾问之间的典型关系涉及用股权激励来交换他们的咨询服务。典型的顾问是向CEO汇报，并且与创业团队、早期客户和董事会成员都有广泛的接触。而且，一个来自知名公司的顾问团队可以在企业尚处于秘密运营筹备发布之时为公司带来早期的光环。

因此，如果你有如此庞大的顾问团队，为什么我们不建议你成立顾问委员会呢？原因有两个：首先，顾问团队的成员的兴趣和专长分布广泛，他们可能无法形成足够的共性来使委员会超越一群“专家”互相聊天的平台。你只从他们身上获得了许多时间，因此，不要浪费。其次，这些人会获得公司的股票，因此，提供想法和建议应当只是他们为企业贡献的开始。他们应当形成一小部分可交付的成果并对你负责——直接原因是他们有全职的工作，但根本原因是他们要对你负责。

消费者理事会：值得投资

不同于顾问委员会，消费者理事会值得重金投入。与有很多原则的顾问委员会不同，消费者理事会是由有共同经验（针对你的产品）和共同目标（从该产品中获得最大收益）的消费者的联合。因此，将一群想法接近的消费者定期聚集到一起非常棒——不仅对于产品团队来说是这样，对销售团队来说也是如此。产品团队可以从中直接获取关于产品功能和特征的反馈，而销售团队如果对这群消费者进行适当的鼓励或激励，就能让你更快地出现在他们同伴的面前并且更加高效，而这些是你独自完成工作所无法达到的。

但是你不必对你最早的5位消费者展开这项活动。首先，带着产品逐渐适应，观察市场是如何反应的，然后再召集理事会。以个人的方式持续地用知识和承诺培育消费者，直到你觉得达到了临界数量（至少要拥有五名强大的竞争者），而将来你会把他们和同伴都聚集到一起。

推荐阅读

1. Noam Wasserman，“The Founder’s Dilemma，” *Harvard Business Review*，February 2008，*http：//bit.ly/1KIclym.*

2. Jessica Bruder，“A Harvard Professor Analyzes Why Start-Ups Fail，” *New York Times*，May 25，2012，*http：//nyti.ms/2fGpqQ8.*

3. Noam Wasserman，*The Founder's Dilemmas：Anticipating and Avoiding the Pitfalls That Can Sink a Startup*（Princeton，NJ：Princeton University Press，2012）.

4. Rim Empson，“Equity Should Advisors Get?” September 22，2011，*http：//tcrn.ch/2fZEZTY.*

5.“Sequoia Capital：Preparing a Board Deck，” *http：//seq.vc/2gil861.*

第23章

收　官

红点风投公司

约翰·瓦尔勒卡

让自己拥有“有效率的现金流”，好事就会发生了。

克劳德·奥切安

被收购意味着永远不必说抱歉。

这是每一个创业企业的梦想。你和你的团队正在纽约，大家都站在纽约证券交易所（New York Stock Exchange）的小阳台上。你敲响了钟声，所有人都在欢呼。你的创业企业已经公开上市了。然后，你消失在黑暗中。

没有那么快。某种程度上，追逐IPO就像一条狗在追逐汽车。如果你抓住它了会怎么做呢？即使IPO数量已经在减少（从1997年起，美国IPO市场每年都在减少，而2011年减少了43.5%），但仍有空间[1]。在很多情况下，IPO并非是企业进行融资以获得发展的唯一的或者优先的选择。因此，让我们来看看你的创业企业有哪些选择及各种选择的利弊。

IPO

为什么IPO如此具有吸引力呢？原因有很多，但主要的还在于现金，吸引人才、合法性、货币和流动性方面的需要。

- **现金** 这当然是最大的吸引力。普通的IPO将至少在北美市场中获得1亿美元的资金，有时还会更多（如脸书）。这时，你就有能力加速企业的成长——雇用人员，投资于新的市场、地区、行业

---

1 Tim Keating，“What's Behind the Dramatic Decline in IPOs?” *Foxbusiness.com*。

和渠道，以及扩大产品开发——同时削弱竞争对手。

- **吸引人才** IPO之后，你可以试试用股权激励计划来持续吸引高级人才。这样员工不会感到自己被遗漏或是企业不再具有吸引力或意义。
- **合法性** 公开上市就是告诉广大的消费群体，你的企业是真实存在的。它有利于维护企业的声誉，让你的商标合法化，就像人一样存在于市场上，同时让企业接受一系列的监管。正面的IPO事件所带来的市场验证和现金强化了企业可靠与合法的形象，这一点对于为企业日常运营提供基础设施类产品的企业来说尤为重要。
- **货币** 在IPO之前，很难为企业的股票确定一个价格，更无法将股权转换为现金（虽然伴随着二级市场的流行，这一点正在发生改变）。公开上市为企业的股票确定了价值，而你可以基于多种目的将这个价值作为货币来使用，包括收购其他企业。
- **流动性** 这是对你（及你的员工）努力工作的回报，也是对投资者投入的资金、指导和耐心的回报。这些就足够了。

> 如果只看退出的数量，通过并购方式退出的企业数量比通过公开上市退出的企业数量多。
>
> ——阿斯贝克风投公司 赛瑞西亚·格武

收 购

如果公开上市是初始融资阶段创业企业共同的梦想，为什么我们看到过去10年中IPO数量出现大幅下降了呢？很多金融和市场分析机构都表示，自2000年年初至今，IPO数量减少了75%，目前只占所有创业企业退出数量的10%。这里发生了什么呢？

这些机构给出的部分原因是财务和市场导向的，而其他原因则完全是心理上的。

> 关注基本面和创立时的状态。大部分好的退出方式都是企业主动提出的。
>
> ——Nexus风投公司 基什努·巴塔查尔吉

- **这个过程太长、成本太高、太麻烦** 从退出相对自由的私有制环境到进入政府的监管角度而言，20 世纪末的公开上市就已经非常困难了。而这种局面在 2002 年的萨班斯－奥克斯利法案（Sarbanes–Oxley Act）和 2003 年全球性解决方案（Global Settlement）发布之后变得更加艰难，因为它们创造了一整套新的法律约束让企业接受。部分法案甚至让 CEO 个人为签署文章中的错误承担法律风险。这些监管政策同样增加了企业公开上市的成本。此外，IPO 对创业企业而言成本太高（成本在 25 万美元到 100 万美元之间），同时会在企业发展的关键时刻让高管人员分心，而由此造成不利影响将波及 IPO 的价格。
- **IPO 不是那么性感** 从本质上而言，技术 IPO 不再是过去的样子。过去的 10 年中，部分企业的 IPO 并没有震惊市场。部分企业在发行后第一周就出现股价下跌；而另一部分企业则在发行后的第一个季度出现下跌。近期进行的 IPO 呈现出赢利能力下降，投资者回报低以及在收盘时被更大的玩家收购的情况。因此，如果有可能被收购的话，你为什么要带上法律和心理的铁箍呢？
- **长期稳定性** 如果公开上市，意味着你大量的业务与交易都是对外公开的。每个季度你都需要记录交易和结果，并向苛刻的市场报告（更别说你的股东了），它们当中有很多人都在寻找问题的蛛丝蚂迹。你必须有足够勇气，满足成功的业务实践标准和原则，或者在日常表现中超越市场的预期。

- **失去控制权** IPO之后的新企业仍然是你的企业，但也不再是你的企业。很多创始人都非常关心他们是否能够继续留在公司（这或许意味着他们希望更长久地保持私有制），以便实现在企业创立之初就确立的长远目标。对他们而言，IPO不像对投资者那样具有吸引力。
- **预期改变** 收购曾经是次于IPO的选择，但目前的情况不再是这样了。从一开始，收购就是企业的一个具有吸引力的长期目标。现在看来更是如此，因为CEO们看到了IPO的缺陷并与投资者和同行一起讨论了背后的原因。
- **投资者的长期记忆** 当我们看到企业的估值在没有任何合理的财务原因的情况下飙升，而风险投资者迅速参与到交易中（因为他们手中有现金而市场非常繁荣）。硅谷似乎并没有从中吸取教训。但是，即使忽略自己的部分担忧，投资者对2000年和2008年的危机仍然记忆犹新。这也是目前为止为什么收购不再是一个不太受关注的次优选择，而经常成为优先选择。

卫特新公司最开始是在1998年被一家名为INS的公司以200万美元的价格收购，对卫特新来说是完美地退出了市场，而对INS而言则增加了服务的资产组合。它们现在拥有一家软件分支机构，不仅可以充当专业服务的工具，还可以为它们的服务提供质量验证。INS的股价表现十分稳定，既没有出现股价的大幅跳跃，也没有出现低谷。但随后，INS被朗讯收购，当时朗讯还是一支股价高企的科技股。我还依然记得我的顾问得意扬扬地对我说："恭喜你。你刚刚把卢布换成了美元。"此后不久，朗讯的股价就开始下跌——从72美元跌到3美元，我们当中很多人都经历了这一波下跌的过山车行情——因为顾问们认为朗讯是“领头羊”股票。就像俄罗斯货币卢布一样，上市在今天看起来再也没有那么吸引人了。

保持私有制

保持私有制逐渐成为第三种可靠的选择。例如，在硅谷，成立于2004年的帕兰提尔（Palantir）是一家著名的安全软件创业企业，在12年的经营过程中共获得了23.2亿美元的融资且估值超过200亿美元。它保持私有制的决策是以非常有诚意的方式且在考虑两个重要的组成部分的情况下决定的：它的投资者和员工。只要能够支持企业的发展计划并且不构成一项开放式的策略，两方都非常赞同保持私有制。

Crowded Ocean曾代表Y公司开展业务，Y是一家以色列的计算机辅助设计（computer aided design，缩写为CAD）公司。这家公司的主要竞争产品是Autodesk公司开发的AutoCAD软件。当时，AutoCAD在市场上占据主导地位，但逐渐显现出陈旧的劣势。我们代表Y公司发起了一场声势浩大的营销竞赛，将AutoCAD的产品描述为过时的、基于桌面的，而Y公司的产品则是新鲜的、基于云的。广告在一个又一个的版本中将AutoCAD描述为单调乏味的、笨拙的过时之物，而把Y公司描述为发展链条上的重要进展，当时，我们没有钱来批量印刷这些广告。

我们的风险投资者将这场竞赛带到了AutoCAD团队面前，并让它们预览了广告，并寻求它们支持网站和公关竞赛。两周之后，AutoCAD就收购了Y公司。

尽管任何一次能够带来大量投资回报的收购都被赞誉为一次胜利，但仍然有很多人认为，Y公司过早被收购且价格过低。但是，风险投资者对这家公司进行了严格的考察并发现：创始团队决定要在不让任何有经验的外部人加入的情况下继续领导企业；在初始发布和广告竞赛的顶峰之后，公司没有让销售团队和管理专家长期参与。以色列创始人非常开心，他们的抽屉里已经有了另外两家创业企业的商业计划。风险投资者很开心，而AutoCAD也欣喜若狂。

因此，如果你是一位新手企业家，刚刚开始融资活动，你的预期是什么呢？你会和潜在的资助人沟通些什么呢？首先，如果你说“我们专注于企业的长期发展”，这是没有错的，也并不会显得空洞乏味。其次，如果你生产的是重点产品，对你而言，成为一个更大的套件（来自收购公司）的组成部分比单件产品要好，那么就不要在IPO的问题上虚张声势。那样只会让你看起来没有经验，只会带来比正常情况更多的风险。

最后，需要提出忠告：公开上市或被收购都会带来重大的影响。这是一个需要创始人和董事会基于公司的财务状况和市场动态做出的决定，而不是基于创始人最初的愿望或个人偏好。无论是哪一种方式，都是向已经走过的路致敬，都应该成为庄重地享受香槟之前的铺垫工作。

苏莫日志的故事（结论）

总结苏莫日志的故事，只用炫酷的颜色来包装公司是很容易的。然而，就像任何一家创业企业一样，它们面临着各自的挑战。尽管如此，和许多创业企业不同的是，它们经常批判自己，及时意识到自己的错误并采取了有效的行动。这样做的结果就是苏莫日志是21世纪截至目前最为成功的创业企业之一。

当我们在2011年第一次与苏莫日志团队见面时，它们非常自信地说，它们的目标是成为“机器数据业的谷歌”。但是在与我们进行研讨期间，以及在随后投放市场的战略中，它们被拉回到眼前华而不实的辞藻而不是自己的远大目标。结果是惊人的：

- 苏莫日志服务目前每天支持超过 150 万条查询并分析超过 100 拍字节的数据；
- 苏莫日志拥有超过 1000 个企业和中小企业客户（还有 1 万个免费服务用户），这对一家成立仅五年的公司来说是惊人的；
- 苏莫日志团队扩大到了以前的 3 倍，从 2014 年 4 月的 100 名员工扩大到超过 300 名员工。

回到"机器数据业的谷歌"，苏莫日志近期成为第一个统一所有数据的供应商，为客户了解他们如何构建、运营和保障客户应用提供了新的视角。

因此，当我们总结苏莫日志的故事之时，没有过于伤感或花哨——至少在本书中是这样。我们希望为它们取得的卓越成功表示祝贺，我们也希望向它们的诚实和见解表示感谢。通过向我们的读者提供创业企业成功的经验和原则，它们让本书得以完善。

推荐阅读

1. Neil Flanagan，"An IPO is a Restart，an Acquisition Is an Ending，" *http：//bit.ly/1D5ImSj*.
2. Glenn Solomon，"Is your company IPO ready?" *Fortune*，February 15，2013，*http：//for.tn/2fhIIuy*.
3. Conner Forrest，"Startups：How to know when it' s time to IPO，" February 24，2014，*http：//tek.io/2fhIdAP*.
4. Neil Flanagan，"8 things any company should consider before an IPO，" *http：//bit.ly/2fWmkrX*.

THE ULTIMATE START-UP GUIDE

第24章

跟着我们念：“我可以成为下一个史蒂夫·乔布斯”

硅谷

世界上只有一个史蒂夫·乔布斯。

克劳德·奥切安

不要说得太绝对。

在第2章，我们对史蒂夫·乔布斯使用了相当严厉的言辞，并且觉得理所当然。毫无疑问，他是一位天才，而这位天才带来了一系列令人惊叹的产品，创造了新的行业并持续地影响着我们的生活。但是，绝大多数的人都认可，他也是一个令人讨厌的人。同时，虽然近年来我们听到了来自乔布斯的拥护者和效仿者的辩解，但你确实不必成为一个令人讨厌的天才。

本书利用两章的内容来讨论“失败”的概念及其如何影响和定义企业，包括早期阶段和发布之后。失败也影响和定义人——而没有人比乔布斯更为明显了。被自创的苹果公司解雇和在NeXT软件公司引人注目的失败经历教给了他经验（如果不是关于谦卑的教训，那就是关于领导力的教训），他把这些经验应用到皮克斯、迪士尼及回到苹果之后的工作中。这个新的乔布斯就充满了阳光和鲜花吗？不是这样的。但是，为他工作和与他一同工作的人看到了他的变化。正如皮克斯的联合创始人及沃尔特·迪士尼动画工作室的联合领导人埃德·卡特穆尔（Ed Catmull）所说，“大约15年前，他（乔布斯）明白了一些事情，而我们看到了这个变化。他变得非常有同情心并改变了与他人合作的方式。从那以后，每一个史蒂夫身边的人在他的余生都一直陪伴着他。是改变了的史蒂夫让苹果变得优秀，而不是以前的那个家伙”。[1]

一个很好的例子就是乔布斯决定聘用蒂姆·库克（Tim Cook）为他的运营官和最后的继承者，这是1.0版的乔布斯永远不会做的举动。

为了包装此书，我们鼓励新手CEO，如果他们把乔布斯作为个人和管理上的榜样并效仿其整个人（不只是1.0版的咆哮的完美主义者）。效仿他对技术的热情，他切实改变人们生活的贡献及让产品“好到极致”的追求。但你要用这样的方式去做：提拔周围的人，认可和赞赏别人的努力和成就，并且意识到你还拥有工作之外的生活。这些就是未来的CEO及企业的标志。

1 “A candid conversation with Pixar's philosopher-King, Ed Catmull,” *Fortune*.

Prepared

What Kids Need
for a Fulfilled Life

准备

我们必须让孩子做好准备，
不能让运气或环境决定他们的未来

Diane Tavenner

[美] 黛安娜·塔文纳 著
和渊 屠锋锋 译

中信出版集团 | 北京

图书在版编目（CIP）数据

准备 /（美）黛安娜・塔文纳著；和渊，屠锋锋译
. -- 北京：中信出版社，2020.6（2025.1重印）
书名原文：Prepared: What Kids Need for a
Fulfilled Life
ISBN 978-7-5217-1665-8

Ⅰ. ①准… Ⅱ. ①黛… ②和… ③屠… Ⅲ. ①高中生
—家庭教育 Ⅳ. ① G782

中国版本图书馆 CIP 数据核字（2020）第 039133 号

准备

著　　者：[美] 黛安娜・塔文纳
译　　者：和渊　屠锋锋
出版发行：中信出版集团股份有限公司
（北京市朝阳区东三环北路27号嘉铭中心　邮编　100020）
承 印 者：北京通州皇家印刷厂

开　　本：880mm × 1230mm　1/32　　印　　张：11.75　　字　　数：154 千字
版　　次：2020 年 6 月第 1 版　　印　　次：2025年 1月第 23次印刷
京权图字：01-2019-7318
书　　号：ISBN 978-7-5217-1665-8
定　　价：68.00 元

名家推荐

什么是准备？是所有的学生都准备好了适应未来生活的能力；是所有的老师都准备好了适应学生自主学习的教学方式；是所有的家长都准备好了迎接这样一个信念：每个孩子都能成功。《准备》这本书给出了很好的启发，值得我们每一位教育工作者去阅读，去思考。

——刘小惠，中国人民大学附属中学校长

如果您愿意更多地理解孩子，让他们在学校能够有共同的归属感，愿意为未来而努力，如果您愿意了解一所学校是怎样从一无所有到非常受欢迎，那就来读读《准备》吧。随着塔文纳女士的娓娓道来，听萨米特中学成长的故事。在孩子们成长的路上，她一直与之同行，关注学生自主学习、团队合作和自我反思能力的提升，关注环境与人际关系、项目式学习对学生的影响，这里有一系列的专业案例。更重要的是，我们会被塔文纳女士的热情、勇气和智慧感染。

——罗滨，北京市海淀区教师进修学校校长

我花了整整一个上午读完了黛安娜·塔文纳的《准备》这本书，书中有好几处都让我特别感动。塔文纳女士创办的萨米特中学，没有去挑选学生，却能让每个孩子发现自我、设计自我和成就自我。学校没有只专注于传授知识、教会学生如何应对考试，而是让每个学生为自己未来的人生做好准备，但是每个学生都有出色的表现，升入了理想的大学。因为学校让每个孩子有了自己的目标，激发了学生的内在动力，创造了宽松的环境、丰富的资源和宽广的平台，真正实现了能让每个孩子为未来过上充实有意义的人生做好准备。作为一名校长，塔文纳女士有非常清晰的办校理念，最可贵的是她能让这些想法变成现实。书中有许多具有借鉴意义的教育思考和案例，值得每位校长、家长和老师阅读。

——王殿军，清华大学附属中学校长

好学校的标准是什么？如何坚守创办学校的初心？如何去激发学生学习的内驱力？如何让学生自律并自主学习？如何实施项目式教与学？如何引导教师改变教育教学的方式？如何让学校打破围墙，更多地对接和利用社会资源？这本书给了我们很好的启示，呈现了许多可供借鉴的案例，建议家长及有志于教育的人静心品读！

——张万琼，北京新英才学校校长

我看完这本书深受触动，众说纷纭的教育理念和经验，应该有大量的数据和证据的支持，我们的教育才能不盲从；实践多年的项目式学习，应该是现行教育的“主菜”而非“餐前甜点”，我们的教育才能更真实；提倡多年的素质教育，应该以终为始去倒推和反思，我们的教育才能自信和包容。萨米特是一次难能可贵的教育改革实践，值得我们细细琢磨。

——李曼丽，清华大学教育研究院教授

黛安娜既是一位母亲，又是一位教育者。这两个角色其实是相通的，因为这两个角色要成功，都需要时刻看到孩子们自主的、灵性的、有无限潜能的一面。看到还不够，还需要能创造这样的环境，支持孩子们去认知自我，探索世界。我们做一土学校，知道构建这样一个成全式的小生态有多难，因为大的教育环境是淘汰驱动的。所以做这样的学校，经常有逆流而上的感觉。 但是黛安娜做到了。萨米特学校的精彩故事，就是这样一个逆流而上的故事。逆流，但是向光。孩子们看到自己内在的光，并成为照亮自己周围世界的光，我想这才是教育的终极“准备”。感谢黛安娜，让我们看到这样的准备，在真实地发生！

——李一诺，一土教育联合创始人

黛安娜·塔文纳是当今教育界最杰出的思想家之一，她的活力和洞察力极富感染力。她能从大处着眼，思考孩子们需要什么，并立刻挽起袖子，让这一切变成现实。

——萨尔曼·可汗（Sal Khan），可汗学院的创始人兼 CEO

这是一个非常实用的教育智慧宝库，我们没有机会去上黛安娜的课，但幸运的是，我们都可以读这本书。

——安杰拉·达克沃斯（Angela Duckworth），宾西法尼亚大学心理学教授，著有《坚毅：释放激情与坚持的力量》（*Grit: The Power of Passion and Perseverance*）

这本书告诉我们，我们不必在孩子的成功和满足之间做出选择，他们可以两者兼得。黛安娜为我们的孩子创造了我们都想要的学校。这些学校将严谨的学术研究与真实世界的经验结合起来，让我们的孩子有机会了解他们是谁，了解他们的动机，并知道如何实现他们的目标。

——托德·罗斯（Todd Rose），哈佛大学教育学研究生院“心灵、头脑和教育”项目主任、教授

黛安娜在这本书中明确提出，成功不应仅仅是一小部分幸运人士的特权。她清楚地告诉我们，所有的孩子都能够获得成功，为此，家长和学校必须注重培养孩子们的自主学习能力、团队合作能力和反思问题的能力，帮助他们找到未来的目标，并过上充实有意义的生活。每一位家长和教育者都应该阅读这本书，它将告诉你如何培养孩子的独立自主能力，让他们顺利地长大成人。

——安吉拉·科布（Angela Cobb），第一代合伙人（FirstGen Partners）执行总裁

这本书是为那些疲于应对仿佛核军备竞赛一般的大学招生考试

的父母和学生量身定做的，它向我们传达了这样一种理念：每一个孩子都能够成功地考入大学，找到一份有价值的工作，过上充实有意义的生活。

——斯考特·巴里·考夫曼（Scott Barry Kaufman），哥伦比亚大学心理学家，著有《绝非天赋：智商、刻意练习与创造力的真相》（*Ungifted: Intelligence Redefined*）

黛安娜·塔文纳在这本书中向我们详细阐释了萨米特学校的领导者、老师和学生是如何将学习科学与个人发展在实践中有机地结合在一起——因为环境和人际关系会影响我们大脑的发育。这本书就像一位充满热情的领导者为我们描绘的路线图，大胆揭示了学校办学的目的应是着力去释放每一个孩子的个人潜能。

——帕梅拉·康托尔（Pamela Cantor），医学博士，儿童的转折点项目（Turnaround for Children）创办者，学习科学与发展倡议（Science of Learning and Development Initiative）合伙人

这本书为老师、校长、父母和学生描绘了一幅路线图，为每一个孩子顺利长大成人、实现自身成就扫清了障碍。书中借由黛安娜的个人经历和一系列专业案例阐释了学生的自我成长道路，为我们提供了一种新型的高中办学理念，让每一个孩子都能够顺利考上大学，过上充实有意义的生活。

——普莉希拉·沃斯泰特（Priscilla Wohlstetter），哥伦比亚大学师范学院知名研究教授

《准备》一书所呈现的内容应引起全美的讨论。黛安娜·塔文纳在书中明确向我们阐述了如何在课堂内外给孩子提供基于真实世界的、回归本质的学习体验，以及如何培养孩子的自主学习、团队协作和反思问题这几项必不可少的能力。关于如何帮助孩子应对现实生活所带来的诸多挑战，这本书为所有家长提供了有价值的指引。

——琳达·达林－哈曼德（Linda Darling-Hammond），斯坦福大学名誉教授，学习政策研究所（Learning Policy Institute）所长

《准备》一书为大多数家长和教育者所头疼的问题提出了一个解决方案：我们究竟该如何培养和教育自己的孩子和其他年轻人，让他们能够为自身、为我们所有人创造一个更加美好的未来？这本书的可读性极强，黛安娜向我们讲述了她作为学生、母亲和一名教育者的独特的人生轨迹，她创办的学校在全球都享有盛誉。这本书为我们所有人都提供了有价值的指引。

——温蒂·科普（Wendy Kopp），全民教育（Teach For All）联合创始人、首席执行官

这本书出自教育领域最具创新意识的专家之手，读之令人欲罢不能。在我们的学校（以及我们的社会）能够切实地保障每一位年轻人的顺利成长之前，黛安娜不会停下自己的脚步。我相信在阅读了这本书之后，你也会行动起来。

——戴维·耶格尔（David Yeager），得克萨斯大学心理学副教授

想要让学生毕业后能够适应社会，能够拥有一个幸福、有意义和快乐的人生，教育者不应仅仅看重成绩——我们必须从根本上转变办学理念：学校究竟该如何培养学生取得成功？作为全美最具创新意识的学校网络的掌舵人，经过十五年的摸索与实践，黛安娜·塔文纳已经非常清楚该如何帮助学校、老师和家庭转变固有的观念。在这本书中，你将会看到她是如何做到这一切的。

——马克·斯滕伯格（Marc Sternberg），沃顿家族基金会（Walton Family Foundation）K–12 基础教育项目主任

献给所有的孩子

教育就是一棵树摇动另一棵树，一朵云推动另一朵云，一个灵魂唤醒另一个灵魂。

——雅思·贝尔思（德国哲学家）

目录

本书所讲述的都是真实发生的故事。能够同众多兢兢业业的教育者和那些充满活力的孩子一道工作，能够与他们相遇，是我莫大的荣幸。为了保护个人隐私，我对大部分人的真实姓名和某些细节做了修改。

引言

伊莎贝拉实现了所有孩子的梦想：过自己想要的生活，取得成功，获得快乐，并对自己真诚。她想要的是一个机会，而不是什么救世主。

PREPARED

我第一次见到伊莎贝拉是在一个早上，那时萨米特高中刚成立一年。她身材娇小，留着一头深褐色的直发，深邃的棕色眼眸中散发着敏锐的光芒，衣着得体，肩上背着书包。我并不认识她，我问她是否需要帮忙，她非常礼貌地提出，要和校长谈谈转学的事。

“我就是校长。”我答道。

坐下来之后，最先引起我注意的是她成熟镇定的姿态，看上去完全不像是个高中一年级的学生。她声音不大，但给人感觉非常沉稳，讲话很有分寸，不过我能听出来她语气里的急迫和坚决。

“我想上大学。”她开口道，“我听说这所学校和其他学校不一样，你们能保证每一个人都可以上大学。”

“没错。”我凝视着她的双眼回答，这的确是萨米特的承诺。她没有移开目光。

“这正是我想要的，如果继续待在现在的学校里，我是不可能上大学的。以前我曾参与一些……”她停顿了一下，低下头看了看自己的双手，然后再次抬眼看向我，“我混过黑帮，但那些人的未来并不是我想要的。我现在已经不参与那些事了，但每天上学我还是会看见他们，他们还在影响我。我不想再像过去那样，我要向前看，我要上大学。”

我内心一紧。我可不希望萨米特和黑帮有什么牵扯。对这个女孩的遭遇我感到很遗憾，我清楚地知道，无论付出怎样的努力，我从没见过哪个学生可以彻底脱离黑帮。以前我工作过的学校里的孩子们的面孔，一一在我脑海中闪现：他们都曾真心悔过，但最终，他们都没能真正摆脱黑帮的影响，改变自己的人生。伊莎贝拉或许也不例外。然而，我却很难用相同的眼光去看待坐在我面前的这个女孩：她很特别，她坚定的决心让我想要去相信，她做得到。

我给了她一份入学申请表，告诉她如果想要来萨米特读书就把这些填好交给我。她连忙接了过去，开始翻阅起来。我给她讲了讲流程，其实很简单，我们只需要一些基本的信息和目前在读学校开具的成绩单。她一边听一边点头，表示当晚就可以填好，第二天拿来给我。

她离开时，我和自己打了个赌，赌她不会再回来。类似的孩子我见得太多了，他们的确想要过另一种生活，他们也会来求助，只是都没能坚持到底。

第二天早上，当我看到伊莎贝拉走进门时，我很高兴自己赌输了。她认真填写了所有的表格，也从学校那儿拿到了成绩单。通常来说，成绩单要隔天才能开具，但她显然想要尽快把事情敲定。我很快地浏览了一遍，发现父母/监护人签字一栏是空白的。

我指着那一处对伊莎贝拉说，这里需要有人签字。她望着我，笃定地说道："我父母吸毒，是奶奶收留了我。我可以自己照顾自己。"

我点了点头。"我知道了，那就让你奶奶签个字吧。"

那一周，伊莎贝拉每天都会过来，直到她交齐了所有的高中入学材料。每天早上，我都期待着她的出现。所以，当我最终通知她可以来萨米特念书时，我想我们俩应该都很开心。"您不会后悔做这个决定的。"她向我保证。

伊莎贝拉证明了自己，她非常优秀：不仅学习态度认真，思路清晰，表达和写作能力出色，数学和理科科目也成绩优异，她很快就赶上了另一位同学：杰米——所有老师都称赞他有天赋。杰米求知欲旺盛，也很努力，各科成绩都名列前茅，对于他来说，学习仿佛是件轻而易举的事情。他乐于助人，因此班级里的同学都很喜欢他，也很尊重他。几年之后，杰米在毕业前夕告诉大家，他其实非常钦佩伊莎贝拉，他会向她请教辩论的问题，把论文拿给她看，让她提意见，他很珍惜这位“学伴”。但同时，杰米也深刻地意识到，他在很多方面远不如伊莎贝拉。他认为自己非常幸运：生于一个富足的中产阶级上层家庭，衣食无忧，不用为读书发愁，父母给了他无限的爱与支持。杰米完全不需要去考虑怎么养活自己，只需去学校学习，拿好成绩。但伊莎贝拉的人生和他相比则要艰难得多。

伊莎贝拉从入学那天起，就在学校附近的零售店打工。高中二年级时，伊莎贝拉来找我，问我哪里可以找一份全职工作。她奶奶住的地方是一个临时的寄宿公寓，需要她打工挣钱来交租金。此外，她还要负担自己的日常开销。

我曾提议资助她的三餐和日用品，但伊莎贝拉拒绝了，她只想要一份工作。正巧，我的一位朋友在学校附近的一家刚成立的技术公司上班，于是我向他推荐了伊莎贝拉。当时他们急需市场营销人员，要求会讲流利的西班牙语。经过朋友的沟通，公司同意面试伊莎贝拉。我本想再多为她做点什么，但她自己已经全部都搞定了。**给她一个入学名额，她就会抓住机会，努力成为最优秀的学生；介绍她到一家公司去面试，她就一定会获得那份工作并做到最好**——她每天放学之后都会去工作。

半年之后，伊莎贝拉早上来到我的办公室，身上背着两个包。“我从奶奶家搬出来了，这是我的新地址。”

我知道她的家境不太好，但搬家实在太突然了。我有点担心：“发生什么事情了？你打算去哪儿？”

“我存够了钱，给自己找了一间公寓。我没办法再住在奶奶家了，不安全。虽然是我在付租金，但我经常只能睡在她房间的地板上，因为一旦有机会，她就会把我的房间租给别人。这些人手脚不干净，不但偷吃我的食物，还偷我的东西。我每天根本没法安稳睡觉，必须离开。”

“需要我们帮忙吗？”我迫切地想为她做点什么。

“什么都不需要。我现在有自己的公寓了，今天就搬。”

“至少我们可以帮你搬家。”我几乎是在恳求了。

“那好，塔文纳女士，我的家当都在这儿了。”她指着身上的另一个包说，“我能先把它放在这里吗？放学之后我来拿。”我点了点头，突然觉得自己毫无用处，特别是看到伊莎贝拉的全部家当就只有这么两个包，一股难以言喻的内疚感充斥着我的内心。

“哦对了，塔文纳女士，我终于存够了钱可以去把文身洗掉了。这周末就去。”她由衷地笑了出来，我还从未见她这样笑过。

那是她加入黑帮时文的。现在，她完全依靠自己的力量彻底脱离了黑帮——她一向都是这么独立。那是一段痛苦的经历，但她选择从容面对。现在，她终于可以剥离自己与那些不堪过往的最后一丝联系，去拥抱她为自己创造的崭新未来。

高中四年级[①]，伊莎贝拉顺利地被第一志愿的美国圣塔克拉拉大学商学院录取，并荣获优秀学生奖学金。四年之后，她顺利毕业，开启了职业生涯，并组建了一个美满的家庭。近期，她正计划自己创业。

时至今日，我仍从伊莎贝拉身上受到启发。她的做事理念和决心也让我获得了力量。我欣赏她的眼界、思路和为实现梦想而付出的不懈努力。我希望自己能够像她一样独立和自信。

在我看来，伊莎贝拉实现了所有孩子的梦想：**过自己想要的生活，取得成功，获得快乐，并对自己真诚。正如同所有我认识的孩子一样，伊莎贝拉想要的是一个机会，而不是什么救世主。**

---

① 美国各州学制不等，但大多分为初中三年（六年级、七年级和八年级），高中四年（九年级到十二年级）。——译者注

WHAT KIDS NEE
FOR
FULFILLED LIF

第一部分

为什么要做准备

第一章

高中毕业意味着什么？

社会对每个人的要求都一样，但你必须比其他人做得更好。

PREPARED

2007年6月，一个阳光明媚的早上，萨米特预科特许高中（Summit Preparatory Charter High School）的首届学生顺利毕业。萨米特高中位于雷德伍德城（Redwood City），距离旧金山仅有半小时车程。萨米特的毕业典礼和美国其他高中截然不同，没有按字母顺序依次朗读的毕业生名单，没有优秀毕业生和外部来宾致辞，舞台上没有跑来跑去的孩子，也没有一直到最后都不停鼓掌的观众。为了契合萨米特的办学理念，我们有意要给学生们举办一场不一样的毕业典礼。

我们在红杉高中（Sequoia High School）二十二英亩[①]的一部分土地上建立了一个临时校园，借用了学校的卡林顿礼堂（Carrington Hall）举办毕业典礼。卡林顿礼堂的前身是一座修建于二十世纪二十年代早期的西班牙风格剧院，有传统的管弦乐队、中层夹楼和三层楼座，能够容纳四百人，这一宏伟

① 1英亩≈0.004平方千米。——编者注

的建筑给典礼平添了一份庄严和肃穆。当初，家长们冒着风险选择了萨米特，如今，萨米特没有辜负大家的期待，我们交出了满意的答卷。萨米特不同于其他的高中，我们全部的毕业生都达到了四年制大学的录取标准（而全美平均水平仅为 40%），98% 的学生（也就是所有的申请人）至少被一所四年制大学录取。

我以校长的身份带领全部八十名毕业生在离礼堂一个街区之遥的地方排好队，以确保大家在进入礼堂时不会被学生的父母和其他家人提前看到，就像新娘踏入婚礼教堂一样。当天典礼的每一个环节，我们都深思熟虑过。

毕业生将与他们各自的导师小组一同进入礼堂。每位学生都有一名导师，导师由学校的老师担任，每个导师大概会带十五到二十名不同年龄段的高中生。导师给予学生辅导和支持，与每一位学生都建立了非常深厚的情谊。学生信任导师，可以找导师谈心；导师关心学生的生活，希望他们未来能够取得成功。除了师生之间的日常见面，有时导师还会和学生的家人一起在家里吃饭。导师会与学生一起制订学习计划和学习目标，帮助他们解决家里的问题，指导他们应对充满压力的社交环境。

陪伴毕业生走入礼堂的还有他们的父母或亲属，他们都是学生生命中重要的存在。导师的努力和家人的努力互相补充。在这个重大的日子里，导师和亲属会同毕业生站在一起，给予他们支持，这份陪伴和支持会延续终生。

我停下脚步替学生们整理领带和帽子，和他们拥抱、合影。伊莎贝拉露出了一个带着酒窝的微笑，开玩笑说："塔文纳女士，您是不是有点操心过度啦？"我反驳道："我必须这么做，因为你们就要离开我了。"一想到这个，我整颗心都揪了起来，为了避免情绪失控，我连忙往前走了几步。

礼堂已经坐满了人。当我们顺着通道往前走时，所有人一齐起立鼓掌。我望着这些毕业生家长的面孔，试图去想象将来我陪伴我的儿子雷特走过这里时，会是种什么感觉。今晚他和他爸爸就坐在前排的位子，五岁的他正使劲儿地挥舞着小手希望引起我的注意。

终于，厚重的深红色幕布徐徐升起，整个毕业班出现在舞台之上，人群爆发出热烈的欢呼声。我一直试图克制着的脆弱情绪终于崩溃了，泪水滑过了我的面颊，而此时正轮到我上台致辞。还好每位学生都足够了解我。"塔文纳女士就是个爱哭鬼，"高年级的学生每年都会向新生们解释，"她没有办法控制自己，她爱我们。"

我的致辞很简短，因为我知道今天的主角并不是我。整个仪式都是为这些学生准备的，我希望让他们知道他们每个人的存在都非常重要且有意义，这是我们的使命。每一位导师都会和大家分享自己学生的故事，每一位毕业生走上舞台时，投影仪都会放出他 / 她的照片，从孩童时期到高中四年级，同时还会播放一段录音，孩子们会回顾各自的高中旅程。

我了解这些孩子（或者应该说是年轻的大人）和他们的家庭。我知道他们在想什么，在写什么，在说什么，我看得到他们的表现。我知道他们在意什么、害怕什么，我了解他们身上已经形成的或者想要摆脱的那些好的或不好的习惯。我知道他们的梦想，他们想要过怎样的生活。尽管我此前参加过无数次毕业典礼，但这还是我职业生涯中第一次如此确信，这些孩子都已经为大学生活、为成年的人生做好了准备。观众们离开礼堂时，人群自发地形成了一个通道。当毕业生出现时，迎接他们的是长久而热烈的欢呼，仿佛是哪个体育明星出现一般。他们慢慢穿过人群，他们已经做好了准备，去面对自己的人生。

当我看着他们的时候，不由得为他们所取得的成就震惊，我忽然意识到，在这条成长的道路上，我一直与他们同行。

我三年级的时候——那应该是二十世纪七十年代的事了，有一天，老师把我叫出了教室。她年轻，漂亮，人缘很好。留着一头金色的蓬松长发，用玳瑁做的梳子盘在脑后，总是穿着时尚的喇叭牛仔裤和高高的坡跟鞋。她非常喜欢蝴蝶结，经常用它们来装点教室，大部分女孩子都希望长大后能够像她一样。在我的记忆里，她总是斜靠在教室入口旁边的储物柜上，双手环抱，居高临下地望着我。我低着头站在她面前，双眼盯着地板，感觉自己无处躲藏，非常紧张。

她的语气很平静，语速也不快："黛安娜，我今天把你叫出来谈话，是因为你注意力不够集中。你没在做功课。"她停顿了一会儿，我感觉她一直在盯着我，默默地等待她接下来的话。她深吸了一口气，继续说："还有，你的样子有点邋遢。如果你不尝试做出改变，你以后的日子不会很顺利。"

我明白她的本意或许是为了激励我，至少是想吓吓我，让我有所行动，但她并不知道我家里发生了什么。那一周早些时候，我的父母又激烈地吵了一架，场面很可怕。母亲受伤了，父亲也被警察带走了。而且这一次，第二天父亲没被警察局放回来。我很害怕，不知道当他回到家的时候会发生什么，我不想毫无准备，所以根本不敢睡觉，我非常惊慌，必须让自己保持清醒。我不愿洗澡是因为我不想让父亲回家时看到我一丝不挂、手足无措的样子。我的老师没说错，我确实没能集中注意力。我邋里邋遢是因为我太害怕了。而现在，除了害怕，我还感到了羞愧。

但那天，我并没有回应她的话。我不能告诉她我的事，也不能向她寻求帮助。我无力改变自己当时的处境。所以，我只能回到教室，但我没有和其他同学坐到一起，以免自己身上的味道影响他们。我开始做练习题。

按照常理，本来是轮不到像我这样的人来写这本书的，就像学校不是为了给我这样的学生设立的一样。我本不该拿到我的学位，本不该找到现在的工作，本不该有资格和如此多优秀的同事一起共事。但是，我非常幸运，在某些关键的节点，我遇到了贵人，他们在我身上发现了原本我自己都未曾察觉的东西。更加值得庆幸的是，我曾经受环境所迫做出的那些错误决定最终没有造成无法弥补的后果。从高中一路跌跌撞撞到了大学，我选择了心理学专业，想要更清醒地去看待我的人生和我自己。为了获得一门教育概率课的额外学分，我在一所本地小学申请了志愿者工作。在那里，我第一次体会到了帮助他人学习的乐趣，那种感觉毕生难忘。我深受鼓舞，努力去抓住每一次做志愿者的机会。为了“我的学生们”，我通常备课到很晚，甚至都忘了写自己的作业。

后来，我选择成为一名老师，因为我想为那些像我一样的孩子们做点什么。我本以为我能够了解他们，了解他们的故事。我想象着自己能够保护他们，让他们可以远离那些我曾经体会过的恐惧。更重要的是，我本以为可以利用自己所学的东西帮助他们改变现状，打破那些恶性循环——我本以为自己已经足够了解。

可是理想和现实总是充满了差距。我的目标虽然崇高，但最初当老师的那几年里，我逐渐发现，我根本不可能去了解每一个学生，我想要帮助每一个孩子的愿望相当不切实际。每五十分钟就会有大量的学生涌进我的教室，或许我会和某个学生在课下相处得很好，但总会有十几个学生是我不认识的。而且就算我完全了解我的学生、了解他们遇到的各种问题，我发现自己也不能切实地帮助他们。甚至可以说，**他们其实并不希望得到我的帮助。他们想要的只是支持的声音和独自解决问题的能力，**正如曾经的我。

最初的教学生涯让我感到沮丧，有时甚至令人心碎。我帮助学生们勉强拿到了高中毕业证，尽管那一刻非常有成就感，但“勉强”拿到文凭显然并不足以令他们考上大学，或找到一份工作。我曾遇到过一些孩子，我知道他们根本毕不了业，我太清楚将来等待着他们的将会是什么。辍学的高中生往往找不到工作，因此没办法挣钱养活自己，继而变得非常贫穷。大部分人要依靠公共救济，身体健康也得不到保障。[1]我很清楚这些，但我就是找不到有效的办法去帮助他们。我对自己的无能为力和眼前的现实十分失望。而还在苦苦挣扎的不光是那些贫穷的孩子。我曾在一个暑期阅读项目中结识了一群非常有钱的孩子，在传统的教育模式下，他们同样陷入了巨大的困境。我遇到过急功近利的学生，他们对学习完全不感兴趣，只想混个文凭。毕业后，这些即将离开家的高中四年级学生多半会四处碰壁，根本没法独立生活，因为他们一直太过于依赖父母。这样看起来，无论富人还是穷人家的孩子都有失败的可能。**为什么我们就不能想想办法，让他们都能够顺利地长大成人？**

社会对教育的责难屡见不鲜。家长被指责没有教育好孩子，孩子在学校不遵守纪律，时常感到疲惫、沮丧，沉迷于玩手机或发生其他更加糟糕的状况。学校被指责管理松散，无法令学生遵守各项规章制度，并保护他们的安全。政府被指责在教育领域的投入不足，造成一系列社会问题，从而导致贫穷和社区矛盾。我写这本书的目的并不是为了落井下石去责难任何人。事实上，我非常敬佩美国所取得的一系列成就。我只是在思考，我们是否变成了这些成就的受害者。

纵观美国的历史，你会发现美国人民在很长时间里其实是处于一种贫穷的状态。我可以用亲身经历告诉你，任何曾体会过贫穷滋味的人都知道，谁都不想过一穷二白的日子。如果你很穷，那么你活着的意义就只能是生存，让自己或至少让自己的孩子摆脱贫穷。二十世纪早期，许多美国人第一次被赋予牢固的价值主张——让你的孩子为工业化经济做贡献，从而让整个家庭摆脱贫穷。雇主招募有经验的工人，为他们提供工作，高中学历的工人可以借此踏入中产阶级，如此一来每个人都是赢家。

这一举措使得教育模式也发生了变化。原来的学校是由镇上受教育程度最高的人开办的，后来则被更加制度化的东西所取代，以确保学生能够快速学会基础知识，为适应工厂生活打好基础。学校要在同样的时间内以同样的方式教授同样的科目。教科书这一新的发明正是为了适应将知识进行标准化处理的产物。受工厂生活的影响，学校开始用铃声提醒大家准时上课，统一生产的储物柜存放着全部的私人物品，通过仅有的一次考试对学生进行筛选和排名。没错，这看上去就像是一条流水线，但大部分学生毕业后也就是要上“流水线”。

取舍显而易见。标准化战胜了个性。优等生和差生在高中无法学到他们所需的知识，因为学校不是为这些人设计的，而是为了两者中间的“大多数人”，为了这些人能够掌握现行教育体制所倡导的“有用”的技能。工业文明时代的文化入侵取代了传统和固有的家庭价值观。父母的作用仅仅是为了确保孩子的顺从：去学校、坐好，然后闭嘴听课。也许孩子们并没有把全部心思放在学习上，但他们的确能够因此拿到一张通往中产阶级的入场券，因此这样的付出仍旧是值得的。父母指望孩子长大成人后可以负担整个家，甚至有一天可以买一栋房子。这样的梦想真实而可贵。

不过，并不是每个人都能够从高中顺利毕业，但这其实也无关紧要。即便成为中产阶级这条路走不通，总还有大量的农场需要用人。如果拿不到高中文凭或在工厂找不到工作，还是有其他体面的出路。少数表现优异的学生会选择上大学，最终成为经理，管理那些在工厂工作的人。

然而，到了二十世纪后半段，工业化经济逐渐转变为全球化经济，致使社会的价值主张也发生了变化。想要在工厂工作，仅有一张高中文凭是不够的。整个经济体系更多地开始转向以服务和信息为依托，雇主的用人需求也随之改变。二十世纪五十年代，雇主最青睐的技能是：1. 能够进行快速和长时间的工作；2. 能够记住细节和操作指南；3. 数学运算。[2]

而根据《福布斯》的统计，**2020年的雇主最需要的是：1.解决复杂问题的能力；2.批判性思维；3.创造力；4.人力管理；5.协作能力；6.情商**。现在的雇主看重的是创新思维、独立性和主动性。[3] 而在我们祖父母那一辈，这些能力并不受重视。

经济变化所带来的影响持续发酵。原本根深蒂固的、依靠土地和耕种为生的传统生活方式逐渐消亡，取而代之的是工业、高科技农业以及全球化竞争。你必须完成高中学业。此外，仅凭高中习得的技能就想要找一份好的工作变得越来越难，因而，仅仅分数及格是远远不够的——为了抓住机会，你必须表现得非常出色。如此一来，轰轰烈烈的大学招生如“核军备竞赛”般顺势开启，高中毕业不再是最重要的事，被一所好的大学录取才是。通常来说，大学注重优异的成绩和考试分数、丰富的校园活动和课余活动经历。**虽然社会对每个人的要求都一样，但你必须比其他人做得更好。**

经济环境在变，我们也在变。1949年到1969年这段时间，真正的中产家庭的收入几乎翻了一倍。[4] 那个年代的孩子长大后都比父母的生活好很多。而今天，在物质上想要比父母一辈优渥基本不太可能。不过，比起七十年前，由于我们有条件追求更多，我们今天想要的东西与过去已经大为不同——从某种意义上来说，这是一件值得庆祝的事。当人们还在为生计发愁时，几乎不会梦想着去实现个人价值。而一旦人们解决了温饱，就开始想要更多，梦想也变得更加远大。一份工厂的工作和自有居所显然已经满足不了我们。我们想要更加有意义的工作，想做自己喜欢的事情，做对自己而言有价值的事情。我们想更加长寿、健康和有活力，想和我们在意的人建立亲密的关系，想要被周围的人理解和接纳。但我们从未想过要拿稳定的收入来做交换——没有人会为了实现梦想而放弃金钱。我们开始思考，是否鱼与熊掌可以兼得。

我们的国家在建立时曾许诺：每一位公民都享有生存、自由和追求幸福的基本权利。而迄今为止，对许多公民来讲，国家还未能践行这份承诺。尽管社会资源分配存在不均衡的现象，父母和教育系统依然密切合作，为了让孩子能够过上他们想要的生活而努力。只不过，当周围环境发生变化时，我们没能及时适应并做出改变。我教书的前十年已经目睹了这一后果。到了今天，即便是就读于好学校的那些孩子，想要被一所顶尖的大学录取，想要顺利毕业，并为自己的下一阶段人生做好准备，也都需要一点运气，遑论那些对孩子和他们的家庭来说不适合的学校，这个概率几乎为零。在我看来，凭借运气取胜显然不是明智的国家战略，我们需要更有效的方法。

萨米特的建立初衷并不只是为了我们自己的孩子。我们想要创建一种新型的高中教育模式，让每一个孩子都能够有上大学的机会，过上充实有意义的生活，去创造一个他们理想中的世界。我们希望孩子们可以为社区、为社会做出自己的贡献。我们想要解决这样的问题：**在不断变化的经济形势下，个体需要习得怎样的技能？个体应如何为有经济保障和有意义的人生做准备？高中生要如何认清自己，并了解自己想要的是什么？从事一份有意义的工作又意味着什么？**

我们要建立的学校必须有能力解决上述所有问题。它不应是什么特殊类型的学校——它要有特色，但也要可复制，仅依靠政府的公共拨款就可以建成。我们不仅仅是在设计一所学校，更是为了显示我们有能力教育好孩子。我们力求打造这样一种环境：每一位学生都能够得到关怀，他们彼此熟识，有共同的归属。我们不仅要培养孩子顺利考上大学，还要指引他们过上幸福的生活。

同时，我们清楚地意识到，学校必须和家长通力合作。父母必须相信学校为学生提供的价值承诺。**我们不允许有孩子没达到目标。我们需要创建一所关注每一位学生的学校。**

得益于学校处于硅谷的地理位置，我们尝试了各种各样的方法：利用免费的技术资源；从创业者身上吸取经验；和研究人类动机和思维模式领域的专家一起工作；最初同他们当中的大多数人取得联系时，并没有经由任何中间人介绍。作为素不相识的陌生人，我们就这样直接打电话过去，偶尔我们还会像“追星”一样尾随其后，不断寻求来自各方的建议和意见，只为确保我们走在正确的路上。我们将所学到的东西用在日常的教学实践中，找到了帮助学生养成良好的日常习惯的方法。我们想要让大家知道，**只要你改变看待教育的方式，你既可以帮助孩子考上大学，也能够让他们过上幸福的生活**——这两者并不矛盾，但人们往往忽视了这一点。

从理论上来说，这些想法非常棒，但我的同事们都觉得我疯了。当下，“让每个人都可以上大学”的运动搞得风生水起，我作为校领导去参加各类会议和集会的时候经常被同行称作“疯狂的女士”。毕竟，考上大学并不是光靠设立一个目标就能实现。它有一套既定的公式——学校成绩（GPA）加学术能力评估测试（SAT），而很多人认为我们的工作就是要让更多的孩子提高成绩。也正因为如此，我的同行也变得非常好奇，如果我们不是这么做的，那么萨米特又是如何成功的？

我们的办学的确取得了非常丰硕的成果，当前我们在两个州共建立了十一所学校。萨米特所有的毕业生百分之百地达到四年制大学的招生要求，录取率高达98%。完成大学学业的萨米特毕业生数量是全美平均值的两倍，其中少数族裔的比例则要更高。大学毕业率之所以引起人们的重视，是因为它最大限度地保障了学生未来的经济收入稳定。但我想总结的是，我们是如何让学生为成功做好准备的，如何帮助学生培养能力，去拥有一个属于自己的、独特而有意义的人生。

萨米特的成功引起了全美的关注。纪录片《等待"超人"》（*Waiting for "Superman"*）中做了五所学校的专题，萨米特就是其中之一。多年来，萨米特一直被《新闻周刊》（*Newsweek*）和《美国新闻与世界报道》（*U.S. News & World Report*）评选为全美最好的高中之一，而且还获得了扎克伯格–陈计划（Chan Zuckerberg Initiative）和比尔及梅琳达·盖茨基金会（Bill & Melinda Gates Foundation）的支持。别人经常会问："你们的秘诀是什么？"我发觉自己在社交场合经常会深陷于有关学校和为人父母的话题中。大家都想着钻系统的空子为孩子争取一点优势。在这些人眼中，萨米特之所以能够成功，一定是找到了赢得这场"大学招生游戏"的关键，或是破解了美国高考的"密码"。每当人们开始向我抱怨学校的各种问题并向我寻求解决之道时，我多少都会感到有些局促。不过这些年来，我的丈夫斯考特一直帮助我将过于严肃的建议用更加委婉的方式表达出来，或者干脆巧妙地避开那些讨论。

有一次，我和几个关系非常要好的女性朋友聚在一起，他恰好不在场。那晚的对话让我意识到，有太多的孩子每天都在机械地完成各种作业——他们是被迫的，那些作业占据了他们大部分的时间。这些孩子毫无动力，灰心丧气，感觉自己难以融入学校。有些孩子会哭，大多数孩子都讨厌上学。即便是那些成绩优异的孩子也会觉得上学是件无聊的事情。然而这才只是小学阶段，他们的求学之路还很漫长！妈妈们也很苦恼。一方面，她们非常清楚，哪怕现在孩子年龄还小，他们也要表现得比其他人更优秀，日后才有可能考上好大学。但另一方面，利弊和取舍又将这些妈妈逼到快要崩溃。她们没办法接受孩子在童年时期就开始憎恨学校和与之有关的一切，不想为了名次，强迫孩子去做那些没有实际意义的事情。

当她们向我寻求建议时，我只能这样回答："我不知道该从何说起。确实有问题，我们需要彻底地换个思路。"这些妈妈们对问题的严重性非常清楚，她们以近乎专家级别的精准度对其进行了剖析。她们知道问题存在，却不知道如何解决，这也正是我的朋友朱莉觉得沮丧的原因。"黛安娜，我到底该怎么做？孩子上学的事快把我逼疯了，他又不能去你的学校。我尽我所能买了一栋最好的学区房，我把所有时间都花在了孩子的学习上，可是你看看我现在得到了什么。我到底该怎么做？”她话语中流露的，是一位母亲对孩子的深度关切。

我感到非常震惊。她们找我，并不是想要再次确认事情有多么糟糕，她们只想知道自己现在还能为孩子做些什么。我很惊讶：原来有人也想做我们正在做的事情，但是他们觉得自己做不到。萨米特的建立确实遇到了难以想象的困难，几乎每走一步都会有阻碍。很多人觉得我们疯了，而且他们也不避讳告诉我这一点——如果没觉得我们疯了才奇怪呢。

我每天都在思索朱莉的话。像朱莉一样的母亲究竟还有多少？有多少望子成龙的父母还在他们并不认可的教育环境中苦苦挣扎、权衡利弊？多少人屏住呼吸，希望他们的孩子最终能够成才？而无论是父母也好，孩子自身也好，他们所有的焦虑、压力和担忧的代价又是什么？

那一刻，我唯一能够想到的是给朱莉孩子的学校一个机会，让学校重新思考教育的模式。如果她的孩子没办法上我的学校，那至少他可以选择一所类似的。我们设立了“萨米特学习”项目，免费为其他学校提供资源、课程和我们所使用的工具。过去四年间，四十个州共有近四百所学校参与其中。我们组成了一个由超过四千名教育者组成的社区，共同为近八万名学生提供服务。但从现实角度来看，这还远远不够，我们的进展太慢了。

当我写这本书的时候，我的儿子雷特已经十六岁了。他作为观众参加萨米特第一场毕业典礼时，我曾想象过他毕业时候的样子，没想到这一天这么快就要到来了。我经常在想，为了能够让他在毕业后更好地融入这个社会，我都做了些什么，而萨米特在这其中又起了怎样的作用。我想到我的那些朋友，她们面临和我类似的处境，但她们并没有一所学校可以从旁协助，一起为孩子上大学和今后的人生打好基础。她们又该怎么做？我该如何回答朱莉的问题？

当下，这本书就是我最好的答案。过去的十六年间，我们一直在尝试建立一所学校，能够让我们的孩子，让所有的孩子，真正过上他们想要的生活：成为最好的自己，取得真正意义上的成功——过上幸福的生活，做一份有意义的工作，不用为生计发愁，有稳定的人际关系，邻里和睦，身体健康。我相信，**我们所学到的东西不仅有利于“开办”一所学校，同样适用于为人父母。**

2015 年，《快公司》（*Fast Company*）提名萨米特公立学校为年度最佳创新教育公司。我觉得这有点可笑，首先，我们并不是一家公司，而是一个由公立学校组成的网络。其次，我们并没有什么真的创新，我们所做的不过是将大家耳熟能详的教育模式——**在当今社会环境下培养健全和健康的人**——整合起来，打造一种连贯的、切实可行的教育模式。如果说萨米特有成功的秘诀，也许这就是吧。

这本书的内容包含了迄今为止我们所走过的路，我们从全世界的专家那里学到的经验，以及如何把它们转化为日常的行动和选择，引领我们的孩子走向成功。这本书会告诉你，**不同的人是如何通过自身的努力实现稳定的经济收入，过上稳定和有意义的美满生活**。我会和大家分享我自己的旅程，作为一个孩童、一名教育者和一个高中四年级孩子的母亲，不同身份带给我的不同感悟。通过阅读这本书，我希望你能够和其他同样信奉这种全新的、更加广义上的成功概念的人联结起来，并做好准备一起去实现它。

教育问题牵动了太多人的神经，从教育者、家长到关注这些问题的人。一个繁荣强大的民主社会需要有见识和积极参与的公民，每个人都应该清楚自己手中选票的分量，知道发声的价值。我们在政府该如何援助民众这一问题上花费了太多精力，却忘记了当个体能够自力更生，过上有意义的幸福生活的时候，他们其实并不需要太多的援助。我们忘记了当每个人都能过上充实有意义的生活的时候，这对整个社区乃至整个社会都是件好事。我们深陷于国家正在走下坡路的紧张和惶恐中，忘记去寻找那些能够让我们变好的方法。我希望你把这本书当作一本手册、一份指南或是一张路线图，去分析你自己的问题，然后采取行动。同时牢记，当我们为这些年轻人举行毕业典礼共同庆祝时，我们有多么大的收获。毫无疑问，这些年轻人都已经为未来做好了充分的准备。

第二章

好学校和好老师有多重要

如果劳拉能换一所学校，或者换一个老师，她的结局是否会有所不同？

PREPARED

就像很多刚开始当老师的人一样，我注定要经历失败。

洛杉矶霍桑高中（Hawthorne High School）给人的感觉就像是一座监狱，高高的围墙外环绕着三米多高的铁栅栏，一条铁轨从校园的正中央穿过。校园里每天都充斥着暴力和混乱，让人感到非常不安，个人安全也没有保障。我在那里教了五年书，近乎心灰意冷，我不确定这里是不是还有希望。每个班上有四十名学生，教学楼老旧而肮脏，因为长期人手不足，我全天都在上课，根本没时间休息。上课的第一天，我领到了一令复印纸、一盒 2 号铅笔和一个袖珍的三环活页笔记本，里面净是些讲义，但是没有任何解释和说明。我的教学生涯就是这样开始的。

这个学校的大多数学生似乎也是注定要失败的。他们生活在一个低收入社区，这里很少能够见到健康、快乐且有稳定收入来源的人。被划分到霍桑高中的四千名学生当中，有望考上大学和毕业后能找到工作的人少之又少，也难怪很多人即使住在附近也不想来这里上学，只有极少一部分学生能顺利毕业。不过，即便如此，还是有不少学生和家长每天都在尝试着去努力，因为他们别无选择，他们能做的仅仅是充分利用现有的一切。学生毕业后需要工作，得学会赚钱的本领，这样人生或许还有希望，他们真的没有别的出路。

我之所以选择来这里教书，是因为这些孩子和我很相似。我就读的南塔霍高中（South Tahoe High School）位于一座小小的山城，距离大城市霍桑很远，学生仅有一千人。学校的三个校区被森林分隔开来，看上去风景如画，但全年大部分时间都在下雪，非常寒冷。恶劣的天气条件和对旅游业的完全依赖衍生出一种不同类型的低收入社区。人们并不觉得自己贫穷，只要别和那些来滑雪的有钱人做对比就行。从安全和育人两方面来看，两所高中相差无几，打架斗殴是家常便饭，校园霸凌更是日常生活的一部分。我几乎不去学校的公共浴室，因为那里不但拥挤，还经常有人抽烟，非常危险。储物柜是唯一属于我的自留地，但总会有人蓄意破坏它。高中三年级的时候，一位卧底缉毒警官在学校瓦解了一个贩毒团伙。每个年级只有一个实验班，名额是有限的。

我在霍桑任教时常常想起南塔霍高中。作为一名高中生，我的确感受到了来自各方面的挑战，但却没有时间深思，我只想赶紧毕业逃离这个城市，去过体面的生活。我选择来霍桑高中教书就是因为我觉得自己可以和这里的学生产生共鸣，尽管学校条件很差，周遭环境也很恶劣，但我总想着可以帮助那些像我一样的孩子找到一条出路。我将自己的一切都奉献给了我的学生、我的教室和我辛勤的同事。工作日每天天一亮我就起床，一整天都在用心教书，还要监督学生的课余活动，晚上则用来做计划和批改作业。周末我会去参加一些课程和讲习班，后来我自己也开始培训别人。我不断地去寻找更好的方式来帮助我的学生。

周五下午，在完成了艰难而又漫长的一周工作后，老师们会聚在一家墨西哥餐厅里聊天。有时候其他高中的老师也会加入我们，我逐渐发觉我们的话题里总是有一些绕不开的东西。我们仿佛是战区工作者一样，对话中充满了“前线”、“战争”和“短兵相接”这种词汇。这种感觉非常真实，甚至我自己有时候也会把管理者形容成“敌人”。后来，我深感羞愧，就不再这样说了。这是不对的。高中是我们将孩子培养成人的地方，在“战区”怎么可能做这种事？而那些格外关心孩子的老师又为何对自己每天面临的这种可怕处境无动于衷呢？

或许最糟糕的事情莫过于大家对学生的期望每周都在下

降。从让所有孩子都能上大学，到希望他们毕业后找到一份工作，再到掌握基本的读写技能（比如写一篇简单的三段体文章），最终，我们只祈祷他们可以生存下去。

当老师的第五个年头，我结婚了。我第一次开始思考我的家庭，我自己孩子的未来。斯考特想要搬回加州北部，那里离家人比较近。我们一边梦想着以后的生活，一边开始做规划，我第一次大声说出了我考虑已久的事："我们搬过去之后，或许我会尝试做点别的事，我不想再教书了。"

斯考特有些疑惑地问我："什么意思？你那么热爱教书，为什么不教了？"

我停顿了一下，没有直接说明原因。我并没有告诉过他太多学校里的事，他会担心我的安全。我经常一脸绝望地回到家，因为我倾注了大量心血的学生意外怀孕或是进了监狱，这些他都看在眼里。"我不知道我还能坚持多久。"我对他说。

人们对我的学生评头论足时，我会变得非常敏感，斯考特知道这一点，所以他仔细斟酌后问道："换一所不同类型的学校怎么样？比如，各方面条件都还不错的那种？在你彻底放弃教书之前，为什么不试试呢？"

我点了点头，但在内心深处，我并不确定自己是否能做好。

5 月的时候，斯考特已经搬去了我们的新家，并找到了工作。我在霍桑最后一个学年的教学生涯也接近尾声，一个月之内我也会搬过去。我仍未决定到底要不要继续教书。而随后，一切都变了。

熬过了特别令人沮丧的一天之后，我走进房间，听到电话响了。是我母亲打来的，说她有我父亲的消息，我顿时预感有什么地方不太对劲。他们在很多年前离了婚，父亲再婚后搬去了新墨西哥。我很多年都没同他讲过话。听着母亲的讲述，我慢慢地滑坐在了地板上。她用颤抖的声音告诉我，劳拉死了。劳拉是我的继母，比我大五岁，高中辍学，在一次同我父亲的争吵中被他杀了。

接下来的几个瞬间是我一生中最为羞愧难当的。当我试图消化这个消息时，最先浮现出来的想法和感受是那么真实而不堪——我不希望自己变成那样。尽管很震惊，但坦白讲我并不意外。父亲那种无法控制的愤怒我已经司空见惯。我如释重负——现在大家都该明白我是怎么长大的了。我厌恶自己，竟然会产生这种念头。我很快挂断了电话。

劳拉的人生不该以这种方式终结。她出身于康涅狄格州的中产阶级上层家庭，有漂亮的房子、相爱的父母和非常优秀的哥哥姐姐。但出于一些原因，她在学校过得并不好。我和她接触的时间很短，她也没有透露太多事，只是告诉我，她在学校毫无归属感，她觉得校园生活既愚蠢又无聊，学的东西完全没用。于是，她不顾父母的反对，毅然选择辍学，搬去加州想寻求更加有意义的生活。只可惜，她在找到自己到底想要什么之前，就遇到了我父亲。

我不知不觉在房间里踱起了步，心里想着，**如果劳拉能换一所学校，或者换一个老师，她的结局是否会有所不同？**我猛然意识到，我根本不能放弃我的工作。

在湾区的山景高中（Mountain View High School），我找了一份英语教师的工作，我希望在这里不会遇到霍桑高中的那些问题。学校共有一千六百名学生，民族多，人种多样，学生的家庭背景也不尽相同。我想要成为一名更有用的老师，不单单是帮助一个两个孩子，而是能照顾到所有的学生。我需要一所学校来支持我实现这个目标，哪怕机会渺茫。

山景高中的校园是开放式的，午餐时间孩子们来来往往，徒步穿过附近的街区，或者骑车，也有坐私家车的。他们从容地穿梭于各个班级，课间的时候会在草坪上放松一会儿。学校的大型军乐队令人印象深刻，校内提供多种体育运动项目和活动，当然，这里同样也少不了青少年的烦恼。你一定在电影中看到过这些“典型的”美国高中场景，山景高中给你的第一印象正如《早餐俱乐部》(*The Breakfast Club*)、《歌舞青春》(*High School Musical*) 和《红粉佳人》(*Pretty in Pink*) 中所展现的那样。

就山景高中的工作而言，很多方面都是不错的。初来乍到，我工作得还算顺利，课间没有人打架，洗手间也很干净，能正常使用。班上的学生大致在二十五人到三十人不等，我可以在复印室进行彩印，这感觉真的挺奢侈的。和霍桑不同的是，这个地方很安全，不用一整天都神经紧绷，生怕自己受到伤害。然而，我很快就意识到，两所高中能提供给学生的机会，实际上大同小异。

即便山景高中的考试成绩和学术声望要高不少，实验班和预科班仍旧是给少数人打造的。学校的宣传册声称 90% 以上的毕业生都考上了大学，但我仔细研究之后发现，这个统计的基数是在高中四年级的秋季学期自己汇报有上大学意愿的学生。事实上，仅有大约 40% 的毕业生完成了申请四年制大学所需的指定课业。**大部分学生对上大学毫无准备，尽管他们在高中入学时都有这个计划。**

作为一名老师，我并不认为我有能力去改变这些事情，但显然这是需要改变的，因为它直接决定学生未来成功与否。在我看来，只有学校的管理者才有能力做出这些改变，因此我决定成为其中的一员。于是，我进入斯坦福教育研究生院学习，同时成为山景高中的见习副校长。我不想再放弃，也不想变得自满，我决定尽我所能做最好的校长。

我想把学到的东西全部用于实践，但书里提到的那些充满想象力和理想化的制度、学校和教室看起来简单，真正实现起来绝非易事，尤其是当人们不再把我当老师的时候。有一天，当我走进教职员办公室，一群老师带头要求我把办公桌搬出去。他们解释说，尽管我现在还兼任教学任务，但已经是管理层的一员了，他们不想让我偷听他们的谈话内容。我当时就崩溃了。我之所以选择去当校长，正是为了更好地服务老师，而他们却把我当成了问题的一部分！为了切实地帮助他们，我花费了大量的时间和精力，而这一切现在看起来不仅没有必要，也无人认可。

一年的见习期结束后，我正式成为副校长。在我担任这一职务第一年快结束的时候，学校的主管负责人召集所有管理者开了一个会。我是这群人里最年轻的，还是个新面孔，显然大家希望我当个听众就好，不需要发表意见。那时我们面临的问题是家长对学区内一些变化的担忧，负责人要我们商讨对策。那一刻我想都没想，脱口而出："我们可以召开一次市民集会，向他们解释为何要做出这些改变。我们所做的一切都是为了孩子们好，理由非常充分。家长可能不了解这些，借此机会，我们正好可以做个说明。”

整个会议室都安静了下来，所有人都看着我。负责人毫不犹豫地否决：“这主意蠢透了！”讨论继续进行。老员工们暗自发笑，他们的脸上浮现出那种早知如此的神情，显然，只有我还不清楚自己在做些什么。我很窘迫，也很生气。让家长参与进来，与他们共同努力，为什么是愚蠢的想法？难道学校和家长的目标不是一致的吗？

几天之后，负责人邀请我吃午饭，并向我道歉。我们在一家三明治店坐下来之后，他向我解释了原因。他说自己就快退休了，他对所发生的一切也觉得沮丧，并不再抱任何希望，他已经没有时间再尝试新的方法了。“如果我还年轻，如果一切都可以重来，我会做点不一样的事。但整个系统已经坏掉了，不可能为孩子们提供未来所需的技能和知识。”

他咬了一口三明治，若有所思地嚼了两下，又说：“如果能够重来，我会从零做起。”

秋天很快就来了，这天我像往常一样，早上六点钟就开车出门，学校距离我家不远，我到的时候校园里非常安静，天还没亮。我很喜欢这样，因为早上这段时间我可以完成很多事情，为崭新的一天做好准备，工作一旦开始，就很难再停下来。我原本计划在去学校的路上顺便办点事，但早间新闻引起了我的注意。等我回过神的时候，我已经开进了学校的停车场。我冲进办公室，翻出了我还留着的一台小型卡带收音机，插上电源。我一边调频道一边打电话给斯考特，那会儿他刚冲完澡。“赶紧开电视，好像发生了什么糟糕的事情！”之后的一个小时，我们怀着震惊和恐惧的心情听完了新闻的内容：双子塔倒塌了。那一天是 2001 年 9 月 11 日，星期二。

那晚，我和斯考特蜷缩在沙发上，眼睁睁地看到了我们对于自身安全的幻象是如何破灭的。大家都在想办法应对这场可怕的悲剧，而我们也必须弄清楚这件事对我们的家庭来说意味着什么。我去了趟药店，在家做了个检测，然后发现我怀孕了。我即将把我们第一个，也是唯一的一个孩子带到与之前完全不同的世界。这本该是个令人欢欣的时刻，可是当我把怀里的小狗想象成自己的孩子时，一种无力感悄然涌上心头，我自知无法保护他，我到底该怎么做。

美国的反恐战争打响了，我腹中的胎儿也在一天天长大。我会关掉晚间新闻，直接上床睡觉，心里想着明天世界会变成什么样子。人们经常会问我是不是筑巢的本能起了作用，我根本不知道他们在说些什么，但我倒真是希望能有那么一个神奇的瞬间，就像雏鸟一样，我突然就知道了该如何做一个母亲，然后付诸行动。显然我需要为我的孩子做些准备，但到底该从哪里开始我一点头绪都没有，因为我无法想象未来等待着我们的将会是什么。

孕期的九个月过得飞快。或许我该集中注意力想想孩子出生后的头几天自己该做些什么，又或许我该跳过这个部分，直接考虑几年后该如何给他收拾烂摊子。在我试图寻求帮助的时候，经常得到截然不同甚至相互矛盾的建议。显然，我的每一个决定，包括每顿饭吃的东西，都会对孩子产生影响，但什么才是“正确”的决定，我依旧一头雾水。一天晚上，我和几个怀孕的朋友一起吃饭，当几个人就菜单上提供的鱼类菜品到底是否适合孕期食用争论不休的时候，事情的复杂和令人困惑的程度立刻凸显出来。我什么都没说，我发现我所知道的知识不及这些怀孕女人的一半。我可能是个不称职的母亲——即使我的孩子还未出生。

于是，我发誓要做得更好。我的工作比之前任何时候都要忙，而到了周末，我们便开始了近乎无休止的房屋装修改造工程。我想，这多半就是所谓的“筑巢”本能吧，我决定在某些我确定会对孩子的人生有价值的事情上更深入钻研。顺理成章地，我选择了教育。

为了买一栋学区房，我们花了不少积蓄。我向邻里打听，自己也做了些调查，我发现如果我想把孩子送进每天开车经过的那间幼儿园，我必须整晚等在外面排队，这样才有可能锁定一个珍贵的名额。住在附近的妈妈们告诉我，想要确保孩子在上小学时分配到好老师所带的班级，我必须从现在起就开始为筹款委员会做志愿工作，这样才有可能在校长那里说上话。想要加入“正确的”游戏小组和音乐班，需要使用各种技巧和方法。所有的信息都是私底下分享的，仿佛某种秘密俱乐部。因为名额有限，每个人都想要打破头去争取。

晚饭的时候，我终于崩溃地大哭起来。一开始，斯考特以为是我体内激素的变化导致的问题，但他很快发现，我更像是在释放近来所有那些故事和建议带给我的压力。

“这太疯狂了，”我说，“父母都想望子成龙。而我希望我所有的学生都能成功。如果孩子失败了，对谁会有好处呢？可为什么一定要分个胜负？”

此时，三十多公里外的波托拉山谷（Portola Valley），一位名叫克里斯·布亚（Chris Buja）的父亲和我想到了一起。

第三章

何为一所好的学校

想让孩子被好大学录取，最有效的做法就是培养他们的目标感，让他们真正了解作为独一无二的个体的自己。

PREPARED

克里斯·布亚起初并不是很关心社区的高中情况。二十世纪九十年代末期那会儿，他需要考虑的事情太多了。他和妻子从华盛顿特区搬到了硅谷，他在思科公司担任工程师，妻子在甲骨文公司工作。夫妻俩有一个刚上幼儿园的儿子，名叫斯宾塞。

克里斯出生于伊利诺伊州，有着篮球运动员般的高大身材，发色微红，面孔白皙，他和保姆的儿子斯温关系很好。斯温热爱写作，有时会给克里斯看他写的文章，感觉挺有天分。斯温就读于门洛–阿瑟顿高中（Menlo-Atherton High School），2000 年毕业，毕业之后他想去圣何塞州立大学。因为斯温的生父过世了，克里斯对这个孩子有一种责任感，他提出希望帮助斯温申请大学。

申请过程中，克里斯发现，这个高中四年级的学生并没有完成申请加州州立大学（California State University）系统所需的课程。他向斯温解释这些时，斯温摇了摇头，说：“不可能，虽然我的很多朋友根本无法毕业，但我一直很努力，我会顺利毕业，那我为什么不能上大学？”

“等等，”克里斯说，“我们先停一下。你说你的很多朋友根本无法毕业是什么意思？”

克里斯曾听说过一些家长对于高中择校的抱怨，但他并没有当回事，因为他的儿子年纪还太小。不过，像斯温这样在学校里认真学习的好孩子，竟然没有意识到他并没有上过申请一所州立大学所要求的课程，这件事让克里斯感到非常震惊。如果斯温说的都是真的，那么情况显然要比克里斯料想的还要糟糕。

和斯温谈完不久，克里斯参与了本地报纸召集的一次社区会议。《年历报》（*The Almanac*）想知道居民关注的问题有哪些是报纸还没有报道的。一位女士站起来说：“你们忽视了最大的问题——高中教育。很多人先后离开这个社区的原因就是他们不喜欢这里的高中。”克里斯在一份《中学时事通讯》上刊登了一条集会邀请，希望能找到志同道合的人共同研究解决高中教育的问题。

三十名家长参与了集会，另外还有三十多人尽管没能出席，也都表达了对问题的关注。很快，这个群体就聚集起了两百多名家长。他们对学校的过度拥挤、安全问题以及学生对学校的厌倦表示了担忧，但其实问题远不止这些。绝大部分家长认为学校教育整体而言是不合格的，它本应为孩子踏入社会做好准备。**当然家长都想让自己的孩子上大学，但这不是最终的目标，他们希望孩子们过上幸福的生活，而学校显然并没有教授他们所需的技能。**

克里斯和其他家长一样，都在思考原因。各大公司无不求贤若渴，为了吸引外来的优秀人才，提供薪酬优厚的职位，不断游说移民局发放外国人工作签证，那为什么门洛-阿瑟顿高中培养的本地学生就无法胜任这些工作呢？

随后，这些家长成立了社区高中基金会，为了解决这一问题，权衡了多种选择，发现最快且最节省成本的办法就是建立一所公立特许学校。尽管这并非大家最初的目标，但显然没有比这更好的选择了。

但基金会成员发现，他们并不知道该如何设计或运营一所学校，因此第一步就是要找到能做这件事的人。他们向斯坦福大学教育研究生院寻求帮助，我之前认识的一位教授让他们联系我。

开始做一件事时，我们很少能去思考不同的可能性。无论是作为教育者、家长还是个人，我们通常会受限于当下的现实和既定的框架。研究生院的拉里·库班（Larry Cuban）老师——他一直是我最喜欢的老师——曾让我思考一个问题：如果没有限制会怎么样？他布置的一篇论文永久地改变了我的想法："何为一所好的学校？"这个问题看上去似乎很简单，但许多年来，无论我在哪里教书，我都在不停地指出那些显而易见的问题并想办法去解决，却从未停下来思考，**一所好学校应该是什么样子。**面对一张白纸，我要做的是设计而非修补一所学校，这对于我来说机会难得，且责任重大。

我向基金会成员所描述的"好学校"概念就是来源于这篇论文，是我结合亲身经历与在斯坦福所接受的教育进行的综合思考。尽管我和基金会家长的背景、阅历各不相同，但我们都有着同样的愿望。我们的目标是一致的。

当我收到基金会的邀请出任他们新学校的校长时，我非常激动，同时也夹杂着一丝丝担忧。斯考特和我一致认为，无论我有多想得到这份工作，如果大家对于我正怀有身孕这个情况有顾虑，我是不会接受这份工作的（当时基金会的人还不知道我怀孕的事）。我理解，这件事可能会让他们产生犹豫，毕竟他们在我身上下了很大的赌注，对我的期待也非常高。而我甚至还不知道一个新手妈妈可能要应对的挑战是什么。万一我胜任不了呢？

我和基金会的三位代表在我家附近的星巴克咖啡店见了一

面，我告诉他们我怀孕了，如果他们想撤回这份邀请，我非常理解，同时我也发自内心地敬佩他们一直以来所做的事情，我不想破坏它。我永远不会忘记他们脸上的神情。起初，他们皱了皱眉，不知是失望，还是困惑。然后，他们互相对视了一下。最终，克里斯说："你怀孕其实是件好事。现在你也要做家长了。祝贺你，也欢迎你加入我们！"

这正是我人生转折的起点。

2002 年 5 月，我的第一个孩子雷特出生了。7 月 1 日，萨米特预科学校成立，它就像是我的第二个孩子。我们仅有一年多的时间来寻找校舍、设计课程和项目、招聘教职人员、招生以及确保有足够的启动资金。我们仿佛是在和时间赛跑。

当我向各个家庭介绍我们的新学校时，我承诺了很多。首先，我保证每一位在萨米特上学的学生毕业后都可以考上四年制大学。导师会了解每一位学生，了解他们的方方面面，在四年的学习生涯中会一直辅导他们，与他们共同努力。我承诺，**所有学生不光会习得学术知识，还包括实用的生活技能，这是他们未来获得成功、为社会做出贡献所必需的东西。**

我的手机号码是萨米特唯一的官方联络渠道，每时每刻我都会接到家长的电话，咨询问题，或是约我见面。我很快就意识到，那些最想和我取得联络的家长，他们的孩子在学校里都遇到了困难。“我的孩子是不同的，”他们说，“我想知道你的学校能提供怎样的帮助。”

瑞恩的父母告诉我，他们很担心自己的孩子会被埋没在一所大型高中里，除了一个学号什么都没有。瑞恩聪明、敏感、充满好奇心，在蒙特梭利学校（Montessori school）是一名非常优秀的学生。他的父母无法想象，如果把他送去一所拥挤的分级高中他会经历些什么，那里会不会像是一间巨大的磨坊，碾碎他的独立人格。瑞恩是一个完整的人，他的父母希望瑞恩在学校里能够被尊重。我向他们承诺，瑞恩在萨米特一定会找到自己的位置。我们会关注他在学术上的成就，但不会仅仅把他当作考高分的机器，我们还会关注他心灵的成长。

玛雅的母亲关心的则完全是另一种问题。玛雅是个身材娇小的女孩子，戴着厚厚的眼镜，这让她的眼睛显得更大了。出身于中产阶级家庭的她，上的小学也是所不错的学校。但她在学校一直学业不顺利，后来她被诊断患有诵读困难症，于是，她的母亲又把她送去了查尔斯·阿姆斯特朗（Charles Armstrong）——一所专为诵读困难的孩子设立的私立学校。“玛雅很聪明，也很有趣，但没人知道该怎么帮她。我觉得没有人真的认为她会成功。”她母亲说这番话的时候，玛雅就在旁边，脸上露出淡然的神色。这个家庭非常开放，因而母亲的话在玛雅听来并不意外。“她可以去你们学校吗？”

“当然，”我说，“没有任何问题。我们会给每一位学生制订专属学习计划，也称为PLP（Personalized Learning Plan），我们会关注玛雅需要什么，她想要什么，然后确保她能够得到这些东西。你不需要想方设法让她加入所谓‘正确的班级’，我们在整个高中时期都会为她提供帮助。”不难看出，这位母亲经历了很多痛苦的折磨。她知道她的孩子很优秀，但却无法适应校园生活。她想要给她最好的教育环境，但查尔斯·阿姆斯特朗的学费无疑是一大笔开销。而现在，我告诉她不要担心，我保证玛雅可以考上大学。她对这个承诺始终是心存疑虑的，对此，我们可以理解，而且绝不能轻视。

与我会面的那些家长，他们在择校时会看那些学校的毕业记录，他们很清楚，如果自己的孩子上了那样的高中，根本没有机会考上大学。尽管选择萨米特是一次冒险的尝试，但他们已经走投无路。我曾见过一位单亲妈妈，就是这类家长的一个代表。她有两个女儿，大一点的叫珍妮弗，遇到的问题也更为严重。珍妮弗很胖，还有点社交障碍，认知能力也略差。她去哪里都拉着一个拉杆书包，激动的时候就会上下拉动拉杆。所有的老师都建议她去做个检查，但她的母亲明确表示拒绝。珍妮弗在学校的生活可想而知，而每次只要她在学习或社交方面遇到了困难，她那对她保护过度的母亲就会给她办理转学。“不要担心，”我说，“我保证珍妮弗能够考上大学，更重要的是，我要确保她能够安全地融入社会。”

下一位是米格尔，我们先来说说他的家庭。米格尔的母亲打了三份工，实在没有精力去关注公立学校到底能给她的儿子提供些什么，但她很清楚，那些东西远远不够。她本人教育水平也不高。家人合照中看不到米格尔父亲的身影。米格尔是个安静的孩子——他把自己包裹在一层坚硬的外壳当中，我无法打破它，也就无从得知他的故事。我能想象他在中学期间或许有过很糟糕的经历，不过后来我才知道，他那时吸毒。我看着他的母亲，明确地告诉她，我会帮助米格尔考上大学。

接下来是艾瑞克，他被诊断患有白血病，没人知道他的未来会是什么样子。这个消息给整个家庭带来了致命的打击，彻底改变了他父母原本对他高中学业的期待，也彻底改变了他自己的想法。艾瑞克是独子，他的父母都是受过高等教育的人，面对将来注定会失去他的事实，他们下决心给他换个环境，不想让他在之前的高中里那么辛苦地上完大学预科课程。我向艾瑞克的父母承诺，他们不需要在其他学校中做选择。我们会开设高质量的预科课程，艾瑞克不用每天花六到八个小时做作业。他们不需要拿儿子当下的幸福去换取他未来的成功。

所以你会发现，第一届毕业班的八十位大一新生并非传统意义上的大学招生对象。但和我以前工作过的学校不同的是，我了解这里的每一个学生，每一个家庭。我花费了大量的时间和他们交谈，了解他们的期望、梦想、担忧和恐惧。他们只是普通的年轻人，有各自独特的爱好、需求和特长，也面临着不同的挑战。我望着他们父母的双眼说："相信我，他们会为上大学做好准备，他们会成为优秀的人，过上快乐的生活。"我相信他们做得到。

在规划阶段的一整年时间里，我都和金伯利密切合作。金伯利是社区基金会董事会的成员，也是三个小男孩的母亲。和其他许多家长一样，她早早就开始为孩子们的高中教育做规划，为了将学校建立起来，她努力了近两年的时间。我每天都会和金伯利探讨各种问题，有时候一天要谈好几次。我经常在她家列时间表、做计划和预算。她是整个社区的领头人，既懂商业也懂运营，但她不是一位教育者。我们在一起谈论的大部分内容都是我对于学校的各种规划。

金伯利毕业于斯坦福商学院，她特别想让自己的孩子念一流的大学。我做了很多工作，试图让她理解，**想让孩子被好大学录取，最有效的做法就是培养他们的目标感，让他们真正了解作为独一无二的个体的自己**。我一直认为，这与培养他们上大学、找工作以及未来生活中所需的技能并不冲突。但这一点与金伯利的自身经历恰好相反，她对此持怀疑态度。我开始担心她并不相信我们正在尝试去做的事情。

某天晚上，金伯利打电话给我，告诉我她有一个“很深的忧虑”，这几天她一直都在思考这件事。她想要知道我到底打算怎么把萨米特做成一所大学预科学校，因为我招收进来的很多学生显然不是上大学的料。那一晚我们谈论到深夜，随后的几天，甚至是几个星期，谈话依旧没有结果。那一晚的电话是我们合作分裂的开始。

距离正式开学的时间越来越近，我们真的把学校建起来了，但与此同时，每个人的内心也隐隐有些担忧。归根结底，金伯利并不相信所有的学生都能考上大学。她认为，想要上大学，学生必须做好相应的准备并且具备一定的能力。如果初二的时候还没达标，他们要么没有天赋，要么缺乏相应的学习态度，这样的人无法在一所大学预科学校里取得成功。金伯利认为，我们必须想办法只招收那些有能力考上大学的学生，不然学校就注定失败。

听了她的话，我目瞪口呆。那种感觉就像是回到了星期五下午的墨西哥餐厅，我和霍桑高中的老师们坐在一起，眼睁睁地看着大家对学生们的期待每天都在下降却无能为力。但这一次，我已经向八十个家庭做出了承诺，我会帮助他们的孩子考上大学。我已经把话说了出去，就必须做到！

学校开学的前一晚，十点钟，金伯利给我和董事会成员每人发了一封邮件。她说，学校“注定会失败”，因为我招收进来一批永远也不可能考上大学的孩子，而且他们会影响那些本可以成功的学生。尽管没有明说，但邮件的内容暗示了她不会让自己的孩子来萨米特读书，她不知我们如何做到在处理其他孩子情况的同时满足她孩子的需求。

我非常生气，感觉自己遭到了背叛，并且孤立无援。但同时，我也下定了决心。不能放弃，我这样告诉自己。关乎萨米特未来的战争已经打响，不成功便成仁，我必须要赢。

金伯利的立场让我感到困惑。为什么想做件显而易见的好事这么难？无论是某些人还是某些机构，为什么要阻止我们公平地对待每一个孩子，给他们同等的教育机会，就像他们家长所期望的那样？金伯利只想让自己的孩子上大学，根本不关心别人的孩子，这难道是对的吗？我后来也遇见过不少有类似想法的人，每一次我都会产生同样的困惑。

所幸，董事会其他人不这么想。因为金伯利的疑虑，在长达六个月的时间里，董事会进行了无数次会议和讨论，最终正式确立了萨米特的学校规划和发展方向。金伯利是他们的朋友和邻居，他们的孩子周末会一起聚会玩耍，大家都不想去破坏这种关系，但为了这样一所学校——他们的孩子甚至都还没入学，为了我——一个他们几乎不认识的女人，为了八十名学生——他们当中许多人在第一学期甚至依旧不能适应，他们做出了选择。这给了我莫大的勇气和认可，也成为过去十六年来不断驱动我的动力。

在董事会做出决定后，金伯利紧接着便辞职了。我母亲经常说："你或许赢得了一场战役，但你输掉了整个战争。"当我站在那儿阅读金伯利的辞职信时，脑海中不断回荡着她的告诫。

在接下来的一次董事会讨论上，一位成员对我说："黛安娜，你对于学校社区的设想是与众不同的，而且比我们现行的要好得多。我能看到那个愿景，它就好像是一辆精致的载人马车，十分完美，每个人都想坐上去。但现实是，我们的学校现在才刚刚起步，它还远不是想象中的那个样子。它更像是一辆破破烂烂的运货车，看上去并不是很安全，更不适合远行。无论你为大家描绘的未来有多美好，大多数人还是不会冒险让他们的孩子来乘坐一辆破破烂烂的运货车。所以，快把精致的载人马车建起来吧，越快越好。”

我们确实赢得了建立一所梦寐以求的学校的权利，能够在我所热爱的工作领域践行我个人的价值观真的太不可思议了。我一直在寻求这样一个机会，去打造这样一所学校，能够重视和帮助每一个孩子，就像对待我自己的孩子那样。但我很快就意识到，革命尚未成功。我们迄今为止所做的一切，尽管历经重重困难，但与在未来几个月、几年里将要面对的事情相比，简直不值一提。真正的工作才刚刚开始。

WHAT KIDS NEE
FOR
FULFILLED LI

第二部分

如何为孩子步入成人世界做好准备

GPS（全球定位系统）是如何发明的我并不清楚，但它大大改变了我的生活，让我的生活更加便利。起初，它只是放在车里的一个小小导航仪，后来有了固定在汽车内部的车载GPS，再后来，无论我去哪里，都可以用手机进行导航。比起纸质地图来说，GPS的出现无疑改变了游戏规则。

老家塔霍湖是个小地方，我熟悉那里的一切。大家经常去的地方，翻来覆去就那么几个。即使遇到不太熟的路，路上随便问个人就会得到答案："过了垃圾场再往前开几分钟，在右手边看到那栋黄色房子之后左转，然后再右转。"可是，当我搬到洛杉矶的时候，一切都变了。这里没有任何我熟悉的事物，这个巨大且肆意生长的城市对我而言毫无真实感。我经常迟到，因为找不到路，我并不喜欢这样。每当我向大家解释自己为什么迟到时，得到的反馈往往是"你为什么不换一条路……"如果你熟悉路况和各种小路，总能找到一条最佳路线。

我第一次使用GPS的时候感觉非常神奇，而自那之后它更新换代也特别快。虽然我还是需要在设备中输入我的目的地信息，但现在的GPS已经相当智能了，它汇集了各种各样的交通和路况信息，辅助我找到最佳路线。用户的选择变多了，可操作的空间也增大了。GPS会显示不同的路线以及它们之间的区别，并会根据路况实时进行更新。有些GPS软件还允许用户之间实时分享路况信息，以便大家都能够找到最适合的路线。

这一部分里的章节涵盖了基于实践的项目式学习、自主学习、通过辅导进行反思以及团队合作，萨米特用这些方式让孩子为步入成人世界和过有意义的人生做好准备。这些是我们教育理念的核心支柱。每一项内容都很重要，并且它们之间是相互联系的。在基于实践的项目式学习中，如果学生缺乏自主性，就达不到预想中的效果。而在自主学习的过程中——学生们自行设立目标、做规划、按照计划执行，继而将成果展现出来的整个过程——如果学生缺少反思的能力和一个可信赖的导师的指引，那就会是不完整的。而想要达成上述目标，团结协作必不可少；反过来，课题项目实践、自主学习和自我反思又为团队协作提供了机会。把这几项内容牢牢地结合起来，就相当于组装了一台最先进的GPS，为学生们顺利到达最终目的地——成为一个做好准备的成人——指明了道路。

第四章

项目式学习：让孩子学会做明智的选择

为确保孩子们顺利步入社会，我们必须培养他们的决策力——做明智的选择，而这也是项目式学习的优势之一。

PREPARED

我走出办公室，差点被走廊里一字排开的橘黄色路障绊倒，这时迎面走来一名女生，我急忙把路让开，以免撞到人。莱拉是个身材纤细的高一女生，头发向后梳成蓬松的马尾，她正目不斜视地盯着前方，一边穿过路障，一边念念有词，听上去像是在背诵演讲稿。“例如，”她说道，“很多人都以为自己了解他们所吃的食物中都包含了什么东西，但实际上并非如此。”

集中注意力也需要练习

•

站在角落里的高中一年级英语老师亚当·卡特（Adam Carter）喊道：“莱拉，塔文纳女士就是一个现实中的障碍物，你要留意她，但不能被她转移注意力。”我朝亚当走了过去，想知道他们到底在做什么。这时，扩音器中传来四声响亮的哔哔声，亚当关起一扇门，在门前放置了路障，迫使学生们不得不重新规划路线。

我走上前，瞪了亚当一眼，心想这家伙竟然说我是“障碍物”？

“你们这是在做什么？”我问。

亚当露出一个狡黠的微笑，然后用他柔和的南方口音回答道：“抱歉，黛安娜。现在没时间和你解释，但你可以找个孩子问问，我想他们会乐意讲给你听的。”说完，他就离开了。

我四下看了看，想找个人来问，可此刻每个人看上去都全神贯注，我并不想打断他们。但亚当显然是有意为之，不然他不会提出这样的建议。

“嗨，詹姆斯。”我冲一位又高又瘦的男孩挥了挥手。詹姆斯是个非常用功的孩子，“我可以打断你一下吗？我想知道你们在干什么？”

“没关系的，塔文纳女士。我们正在练习如何在有干扰和障碍的环境下集中注意力，和您讲话也是一种训练，对我们有好处。”

“你们具体是要把注意力集中在什么事情上呢？”

他向我解释，他们正在进行名为“畅所欲言”的课题项目，这个项目是由亚当和历史老师凯丽·加西亚（Kelly Garcia）一同设计的，它分为几个部分：首先，学生们要思考，如何通过自己的努力推动社区做出改变——哪些方面需要调整，哪些方面可以做得更好？第二步，他们要针对具体的想法开展调研，了解相关的内容；第三步，也就是最后一步，他们要准备一个演讲，说服他人采取实际行动，做出改变。

“你的想法是什么？”我问道。

“我打算说服农业部停止发放农产品补贴。”

“哇！你为什么会选这个题目？”尽管我表面上不动声色，但我内心其实颇为惊讶。一个在硅谷上高中一年级的学生，为何会对农产品补贴感兴趣？他到底是从哪儿听说这些事情的？

“是这样，最开始我考虑的是对税收进行调整。因为我的父母经常抱怨说不知道我们交税到底有什么用，我们得到了什么吗？于是我就开始查资料，但在查询资料的过程中，我发现大部分税收并没有真正补贴给那些种地的人。我就在想，如果大家能够真正了解这件事，恐怕就没有人会再支持农产品补贴了。我们可以把钱花在更重要的事情上，并且利用那些土地来耕种更多的粮食。所以我决定，必须做点什么。”

“那么，你要如何让你的朋友们也开始关注这件事呢？”我想我大概明白了这个项目的主旨，继续问道，“而且即便他们关注了这件事，你又如何确保他们会有所行动呢？”

詹姆斯略带困惑地望了我一眼，眼神中多少还带了点“跟你说你也不懂”的意味（和未成年人相处时间长了，你总会习惯这些的）。“塔文纳女士，”他说道，“我们年轻但不意味着我们不关注身边发生的事情。面对不公，我们也会挺身而出，尤其是当我们还要为此付出代价时。我会教他们追踪钱的去向，当他们发现这些钱到底去了哪里时，一定会重视的。”

詹姆斯说完后，我示意他可以回去继续准备他的演讲了。我小心翼翼地避开橘黄色的路障，穿过走廊，继续我的工作。而就在几个小时后，我再一次想到了詹姆斯，因为我和另一位高中一年级的男孩子展开了一场截然不同的对话。

当时，我正坐在本地另外一所高中的教室后面。正值招聘季，我打算为萨米特物色下个学年的历史老师。我已经在这间教室里坐了四十五分钟，看着这位老师点名、收作业，然后简短地讲述了第二次世界大战的起因，他一边讲，学生一边记笔记。讲课告一段落后，他在教室里来回走动，监督学生看课本、做作业。

整个班级非常安静，学生也表现得很顺从。如果这时有人经过，驻足往里头瞧上一眼，估计会说大部分的孩子上课都很认真。但从我坐在最后一排的角度来看，几个学生在涂鸦，其他人则在老师讲课的时候互相传纸条。有些学生明显在开小差，其中一个孩子一直低着头。我决定和坐在我前面的男生谈谈，整节课大部分时间他都在笔记本上“作画”，画的还是挺复杂的战斗场景。

我拍了拍他的肩膀，悄声说：“嘿，我是另一所高中的校长，我可以问你几个问题吗？”

他看了眼他的历史老师，耸了耸肩：“当然可以。”

“你们今天学了什么？”

“呃……历史。”他回答道。他的表情就好像是在说“你这是在明知故问吗，女士”。

“抱歉。当然是历史，我的意思是，你具体都学到了些什么，真正学到了什么东西？你觉得自己为什么要学这些？”

他有些茫然地盯着我，然后说：“我只有通过了这门课的考试才能毕业，才能上大学。”

我本来还想问你觉得为什么学生要了解第二次世界大战的相关知识，但看样子他也给不出什么具体的答案，我只好换个问题：“你觉得这堂课怎么样？”他放轻松了一些，“其实还好，就很普通吧。罗杰斯先生是个挺酷的人。我的意思是，他还挺认真的，有时会讲些很精彩的故事，让这门课能变得有趣点。偶尔我们会进行讨论，这些都不错。”

"最后一个问题，问完我就不打扰你了，你觉得学校怎么样？"

他向后靠在椅背上，想了一会儿，我感觉他正在权衡该不该说实话。"挺无聊的，但所有学校都这样。每个人都讨厌上学，但又能怎样呢，我们还不是必须得来。"

通过做项目解决问题，克服挑战

我开车回萨米特的路上一直在思考，这两个男孩其实有很多相似的地方，但这两场对话的内容却截然不同。**其实对于老师而言，他们的个人经历和所接受的培训也都大同小异，关键的区别在于他们各自的教学方式。**他是否相信存在另一种有别于传统的教学方式？他能否摆脱以往的经验和受培训的内容，从而学习一种全新的教学模式？这是我在招聘教师时最先考虑的东西。

大部分高中采取的都是传统的教学方式。学生需要掌握的知识被划分成各个独立的"单元"，例如"工业革命"和"植物的生命周期"。在学习这些"单元"内容时，老师在上面讲，学生在下面记笔记、读课本、回答老师的问题或者解数学题。部分"单元"内容还囊括了短片和多媒体展示，学生要记录的东西就更多了，随后老师会让全班同学进行讨论，并解答问题。到了期末，学生还要参加统一考试，题型可能是多选题或者简答题，又或者是写一篇作文。随堂测验当然是必不可少的，除此之外还有大量的作业，制作记忆卡辅助学习。以上这些听上去一点也不陌生，因为我们都曾经历过。

优秀的老师会努力让自己的授课过程充满趣味，同时会安排小组讨论。理科老师会提供实验室给学生使用，英语和历史老师则布置论文。有时老师会布置一个期末课题，但大多数情形下，这些东西都是“甜点”，而非“主菜”，并且每个学年里学生也“享用”不了几次。

鉴于萨米特的目标是培养孩子所需的技能和良好的习惯，以期在未来的人生中取得成功，因而我们日常的教学内容设计都是基于现实生活的。精心设计的课题项目是实现这一目标的最有效的途径，也是我们日常采用的教学方式。**课题项目首先要提出一个问题或是一种挑战，该问题或挑战必须与学生本人或他们的日常生活相关，目的是让学生通过做项目解决实际的问题、克服挑战。**在寻求解决办法的过程中，学生会得到及时的反馈，并采取行动不断完善自己的方案。这并不是说学生就不需要去了解工业革命或生命周期的有关知识，他们还是会学习这些知识，只不过是通过完成某个具体的课题项目来实现，项目内容与他们的生活息息相关，他们有需要解决的实际问题。一个历史课题项目可以是“工业革命：产品的故事”，学生将会去了解某个产品是如何被发明出来的，它又是如何一路发展到今天，以及我们今天是如何使用它的。在深入了解整个过程之后，学生自然会对工业革命这一更大范围的概念有所体悟。理科的课题项目则可以是“电力屋”，学生将会了解到工程师是如何通过科学知识进行预测，做出精准的设计，继而实现工程目标的。学生自己也会扮演工程师的角色，设计大楼的实体模型及其供电系统。在“亲爱的编辑”课题项目中，学生会通过亲身扮演作者和新闻媒体记者的角色，了解他们是如何利用逻辑或逻辑谬误去说服观众，或分散他们的注意力的。

这些课题项目并非临时植入的，它们是学生的日常作业。深入讨论、规划、调研、制作模型、写作和大量的批判性思考取代了单纯的授课，学生和老师会一同完成这些课题。你可能见过那些在截止日期前的凌晨匆匆赶工的项目成果，例如充满了凌乱涂写和打印图片的海报板。萨米特的项目式学习则全然不同，你会看到高质量的展示、模型、场景模拟、网站、活动、建筑规划和商业模式。它们不是“甜品”，它们是“主菜”。

高中四年级：为了毕业的准备

·

“模拟城市”是我们高中四年级的课题项目，该项目是由几位理科老师联手打造的，为了吸引年轻人的注意力，他们直接借用了一款电子游戏的名称。项目最开始就提出了几个重要的问题：我们该如何设计一座可持续发展程度更高的城市？城市居民、企业和政府该如何应对自然资源利用、污染和废弃物管理等问题？对成本和效益的分析又将在其中起到怎样的作用？

学生可以选择担任一名城市规划者，重新对一个实际的城市进行规划，以应对可持续发展带来的挑战；又或者可以参加一个挑战赛，从零开始建立起一座全新的城市。整整两个月的时间里，学生们会分成不同的小组。城市的设计规划必须考虑农业、能源、工业和住宅紧张问题，平衡个人观点、环境影响、财政与社会成本以及城市居民的观点和需求等诸多方面之间的关系。无论做何种决策，他们都要先展开调研，找到充分的证据作为支撑。此外，他们还要面临诸如利弊的权衡、如何让决策得到大家的支持、处理民众的抱怨、捍卫其对城市的规划方针等一系列问题。

近期，我邀请了一组专家考察学生的模拟城市项目工作。一个星期之后，学生会在几位本地城市规划师和一群设计公司高管面前展示他们的最终成果。

在我向到访人员介绍整个项目的内容之后，其中一位看着我，露出了略带夸张的怀疑眼神："我在大学的时候也没有做过这么复杂的事情。而你却告诉我说你们高中四年级的学生能做到？"

模拟城市项目的挑战性我再清楚不过，因为每次阅读项目描述的时候，我都不确定自己能做到什么程度。不过，这并不是我们的学生第一次接触这个项目，我知道那些高中四年级的孩子有多厉害。过去的四年里，他们每天的作业都会涉及运用批判性思维解决问题，日积月累，他们都已经有所成长，完全有能力驾驭这样一个复杂的项目。更何况课题的内容还与他们自身息息相关，他们做起来会更有动力。过不了多久，他们就会毕业，就要开始思考自己要在哪里生活，要过怎样的生活。是住在城市、乡村还是郊区？他们的这个决定（甚至包括通勤成本这样的因素）对环境和文化会有什么样的影响？模拟城市项目可以让他们对本身面临的实际问题进行更加深入的思考。

我推开教室的门，挥动手臂欢迎他们的到来："让我们拭目以待。”

每个小组都有自己的城市模型。其中一些是实体模型，它们看上去并不比我在建筑公司的橱窗里见到的那些差；部分模型是由电脑生成的：每一栋建筑，每一条道路，每一个结构，乃至每一株植物背后都有其存在的意义。我提了很多问题，得到的答案显然都是学生们经过深思熟虑的。

“这是一座活的屋顶花园，每天可以为人们提供上百加仑的水，并且不会污染环境。”安德莉亚说道，她是其中一个小组的成员。

“等等，你说什么？”一位来访人员问，“你是怎么做到的？为什么说它不会污染环境？”

“因为这是一个生态系统。这个系统中有生物，也有非生物，它们共同组成一个运转良好的循环体系。”

我们多花了些时间观察安德莉亚的小组作品，我发现她负责回答有关环境科学的问题，而其他队友则负责回答人口相关的问题，还有人负责数学相关的问题。我请她解释这样分工的原因。

“要学的东西太多了，”安德莉亚说，“所以我们必须分工，然后成为各自领域的专家。最后我们把不同领域的意见结合起来，做出决策。”

“那你们如何决定谁负责哪个领域呢？”我进一步问道。

她的队友迈克向我们解释，他们是根据兴趣和特长来分工的。在需要他们提高的地方，他们也不退缩，但是他们会有意识地互补。“我很擅长数学建模，”迈克说，“所以我选择和卡洛斯组队，因为这也是他的特长之一。但同时他又非常了解转基因食物，因为他高二的兴趣项目（Passion Project）做的就是这方面的内容。”兴趣项目是萨米特高中二年级的必修课，学生需要选择一个特定领域进行深入研究。“所以，他负责食物来源和农业问题。”

“我们都需要互相学习，这样才能做出更好的决策，”安德莉亚说，“所以你必须非常了解自己负责的领域，这样你才能把它教给其他人。”

“嘿，”迈克突然插话说，“下周就要展示成果了，能帮我们一个忙吗？告诉我们，你们有什么问题，或者有哪些反对意见。我们要为城市规划师可能会提出的各种问题提前做好准备。”

当我带着来访人员离开，我其实都能够猜到他们接下来会说什么，因为同样的猜测我已经听了太多次。果不其然，还没等门关好，其中一位来访人员便说道：“那些应该是你最好的学生了吧。太了不起了！”

我向他们解释，每个萨米特高中四年级的学生都能完成这样的课题项目，无论这些孩子刚入学的时候是什么样子，他们此刻的成功都绝非偶然，而是多年来刻苦努力的结果，当然也离不开全体老师的无私付出和通力协作。

在我看来，萨米特发生的一切就好像是一部鼓舞人心的运动电影蒙太奇剪辑。运动电影钟爱蒙太奇手法：起初，无论是出于何种原因，某支队伍总是与冠军无缘，但他们拥有恒心、热情和坚定的目标。某一刻，命运的钟声响起了！运动员们奋勇拼搏，你看到的或许只是几分钟的比赛，而在汗水的背后实际上埋藏着成年累月的训练。正如教练在边线上激励和鼓舞运动员一样，老师也为学生打造了堪比重大事件的难忘经历，这些经历或许没那么轻松，但胜在足够有趣。正如运动员会锻炼他们所需的每一块肌肉，从而在电影高潮来临时尽情地展示自我，学生也同样需要培养自身必备的技能和良好的习惯，为了将来有一天，当他们不得不离开我们时，能够独立自强。

通过四年来立足于实践的锻炼，尽职尽责的“教练”不断的指导，还有针对学生关心和感兴趣的课题进行的无数次辛苦的“训练”，我们一次次鼓励学生挑战自己的极限，最终，这些四年级的学生今天站在了这里。过去那些岁月中的点点滴滴既不是什么电影化的场景，也没有悠扬的配乐，它们凌乱而漫长，但我们总算可以欣喜地看到，这些学生都已为毕业做好了准备。

学生从项目式学习中学到了什么

萨米特并非第一所采用项目式学习（PBL）方法进行教学的学校，这种模式最早可以追溯到二十世纪早期的美国。1918 年，一本名为《课题项目方法》（*The Project Method*）的书面世。二十世纪二十年代，伊利诺伊州的一位学校负责人让一年级新生在校内设立一个邮局，帮助他们理解邮局是怎么工作的。[1]项目式学习的正规定义是："它是一种教学方式，学生在一段较长的时期内，调查和应对一个真实、有趣而复杂的问题或挑战，从而习得有关的知识和技能。"但大多数学校并没有真的施行项目式学习，而少数施行了项目式学习并进行大肆宣扬的学校也仅仅将之视为锦上添花的存在，就像冰激凌顶端的那颗樱桃，项目式学习并不是大部分孩子每一天学习的方式。或许你会感到很奇怪，既然这种学习方式有诸多的好处，那么为什么多数学校没有选择这样去做？

调查显示，学生通过课题项目习得的知识会记得更牢固，对知识的理解也更为透彻。[2]而这一教学方式也并不会影响学生的测验分数，就诸如大学预科考试（AP考试，全称Advanced Placement，中文名称为美国大学预修课程，适用于全球计划前往美国读本科的高中生）这类高风险测试而言，接受项目式学习教育的学生成绩与接受传统式教育的学生分数相当，甚至会更好。[3]调查还显示，前者更擅长解决问题，能够更好地将所学的知识应用到实际生活中去。[4]在需要运用批判性思维思考的题目上，他们往往能够拿到更高的分数，并且他们关注的东西也更多，这或许才是最引人注意的一点。[5]课题项目对学生的激励是巨大的，这要比家长和老师单纯敦促孩子做作业要有意义得多。项目式学习教室的出勤率更高，学生的参与度也高，那些学习很困难的学生也更愿意参与到课题项目中来。因而项目式学习大有可为，它适用于全体学生，而不单单是成绩优秀的学生。[6]老师也一样，项目式学习能够激发他们的教学热情，令他们更加满意自己的工作。[7]一位开心快乐的老师对学生的重要性不言而喻。

为确保孩子们顺利步入成年人的社会，我们必须培养他们的决策力——做明智的选择，而这也是项目式学习的优势之一。芝加哥大学的一组研究人员对五年级的孩子做了一个试验，其中一些孩子接受的是传统模式的教育（老师主持一场课堂活动，学生在座位上独立完成作业），其他人则通过一个课题项目来学习，两者所使用的都是同样的课程材料。学习单元结束后，学生会被问及一个完全不相关的复杂问题：你是否会向老师举报其他同学的不诚实举动？学生要写一篇文章，描述他们的做法以及会那样做的原因。通过这些文章，研究人员想要了解几点：1. 学生是否从不同角度分析了这一困境？ 2. 他们考虑了哪些因素和道德标准？ 3. 他们是否清楚地权衡了不同的选择？这些都是判断个体是否具备强有力的决策能力的指标。接受项目式学习教育的学生表现得尤为突出，他们“从多个角度考虑了这一困境，进行了更全面的推理，并不断地评估用于决策背后的假设的重要性”。[8]

凯茜的行李箱

•

跨学科的项目式学习会令学生获益良多，这是我作为一名高中老师的亲身体会。例如，某次课题项目的主题是美国梦，我要求学生各自选择一位历史人物，就他会带哪些行李去美国展开联想，进行深入调查和研究并做一番陈述。我设计这个课题的初衷是想培养学生的调研和写作能力，画下装在行李箱里的草图，我认为会对学生有所启发。但项目开始后，没想到学生对这些历史人物萌生了浓厚的兴趣，他们的调研成果完全超乎了我的想象。（比如，你知道埃利斯岛上的移民要接受哪种类型的医疗和心理健康测试吗？）学生的讨论非常热烈，参与度都很高，他们试图将自己读到的小说、历史和各自的实际生活结合在一起。有的学生打电话给祖父母，想要了解更多他们曾听说过却没怎么在意的故事，还有些学生会质疑当时某部流行影片中描绘的历史场景的准确性。

凯茜的课题项目成果展示格外引人注目。我不记得她具体选的是哪位历史人物，但我对她的展示方式记忆犹新。她带了一个真正的行李箱来，里面装着所有她认为那位历史人物会携带的个人用品。她自己也打扮成了那位历史人物的模样，从那位人物的角度给大家慷慨激昂地讲述了一个引人入胜的故事。后来，通过交流我了解到，凯茜原本并不喜欢历史。她不理解历史和现在还有什么关联，认为历史书中描述的那些东西腐朽不堪，除了罗列事实毫无价值可言。然而，当我们将历史和文学结合起来，并以美国梦的视角再来看待历史时，她明白了其中蕴藏的意义。那些故事里的人物深深影响了她，而这种触碰历史的方式更让她产生了好奇。随着不断深入地学习，她能够寻根溯源，挖掘出历史真正的价值和含义。这种跨学科追溯历史的教学方式，让她对美国梦的历史产生了浓厚的兴趣。凯茜上高中的时候正值二十世纪九十年代晚期，她住在美国郊区一栋舒适的房子里，人长得很漂亮，在同学中很受欢迎。然而，对于历史的探寻迫使她开始思考，接下来呢？这就是我生活的全部了吗？我将来是否要过和父母同样的生活？其他不具备这些条件的人的生活又是什么样子的呢？

我很喜欢这些课题项目，它们点燃了学生的激情。但同时，我知道自己其实偏离了项目设计的初衷，现在回过头去看这一点尤为明显。我在反思，通过这些项目，我培养了学生哪些具体的技能呢？我要评估的又是什么？这些项目是否能够培养他们具备大学水平的分析能力？对此我完全不得要领，我的行李箱课题表面上看花样繁多，但却缺乏实质性内容。这些年来，一个项目一个项目地做过去，我并没有培养出学生任何实用的技能。那些都是一次性的东西，都是“甜点”。归根结底，我既没有时间，也没有有力地去支持设计一个真正意义上的项目式学习课题。我很清楚项目式学习的优势所在，但只靠我一个人是做不成的。

标准化考试是项目式学习的最大阻碍

•

在萨米特，我们有机会通过团队的力量去打造一个基于项目式学习的课程体系。我和学校的每一位老师都全心全意致力于此。

不过很快，我们就意识到为何其他学校没有采用项目式学习的原因之一，就是它实行起来确实太难也太复杂。想要设计一个跨学科的项目，并做到学术严谨、可参与度高，还要对标州立课程标准，这绝非易事。我们试图搜索一些成形的、经过验证的项目，但能找到的仅有几个，价格都非常高昂。有两个机构可以提供项目式学习课程，但每年需要支付数千美元才能成为他们的用户网络的一部分。一家公司提出可以为我们设计项目式学习课程，但仅一个课题项目的造价就高达一万美元，而且项目的所有权还不属于我们，我们不能和别人分享课程内容。出于种种考虑，最终我们不得不自行设计课程，直接发动老师参与到这个相当艰巨的挑战当中。我们用了好几个暑假，不断扩展、更新和优化我们的项目式学习课程。老师们分成不同的小组，参考手上最成功的教学案例，并在此基础上结合对学生重要技能和习惯的培养要求，设计出全新的课题项目。这就是集体智慧的力量，也是我孤军奋战时所缺乏的支持。即便如此，整个过程仍耗费了大量的时间，我总算明白为什么那些公司要价那么高了。

高质量课题项目的缺乏阻碍了项目式学习教学方式的大范围推广。但也有人会说，没有也没关系，我们不是还有课本吗？可是，课本与项目式学习完全是两码事。我们的文化崇尚标准和责任制。教科书出版商想要通过卖书赚钱，就必须清楚地告诉大家，各年级的标准知识点和考试内容都包含在他们的书籍和材料当中。如果我是一名教材出版商，受利益的驱使，我会采取最简单快捷的宣传手段：想知道法案是如何变成法律的？参考第 40~42 页的内容，记得把图表背下来，考试的时候或许会用到。而比起出版一本教材，萨米特的做法是设计一个模拟国会项目：我们要求每一位学生都去扮演一位真正的立法者，针对某个问题做调研，提交一份法案，并在这个过程当中，思考如何去做一名有道德的高效立法者。教科书式的学习或许更加贴近标准化的要求，也更加直接，但这种方式无法让孩子们进行深入思考，将书本上的知识同自身实际联系起来从而真正地去解决问题。在教科书中，“法案是如何变成法律的”是一条独立的、被割裂的信息，一旦考试结束，学生很快就会忘记答案。

标准化的考试无疑是项目式学习面临的另一大障碍。尝试新的东西会带来不确定性。**考试分数将学校分为三六九等，最终影响了房价。**为了买一套好的学区房，家长们努力工作赚钱，甚至不惜在财务上透支自己，而一旦获得了入学资格，还要拼命维护学校的名声。项目式学习对许多老师、校长和家长来说更像是一次冒险。因此，他们仍旧会选择熟悉的教育方式，因为他们自己就是这么一路走过来的。颇为讽刺的是，**标准化考**

试的初衷是为了检验学生的表现，看他们是否为今后的人生做好了准备，可是这些考试到头来却成了他们为未来做准备的障碍。而更具讽刺意味的是，接受项目式学习教育的学生在标准化考试中表现很优秀。

老师或者校长也许会欣赏项目式学习的理念，他们自己或许也参与过类似“我的行李箱”那样的课题项目，他们也曾看到学生会从中受益。然而，欣赏是一回事，愿意去做又是另外一回事，因为他们要对学校的排名负责。如果他们使用学校发的课本、材料和测试题，而学生的测验分数又不达标，他们就有足够的理由解释：“嘿，这些是你们给我的东西，我已经尽我所能了。”但如果你孤注一掷地非要采用另外一种不同的教学方式，一旦结果不理想，恐怕就要受千夫所指了（是的，当老师就是这么艰难）。这也就是我们为什么通常只能尝试“甜点”形式的项目式学习，而不能让项目式学习成为常规的教学模式。老师力求做好他们该做的事，与此同时，他们也认为这是对学生最好的选择。

支持项目式学习的家长也不占多数。毕竟，家长曾经接受的也都是传统方式的教育，而他们现在的生活也都还不错。是的，上学的日子的确很难熬，又很无聊，但我们可以反驳说，学习如何应对困难和无聊有时也是人生的一部分。所以，就像那些老师和校长一样，我们更关注孩子是不是拿到足够的分数，因为这关系到他们能不能上大学。每每提及学校，人们往往有一种微妙的心理。只要是上过学的人（无疑是大多数人）对于学校应该是什么样子都抱有偏见和自己的想法。我们都是凡人，会把自己上学的经历推及他人。教育者一定会这么做。大部分人在学校的表现都很好，至少觉得读书不是困难的事。

家长也经常愿意拿自己的经历举例："我现在混得还不错嘛，所以我的孩子也没问题。"就算知道自己曾经的校园生活在某种程度上不尽如人意，家长也会认为那"有助于锻炼品格"。也许有点道理。但如果我们抛开对少年时代足球比赛的怀念，抛开一群同学互相抱怨无聊数学课的"黑历史"，你的校园生活还剩下什么？如果你对人生总体还满意的话，你很难会去思考这些问题：如果我接受更好的教育会怎么样？如果能有更好的教育会是件坏事吗？如果你能够更快速地到达你现在所处的位置，没有那么多无聊的事需要应对，没有那么多额外的作业要做，你有更多的时间去探索，去和别人建立联系，培养自己的兴趣爱好，你是否会取得额外的成就？无论有意还是无意，正是因为我们不愿坦诚地面对这些问题，才阻碍了我们做出改变。

此外，家长最关心的无疑是自己的孩子是否能够在这个教育体制里一帆风顺。这很好理解，学校或许并不完美，但至少家长知道怎么在这个体制里生存。在他们忙碌的生活里，再去搞明白一套全新的上学方式很不切实际。所以我们只好说："静下心来，做你的作业，牢记法案是如何变成法律的，这样你在考试中就可以拿个好分数。"当孩子们抱怨说这些内容很无聊时，我们或许会耸耸肩表示认同，然后提醒他们："这就是现实，有时候你不得不妥协。"尽管，在我们脑海深处盘踞着的是恐惧。我们很清楚，**最终，他们只有一次机会。**

只知道得分技巧并无实际用处

在一对一的介绍当中，教练给了雷特一件小巧的白色制服。这是他的第一节跆拳道课，除了此前那次简短的介绍，他对这项运动一无所知。我在道场后面找了个位置坐下，和其他家长一起，看着整个班级开始做伸展运动。分开腿，弯下腰，手要触碰到地面，然后把脚向两侧划开，完成劈叉的动作。对大多数孩子来说，劈叉很容易，但雷特的手指在他弯腰时甚至还够不到地面。我在后面看着这一幕，双手不由得绞在了一起，我不知道送他来学跆拳道是不是正确的选择。雷特到底要怎么做才能像其他孩子那样？随后进行的是基础的出拳和踢腿练习。教练会先给大家做示范，然后孩子们会跟随教练的口令做动作，大部分孩子看上去非常轻松。不能完全跟上的孩子至少也都能做一部分动作，只有雷特一直站在那里看，因为他什么都不会。很快，助理教练走了过来，一步步地教他该怎么做，然后让他自行尝试。每次动作不到位或者忘了下一个动作，他都会停下来看看其他人是怎么做的，然后重新跟上大家的节奏。整堂课下来，无论是教练还是其他学员，大家都很乐意帮助他，他得到了自己的第一条腰带——象征着“新手”的白色腰带。系腰带看起来好难，别人怎么那么快就能系好？老师的回答也在意料之中：“下次再来，穿上你的制服，拿上你的腰带，我们会帮你，你只需要再试一次。”

类似的校外活动提供了难得的实践机会。但并非所有的课外活动都是如此。当我开始为雷特物色武艺学习班时，我发现大部分学习班采用的都是传统的教学模式，注重学员的晋级和比赛。就拿跆拳道来说，课上教练会将一整套动作分解后教给学员，而学员只要动作达标就可以进阶，获得下一个等级的腰带，最终的目标是考取黑带。教练还会培养孩子们去打比赛，但这种比赛和标准化考试有异曲同工之处。比赛有输赢，而得分有具体的技巧。这么做的问题在于，**当你在现实生活中需要动手保护自己时，你学的那些得分技巧根本毫无用处**。换句话说，那些都是花拳绣腿。真实的世界不会容许你站在一张垫子上，面对和你同龄且实力相当的对手，更不会有人在打架时只攻击你身上几个特定的部位。

我们为雷特选择的道场教授的是可以应用于实战的跆拳道。虽然这里也有各色的腰带，也会进行大量的踢腿和出拳训练，但还有很多地方都不同于那些注重晋级和比赛成绩的道场。学员有男有女，年龄有大有小，水平也不尽相同，学员经常会遇到比自己打得好的人，当然也会遇见不如自己的人。这很现实。如果某个学员决定参加比赛，这是他自己的选择，他可以进行额外训练，专门为比赛做准备，但那不是课程的重点。学习的目的是为了在日常生活中去理解跆拳道运动，学习消减冲突，了解自己的技能和力量，和团队齐心协力去完成目标，学会如何呼吸，及时反馈，并为整个群体做贡献，这些才是课程的重点。考取黑带并非结束，而是刚刚开始，在积累升级年资期间，这些黑带学员也要去指导其他人。如今，雷特也拿到了黑带，他就在班上指导那些曾经像他一样的初学者。

这个跆拳道课上的学生和我们的学生在模拟城市项目中的表现很相似。这些课题项目的目标是为了能够让孩子们更好地为这个世界做好准备。与标准化考试和跆拳道比赛不同的是，**如今的生活中清晰定义好的、简单直接的任务越来越少，你很**

难再通过简单明了的方式取得胜利或晋级。相反，生活可能一团糟，且复杂多变，无论在任何时候，你都必须能够清楚地了解自己需要什么，你的优势在哪儿，然后付诸行动。雇主看重的是能够解决复杂问题的能力和站稳脚跟的自信。家长则希望孩子在意外失去工作之后能清楚地知道自己下一步该怎么做。当孩子长大成人面对重大变化的时候，能够从容应对：例如一次大规模的搬家，或是迎来一对双胞胎时，懂得和伴侣一同承担起责任，把接下来的一切事务安排好。同时，我们的社区也需要这样的成年人，当他们面临复杂的道德问题时，会站在各方的立场上考虑问题，对假设提出质疑，并能够进行不同形式的推理。孩子不应单纯地去背诵法案是如何变成法律的（如果他们还记得的话），而是要亲身去感知立法的过程并有效地推动他们所关切的问题的进展。**他们和我们一样想为自己的人生做好准备。**

第五章

自主学习：以精通、自主和目标为核心的学习机制

家长经常会犯的错误就是太投入和过多插手，甚至想要替孩子完成所有事。我们应该信任孩子循序渐进的成长过程。

PREPARED

也许是大家的期待太高，原本以为是年度最佳的化学实验课——实际上也是唯一一门还算有趣的实验课——完全搞砸了。马修先生是我学生时期的化学老师，我们都很喜欢他，但没人喜欢上化学课。他留着爱因斯坦式的乱糟糟的头发，戴着厚厚的眼镜，看上去像是个疯狂的科学家，但他的化学课上并没有多少疯狂的东西。我们大部分时间都在听讲、记笔记、背诵元素周期表和解方程式。我们时不时会从教室中央的课桌前移动到实验台两边，依照复杂的步骤完成实验。

那是十二月的最后一天，每个人都在摩拳擦掌准备迎接假期，不停地吃着甜品。我的实验搭档和我将实验手册翻到第三页，准备按照上面的步骤做一个据称能带来假期惊喜的实验，但是整个过程没有什么是需要“实验”的 。和我们做的所有其他实验一样，马修先生早已在课前花了大量的时间提前准备好了一切：量好了每一份原材料，贴上了标签，并仔细地把实验器材摆好。而我们只要照着手册去做就好，就像是新手照着初级菜谱做菜一样。

如果我们知道那次实验的目的，或者清楚我们要取得怎样的实验成果，也许事情就不会那样糟糕。我们本可以自行把问题解决掉，或者在正确时间寻求帮助。但可惜的是，我们既不知道自己到底要干什么，也不知道要这么做的原因，于是我们只好硬着头皮继续做下去，直到最后一步。我的一位搭档说："看一下背面，应该还没做完。"另一个人则怀疑这到底是愚人节实验还是圣诞节实验。我们看了看周围人的实验台，想知道有没有人成功了，但大家都一脸茫然地望着桌面上那一团黏糊糊的糖，上面还粘着几颗花生。

马修先生在实验台之间来回奔跑，不住地呢喃着什么，他拿起实验手册，对比了各种原料，然后再次检查起手册来……下课铃声响起时，我们全班都盯着他，不确定接下来要干什么，或者说他到底想要我们干什么。后来，终于有一位同学开口提问："马修先生，这到底是什么？"闻言，马修先生的肩膀明显耷拉了下来，一脸垂头丧气地答道："花生糖——假期特供。"

那只是马修先生在教学上希望给我们的一个小惊喜，可惜搞砸了。不过，偶尔我也会想，即便我们依照马修先生的指示成功做出了完美的花生糖，又能如何？我们当中会有人因此立志将来成为一名化学家（目前据我所知是没有）或者大学选择攻读化学专业吗（也没有）？会激励我们努力学习或者取得更好的成绩吗？还是说能保证某些人以后早上八点钟准时来上课？虽然我们无从得知确定的答案，但情理之中我们都知道这样的实验不可能带来很大的改变。

将近三十年之后，当我和一群萨米特的高中生坐在一起谈话时，我又想到了马修先生。我们会聊很多东西，我会询问他们最近做了些什么，哪里做得好，哪里需要改进，在他们看来学校想要不断进步又该做些什么。一个名叫伊桑的学生言谈间随口说了一句："我要去参加大学化学的预科考试。"这引起了我的注意。

"等等，你刚刚说什么？"我困惑又带点好奇地问。

"再过几周，我要去参加大学化学的预科考试。"

"但我们不提供大学化学的预科课程啊？"

"哦，我知道的，"他似乎察觉到了我的困惑，紧接着解释说，"我们有一群人真的很喜欢化学，想多学习一些内容，所以我们决定组建大学化学预科考试学习小组，进行自学。"他似乎觉得这样的解释就足够了，正准备继续我们之前的讨论。

我刻意压低声音，因为我知道如果任由那些激动或者惊讶的情绪流露出来，我恐怕控制不住我的音量，“听上去很有趣。你能告诉我，你们是怎么做的吗？”

“当然。”他耸了耸肩，“嗯，我刚才和您提到，我们有一群人非常喜欢化学，我们觉得化学课里的那些课题项目非常棒，也很有趣，所以我们想多了解一些内容。于是我们把它设定为年度目标之一，就是说我们要先试着多了解一下课程内容，然后再决定要不要继续深入学习。但是鉴于学校没有相关的学分课程，我们想要了解自己到底掌握了多少知识，就只能参加预科考试了。于是我们做了一个计划，首先是组建一个学习小组。我们找到了一本大学化学预科教材，利用可汗学院（Khan Academy）的资料和其他一些信息来源做辅助。其次，我们会把学习内容进行项目化处理，制作播放列表，就像在学校里上其他课那样，我们还制作了详细的学习进度表。最后，我们申请了自习时间，老师批准了。于是我们就依照计划开始学习，准备考试。唐普顿女士是我们的化学老师，也是我们的导师，她帮助我们设立目标，完善我们的学习计划。我们会定期向她汇报，她也会给我们反馈。她还给我们介绍了几位化学领域的专家，以便于我们了解专业人士是如何将我们所学的知识应用到实际工作当中的。”

“那么你又从中学到了什么呢？”我继续问。

“这个嘛，”他答道，“我学到了很多东西，比如我知道了哪些方面是我喜欢的，哪些我不喜欢。例如，我喜欢做假设和实验，喜欢利用科学知识去解决实际的问题。但如果让我花上好多好多年的时间在实验室里研究某个想法或理论，我其实不太感兴趣。看看我的预科考试成绩怎么样吧。我得到的反馈和评测结果都表明我学到了很多，我想看看这些能不能反映到考试成绩上，不过不管结果怎么样，我都很有成就感。”

几天之后，我在一次烤肉聚会上讲起了这件事，一位母亲马上接话说：“哦，我儿子就是太缺乏独立性了，他必须按部就班地接受老师的教导。靠自己，他绝不可能做到那种程度。”这种话我听得太多了，每当我和家长谈论起萨米特的自主学习实践时，他们都是这种反应。我不禁会想，**那我们到底要什么时候才能放手让孩子学习独立？而孩子们又该如何去理解独立的意义呢？**

我们的学生毕业后真正长大成人了吗

•

近一百多年的时间里，美国学校一直主张孩子在长大成人前需要习得一定的知识。老师的工作是传授知识，而学生的任务则是学习知识。学校的另一项任务是向外界展示学生确实学到了东西。方法很简单：老师以讲课、讲义、影片或其他他们认为适合的形式向学生灌输信息，学生通过学习和做题牢记这些知识，最终由统一的考试检验其学习成果。考试成绩决定了学生的排名，然后大家回过头继续上课。

如果教育真的只是这么简单就好了。对大部分学生来说，无论是听老师讲课还是自己看教材都是件非常无聊的事，并且毫无效率可言。虽然一直以来情况都是如此，但随着时代的发展和科技的进步，当下的情形已经和以往完全不同了：无论你想学习什么，YouTube（视频网站）上都可以找到相关的视频教程，利用谷歌你可以搜索到想要知道的一切，学生们根本没有兴趣再机械地听讲、记笔记或做记忆卡片。从科学的角度已经证明，几乎所有学生都可以掌握相同水平的内容，只是各自的学习速度和适用的学习方法不同罢了。此外，如果学生认为所学的知识与自己的生活息息相关，并且在实践中能够得到应用，那么他们就会记得更加牢固。学生对于大部分的传统授课方式不感兴趣并不是他们的错，因为它确实已经不适合现在的孩子了。

因此，老师身上有两项相互矛盾的职责。一方面，老师负责传道、授业、解惑，这一点不言自明。我相信这也是激励大部分老师选择投身这个行业的首要原因，是他们的人生追求。而另一方面，老师还要确保学生的成绩能够如实反映他们的课堂表现，而且他们在给学生打分时应秉承公平合理的原则。很多人会说："这两项职责不该是相辅相成的吗？老师辅导学生学习，学生就应该能拿高分。"而事实并非如此，因为整个教育评估体系充满了漏洞。

首先，成绩并不能反映客观性，三分之二的老师承认他们在打分时会考虑学生的进步和努力程度以及他的课堂参与度。其次，成绩也不具备统一标准，每个老师、每个学校都有自己的一套打分体系。再次，成绩无法反映更具体的内容，很少有家长和学生了解评分制度背后的逻辑点。

此外，教师在开展工作时也会受多种因素的限制，例如学生的数量、与学生见面的时间、能获取的资料数量以及他们被要求教授的内容等。当你必须考虑到这一切的时候，最终要面对的也不过是日复一日的挣扎：确保学生的出勤率，让尽可能多的人准时上课、注意力集中、花足够多的时间学习足够多的内容，这样学生才能通过某一门课程的考核，幸运的话再拿个好分数。而学生的境遇也好不到哪里去，为了一个看起来更加长远的目标——从高中毕业，顺利考上大学，不得不打起精神应付日复一日的枯燥学习。

无论是老师还是学生，他们的行为看上去非常合理，但实际上毫无意义。最终，我们会发现，大多数孩子仅仅掌握了一部分知识。在这个过程中，他们变得失去了兴趣，失去了动力，精疲力竭，哪怕有些人的分数和成绩还不错。老师的梦想也破灭了，曾经投身教育行业的一腔热血已经逐渐冷却，有人放弃了教书，或者不再去关注全体学生的成长，只要某些学生取得了成功就心满意足。

凡此种种，**我们唯独没有看到哪个班级的学生毕业后真正地长大成人——具备了成年人世界所需的知识和技能，以及活到老学到老的朴素智慧**。我们的世界变化得太快，十八岁的时候，你连自己第二年要干什么都不知道呢，又如何想象今后的人生会是什么样子。这本应该是学校教会你的道理，但如今，我们的教育当中缺失了这一个环节，为了改变这一现状，我们创建了萨米特。

自主学习能力是可以后天培养的

•

和大多数同事一样，我也是个研究狂。针对如何看待学习以及如何开展学校的工作，丹尼尔·平克（Daniel Pink）、安吉拉·达克沃斯（Angela Duckworth）和琳达·达琳–哈曼德的著作给了我们不少启发。在萨米特，我们有一个“管理者书架”，上面摆放着的都是我们的必读书目，大家在读完后会展开讨论，从中学习，并尝试将所学到的东西应用到教学实践中去。

丹尼尔·平克的畅销书《驱动力》（*Drive*）就是其中一本，其研究指出，**精通、自主和目标是驱动力的基础**。简单来说，精通就是指你变得熟练掌握某件事情；自主意味着你有一定程度的控制权；目标则是说你发自内心想要去完成某件事，你的动机是真实的。平克的著作引发了我们的思考：是否可以设计一种以精通、自主和目标为核心的学习机制？今天，我们称其为自主学习：学生自己主导他们的学习进程。这需要长时间的训练和来自各方面的反馈，我们必须有意识地培养学生的自主学习能力。

我和戴维·耶格尔是好朋友，他是著名心理学家卡罗尔·德韦克（Carol Dweck）的弟子，德韦克的研究揭示了与固定性思维相比成长性思维的重要性。戴维曾访问过我们其中一所学校，几个小时的参观过后，大家坐下来开始交流。我们表达了自己的意图：首先希望学生制订一个计划，并引导他们为自己设立有意义的目标。我们想要培养学生的自主学习能力。戴维也提出了自己的看法，并帮助我们构建了萨米特的自主学习体系。

德韦克已经证明，制定短期、中期和长期目标有助于培养学生的目标意识。[1] 因此，我们首先要求学生有意识地设立一个目标，例如用论据支持某个论点，或是管理自己的时间，以避免在一个为期三周的项目截止日期前一晚疯狂赶工。随后，他们要制订一个用来完成目标的计划。接下来就是如何实施计划了，而这一环节也正是学生学习和实践的关键阶段。计划开启之后，他们要时不时地检查自己的进度，并定期向导师汇报，确保自己没有偏离正确的路线，并在必要的时候进行自主决断。他们也许需要改变策略，寻求帮助，抑或迎接更大的挑战。目标完成后，他们还要展示自己的成果。这就类似是一场汇报演出，或者展示一幅自己的作品。下一步，学生反思自己做得好的地方和哪里遇到了困难，并找出相应的原因。最后，整理好一切，再重复上述步骤。下一节课，学生仍旧会经历这样一个过程，再下一节课亦然。教室里成年人的作用仅仅是回答问题和负责指导，控制权不在他们手上。

我们和戴维在会议室里花了一个小时的时间，在白板上画了一幅草图，初步敲定了整个体系的框架。那个下午我们意识到，仅仅阅读那些伟大思想家的作品是不够的，研究人员和实践者需要坐在一起，聆听彼此的想法。戴维并不是我们的终点。我们开始频繁地给其他研究人员打电话，联系“管理者书架”上那些著作的作者，向他们介绍萨米特。即便略显唐突，我们也会直截了当地询问：“这是我们自己设计的学习体系，您可以帮忙看一下吗？我们是否缺少了什么东西？有没有哪里做错了？哪里又是做到点上的？”不可思议的是，他们不但回复了，还热心地帮助我们修改课程内容，并对自主学习体系进行了完善——也就是你们今天看到的那样。

好消息是，**自主学习能力是可以后天培养的**。烤肉聚会上的那位母亲对于儿子毫无自主能力的看法也许是对的，但她的应对措施却是把他放到一个更加强势的控制环境中，这样他就完全不需要任何自主技能了。而实际上，他最需要培养的正是那些技能。没错，这些孩子现在还有来自学校和家长的支持和帮助，他们或许看不到独立自主的价值，那么，等到以后上大学、找工作、开始独自生活的时候再去学吗？还来得及吗？

今天，你看到的是，伊桑可以轻松地为自己和同学们搭建一整套化学学习方法，但他本人其实花了很多年的时间去培养自主学习的能力。他不是一开始就会那些东西的。最初，他只是在一小时的课程内容当中触摸到了自主学习体系，然后在下一个小时继续学习有关的内容，然后再下一个小时……

自主学习者的五大特征

•

“你这一个小时的目标是什么？两分钟准备，开始。”白板墙上投射着一个倒计时装置，旁边是一个“SMART 目标”结构图。“SMART 目标”是由乔治·多兰（George Doran）、亚瑟·米勒（Arthur Miller）和詹姆斯·坎宁安（James Cunningham）提出的，代表具体的（Specific，S）、可衡量的（Measurable，M）、可执行的（Actionable，A）、实际的（Realistic，R）和有时间限制的（Timebound，T）目标。“我们要设立一个 SMART 目标。”琼斯女士提示道。这就是自主学习时间，学校每天有一小时的时间专门培养学生独立学习的能力，他们也可以选择与同学或老师一起研究各种课题，从法国大革命的起因到复数再到有理数指数问题等，每位学生都有各自的目标：当天需要完成什么，或一周内需要完成什么。这听上去有点像是自习，但自主学习与自习有本质的不同。例如，某个学生在本周的目标是要掌握某个数学概念，自主学习时间的负责老师、该学生的导师和数学老师都可以看到这些信息，因为这些信息都在我们开发的自主学习平台上，学生可以选择去完成不同的目标。

琼斯女士环视了教室一周，不时会问一些具体的问题，而每一位学生都在笔记本电脑前认真工作着。

“你这个目标六十分钟能实现吗？你是否需要调整一下？”

“你的目标设定当中没有写时间，你打算什么时候完成它？”

“看了你写的这些后，我还是不知道你在想些什么，你具体要做什么？”

“如果你拟好了你的目标，”倒计时一分一秒地过去，琼斯女士向教室里的所有学生说，“拿给你的搭档看看，根据对方的反馈，做出修正。”

两分钟之后，琼斯女士说道：“好了，现在让我们来分享一下，这样一来，大家都可以制订相应的计划，并且互相监督。”她将一份共享文档投影在白板墙上，所有人的目标都列在上面，每个人都可以看到其他人的。“看看这些目标，在你思考如何实现自己的目标时，记得留意身边可利用的资源。比如，是否有人和你设定了类似的目标。”

她停顿了一会儿，继续说：“接下来，我们再用两分钟时间来制订计划。你要完成到什么程度？你手中有哪些资源？你的优势在哪里？你要如何做到最好？写得详细些。一步一步来。开始。”两分钟之内，所有人的计划都已经成形，尽管每位学生的计划都不一样，但本质上却有共通之处。很多学生都想要掌握“重点内容”，只不过大家各有侧重的科目。这些计划包括进行一次学习评估测试，了解自己的水平，复习当前应掌握的所有知识点和词汇，以及观看某个课题的相关教程视频。有些学生还计划找志同道合的搭档一起学习，这样一来，他们就可以为彼此讲解知识点，一起做练习题，互相检查作业。

不到八分钟，学生们已经陆续进入到计划的执行阶段。有些学生选择独立完成，有些人两两一组，其他人则组成多人小组。有的戴上耳机和兜帽，有的坐在椅子上，有的坐在地板上，甚至还有些人直接跑到了桌子底下。每十分钟，当天的一名志愿计时员会提醒大家剩余的时间。随着时间流逝，学生会先后完成各自的目标，他们点击“完成”按钮后，投射到白板墙上的目标内容会显示为绿色。同学们看到之后会齐声祝贺：“恭喜，干得漂亮！”全体鼓掌，然后继续自己手头的工作。其中一位学生这段时间以来一直在尝试理解并掌握某个科学概念，当他完成目标时，几个同学跑过来和他击掌，有人跑过去撞了撞他的肩膀，然后给了他一个大大的拥抱。因为他们知道他已经努力了很久，这一目标的完成对他本人来说意义重大。

距离结束还有七分钟的时候，琼斯女士把同学们召集起来。“让我们来回顾一下过去的一小时内容，以及我们制定目标的整个过程。看看哪里做得好，以及为什么。”

“我及时完成了任务。”戴维露出一个大大的微笑，一边说一边以眼神寻求同学们的肯定。

“好的，完成任务是件好事。那为什么及时完成是件好事？”

戴维的声音严肃了一些："我一直很投入，所以我想，这应该意味着我的目标很适合我。我开始逐渐了解自己做事需要多长时间，这样一来我就可以更好地规划我的时间。"

"这是了解你自己很重要的一点。感谢你的分享。还有谁认为自己的目标设定得恰到好处？"几个人举起了手。

"还有哪些做得好的地方？"

"对于线性方程和不等式我一直掌握得不是很好。"萨莎说道，"好几次目标都没有完成。我惯常的做法并不管用，今天我看到英格丽德和拉伊的目标和我一致，所以我们组成了学习小组。和他们一起学习对我有很大的帮助，因为我终于知道自己的问题出在哪里，今天我总算完成了目标。"

"听起来你已经学会了随机应变，这是自主学习者的五个显著特征之一。当你发现自己的惯常做法不管用时，你会重新思考自己的计划，并改变策略。非常好。"

和其他萨米特的老师一样，琼斯女士每天都会多次强调这五个特征：随机应变、寻求挑战、坚持不懈、直面挫折和适时求助。琼斯女士又问道："有哪里做得不好？为什么？"

"我没能达成我的目标。"凯尔耷拉着肩膀回答。

"那感觉确实不太好，不过你从中学到了什么？"

他的表情从郁闷转为好奇。"嗯，我的目标是掌握细胞的知识，但我事先完全不了解这块内容，我不知道它居然那么复杂。其他生物知识我都掌握得很好，所以我想我有点过于自信了。当我进行学习评估测试时，我发现自己一无所知。我有些沮丧，我知道这个小时是没戏了，所以我就懈怠了。”

“你很诚实，这很好。那么，过去的六十分钟你学到了什么？有哪些东西是你可以在下一个小时继续学习并取得进步的？”

“我想我浪费了一些时间。”凯尔说，“因为我知道自己完成不了。当我发现这一点的时候，我其实该及时修改我的目标的，或许这样一来我会更有动力。”

“你是应该那样做的，但发现自己完成不了任务成了你的心理障碍。你刚才说你已经意识到自己理应更加积极地去面对这一困境。与其承认自己无法达成目标，然后松懈下来，不如结合实际情况重新定义自己的目标，并全力以赴。”

“你们表现出了自主学习者五大特征中的两个，”琼斯女士继续说，“**随机应变和直面挫折**。有谁在上一个小时里展现了其余三种特征？”

“加布做到了。”安娜说，“他问了我一个关于工业革命的非常具体的问题。他对工业革命的理解很透彻，只是不太明白其中一小部分内容。我认为这就是**适时求助**，他通过自己的努力掌握了自己不懂的东西，他没有让我替他完成。”

“我认为今天我们大多数人都表现出了**坚持不懈**的特征。”托德说道，“我们在这一小时里都在努力学习，看看我们有这么多人都达成了目标，那些目标并不简单。”

“我非常同意。”琼斯女士说道，“那么，有谁寻求了挑战？今天谁表现出了**寻求挑战**的特征？”

“我！”库珀答道，“我讨厌数学，我的数学成绩也很糟。但我们正在做的课题项目很有趣，我需要了解一些数学方面的知识，所以今天我决定从数学开始。这是我的第一个目标。”

教室里的四星级自助餐

•

在萨米特，学生上课时并非总是坐在课桌前面对着老师，大多数时候他们会散落在教室各处，按照自己的计划和步调做事。家长看到这般景象往往会皱起眉头。虽然不明说，但他们经常会暗示学生这样做是在偷懒。就好像我在教室里搞了一次免费随便吃的自助餐，在他们的想象中，孩子们一定是在大口咀嚼碳水化合物和甜食，或者在浏览 Instagram（照片墙，一款图片分享应用）和打游戏。他们很难想象孩子会自觉地做出正确、健康的选择。

如果一定要说是自助餐的话，我更愿意拿谷歌提供的自助餐做比较：所有的食物都附带清晰的红色、黄色和绿色标签。绿色标签代表食物是健康的，应每天摄入（例如沙拉、水果、健康的谷物和瘦肉蛋白）。黄色标签意味着每周可以吃几次，但是你不能天天都吃（例如奶酪成分比较多的东西，各种肉类和意大利面）。红色标签的食物你就要注意了（甜甜圈）！配餐的份额是经过仔细研究的，当然你也可以多拿些。餐盘很小，以避免人们拿过多的食物造成浪费。厨师会穿行其间，和来吃饭的人谈论食物，回答他们的问题，或者提供一些基本信息。

在萨米特，我们的教学方式与谷歌的自助餐形式有异曲同工之妙。我们帮助学生得到好的体验，为他们提供强有力的指引和有价值的建议。他们不会漫无目的地浏览 YouTube，琢磨着“唔，我今天学点什么好呢”。学生会在导师的指引下设立自己的目标，我们会为其筛选准备好一系列达成目标的方法，学生可以从中选择，这些方法也是直接为他们正在做的课题项目服务的。老师则花时间在更有价值的事情上，回答学生的提问，提出反馈意见，就学生的个人发展进行有意义的沟通讨论。我们提供的是四星级自助餐待遇，不是那种可以吃上一整晚的豪华盛宴，也并非预先设计好的、不可更改也不可替代的定食，孩子们甚至连拒绝的权利都没有。当然，也不是所有的课堂都像琼斯女士主持的一小时自主学习那样有秩序，有时候也会乱作一团。

最完美地利用失败

技能的培养不是一帆风顺的，想要制定一个“SMART目标”并设计一个配套的可行方案，需要时间和大量的练习。“得益于”当今先进的科技，孩子们在遇到困难时很容易分心：看个视频、打个游戏或给朋友发个信息，这些都让他们把本该用来学习的时间白白浪费了。

威尔就是个极端的例子，他做了错误的选择。刚来萨米特的前三周，他在自主学习环节没有做任何事。对，说白了就是什么都没干。他倒也并不会干扰大家，只是安静地坐在那儿，开着电脑，调出学习计划表。一旦有人走过，他就会假装在阅读，或者把手放在键盘上装作在打字。和导师会面的时候，他也会制定自己的目标，但即便大家都在帮助他，他还是一点进展都没有，一个目标都没能完成。我和威尔的老师与导师经常坐在一起讨论他到底是怎么回事，而我们又该做些什么。我们看过他的档案，威尔每年暑假都要上补习班，即便这样他的成绩还仅仅是勉强及格。他在学校并不是什么问题学生，他似乎很清楚如何花最少的精力让自己在最后关头跟上队伍。

我对威尔很好奇，我开始坐在他的班级里观察他。一次自主学习期间，他发现了我。显然我不是一名称职的“间谍”。他似乎是在琢磨着什么事情。他知道我是“管事儿的”，觉得我或许能够帮助他。萨米特和他此前上过的所有学校都不一样，他并没有明确的学习计划，也没有老师告诉他下一步要做什么。他坦白地告诉我，正因为如此，他才毫无进展。他不知道自己到底该怎么做。

这一刻对我来说非常重要。我看着这个孩子跌跌撞撞，试图搞清楚自己的困惑，这一过程就像佛教中的“顿悟”。威尔发现，他不能再置身事外，必须要参与到课堂中来，必须要做些事情，要不然他什么也学不到。他之前误以为上一堂又一堂的课就说明自己在学习。随着我们谈话的深入，我越发了解到他实际上根本不清楚什么才是真正的学习，以及他在其中应扮演一个什么样的角色。在他看来，学校从来就不是什么学习的地方，只要敷衍过去就行了。而接下来发生的事情也并非什么魔法时刻，比如突然间威尔开始努力学习然后在短短几个月之内成为一名出类拔萃的学生。虚拟情节和现实总归是有差距的，接下来的几年里所有人都付出了大量的努力。幸运的是，这是一个关键的突破，让努力变成可能。

这件事对我的影响不止于此，旁人的反应更让我大为触动。当我和校外的教育者谈论起威尔时，他们对整个事件的看法与我大相径庭，我自认为取得了教学上的重大突破，可很多人认为我的教育方式有问题，他们非常震惊地质疑：“你就这么让他自己在那儿坐了三周，一无所成？”

起初，我以为是自己的表述不当。威尔此前的学习生涯可谓颗粒无收，他逃避的手段简直“登峰造极”。但是在萨米特，他仅仅用了三个星期就察觉到了自主性的作用，这三个星期对于他今后的终身学习完全是值得的。在他离开学校，挣扎于“现实世界”之前，我们还有机会在高中期间做点不一样的事。这怎么能说是在浪费时间呢？如果一定要说浪费，他已经浪费了太多的时间在现行教育体制内随波逐流。认清这一点当然需要花些工夫。但在成年人眼里，一旦孩子遇到困难，我们就该立刻介入，拉他们一把。正因为这种观念上的分歧，我们对待威尔的教育方式引发了许多场辩论，但最终都陷入了僵局。

归根结底，威尔的例子让我了解到人们对失败怀有的复杂情绪。**我们大多数人都害怕自己失败，害怕自己的孩子失败。但同时我们也清楚，孩子需要从失败中学习。**那么，我们究竟该如何找到最完美的切入点呢？

不担心失败，才会进步得快

•

四岁那年，我和家人第一次外出度假。我们一个个钻进旅行车，一路向南开到洛杉矶，我父母的老家在那里。天气非常炎热，到处都是灰尘，因为车里没有空调，当我们最终抵达六号汽车旅馆时，一个简单的混凝土游泳池在我看来都好像是一片绿洲。我记得自己当时非常激动，既有在家之外的地方入睡带来的新奇感，又掺杂着对凉爽池水的渴望。然而我并不会游泳。此前，我唯一能够接触到水的地方是一个湖泊，岸边水很浅，在那里玩耍并不需要会游泳。但六号汽车旅馆的游泳池并没有浅水区，所以我母亲不允许我自己一个人下水，一定要有大人在身边陪着，但她又要忙着照顾我妹妹。我父亲也不想下水，他直接说："你应该学学游泳。"我坐在游泳池边把脚泡在水里，我记得他当时说："你要么沉下去，要么就会游了。"随后，他就走了过来，两手穿过我的腋下抱起我，在我还没反应过来发生了什么之前，他直接把我扔进了深水区。我到现在还能够回忆起那巨大的声响，当我的头落入水中时就好像是撞上了什么东西。不过，即使这样，我也没有学会游泳。毕竟，我们不能期望一个既不具备任何技能又没受过任何训练的四岁孩子有什么惊人的表现，虽然本能告诉我要想办法浮出水面，但惊慌和恐惧显然已经压倒了一切。我记得在水下呼吸的那种可怕感觉，记得水底那些明明灭灭的影像，我能感觉到自己正在下沉，却只能无力地瞎扑腾。水花又一次溅了起来，我感到有人从背后猛地拉住了我的衣服，原来是我母亲跳下来救了我。尽管后来我学会了游泳，但学习的过程格外艰辛，因为那次泳池事件给我留下了很深的阴影，直到今天，我依旧很害怕水，依旧认为自己游得非常糟糕。

尽管“从失败中学习”这个说法有一定的依据，但在我看来，“要么浮起来学会游泳，要么沉下去淹死”这种方法其实是行不通的。**失败只有在两种前提下才是有意义的：首先，个体确实从失败中学到了一些东西，并因此有动力再次尝试；其次，失败不会永久地排除未来的可能性。**

在面对挑战时（例如一次考试），我们经常会思考，怎样做会对孩子更有利——是让他们体会失败，还是避免他们失败？但问题在于，尽管一次考试失利并不会像溺水那样导致人死亡，但孩子和家长依旧会感到恐慌，毕竟考试成绩直接关系到他们能否顺利毕业、考上大学，甚至关系到能否买到一份划算的汽车保险（至少在加州，平均成绩在 B 以上的学生买保险会便宜些）。有些后果可能会让人无法承受，以至于许多家长不得不提前出面干预，避免孩子遭遇失败。但这还不够，家长想要的是离潜在的危机越远越好，不然孩子的压力就太大了。出于类似的想法，家长对孩子近乎严防死守，万不敢让其承担丝毫失败的风险。我们已经在无意中构建起了复杂的系统和机制来检查作业、监督成绩、找老师，甚至是检查出勤率。

老师也不希望学生遭遇失败，所以他们为毫无意义的作业提供额外的学分，以便学生能够顺利升级。他们还会为学生的“努力”打分，这种做法实际上是有问题的，因为它很有可能导致学生“努力”错方向，只为了分数而学习，从而脱离实际，偏离正确的道路越走越远。另外，学校开设的暑期课程更注重出勤率而非学习效果。诚然，大家的初衷肯定是好的，毕竟没有人想让我们的孩子辍学，但我们也不该全都为孩子打点好一切，让他们成为毫无自主能力、完全依赖别人的人。

颇具讽刺意味的是，家长通常极力抵制电子游戏，认为孩子会玩物丧志，可我却觉得游戏提供了一种额外的解决方案。雷特十岁的时候，为了能在我的手机上玩切绳子的游戏，表示愿意做任何事情。这款手机游戏广受好评，它的设计理念参考了角度和速度等数学原理，所以我才会下载并和雷特一起玩，把它当成是给孩子的一种奖励。游戏里有一只可爱的小怪兽叫奥姆泡泡，它很喜欢糖果。为了让它得到糖果，玩家需要将拴着糖果的绳子切断。切的位置也很有讲究，你要让糖果刚好落进奥姆泡泡的嘴里。这些听上去很简单，但随着游戏等级的升高，难度增加，对速度的要求更快，你必须充分发挥想象力，找出可以让奥姆泡泡吃到糖的方法。当我把手机递给雷特的一刹那，他就开始操作了，我甚至跟不上他的动作。

“慢点！”我抗议道，“我都看不到你在做什么了。”

“你说什么，妈妈？游戏就该这么玩啊！”

我很快发现他在不停地切绳子，当然每次都切错了地方，奥姆泡泡很伤心，但雷特看上去并不在意。我坐下来开始观察，显然雷特并没有被失败打击到。他意识到这个游戏即使失败也没关系，所以他不停地尝试，反复尝试，想要弄清楚下一次该切哪里才会成功。他的做法很有条理，也有一定的策略，并且行动非常迅速。因为不担心失败，他进步得非常快，每一次尝试都比之前做得更好，他从失败中学到的东西和从成功中学到的一样多。

适当放手

·

几年后，雷特开始了在萨米特的学习生涯，每次在进行自主学习时，他偶尔也会遇到类似的失败状况。他会制定自己的目标、做计划，然后按计划执行，有时目标能够达成，有时则会失败。我试图把自主学习的模式照搬到家里来，我和斯考特达成一致意见，将目标设定为准备晚餐。我们一家人都是“吃货”，我们喜欢品尝美食，喜欢谈论食物，喜欢做饭。雷特十三岁的时候，我想他这个年纪已经可以学习如何准备晚餐了。他没理由不会做饭。为此，我们对雷特展开了“苦口婆心”的教育，甚至还特意夸大说如果他自己不做的话，周三晚上就没饭吃，后来他终于同意学习做饭。我们的想法很简单，等到他十八岁的时候，哪怕只学会做十道菜，他离开家之后就至少能给自己准备十顿饭，他就饿不死。雷特挺喜欢这个主意：每周做一顿饭，吃什么他说了算。

但我也并没有当甩手掌柜，抛下一句“很好，那晚餐好了叫我”，然后转身就走，不然雷特第一次下厨注定会以失败告终。相反，我浏览了大量的食谱，筛选出我认为适合他一开始练手的菜：没有乱七八糟的原料或复杂的步骤，不太需要特殊的技巧，雷特从中选择自己那周想要做的菜，然后我们会一同去采购所需的食材。

起初，我犯了几个错误。我没有一直盯着雷特，在雷特做饭的时候离开了一会儿，但实际上他需要大人从旁指导，不然会把东西烧焦。还有，我太投入了。他不知道怎么用刀切菜，以至于等我冲回厨房的时候，发现他差一点就切到了自己的手指。我接过刀具代替他切菜，然后不知不觉就变成了我在做饭，雷特站在旁边看。很明显，他缺乏烹饪的基础知识，例如为何食材要按照顺序放入。但我不能直接都替他做了。尽管好几次我都忍不住想上手，因为每次轮到他做饭，都要等好久才能吃上晚饭。做完饭后的厨房比我想象中还要乱，并且坦白讲，食物也不太好吃。我从来没有意识到，要把蔬菜做得香脆可口，把肉煎成漂亮的深褐色——而非黏糊糊的一团——是需要经验积累的，我花了整整二十年才练好厨艺。作为一名有经验的厨师，我做饭比雷特快多了，毕竟他只是一个初学者。但我却发现，每次雷特只要一问我怎么做，结果就一定会变成我直接接手，他无所事事，甚至索性离开厨房。老实说，这种时候反而让我觉得如释重负。我又累又饿，只想赶紧吃东西。可是，这样雷特是学不会做饭的。**家长经常会犯的错误就是太投入和过多插手，甚至想要替孩子完成所有事。**我自己也有过这种经历，所以我知道为什么事情会发展成这样。

因此，我和斯考特给自己定了规矩：雷特做饭的时候我们必须有一个人陪同，回答他的问题。但同时我们也要做自己的事：支付账单、看看文章或处理其他的工作，我们不会一板一眼地每一步都指导他。我们要坐在料理台的另一侧，给他留下足够的空间，这样也可以避免我们自己按捺不住想要接手。即便菜品的味道一般或者厨房乱成一团糟，我们也必须忍耐，因为雷特学会自己做饭这件事才是最重要的，为此，大人受点委屈也无妨。

从雷特的角度出发，他的目标是每周做一顿饭。他得有一个计划——食谱和食材——并去执行它，在必要的时候他可以咨询我们。之后，他要将自己的成果展示出来，也就是让我们品尝他亲手做的饭。至于反思环节，在我们家一直有一个传统，我们会把所有试做过的食谱装在一个塑料夹子里，给它们一一打分，从一分到十分，并指出我们喜欢和讨厌的地方（我说过，我们一家人都是“吃货”）。这一习惯有利于雷特获取真实的反馈和可行的建议，他同样也可以告诉我们他学到了什么，未来又会进行哪些不同的尝试。如此一来，雷特逐渐成长为一名合格的“厨师”。对于家长来说这真的算不上什么重大投资（五年间，每周做一次饭），但你会觉得放心，至少孩子在离开家之后有足够的能力让自己吃得健康。当孩子做半天都没有做出一顿像样的晚餐时，我们至少还可以泡一碗麦片粥当晚餐，这没有我们想象的那么难。真正的难点在于我们自己需要做出的努力和改变——**适当地放手，信任这个循序渐进的成长过程。**

当孩子不再需要家长的帮助

•

眼睁睁地看着孩子遭遇失败——哪怕是很小的失败，例如把饭烧焦了——对家长来说都是一种挑战，但在我看来，自主学习所带来的挑战更甚。实际上，当孩子进行自主式学习时，家长的角色就已然发生了改变，但是新角色应该变成什么样子有时候大家并不知道。

某个周六的清晨，整个屋子静悄悄的。我刚结束了为期一周的差旅，前一天晚上回到家的时候所有人都已经睡熟了。我给自己倒了一杯咖啡，这时斯考特走进了厨房，他刚遛完狗回来，看上去很烦躁。

“公园里发生什么事情了吗？”我问道。

“你不在的时候，我尝试教雷特数学，那简直是个噩梦！”斯考特实事求是地说，“你们连本教材都没有，我根本不知道该怎么教他解数学题，他的做法和我所了解的完全不同。”

过了好一会儿，我才意识到斯考特不是因为遛狗的事心烦，也没有把我当成他的妻子来对话，而是在与他孩子所在学校的“领导者”进行交谈。我随即调整了角色，问道：“能告诉我发生了什么事吗？”

他深吸了一口气说："这周雷特在学习数学，他有的题不会解，所以过来问我，但我也记不太清具体要怎么做。我和他讨论了一下，但他的解答方式和我所学的完全不同。我只好问他要课本，但他说没有那种东西。我又问他有没有参考答案，他说也没有。他只有一个知识点的在线播放列表。"

我点了点头，继续问："然后呢？"

"我们一起把列表中的内容看了一遍，花了大概二三十分钟。"

"接下来呢？"

"看完之后，我们终于知道该怎么做了。雷特完成了所有的题目，我对了下答案，发现有一道题他做错了，我不知道问题出在哪里，我也不知道答案是怎么得出来的。"

"你们做不出来那道题会有什么影响吗？他不能寻求老师的帮助吗？"我问道。

"可是这意味着他没完成作业啊。"他答道。

"这又有什么关系呢？在我听来，你们花了三十分钟一块儿学习了某个数学概念，这不就是我们想要的结果吗？我们不就是为了让他了解数学吗？"我认真地询问着。

"可是他没有做对全部的题目。"他再次强调，仿佛我搞错了重点。

"他后来在老师的帮助下解出那道题了吗？"

“是的。”

“那不就行了，没什么好担心的。他不需要把那些题目上交，我们也不会给他打分。设计那些题目仅仅是为了让他能够理解有关概念。如果他弄懂了，并且也适时地向老师和你寻求了帮助，这不正是我们想要看到的吗？”说到这里，我是真的有些困惑了，不知道斯考特到底在担心什么。

“问题是，我不知道该如何帮助他。”他解释道，“一直以来，我都可以辅导他学习。我会先看一遍教材，记住解题的方法然后再教给他，但现在不行了。我们要一起看视频才能知道方法。”到现在，我才听出来斯考特声音里夹杂的一丝担忧。

那一刻，我忽然想明白了很多事情，它们不光困扰着斯考特，也让许多第一次接触萨米特的家长产生了担忧。之前雷特在小学的六年里，斯考特很清楚自己的定位，我负责教英语，他负责教数学，他知道该怎么教。一切都很熟悉，他也很适应这个角色，但突然间，他再也不知道该如何做一名家长。

从本质上来说，斯考特和我，和所有的家长一样，都希望自己能够被孩子所需要。当雷特开始借助工具，有能力进行自主学习时，我们的角色彻底被改变了。我们会因为孩子比我们懂得还多而感到不舒服，但这才是培养他们成才的最佳途径。假以时日，我们也会找到自己新的位置。

第六章

在反思中学习和成长

让孩子认识自我，认清自己关注的是什么，明确什么样的工作对他来说是有意义的。

PREPARED

不断有研究表明，能在学校里同成年人（哪怕只有一位）建立良好关系的孩子，相比其他孩子能取得更好的成果。然而，学校内部并没有相关机制来确保这种人际关系的形成。在美国一所比较典型的高中里，一般有一千五百名学生，其中学生和学生顾问的比例是四百到五百比一（美国学校的顾问是指专门帮助学生选修课程、为中学生毕业后的前程提供咨询指导的人，他们的身份不同于教师）。我之所以对这个数据了如指掌是因为我曾亲自管理过一个学生咨询部门。整个高中四年里，顾问同每个孩子仅有两次二十分钟的会面时间。他们就像是一台数据处理器，既起不到导师的作用，也无法成为学生的拥趸。而事实上，这些顾问也是有心无力，他们不可能了解名单上每一位学生的情况。但这样一来，当某个学生想要申请大学的时候，又该去哪儿找一个足够了解他又能帮他写推荐信的人呢？学生顾问肯定不行。如果学生足够幸运考过了大学预科班的英语考试（AP），或许找他的英语老师是个不错的选择——毕竟通过大学预科考试听上去挺有分量的，而英语老师写点东西总不在话下吧？每个人都这么想，所以他们都会去找英语老师写推荐信。但是，这些老师的教学任务已经很繁重了，他们根本没有时间再写二十封、三十封甚至是四十封推荐信，所以实际上每个老师写推荐信的名额是有上限的。更糟糕的情形是，即便老师口头上同意了，但由于时间紧迫，他们很有可能索性复制一整批推荐信，然后把学生的名字一改就提交了。我在山景高中当副校长的第一年就遇见过类似的事，斯坦福大学拒绝了我们学校几个学生的入学申请，因为这些学生的推荐信内容是一模一样的。斯坦福大学方面解释，如果一位老师都不肯给某个学生花时间写一封独一无二的推荐信，那么该学生想必也没有那么优秀。我倒是很赞同斯坦福的立场，但同时，我也能体谅老师们的难处。

萨米特必须探索一种新的模式。为了让老师和导师在高中四年期间能够更加了解自己的学生，让写一封原创的推荐信不再是件令人头疼的事，我们又该怎么做呢？

我们创造了“温馨屋”[①]的概念，力求把教室营造出一种家的感觉，让大家知道这里是一个安全的地方，在这里大家

① 学生定期接受导师指导的教室。——译者注

彼此熟悉和了解，学生可以来此寻求帮助。我也曾是一名高中老师，我深知孩子是多么渴望能有这样一个地方。每天上课前或午休的时候，我的教室里总是坐满了学生，他们觉得自己没有其他有安全感的地方可去。在这个安静的房间里，他们不但想要寻求慰藉，同时也想建立联结。他们经常想要给我帮忙，找我聊天，分享他们生活的点点滴滴。他们真的不想被人无视。

萨米特自建立起就开始着手打造自己的导师队伍。我们借鉴了大量的支持顾问项目的研究成果，并有意识地称我们的老师为导师。顾问只负责提供建议，而导师则是有经验、可信赖的引路人。每一位导师和学生都会建立一对一的私人关系，同时，导师负责的整组学生会经常待在一起。从本质上来说，导师小组就如同学生在萨米特的一个家。对于小组成员的挑选，我们十分慎重，既要考虑到多样性，又要平衡性别、种族、学习能力和经济背景。我们希望每个小组成员都能紧密联系在一起，就像霍格沃茨魔法学校的各个学院一样。除了我们没有分院帽仪式之外，我们也把学生加入导师小组当作一件头等大事。

导师的责任是让学生时刻牢记学校的价值观并亲自践行。导师小组会定期会面，分享各自的目标，并互相帮助解决问题，每周学生都会与导师单独碰面。通过家访，导师了解每一位学生的家庭，例如，某个学生生活在一个传统的索马里家庭，有六个兄弟姐妹，如果母亲不在家或者听不懂英语，导师可以和他的姐姐沟通。

最重要的是，在整个高中四年的学习生涯里，导师会一直负责同一个小组，每个小组仅有十五到二十名学生，因此导师可以全面深入地了解每一个孩子，定期与他们会面，帮助他们实现自己设定的目标。如此一来，谁来写这封推荐信也就毫无悬念了。

当有人相信你的时候

•

我们的导师机制取得了立竿见影的效果，首先体现在“畅所欲言”这个项目里。这个项目是新生入学后的“必经之路”，它是亚当和凯丽在学校建立的第一年设计的，是每个高中一年级学生的必修课。按照要求，首先，学生要选择一个自己感兴趣的题目，为此做大量的调研，完成一篇论文。随后，在这篇论文的基础上，他们要进行一次演讲。当然，这需要大量的训练和练习，正如前文所述，亚当在课上甚至会让学生一边演讲一边穿越障碍物。学生先是以小组为单位进行演讲，之后听众的数量会越来越多，直到最后他们要在全体高一学生面前进行演讲，在这一过程中他们要不断收集听众的反馈，对演讲稿进行修改润色。接下来，全体高一学生会投票选出六到八场他们认为最棒的演讲，这些主讲人将会在萨米特全体学生和教职员工面前进行演讲。“畅所欲言”项目颠覆了传统的模式：不再是高年级学生向低年级学生做展示，而是恰恰相反。

麦克斯刚入学的时候有严重的口吃，他所在的班级是最早开启“畅所欲言”项目的几个班级之一。刚一提及演讲时，麦克斯就有些惶恐。他竭尽一切努力查找资料、写论文，只希望亚当不会让他去演讲。尽管亚当不是麦克斯的导师，但他作为其他学生的导师，同样会以导师思维的模式进行授课。亚当很镇定，他认定麦克斯一定会完成任务，因为他能得到所有人的支持和帮助。于是麦克斯开始练习演讲，但每天他都会对亚当说自己的表现有多么差。麦克斯选择在最后一天排在全班最后一个进行演讲，因为口吃，他用了分配给他的时间的五倍。虽然那堂课在几分钟之前已经结束了，但所有人都安静地坐在椅子上认真听麦克斯的演讲，演讲一结束，同学们全体起立，报以热烈的掌声。

麦克斯的演讲被年级评选为最优秀的几场演讲之一，这意味着他要在全学校师生面前再讲一遍，而且就在第二天。起初，亚当担心同学们是故意的，就是想要看麦克斯出糗。他来到我的办公室，向我汇报这一情况："我的本能反应是失望，我们这么努力地去营造一个和谐的校园氛围，可这些孩子竟然如此对待麦克斯，他们就想看他失败。"不过，他后来单独询问了每个学生的意见，出乎意料的是，大家都发自内心地认为麦克斯的演讲非常棒，亚当这才放下心来。麦克斯的努力总算得到了回报——他写了一篇精彩绝伦的演讲稿，尽管他从未想过要真的讲出来。客观地讲，那的确是最精彩的演讲稿之一。

但麦克斯却不这么认为，他甚至对亚当说第二天他不想来上学。亚当找来了麦克斯的导师安吉莉卡，放学后，他们花了几个小时的时间和麦克斯一起讨论这件事，试图帮他克服心理障碍。但麦克斯据理力争，他说他已经完成了自己的任务，演讲也讲完了，他们还想让他干什么？亚当和安吉莉卡引导麦克斯好好回想一下这次的演讲经历，他做到了自己原本以为自己不行，甚至根本不想去尝试的事情。麦克斯很不情愿地承认，能把一件事情做成并赢得全体同学的掌声的感觉非常好。他坦言，一旦开始演讲之后，他的注意力就会非常集中，脑子里根本想不到别的。他也想知道自己能不能做得更好。亚当趁势追问他下一个目标是什么。要知道，虽然亚当不是麦克斯的导师，但他同样会为其他学生提供力所能及的帮助。这正是导师理念的动人之处，多年来，我无数次看到萨米特的老师聚在一起，探讨如何为学生提供切实的帮助。**因为老师实际上身兼两职，既要负责教书，也要负责育人——两者要互为指引，互相促进。**

亚当和安吉莉卡告诉麦克斯，要不要做演讲由他自己定，但是也告诉他："如果你明天不出现，你一定会后悔的。"麦克斯说，他会考虑一下。

尽管听起来有点不可思议，但那天晚上麦克斯真的上网搜索如何治愈口吃，还真让他找到一种可以放在耳朵里的小仪器，而且这种仪器正好社区中心就有卖的。虽然那里马上就要关门了，但听说麦克斯要来，社区中心特意延长了营业时间。我到现在都不知道为什么之前一直没人发现这种仪器。无论如何，这是麦克斯第一次正视自己的口吃问题，并亲自寻求解决之道。那晚，在仪器的辅助下，他练习了很久，终于把演讲的时间从二十分钟缩短到了八分钟。他忽然意识到，自己其实是做得到的。

第二天，全体学生在最大的一间教室里集合，准备听同学们的演讲。我们把这间教室称为"舞蹈教室"，因为有一整面墙壁从天花板到地板都贴上了镜子。我们通常会抽签决定谁在这里上课，因为要让一群年轻人不被镜子里自己的影像分心还真挺难的。但我们还是尽可能地充分利用这间古怪的"非主流"教室，毕竟能拥有这么一个地方也是挺幸运的。教室里挤满了人，大家都坐在地板上，面前是一个老式的演讲台，上面贴满了过去几十年间那种贴在汽车保险杠上的政治标语。麦克斯的父母整晚都在和安吉莉卡通电话，他们的情绪一直起起伏伏，他们既想要保护麦克斯，又不想让他错过这个机会。他们完全陷入了两难的境地，最终他们同意让麦克斯自己做决定。麦克斯的父亲是一位身材魁梧的电工，那天早上他悄悄来到了学校，他告诉我们："麦克斯不让我来，但我必须来。"我们把他安排在教室后门，确保在那里他可以看到麦克斯，但麦克斯看不到他。亚当直到今天还记得，当麦克斯结束演讲时，学校全体师生一齐起立，热烈鼓掌，他回过头，看到泪水滑过了那个男人的脸庞。

很多年之后，亚当和麦克斯再次取得了联系。麦克斯告诉他，在全体师生面前发表演讲那一天对他来说是一段无法忘怀的记忆。这件事对我来说也弥足珍贵，虽然我并不记得麦克斯那天演讲的题目，但我记得演讲结束时他脸上洋溢着的快乐与满足。**只有当一个人终于做到了他本不相信自己能够完成的事情时，他的脸上才会露出那种神情，那一刻，他重新认识了自我。**这是一个很好的例子，当导师足够了解这些学生，当导师与学生建立了良好的私人关系，当导师给学生创造了一个安全的避风港，彼此熟悉，并逐步看清自己，接下来的一切就会像化学反应一样自然而然地发生，展现出一幅完全不同的风景。

反思的力量

•

导师很大一部分的工作就是像亚当和安吉莉卡帮助麦克斯那样，提出让学生反思的问题——他们想要什么，他们是谁，他们关注的东西是什么，他们自身的感受如何，以及最终，他们去做什么——不是因为别人告诉他们要去做什么，而是真正地遵从自己内心的选择。**学习和成长正是在反思中发生的。**为了学生的学习和成长，导师辅导和反思这一做法贯穿萨米特日常教学实践的始终。

萨米特高二英语班的兴趣项目（Passion Project）已经进行了好几周了。该项目的核心问题是“你将如何利用自己的兴趣、好奇心和热情为社区做贡献，成为更好的自己？”每一位学生都选择了一个具体的课题，并对其进行了深入的调研。首先，同学之间要相互分享课题内容，因为在这一过程当中，他人的想法和观点都可以成为自己的参考。随后，他们会在博客上记录自己的调研过程，储备相关的专业知识。最后一步是写出总结并完成一个 TED 式的演讲，热情地向大家展示他们的研究成果，以及如何在实践中应用。这个英语班的兴趣项目和“畅所欲言”项目有些类似，它就是这么设计的。因为技能和习惯的培养是一个不断重复的过程，只有在不断重复的训练和练习中才能有所巩固和提高。尽管形式类似，但由于学生可以选择不同的主题，因而依旧能够满足他们对新鲜感和趣味性的要求。

某天我自己也参与了一次。那时学生们正在阅读打分标准，他们要根据打分标准给其他同学的演讲初稿提出反馈。赫尔南德斯女士拿出了不少范例文章，从普通的到专业的应有尽有。学生的任务就是对作者的论点、论据等内容逐一评论。

作为一名曾经的英语老师，我批阅过成百上千篇文章，这对我来说简直是小菜一碟。我问孩子们我能不能加入其中的一个小组，于是有学生递给了我一份打分标准和几篇范文。当我们练习反馈环节的时候，我感觉自己仿佛是在和一群“专业的老师”一起工作。学生给出的评语非常具体、翔实、准确，他们看上去非常擅长做这个。我本想看看他们有没有落下的，可是我居然什么都没发现。老师让他们将打分的过程上传到共享文件夹里，这样全班同学都能实时在网上看到，并选择一名小组成员做整体的说明。如果不同小组之间产生了分歧，对分数有异议，那么全班同学都会参与讨论，直到大家达成一致，然后再看下一篇。

学生做完反馈后，整个班级对打分标准进行了校准。仅用了大约三十分钟，教室里的每一位学生给文章打出的分数和老师（包括在场的我）给的分数只差半分，并提出非常具体的修改意见。这种做法非常有效，也很有创见性。我不由得想起，曾经给学生批改作文的无数个周末，我会认真地写评语，尽可能地提供有价值的建议，可结果呢？学生们在乎的仅仅是那个分数，看完之后就随手塞进笔记本里（甚至会直接扔进垃圾桶），再也不会去看。我做的全部是无用功。当学生下次再交作业时，大多数仍会犯同样的错误。后来，我会单独把学生叫来面谈，依据打分标准给他们提修改建议，然后再让他们交终稿。这无疑是一个进步，但整个过程依旧是由我——作为老师——来主导的，学生仅仅是照我说的去做而已。

在兴趣项目中，提建议的是学生自己。他们很清楚这样做的目的，因为亲身参与到了打分环节，他们会更乐于去接受他人的建议。而且，提意见和反馈是在初稿阶段就发生了，这个时候他们是最愿意学习和成长的，因为他们的最终作品不光要拿给同学看，而且是由他们打分的。**对于他人文章的思考有助于提高学生自身的写作能力和自我反思的能力。**之后的一个小时时间里，我望着这群高中二年级的孩子，发自内心地希望自己能够再次走上讲台，这样一来，我也可以采取这种教学方法。

我教书的时候，学生关注的仅仅是我给出的那个代表等级的字母。他们会想，她给了我一个 B 等，而萨米特的这些高二学生却看到了更多东西：我的论点可以得六分，但我的论据只拿了五分。在以前，学生无论看到了怎样的成绩都不知道自己下一步该做些什么。分数就是分数，它不会有什么改变，所以他们完全不关心我的评语写了些什么，我为什么要指出那些问题或者他们可以改进什么。那种感觉真的很绝望。换位思考，我其实能理解他们的想法，因为我也曾经是一名学生。但在萨米特，学生是会认真看评语的，并且会认真思考自己得到的反馈。他们会从他人的作业中吸收和借鉴有价值的东西，然后化为己用。我们会给学生创造这样的空间，激励他们互相学习，而在这一过程中，他们自己也会变得更加有动力。在我曾经的教书生涯中，学生会认为我给出的分数里掺杂了私人的好恶。但在萨米特，每一位学生都很清楚，分数仅代表他们某项具体技能的水平，分数也仅仅是一时的东西。如果他们不喜欢自己的分数，他们也有能力做出改变。

反思是学习和技能培养过程中的一个关键部分，是制定目标、开展自主学习的重要环节，因此萨米特预科学校的课堂非常注重反思。**反思的目的是更好地制定下一个目标，这样才能每次都有提高和进步**。还是拿高二英语班举例，学生的目标是完成一场 TED 式的演讲。有些学生当天就准备好了初稿，有些人只完成了一部分，剩下的人则出于各种各样的原因没有任何进展。但不管怎么样，每个学生都能够从课堂上的交流和反馈中受益。那些一个字都没写的人因此知道自己要做些什么，和其他同学相比差在哪里，这有助于他们开始动笔构思，小组的其他成员也会鼓励他们放手一试。在这期间，老师也会对其进行个人辅导，帮助他们找出问题所在：为什么没能按照计划执行，又该如何摆脱困境。

赫尔南德斯女士要求学生明确自己想要的结果、制订的方案和过程中所遇到的阻碍，提示他们要调整自己的情绪，控制自己的言行，要站在他人的立场考虑问题，包括老师的立场。她会提出这样的问题："你的课题项目会影响到旁人吗？以什么样的形式？"所有人的回答都是肯定的，但理由不尽相同。一个学生说，他在学校的表现会对他的母亲产生影响，母亲想要让他接受良好的教育，并取得成功，不要像她一样一事无成。对于其他人来说，课题项目则会影响到具体受众对象，"奥运会应为单板滑雪新设立一个竞赛单项"的课题有助于激励全球的单板滑雪者；"月亮熊和我"这个课题有助于保护濒临灭绝的物种。无论是什么样的课题内容，学生在讨论过后，都会对各自的目标有一个清晰的认识：它为什么重要，以及想要实现这个目标需要进行哪些具体的规划。

传统的美国教育模式由于缺失了反思这个环节从而显得力度不足。回过头去看，我对学生实施的惩罚措施（例如打零分、给 F 等、迟到扣分）根本起不到督促学习的作用。我的教育方式并不能够帮助他们掌握写作技能，归根结底，如果他们连作业都不交，我还怎么给反馈意见？同时，我的做法也没能起到激励作用，因为一旦学生深陷困境，几乎无法自拔（大多数情况下，事实就是如此）。同样，我的教学也没能提升他们的自主能力。学生最后都难免会责怪老师：要么是作业太多，要么是时间不够用。因为发号施令的那个人的确是我，学生只是“奉命而行”或者“拒不执行”。他们从未主导过自己的学习，而我也从未给过他们这样的机会，让他们去反思自己的学习，教他们该如何改进。对于他们来说，我只是一个上课的老师，而不是一位导师。

那晚，我提醒雷特给他朋友的母亲写一张感谢卡，因为她带他旅行了十天。十二岁的他那时正在玩乐高，显然他不想停下来去写什么感谢卡。我承认我小时候也不愿意干这种事，所以我很理解他，但我还是很严肃地说：“现在就去，花不了你多少时间，学会感恩很重要。”他叹了口气，转身去写卡片，装信封之前还特意拿给我看了一眼。

亲爱的利拉：

感谢您带我一起去参加亚历克斯的老鹰童子军项目。我玩得很开心。

此致

雷特

感谢的内容中规中矩，只字未提这段经历对他来说是如何令人难忘，他完全可以写得更好。我可不想和他吵架，我想要更有建设性的谈话。我该怎么做？我一边思考一边又把卡片读了几遍才还给雷特。忽然间，我脑海里闪过白天的兴趣项目，顿时有了主意。

“嘿，小伙子，你能坐下来写卡片这很好。但我想知道，你为什么要给利拉寄卡片？”

“因为是你让我这么做的。”

“好吧，我之所以让你给利拉写感谢卡，是因为她带你出去玩了好几天，你很喜欢这段旅程，但除此之外，还有什么理由吗？”

他停顿了一会儿，想了想又说：“唔，我确实很感谢利拉。她耐着性子陪我们所有男孩子玩，为了让我们玩得开心，她事先做了很多工作。我生病的时候她还照顾我。”

“很好，那你觉得她知道你的想法吗？”我问道。

“我在机场的时候道谢了。”雷特说，随后又小声补充了一句，“但我们当时实在太累了，也可能忘了说。”

“那么你想让她知道吗？”我又问道。

“当然。”

“那好，这样一来，我们写感谢卡的原因就很清楚了——为了让利拉知道你很感谢她，感谢她为你做的一切。这值得你花点时间去做，不是吗？”他点了点头。“那么下一个问题是，你写的这些内容真的清楚地表达了自己的想法吗？”

“当然。”他信誓旦旦地应道。

“你确定吗？要不你再看看？”我暗暗给他施压，并把卡片递给他，“你可不可以给我大声读出来呀？”他朝我翻了个白眼，但还是照做了。我继续问：“你们在学校是不是学过该如何表达观点，以及如何用论据支持这一观点？”那时雷特就读于萨米特的初中部。

“是的。”

“写感谢卡是不是也是同样的道理呢？你是不是要让利拉感受到因为她的努力，让你有了一段令人难忘的经历？”

“没错。”他再次答道。

“很好。那么，如果用你们学校的打分标准来给这张卡片的论点和论据打分，你准备给自己多少分？”

他深深吸了一口气，不情不愿地说道：“两分。”

“那你现在在学校是朝着拿多少分努力的？”

“五分。”他转身走掉，“我明白你的意思了，我会重写的。”

他离开房间之后，我不由握拳给自己打气。这种教育子女的机会不是每天都有，也不是每次都见效。但一旦成功，那感觉棒极了。只要我能保持冷静，不轻言放弃，充分利用萨米特日常教学中的一些基本问答策略，我一定可以成为更称职的母亲。

处理人际关系是孩子必备的技能

•

作为父母，我们应努力扮演好导师的角色。我们希望得到孩子的信任。我们年复一年地为他们提供衣食住行，养育、教导他们，和他们一起玩耍，所有这些努力都是为了建立信任。但扮演好导师的角色往往说起来容易做起来难，因为我们在孩子身上投入了大量的精力和感情，这些投入让我们很难站在旁观者的角度去冷静地思考，什么时候应该退后一步，什么时候应该放手，不去过多地干涉孩子。

近来在和雷特的相处中，我一直试图控制自己的情绪，不主动去干涉，只是单纯地陪伴他。**为人父母最好的状态是去倾**

听，去问一些有意义的问题，在具体的情境中培养孩子自身的逻辑推理能力和情绪识别能力。我不会出声打断，也不会对他的言行做评判，我会让他自己得出结论，继而再做决定，尽管我自始至终都在场，但那些结论和决定并不是我做出的。下面是萨米特的导师经常挂在嘴边的几个启发式问题，我在教育子女的时候也会用到。它们都是开放式的问题，是需要深思熟虑后才能作答的问题。

· 在此种情形下，你想要得到怎样的结果？
· 你现在感受如何？
· 你表现出了怎样的行为？
· 哪些措施起作用了，哪些没有起作用？为什么？
· 你有没有站在他人的立场看问题？你觉得他们的立场是什么？
· 想要达到你的预期目标，你要做些什么？
· 为了改善人际关系你该做点什么？

我们不仅会口头上提问，也会以书面的形式进行提问——后者在处理两个或多个学生之间的矛盾时格外有用。

贾斯汀正坐在会议室前排的椅子上，左脚后跟不停地点地，两只手紧紧拉扯着头发，双眼盯着前方桌子上一张粉红色的纸。我走过去，坐在她旁边，她始终没变过姿势，看上去烦躁极了。我选了一个位置安静地等待——让她既可以感受到我的存在，又给她留了足够的私人空间。几分钟之后她转向了我，瞪大了双眼，语气桀骜不驯："我没做错什么。"

我有意识地利用肢体语言——双脚踩地，随后整个身体面向她，我的语气很平静，态度也很中立："老实说，我并不知道发生了什么。但我愿意听你说，你要不要试着参考这些问题，把自己的想法写下来呢？这样我们就可以逐一探讨。"

"我没有笔。"她拒绝道。

"这个好办。"我一边说一边递了一支笔给她。走廊尽头的教室里，凯丽和艾斯特尔也在进行一场相似的对话。

贾斯汀写了十分钟左右，我鼓励她和我分享第一个问题的答案：描述一下发生了什么。

她开始朝我大吐苦水："艾斯特尔在背后说我坏话，这是对我极大的不尊重，我不会容忍这种事，所以我告诉她，我知道她都干了些什么，她最好别再这么干。然后她就开始向我大喊大叫。"

"你现在感觉怎么样？"

“我快疯了。”

“还有什么其他的感受吗？”

“我感觉她不尊重我。”

“那是种什么感觉？”

“我不懂您的意思，就是不受尊重啊。”

“是的，这让你觉得受伤了？觉得自己很脆弱？沮丧？或者其他什么？”我问道。她停顿了一会儿，垂下眼帘，说：“她可是我的朋友啊。朋友之间不应该说彼此的坏话。”我给了她一个鼓励的眼神，她继续说：“所以她那么做我非常生气……我现在……我无法信任她。”

“你对此的感受又是什么？”

“我们没法再做朋友了。”

“看上去这点让你很伤心。”她缓慢地点了点头。我注视着她的双眼，过了一会儿，指着粉色的反思问卷问：“你能站在艾斯特尔的立场上描述一下整件事吗？”贾斯汀在这个问题下面写了“同样”两个字，她觉得艾斯特尔一定也很生气，也认为她们没法再做朋友了。我们花了十分钟讨论这件事，最终，贾斯汀意识到她只是“听说”艾斯特尔说她的坏话，而在当面对质的时候，艾斯特尔否认了。

下一个问题是：“你在这件事中又扮演了怎样的角色？”

它驱使贾斯汀进一步思考，是否正是因为她不愿意听艾斯特尔的解释，又或者是她处理这件事的激进态度，包括找她当面对质，一并导致了后来的针锋相对。

冷静下来，仔细想想整件事，现在贾斯汀最想知道的就是艾斯特尔会说些什么。尽管不情愿，但她也承认艾斯特尔的确有可能没有说她的坏话。她甚至也意识到，被冤枉的感觉会非常糟糕。

后来，我们还一起整理了她要对艾斯特尔说的话，以及她打算如何修复这段关系。几分钟之后，我们和艾斯特尔坐在了一起，艾斯特尔同样也做了反思问卷，并和她的导师凯丽进行了沟通。有我和凯丽从旁鼓励、支持，两个女孩分享了彼此的作答内容。她们很小心地找了一个话头，并时刻提醒自己注意分寸（两个人都事先写好了谈话要点），以防再次吵起来，但实际上，随着谈话的进行，她们都把对方的话听了进去，她们都尽力在修复这段关系。

在大部分学校里，如果两个孩子吵架，老师要么根本不在意，要么就会采取惩罚措施，例如停课一天。不幸的是，惩罚往往对于解决人际关系矛盾于事无补。学生打架的视频经常流传到社交网站上，经过不断发酵，最终演变成学生的群体性争执，甚至引发暴力事件。有人存在的地方就一定会有分歧，有人会生气，觉得自己受到了伤害，也会去伤害别人，这一点都不奇怪。但我们要学会修补破损的人际关系，以免造成不可挽回的局面。此外，经过妥善修复的人际关系往往会变得比以前更加牢固。和很多孩子一样，我的父母也从未教过我如何修补人际关系，和萨米特的学生共同学习也让我获益匪浅。

这些粉色的反思问卷背后蕴含了修复人际关系的基本原则，**每一道问题都促使当事人站在他人的立场看待问题，认识到自己的情绪，清晰地表达事实，并寻求解决之道**。但问卷仅仅是一个工具，如果没有导师从旁支持和引导，去提出问题、"拿起镜子"，当事人就不会进行反思，继而也就不会有所成长。但不可否认的是，这个反思–分享的过程既费时又费力。鉴于大部分人都不喜欢争执，因而他们要么极力避免与人争吵，要么想着明哲保身，能躲多远就躲多远。尤其是在大型高中里，与经营复杂的人际关系相比，避开人群则要简单得多，直到你最后避无可避。

培养孩子建立和维系健康的人际关系并非学校传统意义上的职责，所以想要做到这一点对学校来讲是一个重大的承诺。学校必须着力营造注重人与人之间关系的大环境。如果大家不认可人际关系的处理是孩子长大成人后所必需的技能，那么就不会有相应的机制确保我们花时间在实际行动上，而其他的一切也就无从谈起。但是，学校坚持的导师辅导和反思，带来了除了培养孩子人际关系能力和让孩子有安全感之外更多的好处。这一套反思的过程也帮助孩子开始理解自己，知道自己是谁，直到最终形成自我意识。

最重要的是让孩子说出自己想要什么

•

我最近观察了一次一对一的辅导过程，学生的名字叫戴维。他刚完成了探索项目的实习，该项目旨在帮助学生深入研究某一兴趣领域，每学年会定期开展。戴维是高中三年级的学生，在此前的探索项目中他学习了如何编写软件，他对此很感兴趣，为了了解更多相关的内容，他随后又去本地一家大型技术公司实习。在最近的一次探索项目进行期间，他加入了公司的工程师团队。我在场那天，戴维正在同他的导师回顾这次实习经历。

“你这次实习的目的是什么？”他的导师李先生问道。

“我想明确自己大学要选什么专业。代码开发人员赚得很多，所以我想试试写代码，看看我是不是真的想干这行。”

“和我讲讲你在这次实习期间有哪些觉得不错的地方，原因是什么。”

“我很喜欢公司里的氛围。”戴维说道，“简直太棒了！公司提供免费的零食，办公室很现代化，员工可以免费剪发，还有健身房和排球场。”

“很好。”李先生微笑道，“看样子你很喜欢科技公司提供的便利设施。其他的呢？”

“那是当然！设施很棒，但更重要的是，我感觉自己受到了尊重。我的意思是，他们很信任我们，尽管我们只是实习生。他们会放权让我们做我们该做的事情，给我们提供所需的东西以确保我们不受打扰。我喜欢被尊重的感觉，就像自己是个专业人士，我自己可以做决定。”

“非常好。还有其他的吗？”

“小组会议我也很喜欢。他们通常会从一个具体的问题入手，每个人都会尝试去解决。我们遇到的问题也都很有趣，大多数的时候我不知道是否真的有一个办法能解决那些问题。大家的想法都非常有创意，太不可思议了！即便偶尔有些点子不靠谱，但最后总能有个不错的主意出现。”

“那么，这些会议给你留下最深刻的印象是什么呢？例如，我记得你说你喜欢大家一起解决问题。”

“是的，解决问题，我还喜欢头脑风暴，这很有创意。我喜欢大家通力合作，彼此碰撞交流想法。”

“所以，你喜欢的是解决问题、与他人一起进行头脑风暴或创新思维。那又有哪些进展得不太顺利呢？”

“写代码！”戴维深深叹了口气。

“哦，那你和我讲讲具体是怎么回事。”

“我不喜欢一个人坐在电脑前好几个钟头，我知道我现在的水平还很一般，但即便我将来可以做得更好，我也无法想象自己要一直做这些事。我遇见的一些工程师——好吧，其实是大部分工程师——到哪儿都很热衷写代码。那是他们的‘快乐时光’。”

“我了解了。那么具体来说说，你不喜欢写代码的什么方面呢？”

“我不喜欢长时间独自工作。另外，写代码这种事有一点格外讨厌：哪怕你只是犯了个小小的错误，程序就不工作。这太令人沮丧了。”

“你的意思是，你不喜欢长时间独自工作，也不喜欢容错率低的工作，因为那样会让你感觉到沮丧。”

“没错。但我同时还了解到另一种职位，就是产品经理。他们与工程师一道工作，大部分人了解基本的编码知识，但据我所知，他们的工作是明确技术要解决怎样的实际问题，并将技术转化为产品。他们会出席我们所有的会议，我和他们中的一些人聊过天。”

戴维在高中仅用了六个星期的时间就对编码工作有了切身的了解和体会，而不是等到上了大学，缴纳了高昂的学费之后，才第一次接触自己的专业内容。这无疑是巨大的成功。即便如此，很多人还是会觉得这种实习毫无意义。戴维仍旧不清楚自己上大学要选择什么专业，或者他毕业后要做什么工作。如果他之前就被问及一个很标准的问题：“你想当工程师吗？”他的回答多半是“不”，但如果仅仅是这样的一问一答，我们往往会错过更加重要的东西。

“你想做什么？”“你想从事怎样的工作？”“你想选择什么专业？”这些常见的问题往往会导致一个普遍的结果：孩子们会随便拿医生、律师、老师或别的什么答案敷衍过去，对话也就到此为止了。而戴维和他的导师通过对实习经历进行反思，一方面使得戴维加深了对工作内容的了解，另一方面，导师也能够从实习经历中了解到戴维是一个怎样的人。

戴维的导师引导他将重点放在令自己“印象深刻”的内容上，找出所有他感兴趣的东西，越具体越好，只要对他来说是独特的就可以。把这些元素林林总总地加在一起，最终零碎的拼图会变成一幅完整的图画，**让孩子认识自我，认清自己关注的是什么，明确什么样的工作对他来说是有意义的。**

参考导师的做法，我改变了与雷特的相处模式，这算是我众多成功的尝试之一。我从来不会问他“你将来想成为怎样的大人”，或者“你最喜欢的科目是什么”，我会问：“你喜欢做什么？”“哪一点最吸引你？”在接下来的谈话中，我们会记录一系列“印象最深刻的时刻”的关键词。每一次实习经历都会积累更多的关键词，慢慢地，我们就可以从这些关键词中找到一些规律。所以现在当他思考自己的未来时，我们讨论的不是某个具体的专业，学了以后能找什么具体的工作，而是一系列对他来讲非常重要的东西，他如何在接下来要做的某个具体的事情里找到这些东西。唯有如此，我才能有足够的信心，在当今快速发展变化的世界里，即便当下的某个岗位在未来会被淘汰掉，雷特也能够从容应对。因为通过描述那些“印象最深刻的时刻”，他知道自己想要的是什么，同时，他正在培养良好的习惯和学习所需的技能，我相信雷特一定能找到适合自己的工作，哪怕这份工作现在还不存在。

第七章

在中学时建立良好的人际关系

最有合作精神的人，同时也是最了解自己的人。与其互相倾轧，不如团结一致。这样才会令我们变得更强大。

PREPARED

萨米特的大多数迎新活动我都非常喜欢，而“戳气球”无疑是我的最爱。今年的“戳气球”活动是由我和罗德里格斯先生组织的。我们把桌子推到四周，中间留出一大片空地，堆起了蓝色的气球山。每进来一名学生，我们就会递给他一支崭新的2号铅笔——笔尖磨得很锋利的那种，然后让他们各自取一只气球。尽管这些孩子已经是高中一年级的学生了，但气球和铅笔这种组合仍然让人无法拒绝，罗德里格斯先生说：“现在我们来围成一个圈，做个游戏。一分钟之后，谁的气球还没被戳破，谁就会得到一份礼物。开始！”教室里顿时炸了锅，孩子们到处跑着去扎别人的气球，整间屋子里充满了笑声、尖叫声和气球的爆裂声。有些孩子钻到了桌子底下，其他人则选择跳上桌子。刚开始还有些放不开的孩子也很快加入了进来，一边保护自己的气球一边去扎别人的。一分钟时间到，我叫了停。

“现在大家回到自己的位子，我们来聊聊刚才发生了什么。”我说。

孩子们重新围成一圈，四处张望，看看是否还有幸存的气球，谁笑到了最后。当所有的兴奋和激动逐渐平息下来，有人露出了困惑的神情。

“没有人赢，大家的气球都破了。”一个女孩失望地说。为了保护自己的气球，她一直待在桌子底下，谁知却被旁边的人偷袭成功了。

“如果大家的气球都破了，那戳破气球最多的人应该是赢家。”一个看上去非常有攻击性的男孩提议，显然他戳破了许多人的气球。

“我同意，我戳破了七个！”另一个男孩说。其他人陆陆续续开始报出他们自己戳破气球的数字。

“我们可从来没说过戳破别人的气球才算赢。”罗德里格斯先生平静地回答。

“什么？这没道理！”吉米提出抗议，这个孩子我昨天刚找他谈过一次话。

“如果不比戳破气球，”吉米继续说，“那谁才是赢家？”

“每个人都是赢家。”罗德里格斯先生答道。说完，他沉默了片刻，给大家留出思考的时间。孩子们小声讨论了起来，这是一个集体思考的过程。每个人都是赢家——孩子们尝试去想象那样的场景，尝试去理解它的意义。

罗德里格斯先生让大家坐好，然后我们便开始向这些孩子介绍萨米特。我们的学校是一个集体，每一位学生都有自己的长远目标和他要走的路，大家各有所长，需要的东西也不尽相同。我们向学生解释，**他们每个人都可以寻求属于自己的成功，并且无须以牺牲他人的利益为代价**。通过互相帮助，我们每一个人都可以获得成功。

学会合作

·

每一位把孩子送来萨米特念书的家长都同我或者我们团队中的一员谈过话。在谈话过程中，没有哪位家长告诉我们说："如果我的孩子毕不了业、上不了大学或者将来生活得不好也没关系。不用担心，反正总有人要失败的，我能接受那个人刚好是我的孩子。"事实上，在我近三十年的教育生涯里，还从未听过任何一位家长欣然允许学校放弃他的孩子。我望着每一位家长的眼睛，对他们承诺，我会用心培养他们的孩子，不会对部分孩子区别对待，而是会关注每一个个体的成长。与我此前工作过的所有学校相比，萨米特对家长所做的承诺有本质上的不同，或者说，与美国大多数学校都截然不同。为了遵守这个承诺，我们必须打造一所完全不同的学校，不仅仅是创新培养和教育学生的方式，而是要改变整个教育文化。

在萨米特，我们希望每一位学生都能取得成功，都能够发现自我，知道自己真正想要什么。无论是继续念大学还是踏入社会开始工作，过上属于每个人的美好生活，每一位萨米特毕业生都会做好准备。在萨米特不存在输赢一说。我们不像传统的高中那样，大学预科班仅为成绩排名高的一小部分人设立，学生依照平均成绩被分为三六九等，优等生占据了绝大多数资源，而差生则沦为陪衬。如果我们真的想要实现对孩子们的全方位培养，那他们在每一天的每一分钟都得在学习，不光是从老师那学习，也要向周围的同学学习。而想要做到这些，我们就必须建立一种合作型校园文化：**学生齐心协力，互相支持，视彼此为队友。**

“戳气球”游戏展现的正是我们所面临的局面。大部分学生的本能——也许是天性，也许是后天养成的习惯——是通过竞争取得胜利。如果我们不及时进行干预，在学校里、在课堂上让他们认识到一条与相互竞争完全不同的发展道路，那么我们的办学注定会失败，我也将无法遵守自己的承诺。

囚徒困境：关于利益的取舍

•

建立一种倡导合作而不是竞争的校园文化，其意义远不止培养学生的个人能力。绝大多数萨米特的奠基者既是家长，本身也是各领域的专业人士或企业领导。他们非常清楚在招聘环节公司看重怎样的技能，而寻找合适的雇员又是多么不容易。他们都是过来人，很清楚雇主青睐的素质和技能，例如解决复杂问题的能力、团队精神以及较高的情商等，都要求个体能够与他人开展合作。这并非硅谷独有的特色，各行各业的成功企业均将合作型文化和实践视为一大竞争优势，众多研究成果也支持了这一观点。其中一项研究表明，在 66% 的场景下，团队表现要优于个人决策，而假使团队成员的年龄、性别和地域分布更加多样化，这个比例将上涨为 87%。[1]

然而，无论是在工作当中还是在校园里，合作行为并非自发的。我们的学校和企业长期以来形成的是一种竞争型文化。学校的设立是为了筛选出表现优异的学生，他们能够熟练掌握一小部分有价值的技能，这为他们今后的人生提供了更多的机会。现行教育系统刚确立的时候，不同的成长道路尽管有着不同的未来，但每一种选择都还是有可能过上幸福的生活。而今天我们面临的情况与以往截然不同，高中辍学、高中毕业和大学毕业代表着完全不同的人生：**是贫穷一生还是经济独立，从这一刻起就决定了，而且这种趋势随着时代的发展越来越明显，人与人之间的差距也越来越大。**

和许多人一样，我的成长环境也非常注重竞争，最明显的例子是我高中二年级时，英语老师带领全班同学模拟了一次“囚徒困境”。在设定中，犯罪团伙的每一位成员都被判处同样的刑期，他们很清楚，如果大家团结一致，尽管所有人都要坐牢，但刑期总体上要比他们互相揭发要短得多；而如果有人选择揭发同伴，最先下手的人会被当即释放，而那些忠诚的人会被判处更长的刑期。同其他经典的模拟场景一样，囚徒困境揭示了许多层面的问题：信任、合作、公平以及个人利益和团体利益的取舍。我记得和高中同学一起玩这个游戏的时候，随着游戏的进行，我简直无法相信眼前发生的一切，为了“保全”自己，我的同伴不仅反咬我一口，还不停揭发其他人。尽管起初很多人都倾向于联手，但这种局面很快就被打破了，因为有的人刑期越来越长，而有的人则被无罪释放——至少那一轮是如此。最终，我们每个人都要在监狱里蹲上好久。我记得自己那时候怎么也想不明白，为什么我们个个都蠢到没有选择联手，任由技巧娴熟的培训师将我们逐一击破。

尽管没有坐牢那么夸张，但作为一名教育者，我在学校也曾面临同样的困境。我是从无数的竞争中杀出重围的，由于努力、信念以及一些特权和运气，我成功了。但代价是什么，又有谁为我的成功埋单？

在我到萨米特面试的过程中，一位成功的商业领袖曾对我说：“中国仅仅是优等生的数量就要比所有美国学生还要多。”我不知道这个统计是不是真实的，但它深深触动了我。我深知没有任何父母会为了他人的成功牺牲掉自己的孩子，但我之前从未思考过当下美国的竞争文化在全球范围来看又意味着什么。想要同一个人口远超过美国的国家在国际上竞争，我们是否真的能够负担得起牺牲掉任何一个年轻人的代价？考虑到美国的实际人口数量，我们不正需要每一位美国人都参与到竞争中去吗？

在高中时就要学会与人相处

•

作为萨米特的创始校长，我人生中第一次要考虑雇用员工的事，我要带领一个团队从无到有建立起一所学校。这意味着，如果这所学校后期的发展违背了我的初衷，我不能够责怪其他人，只能怪我自己。在早期的一次学校董事会议上，我把自己的想法告诉了在场所有成员，其中一位成员语重心长地说：“一个组织机构当中必然要生成一种独特的文化，问题是，如何确保这种文化是我们想要的，它的发展没有偏离我们的初衷？”我非常幸运能够得到众多学识渊博且有想法、有见地的领导者的支持，他们帮助我打造团队，建立学校的组织架构。我必须承认在那个时候能和他们一起工作，向他们学习，真是无比幸运。找校舍、招聘员工、招生……每件事都有操不完的心。我告诉自己，如果我招不到老师、发不出薪水，还谈什么建一所学校，就更别说建立组织架构了，所以还是先把团队建起来吧。事实上，我大错特错。好在萨米特的董事会从一开始就明白工作的重点要放在组织架构的搭建上，并一再鞭策我一定要花时间和精力去做这件事。

我们从“共识”开始。教书这些年来，我见过太多少数服从多数原则所引发的问题：**被否决的少数派并没有跟随多数派前进的动力。更有甚者，少数派往往蓄意搞破坏。**无论是在霍桑高中还是山景高中，类似的情形似乎每天都在上演：无论是使用新教材还是制定某个具体的教学目标，但凡要做决定时，总有一批人会说“我不同意”，然后关上教室的门，依旧我行我素。在教育领域这绝非什么新鲜事，有句话是这么说的：“一切新潮都终将过去，旧貌恢复只需等待时机。”

好的决定一定是要以所有人达成共识为前提的。当然，这并不是说每个人的要求都正好会被满足。通常情况是没有一个人的要求会被满足，也不见得所有人都对这个决定感到满意。但只要方法正确，达成共识就意味着每个人对决定都予以支持，每个人都负有相应的责任。

我们最初的教职员团队只有七个人。与美国大部分公立学校的教职员团队（76% 的团队成员是女性，80% 是白人）相比，我们的团队结构更加多元化，有四位女性和三位男性，年龄从二十出头到接近五十岁，其中有四名白人、一名拉美裔、一名亚裔和一名混血。多元化是我们刻意打造的结果，无论是七个人的团队，还是后来扩展到二百五十人的团队。团队成员的多元化有利于达成高质量的决策，此外，和不同背景的人接触也有利于孩子们更好地适应当今快速发展的社会。

这一点我们的毕业生体会非常深，特别是在他们进入大学后，这种感受尤为明显。萨米特学生很大的一个优势在于，他们在高中阶段花了四年的时间练习该如何和与自己不一样的人建立联结、成为好友。他们发现自己的很多大学同学都做不到这些，毕竟这是大多数新生第一次尝试和与自己完全不同的人相处，特别是大家还要在一间二十多平方米的宿舍里共同生活，情况就变得更加复杂。相比之下，萨米特的毕业生对此早已驾轻就熟，他们在高中阶段就结识了不同背景的同学，已经学会了如何去处理复杂的人际关系。

简单有效的决策框架

2003 年夏天，我们正处于打造一支团队的初级阶段，心理学家布鲁斯·塔克曼（Bruce Tuckman）称之为“建立期”，这个时期管理层之间的分歧还不明显。所有人都怀着坚定的信念，想要建立一所符合我们价值观的学校，摆在面前的机会很多，大家都很乐观。而且，要做的事情实在太多了，每个人都觉得齐心协力共同奋斗，比之前自己一个人埋头苦干要更有动力。尽管偶尔彼此之间会产生摩擦，但我们都维持了基本的礼貌，暂且把分歧和争执放到一边，继续向着共同的目标前进。然而，随着新生陆续入学，事情很快就变得复杂起来。这时，我们的团队也就进入了第二个阶段——激荡期。

事情发生在学校开学的第二周。想要维持一所新学校的正常运转真的很不容易，我们七个人每天要开二到四小时的会，仍然无法把所有的事都敲定。由于我们有一个与传统学校完全不同的目标，我们想让每个学生都能获得成功，因此就要求我们必须打造一种全新的文化——倡导合作而不是竞争。无论是学校的规章制度还是做事方法我们都不能简单地照搬此前的经验，我们要有新的东西，从午餐的提供到成绩的计算，每一件事情都要重新设计，以符合我们的价值观，从而保证实现我们的最终目标。

这段时间，为了和学生尽快地建立联系并为他们设定预期目标，我们每天都睡得很少，恨不得二十四小时工作。这个时期的工作非常耗心神，大家都感到压力很大。距离会议开始时间已经过去五分钟了，大家坐在会议桌旁等待着最后一个人——亚当。他再次迟到了，凯丽显然有些生气。“他总是迟到。”亚当走进会议室后，凯丽低声说道。感觉这个事情可能会闹大，我提醒亚当，我们的核心价值观之一就是互相尊重，而表达尊重的一个方式就是准时。他面向大家，很认真地说道：“我很抱歉。要做的事情实在太多了，我没有时间可以浪费，我只想确保在我来之前大家都准备好了。”

我猜凯丽听了这话或许要爆炸了。“所以我就得浪费自己的时间坐在这等你？这样你就可以抓紧每一分每一秒了？这公平吗？”那时候我并不清楚发生争执是一个团队必须经历的过程，团队想要形成一种高效的合作模式需要时间去磨合。如果我知道的话，我会更加冷静地去面对和处理这些问题。只可惜，为了缓和气氛，我当场想到什么就直接脱口而出了：“还记得电影《开放的美国学府》（*Fast Times at Ridgemont High*）

里的杰夫·斯皮克利吗？老师说他在浪费他的时间，斯皮克利回答：‘你在这儿，我也在这儿，要浪费也是浪费我们的时间吧？’”可惜，没有人觉得好笑。也许我们不需要抖机灵的电影台词，我们需要的是找到团队合作的方法。

得益于一些专家的帮助，我、凯丽、亚当和团队其他成员共同学习并尝试了一系列基本的合作模式和方法，这就使得团队建设进入了第三阶段——规范期。我们制作了一本《共识手册》，用以提高工作效率。“准时”不仅仅是手册上的要求，更是我们日常的行为准则，是萨米特文化的一部分，是我们直到今天仍旧在坚持的原则。

我们还制定了一个简单有效的决策框架。如果每个人为了不破坏关系而勉强表示同意，达成共识其实是件很简单的事，可倘若缺乏有效的决策框架，一旦分歧出现，一切都将分崩离析。我们的决策框架明确界定了谁是做决定的人（Decisions）、有否决权的人（Veto）、提出议案的人（Proposal）和意见提供者（Input）。我们既想要通过共识达成决定，也要面对每天要做的决策数量非常巨大的现实。我们一致同意，每个做决定的人都应尽可能地寻求大家的共识，但如果时间不够或者总是有人持反对意见，名字后面带有D字母的人有权一锤定音，而其他人都必须支持他的这一决定。

这一简单的改变极大地提高了团队的效率。如果某个人非常关注某一问题，而他又不是“D”的话，他就要想办法去说服大家达成共识，与此同时，他也没必要固执己见，因为拍板的另有其人。此外，即便一个人是“D”，如果他在决策之前不寻求共识，那么别人也就不会邀请他参与到其他决策中来。

我们很快意识到，实际上没有人想大包大揽决定所有事，但每个人都想要知道做决定的人是谁，这些决定又是如何做出的，他们在当中又扮演了怎样的角色。这是我这些年来最宝贵的经验之一，想想这件事其实还挺有意思。我一直以为每个人都想操控一切，但实际上无论是老师还是学生都没有那种想法。他们只想做对自己来说最重要的决定，在其他的决定上他们只想知道自己如何能参与进去。在“规范期”阶段需要花些时间和精力，但我们的决策框架和一些简单的辅助工具被证明是非常有价值的，我们今天还在使用。

秋天的时候我们终于进入了第四阶段，也就是最终阶段——执行期，这意味着我们已经成为一个合格的团队。有些团队会很快走完这四个阶段，有的则要慢一些，甚至会失速。有些团队会往回退和绕一些圈子，但最终他们还是要依次经历全部四个阶段。仅仅是对这些必经的过程有一定的了解，你就已经和别人拉开了距离，特别是当团队从初期互相尊重的“建立期”向充满震荡的“激荡期”转变的时候。一个团队如果能够预先为即将到来的“激荡期”做足准备，并视之为在进入同心协力的“规范期”之前的一段必要的过渡，这个团队一定会更高效。而那些对“激荡期”一无所知的团队在这一阶段很容易就会四分五裂，所以他们注定是失败的。学生若希望能顺畅地开展合作，也必须掌握同样的技能，所以我们要把自己所学到的东西教给他们。

决策框架示例

这一决策框架有助于明确每个人在不同决策中的角色定位。

	利益相关者 1	利益相关者 2	利益相关者 3	利益相关者 4
A 决定	角色	角色	角色	角色
B 决定	角色	角色	角色	角色

角色代码

D/ **决定**：做决定的人

P/ **提案**：提出议案的人

I/ **意见提供**：意见提供者

V/ **否决**：有否决权的人

MBI/ **相关方**：决定的被通知方

不要丢下任何同伴

•

我承认把控制权让给孩子的时候感觉是挺可怕的。我很喜欢年轻人，但从生物学的角度来看，他们的大脑的确还处于生长阶段，神经连接的建立尚未完成，这或多或少会妨碍他们做出正确决策。但是如果想要教他们合作，我们必须提供真实而有意义的决策场景。

在学校的建立过程中，我和我的团队前前后后做了大量决定，其中有不少让孩子们感兴趣的东西，例如学校的命名和校园的主体颜色等。学校正式挂牌那一天，我们尚缺一个吉祥物。这无疑为锻炼学生的决策能力提供了一个绝佳的机会，因为他们都很在意吉祥物。我和老师们告诉学生，作为首届萨米特预科班的学生，他们有选择吉祥物的权利。我们解释了决策框架的概念，他们作为一个整体可以行使“D”（做决定的人）的权利。我们还特别强调了这是一项非常重大的责任。这个吉祥物将会代表现在和未来的每一位萨米特学生，所以，吉祥物的选择要能够反映对学校身份的认同，在做决定时必须考虑到以后的学弟学妹。最后，我们还讲到了通过达成共识所做的决定和少数服从多数的决定之间的区别。在确定吉祥物这件事上，所有人必须达成共识：每位学生都要“竖起大拇指”才行。当然，学生也有权反对，但他们要给出具体的反对理由，提出改进意见。而我和老师们则是“V”（有否决权的人），尽管我们并不想否决经大家一致同意的决定，但我们有这个权利。因此，将我们这群人纳入整个决策过程当中实际上对大家都有利。

我们一步一步地来。除了决策框架法之外，我们还提供了一个简单有效的决策和解决问题的方法，我们称之为“STP法”。首先，我们要将需要解决的事项提炼成一个问题。对于学生来说，当前的问题是：“我们如何为萨米特选择一个能够在现在和未来代表我们是谁的吉祥物？”

下一步是了解背景情况（S），我们需要收集信息和每个人的意见，但切记此时不要妄加评论，也无须改动。这是最关键的一步，因为每个人都要参与进来，表达各自对吉祥物的看法。这样一来，学生就会更加清楚自己该从哪里开始入手。他们的想法五花八门：比如，对有些学生而言，吉祥物代表着对学校身份的认同，是学生的骄傲，他们的校服上会印有吉祥物的图案，那是一种归属感的证明。另外一些学生则持有截然不同的观点：他们并不能从吉祥物身上联想到自己，也不明白为何自己要对一个符号抱有忠诚感和归属感，他们无法和那些吉祥物产生共鸣，甚至有时候他们还会觉得自己被冒犯了。还有不少学生从来没有思考过吉祥物的问题。还有些学生变得对吉祥物的历史非常好奇，其中一些学生还发现吉祥物能引起非常大的争议。但无论怎样，大家对选择吉祥物这件事的态度都很严肃，因为他们不光要对自己负责，还要对未来的学弟学妹负责。

下一步是确定最终目标（T），我们也称之为“魔法棒时刻”。让我们挥动手中的魔法棒，回想一下我们最初的问题，是否有一个完美的答案。起初，学生认为目标就是吉祥物本身，但其实不是，我们会教导他们认识到“目标”实际上是一个最佳解决方案的标准。换句话说，学生怎么确保自己的想法能够真的回答之前提炼出来的问题。这个标准可以是：吉祥物能够映射出我们是怎样的人、我们所关心的问题是什么；它身上有哪些我们想要具备并展现出来的品质；它是不是永恒的；它能否通过图画或符号表示出来。

最后，他们要准备提案（P），即怎样从了解背景情况到达成目标。在课堂上，他们学习提出强有力的论点，所以我们也把这个部分集成进来，让他们说服其他同学。在每月举办的学校全体会议上，事先有机组成的各小组要向大家展示他们的吉祥物提案，接收大家的反馈，不断完善提案，并为下次大会做准备。其中一个小组的吉祥物提案是松鼠武士，一些同学立刻意识到他们可以根据目标的标准来对提案进行质疑：

“它的意义是什么呢？”

“那是虚构的东西。”

“试想一下，等十年后新生入学，他们可能根本不知道这是什么东西！”

支持松鼠武士的学生阐述了自己的观点，可惜不能服众。一位名叫丹妮尔的学生特别喜欢这个提议，但光有一腔热情是不够的，她需要得到同学们的认可。另一组提议的吉祥物是萨米特木马。学生们再一次质疑：

“它能代表我们是谁吗？”

“它说明了我们想要成为怎样的人吗？”

“唔……特洛伊木马难道不是暴力的象征吗？”

过了一个月左右，一组学生来寻求我的帮助。他们非常想在学校里养一只宠物，问我吉祥物可不可以是活的宠物。我很遗憾地告诉他们，学校里不能养动物，但他们的想法却是一个有趣的切入点，我希望他们可以在这个想法的基础上进行头脑风暴：哪种宠物或者动物能够代表萨米特？

小组成员很认真地查找了资料，他们得出的答案是哈士奇。哈士奇是群居动物，它们的忠诚和勇气正是学校所看重的品质。他们还发现，哈士奇也是非常活泼好动的。“就像我们一样，塔文纳女士。”为了将这个想法告诉其他人，他们准备了一次别开生面的展示。我怀疑他们可能私下认为一旦提议成功，我会允许他们养一只真的小哈士奇。

不过，在正式提出提案之前，他们还要做一件事：寻找同盟。他们知道其他同学都有各自的想法，比如丹妮尔就痴迷于松鼠武士。他们要找松鼠武士小组和萨米特木马小组的成员一起坐下来谈谈，了解他们的关注点，然后尝试将这两个小组的想法整合进哈士奇提案当中。这样一来，每个人的想法和需求都得到了表达。

那些支持萨米特木马的学生是否能够在哈士奇的提案中找到相似的价值诉求呢？前者大多是运动健将，他们希望吉祥物是勇猛并具有团队精神的形象。经过沟通，他们发现哈士奇作为雪橇犬同样需要齐心协力，它们在奔跑时必须保持一致的方向，才能够穿越寒冷和冰雪到达目的地。对于萨米特来说，这个寓意非常棒。读过《野性的呼唤》的学生还补充说，哈士奇虽然非常凶猛，但同时也有威武的一面，而且它们相当聪明。就这样，萨米特木马小组被说服了，接受了哈士奇组的提案。

而松鼠武士组则想要一个可爱的吉祥物。哈士奇组说服他们的理由是：狗狗的形象可以包含幼犬和成年犬两种。想想看，还有什么比小狗崽儿更可爱的呢？随即，哈士奇组修改了他们的吉祥物图样，增添了幼犬的版本。有的学生甚至还找来了一只可爱的哈士奇毛绒玩具。

哈士奇组在随后举办的全校大会上展示了他们的提案，这份提案既照顾到了其他小组的需求，还特别提出了哈士奇之所以能够代表萨米特的一个重要原因，就是它们从不离开自己的族群。这正是我们从开学第一周的“戳气球”活动就开始反复强调的学校文化内核：**不要丢下任何同伴，与其互相倾轧，不如团结一致，这样才会令我们变得更加强大。**让我们齐心协力，共攀高峰！最终，全体学生达成了共识，我们都变成了萨米特的哈士奇。

维系人际关系的意义

·

当我们在全校范围内建立合作文化的同时，在每一节课上也要求学生注重团队合作。然而，第一学期我们就遇到了难题，无论老师、家长或是学生自己都对以往曾经历过的团队合作心有余悸。而我也发觉，如果你想要唤起家长内心关于学校的诸多噩梦般的回忆，你只需提及某个团队项目就好了。沮丧和抱怨在团队合作中司空见惯，所以家长反对的理由也很充分。

“我孩子小组里的其他人根本什么都不干。”

“所有的事都是我儿子一个人做的，凭什么其他人和我儿子得一样的分？”

相反的情形也有。“我孩子他们组里有个特别霸道的孩子，根本不许别人提意见。”

“我的孩子根本融入不进去，她觉得没自己什么事，也不喜欢那些项目内容。”

“我孩子什么也没学到。”

“他们连意见都不能统一，也不知道要找时间碰面协商，工作分配也乱七八糟，当然成绩好不到哪儿去！害得我女儿也要跟着受牵连！”

许多家长很生气，会向老师和校长抱怨团队任务分配不均，其他家长则是逆来顺受。“欢迎来到现实世界，”最终，他们还是会这样告诉孩子，“团队合作就是这样。”所以我们必须做得更好，要真正教会学生在团队里怎么工作，要让他们明白，团队合作是一项非常重要的技能，绝非仅仅是达成目的的一种方式。

通常来说，团队项目的问题主要出在两个方面。其一，大多数情况下，某项任务实际上并不合适团队作业。一个团队适合去解决复杂的问题，解决这些问题需要不同的经验、专长、技能和知识。相反，针对那些要死记硬背的东西或者线性任务，团队是不适合的，因为这些任务只有单一的正确答案。例如，如果你把一群学生放在一起，让他们做一份卷子、解一道数学题，或者完成其他仅需要单项技能或单一知识点的任务，毫无疑问，最擅长做这些事情的孩子就足以应付，完全不需要其他人参与。尤其当所有小组成员都明白这一点时，他们自然而然地就会让出位置，让“最聪明”的人干活，不得不说，这种选择其实非常明智，但这是一种“伪合作”。其二，即便任务足够复杂，如果没有成年人从旁指导，提供团队合作所需的各项技能，合作依旧会以失败告终。

陈女士拉出一把椅子，和第三组学生坐到了一起。概率项目进行了几天之后，这个小组遇到了瓶颈。问题不是出在具体的工作上，而是团队合作。概率项目本质上是一个有着现实生活应用的数学问题。他们在学习指数，但之后会延伸到利率的影响和借贷问题。学生在实际生活当中会经常用到这些概念，特别是几年后他们多半要考虑大学助学金的事。然而，这个小组出了点问题。几分钟之前，凯伦问陈女士她能不能和马尔科两个人单独成立一个小组。答案当然是否定的，但陈女士愿意帮助他们解决问题，找出他们不愿意继续与其他人合作的原因。

“看起来，我们现在的问题是第三小组该如何通过合作有效地完成概率项目，对不对？”陈女士问道。

“您的意思是我们不能分成两个单独的小组是吗？”

“没错。我们要学习的内容之一就是如何与不同的人共事，如何开展合作。倘若一遇到困难就各行其是，我们永远也学不会合作。”陈女士说道。凯伦这次没有反对，其他人也纷纷点头。类似的情形在萨米特并不是第一次出现，学生之间出现矛盾时，我们会要求他们想办法去修复彼此的关系，加强人际交往。

“那么，我们先从背景情况入手。”陈女士说道。接下来的几分钟时间里，每一位小组成员都描述了问题的具体情况以及他们各自的看法。事情是很简单的事情，但大家所阐释的角度各不相同。约翰的数学一直很好，概率问题难不倒他。其他小组成员则略逊一筹，但他们其实都有各自的优势，都能够为项目出一份力。例如，马尔科帮他的父亲打理园林生意很多年，有关于银行和贷款的第一手经验，了解金钱在现实生活中的影响。凯伦和莉迪亚都曾存钱买过贵重物品，她们了解利率是怎么回事。虽然小组里的每个人都知道自己有所长，但又觉得自己的长处并不被他人看重。他们很难与其他人坦诚地交流自己的想法与感受。而这种沉默寡言又妨碍了彼此之间的正常相处，小组成员之间的沟通非常低效，他们现在只想摆脱对方。

在陈女士的鼓励下，小组成员开始互相交流并乐于去倾听他人的想法，这时陈女士就可以让出主动权了。她建议第三小组先确立一个团队目标，然后制订相应的计划，确保每一个人都能够发挥独特的优势。这样一来，团队工作又重回了正轨，但接下来的一周时间里，陈女士还是要不断检查他们的进度，将自己的观察和反馈告诉他们，给予他们鼓励和必要的辅导。最终，第三小组不但达成了自己设定的目标，也明白了维系人际关系的意义所在，如果关系出现裂痕，一定要想办法去补救，而不是甩手不管。

把合作运用到家庭生活中

随着我们在学校里教导孩子开展团队合作越来越得心应手，我开始意识到，家庭生活当中也需要团队合作。例如，如果某天没人可以去接雷特放学该怎么办？如何保证足够的遛狗时间？实际上，我们每天都要面对很多类似的问题。对于大部分家庭来说，那种每个家庭成员都有一个属于自己的、和其他人不重合的角色的日子早就是过去时了，而若想应对当今复杂的现实生活，每个家庭成员都需要出力，合作是必不可少的。就我们家而言，我的工作要求我必须待在学校，而且还要经常去各地出差。斯考特则在家里办公。这也就意味着，传统的家务分工例如买菜、做饭、打扫房间、修车、支付账单和按时接送孩子上下学这种事对我们来说很难实现。因此，我们必须开展合作，如果每件事都要完成，那仅靠我和斯考特两个人合作是远远不够的，我们还需要把朋友、亲属和邻居一同纳入合作体系中来。大部分家庭成员都会合作把事情搞定，但问题是这一过程是否帮到了孩子培养合作能力来应对未来的生活？

家庭旅行本是习以为常的事，我一个朋友的五口之家却视之为一次促进家庭成员合作的良好机会。因为爸爸妈妈觉得很沮丧，他们为了安排一次完美的假期花了不少钱，但孩子们都不买账，甚至还怨天怨地。这次，他们想换一种规划假期的方式。他们给所有的家庭成员提出了一个挑战，“这次的假期有七天，我们的预算有这么多，我们该去哪，做些什么？”

起初，每个人都很兴奋。大家畅所欲言，各抒己见，但很快他们就意识到，每个人都有自己的想法：最小的孩子想去迪士尼，最大的想去野营。沮丧和愤怒的情绪随即蔓延开来。

好在，这家人采用了“STP 法”去解决这个问题——“了解背景情况”、“明确最终目标”和“准备提案”。你看，我们不仅用这种方法选出了萨米特的吉祥物，还解决了家庭中的实际问题。后来，他们的假期开销不但控制在了预算之内，并且每一位家庭成员都觉得整个行程的安排自己都参与其中。哪怕某一部分行程安排并不是他们的首选，但他们很清楚，这些安排对他们所爱的人有特殊的意义，他们知道背后的原因。比起单单做自己想做的事，他们开始享受与家人在一起的美好时光，去体验一种全新的经历。而他们自己所期待的行程也即将到来，就算这些项目不是其他人的首选，但他们也会一起参与其中，一家人共同享受旅行的乐趣。

做一个高效的合作者

•

正如你开车前往目的地的途中会不断地左右转弯、停车和让路，在让孩子为未来做好准备的路上也是如此。培养合作能力需要在现实生活里实践，也需要自主学习的能力，因为如果没有自主学习能力就不可能成为一个高效的合作者。**而合作和自主学习的开展反过来都需要清醒的自我认知。那些最富于合作精神的人同时也是最了解自己的人：**他们知道自己是谁，在乎的是什么，长处和短处在哪里。想要认清自己，必须时刻反思。善于合作的人知道自己的优势在哪里，哪里又需要改进，知道自己可以在哪方面做出贡献。他们可以与同学们一起选吉祥物、挑电影，也可以和家人一起规划一次旅行或者选一只宠物。等到这些孩子长大了，我随时欢迎他们加入我的团队。

WHAT KIDS NEE
FOR
FULFILLED LI

第三部分

怎样才算做好了准备

自萨米特建校起，我每天都会问自己这三个问题：

- 我是否想要在萨米特这样一所学校里上学？
- 我是否想要在这样一所学校里教书？
- 我是否愿意把自己的孩子送到萨米特上学？

如果我对这三个问题的回答不是肯定的话，那一定是哪里出了问题。我会以此为标准来确保我们所建立的学校让学生和家长觉得是足够好的，这是最简单的办法，也是最诚实的方法。但实际上，这些问题的答案只能来自我个人的直觉，是没办法被客观衡量的。

良好的习惯、求知欲、通用的技能和对未来的规划这四点，对于孩子们未来是否能过上幸福美满的生活是最重要的，且能被衡量的标准。它们是我们在 GPS 中设置的“目的地”。这也让我们能够判断，孩子们是否为步入成年人的社会、大学毕业，并过上自己想要的生活，做好了真正的准备。这就是我们要到达的目的地。

第八章

成功的习惯：十六个学习模块

我们必须把培养孩子成功的习惯，和注重他们的学业成绩放到同样重要的位置。

PREPARED

对于那次谈话的发生地点，我和我的同事凯丽·加西亚有着不同的回忆：她坚持说是在她的教室里，而在我印象中，我们当时其实是站在二号房间的盥洗室前。不过到底在哪儿并不重要，重要的是，无论是作为一名教育者还是作为一名母亲，那次谈话给我们两个都带来了深远的影响。哪怕十六年过去了，如今回想起来那天的场景仿佛还历历在目，我相信彼时我们已经多少察觉到了它是一个关键的转折点。

那时已经是十月底了，萨米特刚刚成立一年，凯丽找到我说想要和我谈谈关于扎克的事。扎克是一名高中一年级的学生，根据凯丽的说法，她的这门课扎克期末考试肯定是不及格了，我们应该及时通知他的父母，比如给他们寄一份扎克的学习进度报告。此前七年的教学生涯中，凯丽都是这么做的。

第一学期伊始，我们管理团队的七个人彼此约定要互相监督，当有人提议推行某个制度之前，我们必须要深入分析该制度是否与萨米特的校园文化相契合，是否能够帮助我们实现对家长的承诺，确保不会离我们的初衷越来越远。此时此刻，显然凯丽已经筋疲力尽，她不知道自己还能做什么，所以我必须站出来，有些话只能由我开口。

“现在还没到十一月，你怎么能确定扎克一定会不及格呢？”

凯丽相当肯定地说：“他在课堂上表现很差，笔记也不记，更别说回家写作业了。”实际上，那一整年时间里扎克从来没有写过作业，而他的家人也帮不上什么忙。但扎克在很多方面又表现得非常出色，这令他的情况变得越发复杂。每当两人争论时，扎克的逻辑非常清晰，表达也毫无问题，甚至可以说是能言善辩。但即便他对自己不写作业这件事理直气壮，也无法改变他的历史课可能不及格的事实。扎克的数学更是糟糕，他马上开始转变恐怕也于事无补。“他一点都没有学生该有的样子。”凯丽这样总结。

在凯丽看来，扎克和她之前在其他学校里教过的那两百个孩子没什么区别。她的教学工作原本就已经不堪重负了，你还能指望她有多余的精力来关注每一个孩子吗？她能关注的只有眼前的事实：扎克根本就不好好学习，所以只能让他挂掉这门课。也许这会给扎克一点警醒，而且这样的话她能花更多的时间在那些用功的孩子身上。这种想法其实很好理解，大多数学校的老师也都是这么做的：我该教的都已经教了，学不学是你的事，我的职责已经尽到。

“你真的尝试过所有的办法了？”我问她，“好好问问你自己，你是不是真的都试过了？我们所有人是不是真的都试过了？我们要像其他学校那样吗，明知道接下来会发生什么，却还装作若无其事地给学生打个不及格了事？”

“好吧，我承认我可能做得还不够，但扎克他根本什么都不做！”凯丽恼羞成怒地说。

其实，我在问凯丽这些问题的同时，我也是在问我自己。我们都很清楚，如果给扎克打不及格意味着什么：他毕不了业，拿不到文凭。日后他很有可能没办法养活自己，只能随波逐流混天度日，也许还会去做危险的、犯法的事，最终等待着他的可能是牢狱之灾，也可能是死亡。听上去有些夸张，但我们都曾见过太多这样的例子。当然，就算凯丽这次给他打了不及格，之后他也有可能会遇到一些事、一些人或者某个转折点，让他幡然醒悟。但这种概率真的非常小。而且，更重要的是，我曾向扎克的母亲许诺过，我一定会让她的儿子顺利毕业。虽然她在家里并没有为扎克的学习提供多少帮助，但我却一刻不敢忘记我的誓言。

“你真的准备要给一个十四岁的孩子判死刑吗？”

我能从凯丽的脸上看出我的这些话刺痛了她，我确实有些情绪失控，但有些话憋在心里实在不吐不快。“在这件事上，我们是不是真的用了心，想要去改变扎克的人生轨迹？还记得我们的承诺吗？”这不是说我个人希望——或者我应该——“拯救”扎克，这是萨米特的使命。萨米特的建校初衷从来就不是驾着一匹高头大马一路带着孩子们高歌猛进奔向光明的前程。这一点凯丽很清楚，我也很清楚，我们的目的是教会这些孩子掌控自己的人生，过上他们想要的生活。

后来凯丽向我坦言，那时候她内心曾一度想要大声咆哮：“够了！我受够这一切了！”她有自己的家庭要照顾，她要休息，她要保持冷静，她要有自己的生活。我们有什么权利强迫她，或者强迫任何一名教育者付出更多呢？我们没这个权利。这也不是正确的做法。老师不是救世主，就算我们救得了一个扎克，还有第二个、第三个……我们没有那么多精力。这种不断重复的“一次性”教育方式几乎把老师逼疯了，他们为此殚精竭虑，可这并非长久之计。即使那段时期我做事风格比较激烈，但这个事情上我还是看得很清楚。

我至今都在庆幸凯丽那时没有冲我发火，没有直接走掉或放弃不干。她当然有权选择那么做。但最终，她再次向我做出了承诺，我们决定放下成见，从长计议，找出解决问题的方法。

那天的谈话和其后我们的几次交流和沟通，最终确立了学校的发展方向。过去的十六年间，我们一直遵循着这条道路，不断完善自身。凯丽列了一张清单，她想要尽可能地为扎克提供帮助，清单上的每一件事情都需要她在扎克身上花更多的心思和时间。但这么做其实是有问题的：一来，如果像扎克这样的孩子再多来几个，就算凯丽完全放弃自己的私人生活也应付不过来；其二，这对扎克本人的成长其实并没有太大帮助，如果他的下一个老师不能为他做到这种地步呢？其三，我不由得会联想到自身的经历，当我还是个学生的时候，我想要的并不是谁的拯救和帮助，我只想有人能告诉我，我该怎么做，我自己能行。也许扎克的想法和我一样。

因此，就算老师做得再多，那也不是我们想要的答案。**我们必须想办法，让学生能够自己找到答案。我们必须把培养孩子成功的习惯，和注重他们的学业成绩放到同样重要的位置。**

十六个学习模块

•

扎克只是其中一个例子，在萨米特，还有很多的学生有类似的情况，这让我们不得不慎重肩负起培养学生良好习惯的职责。我们要让每一位学生都能成功的承诺，促使我们做了大量的功课，查找了很多资料，只为确认哪些具体的习惯有助于在当下和未来取得成功。

我们借鉴了布鲁克·斯坦福－布里扎德博士（Brooke Stafford-Brizard）为儿童的转折点项目（Turnaround for Children）开发的“学习模块”的概念框架[1]，这个框架参考了几十年来教育和学习科学领域的研究精华，列出了十六个具体的技能，每一个技能都有助于学生在学校和未来的人生中取得成功，而且这些技能都是可以通过后天培养并不断提高的。这十六个技能逐层递进，学生要先习得较为基础的技能，然后再去尝试掌握更加复杂的技能。学习模块是我们迄今为止最有效的教学工具，因为它将大量的概念和信息归纳总结成一张简单的图表，让人一目了然。

学习模块示意图

假设我们生存在一个理想的社会，整个金字塔结构的基底层所囊括的对他人的信赖、对压力的管理以及对自我的调节，这些人格方面的健全发展其实从幼年早期就开始了。当我们把基础打好之后，孩子们逐渐开始为上学做准备：形成清晰的自我认知，能够同他人进行交往，产生共情，并且具备较强的执行力，例如懂得做计划和制定目标。这之后，孩子们开始不断加深对自我和学校的认知与理解，建立成长型思维和实现自我效能感，找到归属感，能够理解学校设立的目的所在。学习模块的倒数第二层注重的是毅力，坚持不懈的精神。到达这一阶段之后，孩子们能够意识到自己与这个世界的联系，具备一定程度的适应性和能动性，可以在学习过程中应对一些挑战（学术韧性）。随着前四层要素的不断积累，我们终于来到了学习模块的最顶层，也就是自主性、好奇心和目标感。无论是在学校、在家里，还是在社区交往中，在不同的场合下能够灵活展现出这三种顶层特质的孩子无疑已经为步入成年人的社会做好了准备。

而我们真实生活的世界距离理想化效果相去甚远，并不是每一位萨米特的学生都具备了早期的学习技能。就拿扎克举例来说，出于一些复杂的生活环境和经历，他对学习毫无兴趣，也不理解上学的意义是什么。其他学生则从未体验过任何形式的信赖，或者自我认知能力较弱。通常来讲，就算我们很清楚某个学生在学习上遇到了问题，我们也不能立即断定问题出在哪里，他们到底缺失了哪一方面的能力。而作为教职人员，借助学习模块有助于我们找到背后的症结。

当意识到让扎克挂科并不能解决问题时，我们开始尝试找出他不做作业的原因。他对校园生活缺乏一种归属感，在了解到这一点之后，我们最先做的事就是给予他更多的关注。哪怕他不信任我们，我们也绝不会放弃他。我们会通过各种途径向他传递一种信息：我们希望他能够在萨米特念书，因为我们相信他，相信他有能力完成学业，而在这一过程中，我们会一直在旁边支持他。我们一点点“粉碎”了扎克的“期待”，并没有按照他预想中的方式给他打一个不及格的分数，这样他就可以毫无心理压力地去玩游戏了。这可能是最简单的处理办法，他也已经习惯了被如此对待。但我们没有这样做，老师们都对他不离不弃，我们携起手来共同鼓励他前进。我们的尝试奏效了，尽管一路走来并不容易，有时候也会弄巧成拙，但扎克最终顺利毕了业。我们对扎克的鼓励和支持从未间断，或许那时的某些做法称不上有系统性，但我们终将会做到。

众多研究已经证实，**这十六种特质与成功密不可分，在人的一生中无数次需要用到，它们具有强大的力量，无论在学校还是社会上都适用。**此外，这些特质之间实际上是相互联系的。就拿自主性来说，萨米特学生自主学习的训练形成了闭环，你可能还没有注意到，这一过程实际上内化了执行力的培养（制定目标和做计划）。当学生在锻炼自主学习能力的时候，他们一边是在运用，一边也是在强化他们的执行力。再比如成长型思维这个特质，即相信一个人的才能是可以锻炼提高的，在自主学习过程中起到了非常关键的作用。学生对每一小时、每一天、每一周甚至是每一学期学习的反思正是在强化成长型思维这个习惯。诚然，不是每一位学生在开始训练自主学习时都已经具备了上述技能，但经过不断地反馈、训练和反思，他们终将掌握这一切。

而到了学习模块的最顶端，学生可以利用养成的这些习惯在不同的场合独立进行实践——不单单是在学校里。试想一下，学生如果在成长过程中，无论是在学校里还是家里经过无数次这样的训练：设定目标、制订计划、执行计划、进行成果展示和反思（自主学习的一个完整循环），他的未来会是什么样子？假若他在本地的杂货店找了一份暑假兼职工作，每天补充货架、规整空手推车、打包商品，出于习惯，他同样也会将上述步骤应用于实际工作当中。每天他来到杂货店，在老板吩咐之前就能明确自己的工作职责，并会想办法更快捷有效地整理空手推车。他会尽全力确保每一位顾客的商品在打包时保持规整不杂乱，当结算完成时，顾客可以第一时间拎包就走。再对比一下那些没有老板的吩咐就只知道靠在收银台前偷懒或者四处闲逛的售货员，如果你是老板，你会想要雇用哪一种人？而作为家长，你又想要把自己的孩子培养成为哪一种人？

给孩子赋能

•

多年来，为了培养每一位萨米特的学生具备上述十六种成功的特质，我们制定了一套又一套学习制度。在着手解决扎克的问题的时候，我们创立了强制性学习自习室（MASH），旨在划出特定的时间培养和训练学生的执行力、学业韧性、自律能力和压力管理能力。但好景不长，学生开始称其为“家庭作业的监牢”，而一旦得到这样的反馈，我们就意识到必须对现行制度做出改进。我们不断钻研各类研究成果和科学理念，同专家进行探讨，收集和分析数据，一步步优化学校的各项制度，收集反馈和数据，进行反思，然后周而复始——我们一路都是这么走过来的。

毫无疑问，萨米特这些年来的发展经历了很多重大的转变。如今，老师留家庭作业的目的仅仅是帮助学生掌握其所需的知识和技能，在哪里完成并不重要。而自主学习时间则用来培养扎克和其他学生所缺失的技能和习惯，这一全新的教学理念和教学方法带来了巨大的改变。作为教育者，**我们一直在迫使自己把学生为未来做好准备而真正需要学习的东西和过程定义得更清楚**。唯有通过这样的教育方式，我们才能切实地赋能于孩子，让他们明白学习的意义所在。

如果我能早点这么教导我自己的孩子就好了。

做作业的必要性

•

雷特五年级的时候我们还在为他的作业问题争论不休，我既生气又沮丧，当我准备把这些情绪记录在日记里时，赫然发现连续两年的同一时间，同样的十月，我日记内容的开头一模一样，而我现在正打算第三次写下同样的字句，这可不是什么值得开心的事。我甚至在想那天莫不是土拨鼠日[①]？又或者是我被困进了某个循环往复的电影场景当中，每年都要在同一天和我儿子因为作业的事吵架？显然，我的各种尝试都以失败告终，连续三年我还在原地踏步，毫无进展。我开始逐页翻日记，令我震惊的是，关于作业的争吵远不是一年只发生一次，它时不时地就会爆发，都快成了常态，并且每次留给我的情绪感受都是沮丧和忧虑。

我到底在干什么？一定有更好的方法可以解决这个事情。我的愤怒瞬间被愧疚和悲伤所取代。下一刻，我已经出现在了雷特的房间，紧紧地抱住了他，我希望我们之间关于作业的争吵可以到此为止。或许雷特也受够了，又或许他被我的情绪弄得有些不知所措，总之，他同意了，并回抱了我，此时此刻，我们母子都沉浸在这个充满爱意的拥抱当中。我确信那一刻我重新敞开了心扉，那种感觉非常好，那正是我想要的感觉——尽管我们俩都不知道自己是否真的能够遵守诺言。

---

① 每年的 2 月 2 日，据说是冬末土拨鼠出洞的日子，如果土拨鼠在晴天出洞看到自己的影子，就表示冬天还将持续六个星期。土拨鼠日一般用于形容重复不变的事情。——译者注

坦白说，为了解决儿子做作业的问题，我几乎尝试了所有的办法。我设置了奖惩体系，有专门的作业时间和作业辅导，雷特也有记作业的本子，为了避免他忘记做作业，我甚至还搞了一套备用方案。我会定期和他的老师沟通，检查他的作业完成情况。但没有一个方法是奏效的，我动用的手段越多，雷特越不想写作业。而他的那些“对策”才是最让我感到忧虑的：他学会了撒谎，不管是没做作业还是已经做完了。

为了打破我们之间的僵局，我尝试了一种新的策略。在萨米特，如果有学生没有完成作业或者经常上课开小差、扰乱课堂秩序，我们要做的第一件事就是找出原因。因此，我问雷特，为什么不做作业？或许你很难相信，我真的很少会去问为什么，哪怕问，我也只会问一次。而这次，我要做的是刨根问底，他每给我一个答案，我就顺势继续追问，直到得到最后的答案。这个沟通过程并不容易，我发现很难不带入自己的观念或者不质疑他的想法。

但逐渐地，我们的沟通顺畅了起来。和萨米特的孩子一样，雷特对问题给出的答案每次都有所不同，但交锋十几个回合之后，最后给出的那个答案一定是最诚恳和最真实的，也是最有用的。

我第一次问雷特为什么不做作业的时候，他回答我说他做完了。我尽全力克制住自己不把它当成另一个谎言，我问他为什么会这么认为。他的解释是他的确已经做完作业了，无论是在家还是在学校，他都会利用休息或午餐时间做作业，因为如果不做完他就不能玩。这可不是我期待的答案。在我看来，没有按时完成作业，或者要大人在一旁监督你写作业可不叫“做作业”。我很好奇，想知道他为什么会这么想。那次谈话进行到尾声时，我才意识到无论是我还是雷特的老师，都没能弄清楚雷特的学习动机和他对作业的看法。因此我们所采取的措施才会事与愿违。我们并没有为学生打造一个高效的学习环境。我们更应该问自己的是，**教育的最终目标到底是什么？**

和雷特谈过之后我才发觉，他并不清楚那些作业的意义何在，尤其写作业还要占用他的时间。在他看来，课间休息和放学后的时光都应该用来和朋友玩耍，或者和家人待在一起。上学的目的是要学习老师教给他的知识，而作业也应该是在学校里就做完的，不应占用他宝贵的私人时间，不然就显得很不公平。当然了，归根结底他还是不理解自己到底为什么必须做作业，这就让问题变得更加复杂了。他不清楚做作业的目的，因而也就毫无动力可言。更可怕的是，作业的问题还影响了他和我、他和他的老师之间的关系：我们都是他深爱的人，为了不让我们生气或者难过，他只好去做作业，这是他去写作业的唯一理由。但代价是什么呢？他会越来越讨厌作业。而且长期这样下去会形成恶性循环，他会觉得自己不再是一名好学生。

以上是我对这个事情的一个全面分析，显然你不能指望年仅十岁的雷特把整件事想清楚，但随着谈话的深入，我很吃惊地发现自己竟然完全听懂了他想要表达的意思。原来我最大的问题就是从来没有真正地询问过他的想法。

我没有就此放过这件事，我开始认真思考作业的意义，为什么我会认定每天完成作业对雷特来说很重要？在我们的谈话中，他曾明确质疑过那些作业的价值，所以我不得不重新审视这个问题。多年来，萨米特的作业形式可能变更了无数次，我都已经快要忘记传统的家庭作业到底应该是什么样子。但雷特有一点说得没错，他的大部分作业都是些模式化的东西，做起来既没有效率又很痛苦，比如，他每次都先要从黑板上把作业内容抄到本子里，再按照要求去完成，然后上交给老师检查、打分。我也自问，这套操作背后的逻辑是什么？目的又是什么？学生能从中习得怎样的技能？培养出什么习惯？显然培养不出什么有助于成功的习惯。在如今的年代，我们有多种多样的方式去明确责任、跟踪任务完成度和行动进度，为什么一定要硬性地去要求每个人保持步伐一致呢？就好比用 GPS 导航一样，我们需要做的难道不应该是明确目的地后帮助孩子找到一条适合他们的最优路线吗？如果说完成作业是目的之一，当你回过头来仔细想想作业本身，会发现它的价值开始变得不确定。

作业的指令性很强，比如说老师会要求你必须动笔去把作业题记到本子上。雷特的作业内容包含做阅读理解、套用一个公式解多道数学题、用外语重复写单词等。某次的作业内容是查字典找出各个单词的定义，然后制作记忆卡以便于背诵。不管你是否已经认识了那个单词，你都全部要做，没得选择。老师会检查作业的完成度和数学题的正确率，通过随堂小测验测试学生对必背单词的掌握情况。还有什么其他的反馈形式吗？没有了。交上去的作业要等到几天甚至是几个星期之后才会返还给学生。想想看，这种模式的意义在哪儿？

尽管有些自取其辱的味道，但我必须问自己这个问题。当然了，我相信当下萨米特的老师的做法要合理得多，毕竟我本人也当了很多年的老师。我也曾给我的学生布置过作业，我会把作业内容写在黑板上，然后让他们抄到自己的笔记本上。正如雷特的老师那样，我也会花时间收作业、检查作业、记录作业的完成情况，但我从未给出过任何有价值的反馈。为什么？光是上述这些工作就已经占据了我几乎全部的时间。站在老师的角度，我察觉出了一些规律。有的孩子作业写得很整洁，有的写得很完整，但大多数人是应付过关，还有不少人根本不做。有人会抄别人的作业，有人课前才开始想起来写。老师对这种情形已经司空见惯，我们甚至可以从几个模式化的关于作业完成情况的评语中，选一个直接写到学生的成绩报告单上。还有，作业完成情况当然会与学生的课堂成绩直接挂钩。我无论如何也想不明白，这么多年来自己怎么会用这样一个作业体系？令人感伤的是，我能找到的最合理的解释是：因为优秀的老师都会布置作业，而优秀的学生都会完成作业，父母认为完成作业就代表孩子确实学到了东西。或者说我们大家都这么认为。

当我和斯考特讨论让雷特做一些家务活的时候，也遇到了类似的情形。这件事说简单也简单，我大可以列出一个希望雷特去做的家务清单，并告诉他要怎么去完成，但雷特又能从中学到什么呢？我们的终极目标是让他学会好好铺床吗？还是说，我们希望他能够学习如何与他人在同一屋檐下相处？如果是后者，我们又为什么那么在意他床铺得有多好？父母每次交代要孩子做些什么事的时候往往夹带了一系列严格的标准，例如布置餐桌时要把餐巾放在左面的叉子下，刀要放在右面，然后放置餐盘和酒杯。但我们很少会教孩子在花园里种菜，整理凌乱的储物室，规划独自一人在家的暑假（因为父母是双职工）。我并不是要家长完全放弃给孩子布置一些必须要完成的、有明确要求的任务，我只是想要提醒大家，**我们是不是应该停下来好好思考，自己到底想要让孩子学会什么东西？**

基础要打牢

•

想要获得成功应具备哪些良好的习惯？对于这个问题，我和斯考特与大多数家长一样，都有自己的一套想法。大家都是过来人，很清楚哪些习惯有帮助，哪些习惯又会拖后腿。当然，除了亲身经历，我们也会为了提升某项技能、素质和个人品质阅读一些书籍和文章。此外，我们也会和其他家长探讨相关问题。大家都说，要把孩子培养得大胆一些，要具备成长型的思维模式，要有主动性和独立性，要学会自律。“育儿经”里包含了太多的内容，几乎每个人都有自己的一套理论，简直令人无所适从。幸好，在萨米特的工作让我能够从这些观点和建议中抓出重点，尽管有时候我的结论可能更加学术化一些。

我们想要的，或者说大部分家长想要的，无疑是孩子在成年后能够具备所有的良好习惯，取得成功，过上自己想要的生活。作为一名教育者，我坚信，学习模块最顶端的三项特质正是那个目的地，而为了到达目的地，你一定要把下面几层的基础打得非常牢固。如果哪一天，雷特在面对不同的场合时，无须他人指点，能够顺应自己的好奇心，有目的、有意识地自行去探索和认识这个世界，那么我就会非常肯定他已经做好了准备。

第九章

受好奇心驱动的自主学习

把选择权交给孩子，让他们按照自己喜欢的方式学习。给他们充足的时间，找到与世界对接的入口。

PREPARED

2012 年，我们开始着重提高学生自主获取知识的能力，这里所说的知识特指那些事实性的东西，也就是许多教育学家口中的“内容”。在内容的获取上，我们会给学生很大的自由度，例如，我们不会硬性要求他们阅读参考书目的某一章节。每天的一小时自主学习时间里，我们会提供给学生一套完整的学习内容播放列表，包括文章、视频、播客、在线模拟和练习题等等，学生可以自行选择他们感兴趣的内容。同时，我们也会把检查学习进度的责任和工具交给学生，他们可以自己选择接受测试的时间。总之，没有统一的考试日和考卷，只要学生自认为准备好了，他随时可以参加考试，倘若结果不理想，他就要继续努力。

我们在学习如何学习

•

这种尝试起初是经历了一番适应过程的，但很快我们就发现让学生自己主导自己的学习大有裨益，不仅能够激发学生对特定科目的兴趣，还有利于培养成功的习惯。我们每周都会向每一个学生了解，哪些方面进行得比较顺利，哪里遇到了阻碍，又是什么原因造成的，并以此作为参考，快速提升他们的学习体验。例如，他们希望看到其他同学对学习资料的评分，就像大家会在 Yelp（美国最大的美食点评网站）和 Goodreads（当前全球最大的在线读书社区）上评价餐厅和图书那样。他们希望学习材料能够进一步细分，希望有明确的学习指引；他们想要有更多做练习题的机会，想要知道自己做得怎么样。

我和我的团队一步步改进学习内容，改善学习环境，丰富学生的选择。我们发现，当学生为了有效解决项目中的各种问题而需要学习一定的基础知识的时候，他们的学习方式和之前是迥然不同的。事实上，学生对如何学习和对自己感兴趣的领域有同样的好奇心。

学生经常反馈说觉得自己受到了尊重，因为我们把选择权交给了他们，他们可以按照自己喜欢的方式去学习。我们还注意到，在这一过程中，学生会慢慢摸索出最适合自己的学习方法：什么时候学什么，又该如何去学。有的学生喜欢先啃难啃的科目，把擅长的留到后面。有个学生打比方说自己就像是一个理智的进食者，“我会告诉自己要先把蔬菜吃掉，因为这对健康有好处，然后我就可以吃甜点了”。其他学生则喜欢先突击掌握某个科目的全部内容，这会令他们产生自信和成就感，然后再去挑战更难的科目。也有人会采取折中的做法，他们每周会穿插着学习不同科目的内容，每科都学一些。

很多学生都会同我们分享他们是如何检验自己学到的新知识，在什么情况下他们会觉得自己已经掌握了所学的内容，以及他们是如何找到最适合自己的学习方法的。他们都会不断地测试最适合自己的学习方式，正如一名学生所言：“我们在学习如何学习。”

你或许可以想象，这种学生自己掌控自己学习的做法与传统的受教育模式大相径庭。但在 2012 年，有一件事还是没有改变：对于每一个知识主题，学生还是要去上一节传统的课，直接从老师那里学习知识。尽管他们可以自由地选择适合的学习方法，但这一条是硬性要求。

某一特定年龄段的人大多对电影《死亡诗社》不陌生，站在课桌上的罗宾·威廉姆斯（Robin Williams）仿佛是“舞台上的圣贤”，牢牢吸引着学生的注意力。对比本·斯坦因（Ben Stein）在电影《春天不是读书天》（*Ferris Bueller's Day Off*）里所扮演的教师形象，我们很清楚优秀的老师应该是什么样子，**他们善于激励学生，抓住学生的注意力，他们会提出巧妙的问题，传播深远的知识，从而引发学生的思考。**而不那么称职的老师通常都很无聊，教给学生的那些东西看上去莫名其妙还毫无意义。但是，这两种老师都是在给学生“传递知识”。老师都认为，要做一名好老师，只需要用一种有趣、能抓住学生注意力的方式来传递知识。想要改变老师对自己“传递知识”的角色定位很难，同样，想要改变学生对老师的固有看法也很难。这两方面的问题我们都碰到了。

让好奇心互相传染

2012年年中，我们发现，当我们让学生给各类学习资源的有效性打分的时候，我们保留下来的“必修课”（由老师授课的强制性课时）连续几周都排在最末尾。起初，我们没太在意那些数据，毕竟没有哪个青少年喜欢被强制做些什么事，尤其是他们已经尝到了一点自主选择的甜头。但连续好几周的结果都是如此，如果我们再忽视这个问题就显得太不专业和自欺欺人了。有人建议我们验证一下猜想：学生是不是普遍对强制性的东西缺乏热情？如果我们把这些“必修课”变成“选修课”呢？对这些课程的评分会不会高一些？尽管如此，大家都还有些犹豫，如果不强制要求，学生会不会干脆就不来上课？这无疑会影响他们的学习。因为担心会引发一场教学事故，最终，我们只勉强同意做一个星期的实验。如果我们的担忧成真，学生真的不来上课，至少一周的课时老师还是有办法弥补的。

但结果却出乎我们的预料。尽管变成了选修课，但并没有学生不来上课，可是这些“选修课”仍旧是最低分。怎么回事？我们决定再试一周，结果还是一样。我们又试了一周，依然如故。尽管老师的担忧并未成真，学生仍然像原来一样按时来上课，但他们并不觉得这种授课方式对他们有帮助。这实在太让人困惑了。我们不得不组织小组讨论寻找原因（我们一直有一个教学心得：如果老师心存疑虑，问问学生就好了）。我们召集了一群学生就这一问题进行了探讨，结果发现他们实际上并不相信那些真的是“选修课”。他们担心自己不去上课的话会被记录旷课或遭受相应的惩罚。传统的教育模式已经深深植根于他们的脑海，即便我们将选择权交到他们手上，他们也不敢相信。因此，到了第四周，我们把话说得很清楚，同其他学习资源一样，所有这些课程都是可以选修的，不去上课不会有任何后果。那一周，课堂出勤率的确有所下降，但评分依然雷打不动地排在倒数第一。随后的两周，来上课的学生越来越少，分数仍没有变化。最终，在第七周，选修课的评分一跃成为第一位！我们简直不敢置信。但当我们对照了出勤率，意识到每个班只有两到三个学生来上课，这个高分只是由这两到三个孩子给出的，那种感觉仿佛是一场空欢喜。这到底是怎么一回事？

为什么来上课的孩子都给了选修课最高的评分？我们单独询问过每一个人，得到的答案几乎是一致的：此前，当大家聚在一起上课的时候，老师讲的一些内容实际上有人已经掌握得差不多了，仅有一些具体的问题不明白，或者有些他们还不知道的知识点，但他们却要耐着性子听完全部内容。而对于其他一些孩子来说，他们可能刚刚涉猎某些知识，老师讲的东西完全超出了他们的理解范围，一堂课下来什么都没有听懂，以至于毫无收获。这是一种典型的“金发女孩的选择”（Goldilocks situation）[①]：熊爸爸的椅子太硬，而熊妈妈的椅子又太软。在第七周的时候，他们终于找到了“熊宝宝的椅子”。学生反馈说，当每堂课只有两到三个人出席时，老师就会把事先备课的内容放到一边，转而根据每个学生的实际情况提供具体的帮助。所以，从本质上来说，这其实是一个辅导的过程。比起常规的课堂时间，辅导用时更短，而学生也感觉自己在合适的时间得到

① 在西方儿童故事《金发女孩与三只小熊》中，迷路的金发女孩走进熊的房子，尝了三个碗里的粥，试了三把椅子，又在三张床上躺了躺。最后发现不冷不热的粥最好喝，不软不硬的椅子最舒服，不高不矮的床最合适。这说明刚刚好才是最适合的。——编者注

了所需的帮助，所以他们给出的评分非常高。学生一致认为，没有哪一种教学资源可以做到像老师一样理解并支持他们。

另一方面，在过去的几周里，老师同样对自己课程的评分无法释怀，但如今，他们都非常满意，在辅导的过程中，他们能够更好地了解学生遇到的困难和挑战，并利用自己的知识和专业技能为学生提供切实有效的帮助。不过并非所有老师都能全然接受选修课的概念，毕竟让人放弃固有的思维定式是很难的：老师就该有“老师的样子”。

我们只能寻找一个折中的办法。我们决定再做一周的试验，设立辅导吧——我们厚着脸皮借鉴了苹果公司天才吧（Genius Bar）的做法。在一小时的自主学习期间，我们会支起一张高脚桌，并为每一位老师准备一张“辅导吧开放”的标识。老师不再主动授课，而是处于一个相对被动的状态，等待学生来寻求帮助。很快，第一个学生就出现了，然后是第二个、第三个。那一周，辅导吧的得分是最高的，但也有一个问题，排队时间太长了，所以后来分数相应地有所下滑。但有趣的是，排队的学生开始自发地组织互助活动。很快，辅导吧前就排满了一对对的“互助小组”，不但老师会提供帮助，学生之间也会互相帮助。这种相互辅导得到了最高的评分。

今天，我们有了一个更适宜“老师－学生”和“学生－学生”式辅导机制的环境，我们还特地搭建了一个技术平台，已经精通某一知识领域的学生可以在上面志愿报名成为一个辅导者。这一举措无疑是双赢的。有证据显示，**当一个人在教导他人时，其自身的知识与技能水平也会有所提高。**[1]学生之间相互辅导不仅有利于知识的掌握，更有助于培养成功的习惯。此外，学生通常会在自己感兴趣的领域志愿去辅导别人，而在这一过程当中，人的好奇心是会传染的，就比如我大力推荐了一本书，一个正在浏览此书的人或许就会决定买下来。

在这种新型教育模式下，老师的角色并没有消失，只是变得不一样了。你在教室里还是会到处看到老师的身影，无论学生是在进行自主学习还是在做项目，老师都会从旁指导，并提供支持。不一样的地方在于，老师把精力放到了更有影响、更有价值的和学生之间的互动上。一个萨米特的英语老师可能在上午带着他的导师小组成员进行“剥文化洋葱”的训练，然后在“畅所欲言”项目中主持一场苏格拉底式的研讨会，之后在自主学习时间为一小部分学生进行辅导。比起传统的教学方式，老师并没有变得可有可无，而是让他们的才能得到了更加合理的利用。另一方面，学生也不再是彼此割裂的存在，不会抱着自己的笔记本在角落里默默无闻，他们会和自己的同学一起，将所学到的东西应用到实践中。

需要改变的是获取知识的方法

·

“嘿，亚莉克莎[1]，大富翁的规则是什么？”

那天是圣诞节，我正准备和我的外甥女布鲁克玩几把大富翁游戏。但我忘了每个玩家初始的资金具体应该是多少，布鲁克又是个新手，说明书不知道放在哪里了。某一刻我也想过用谷歌搜索一下，当我还在乱糟糟的游戏柜里尝试找出说明书的时候，九岁的布鲁克则毫不犹豫地选择问亚莉克莎。虽然她第一次提问并没有得到想要的回答，但是她又试着问了几个问题便得到了答案，然后很随意地告诉我：“黛安娜阿姨，每人六张二十元的钱币。”

事实上，现在就连小学生都知道如何利用高科技（当然，问亚莉克莎一个问题本身并没什么技术含量），我们有理由怀疑，知识是否还有教授的必要？有了亚莉克莎和谷歌，我们可以搜索想要了解的一切，哪怕有些东西实际上我们是记得的，但搜索出结果的速度要比自己想起来快得多。那么我们为什么还要浪费精力去记那些大事年表、名词解释、公式和语法规则

---

① 亚莉克莎是亚马逊公司推出的一款智能语音音箱。——译者注

呢？我们大多数人在学校里就是在背这些东西以应付考试，考完之后多半也就忘光了。而今天，我们的孩子也要继续重复这个过程吗？答案是否定的。**但知识的价值仍旧不容忽视，我们需要改变的是获取知识的方法。**

不少关于学习的科学研究显示，孩子对某一主题的熟悉程度与其取得的成绩和技能是呈正相关的。例如，中学生在做有关棒球的阅读理解题目时，对该运动有一定了解的人得分明显要更高，这和他们自身的阅读理解能力高低并没有太大关系。[2]这个例子和其他类似的研究告诉我们，倘若我们想要培养孩子的批判性思维，他们首先得对所思考的对象有一定的了解。

相信每个人都有过类似的经历。我们都曾经尝试去阅读那些有很多单词都不认识的大段文章，小朋友刚开始进行阅读时就会遇到这种情况，实际上大人也一样。你如果让我去阅读一篇复杂的医学或法律文章，我也会觉得很吃力。当然，我可以采用一些阅读技巧，比如查字典，通过上下文理解语句的意思等，但如果不认识的单词太多，或者文章描述的概念我完全没听说过，这些技巧也不起作用。就算我一直快速借助谷歌查询生词定义，我也记不住一股脑儿涌进来的大量信息，更不可能去理解整句话的意思，所以到最后我还是什么都看不懂。但如果阅读内容是我熟悉的领域，比如说教育政策，哪怕再复杂，通过一定阅读技巧的辅助，我能看得明白。所以你看，同样是阅读文章，有时候我看上去就像个傻瓜，但有时候又变得特别聪明。其实像我这样的人还有很多。

这就又回到鸡生蛋还是蛋生鸡的问题了。一方面，如果事先对某一主题有所了解，你学起来相对就更轻松，成绩也会更好，但了解又得是先通过学习。学校让这种恶性循环变得更加糟糕。三年级之前，学校的重点是教学生阅读。但到了四年级，学生突然开始被要求通过阅读学习新的知识。如果谁在四年级的时候还没有学会阅读，那么他的麻烦就来了。据研究显示，阅读效率的高低又取决于你对阅读内容的了解程度。[3] 弄清楚这一点对学校来说很重要。作为家长，我最大的收获是：如果我的孩子在上学前就储备了大量的知识，那么他在学校会学到更多的东西，成绩相应也会更好。

于是这就导致了非常不幸的结果，我们总是想着把孩子的脑袋塞满。家长经常会有这样的冲动，所以我们把孩子送去像 Kumon（公文式教育）① 一样的培训学校，鼓励孩子记住那些买来的益智游戏，培训一些重要技能。老师在这一点上也毫不

① Kumon 是世界上最大的课外辅导机构，创立于日本，风靡欧美，又称公文式教育，推出“断舍离，忍淡静”式的教研单品和主张学生自我学习、淡化教师的“教授”角色的教学体系。——编者注

示弱，因为社会对于老师角色的定义有着根深蒂固的认知：老师就该站在讲桌前向学生灌输知识。但实际上，有一种更好的方法让孩子获取知识，那就是要满足孩子天生的好奇心。

不要忘记学习模块最顶端的三种特质：自主性、好奇心和目标感。当青少年逐步迈入成年人的世界时，他们要开始为自己的学习和成长负责。学习始于好奇心。当一个问题摆在面前，接下来符合逻辑的做法就是去寻找答案。人们对自己感兴趣的事情会问很多问题，而对自己不感兴趣的东西就不会关注。想要在教室之外寻找答案，你只能靠自己。因而，关于鸡和蛋的问题的最佳解决之道就是受好奇心驱动的知识获取。简而言之，让孩子追随自身的好奇心和兴趣，他们会学到更多的知识。在掌握了更多的知识以后，他们会更加游刃有余地学习。这才是一个高效的良性循环。

找到与世界对接的入口

我一个朋友的孩子布鲁迪是高中生，他非常喜欢过山车。大多数年轻人都喜欢坐过山车，但他不是单单喜欢坐，他还热衷于制作过山车的模型，去了解关于过山车是怎么运行的所有知识。他最新制作的模型有一米八高，完美地复刻了俄亥俄州杉点乐园（Cedar Point）最著名的那一座过山车。一切都是从布鲁迪去一个朋友家玩开始的，他非常喜欢那个朋友的 Knex[①] 的过山车模型套件。他要父母也给他买一个作为生日礼物，并在父母的帮助下组装起来。然后是第二个、第三个……布鲁迪组装的速度越来越快，他的母亲不得不去给他找一些二手的模型，因为全新的模型太贵了。后来，他的父亲带他去坐了一次过山车，自那以后，布鲁迪每周末都要求去游乐场玩。没过多久，他开始在 YouTube 上看有关过山车的视频，学习一切关于过山车的知识。当他谈论起过山车的时候，就好像是一个兴奋的孩童和一位专业的过山车设计师的综合体。他了解过山车的结构、安全性、设计理念和历史，对于普通人来说，他就像是一位真正的专家，而他也不会觉得学习这些复杂的知识内容是一种负担，反而很享受学习的过程，发自内心地感到快乐。

想想看，你应该也认识像布鲁迪这样的孩子——因为沉迷《梦幻橄榄球》（*fantasy football*）这款游戏，十岁的时候就已经非常擅长数字统计；或者因为玩《我的世界》（*Minecraft*），十二岁就会写代码了。布鲁迪喜欢上过山车的时候也只有八

① Knex 是世界知名的生产拼装玩具的厂商。——编者注

岁，但如果我们罗列出布鲁迪了解的所有关于过山车的专有名词和概念，你会发现它们涉及众多的科目（物理、工程学、数学、建筑学、设计、政策和历史），囊括了从小学（基础重力）到大学（加速度和摩擦力）的各种知识点。他的年龄和学术能力并没有限制他吸收更多的知识，因为他可以通过多种渠道去学习，而每学到一定的知识，都有助于他在此基础上掌握更多的内容，让他的学习过程成为一个高效的良性循环。如今，八年过去了，因为喜欢过山车，布鲁迪掌握了大量相关的基础知识，能够阅读、观看和理解一系列与过山车相关的复杂的物理学和工程学概念。

前不久，我看到布鲁迪在音乐方面也做了类似的尝试。他在学校的乐队里待了三年，学习吹长号。和其他孩子一样，在进行自我反思的时候，他坦言第一次拿起长号的时候有点失望，因为他本来想选择单簧管的。虽说换乐器的计划遇到了一些阻碍，但他并没有放弃单簧管，他决定自学。他有一定的音乐基础，并且在学校里也学了一些基本的乐器演奏方法。有过山车的例子在先，他相信自己完全有能力自学单簧管。

布鲁迪的故事让我最感兴趣的一点，就是他对过山车的迷恋实际上始于一次在朋友家的玩耍经历，始于一个玩具。而他对于单簧管的认知和了解则源自网络。布鲁迪的“火花”需要两个要素：**充足的时间和与世界对接的入口**。缺少任何一个要素都会阻碍他的追求。但我们经常会无意识地剥夺孩子的时间和接触新鲜事物的机会。

考大学的竞争越发激烈，迫使孩子必须花大量时间在某一个方面比同龄人更加出色，这使得孩子没有充足的时间去接触一些新鲜事物。当然，能有一技之长绝非坏事，它会让孩子终生受用。可是，我们需要做好权衡。从个人成长的角度来看，年轻人的自我意识尚未完全觉醒，对这个世界的理解也不够透彻，他们很难在高中就明确自己是不是会一直喜欢某个领域，例如往后的十四年里只喜欢足球？对大部分人来讲，想要在某项活动中出类拔萃，意味着课后、晚上和周末的时间基本上都被该活动占满了。你不会再有太多闲暇的时间做自己想做的事，特别是那些看起来“不务正业”的自由玩耍。例如，雷特曾经痴迷于地图，他可以坐在那好几个小时去描画自己想象中的土地。我也不清楚这个爱好将来会带给他什么帮助。他以后会成为一名制图师，或者一名幻想小说家？这都不重要。重要的是，**他需要时间和空间去挖掘自己的兴趣所在，去了解自己**。他从钻研地图这个事情上获取的并非是为自己找到一个职业或是大学专业方向，而是在好奇心的指引下学习如何学习，逐步认识自我，发掘让他“印象深刻的时刻”。

体验、探索、追求

在萨米特，我们会想尽一切办法为学生创造更多的体验内容，让他们接触到更多的想法和观点。多样的体验机会有利于兴趣的培养，因此，我们鼓励老师和学生分享各自的兴趣爱好和他们热衷的东西。学校的走廊里挂满了各种标语、海报、照片、服装和贴纸，都是我们组织的各项活动的成果。活动主题非常广泛，从编织到政治应有尽有。我们还会定期邀请外部人士参与学校的活动，例如在未来大会上做展示，或者评估学生的课题项目成果。这些活动都为孩子们体验新鲜事物提供了机会，同时，我们也会配合整个课程体系开设有针对性的大型项目，例如学校每年都会组织野营，不同于传统学校的是，我们的年度游学项目是整个年级的学生参加一个沉浸式的、跨学科的实地考察，包括参观一所大学。

大多数学校都很注重为学生创造全新的体验，培养他们的兴趣爱好，增长见闻。但仅仅有体验是不够的。我们还要为学生创造机会，去进一步探索他们感兴趣的东西。例如在野营过程当中，大量的枯死树木激发了一个学生的兴趣，于是这变成了他的一个兴趣项目。该学生花了数周，甚至是数月的时间研究森林火灾，并做了一个 TED 式的演讲提出解决问题的办法。我们基于真实世界的项目式学习方式给学生提供了大量的机会，发掘自己感兴趣的东西。

学生有机会就感兴趣的内容进行更加系统与深入的学习，这就是我们设计探索项目的初衷。你可以把它想象成某种选修课，但和其他学校每学期五门必修课和一门选修课不同，萨米特大部分校区的学生一共有八周的沉浸式探索项目，每次跨度两周，在一个学年里完成。在这个时间里，他们可以从多种多样的选修题目里选择，例如戏剧、电影、摄影、机器人、健康、未来规划、领导力培训和心理学等，还有诸多的 STEAM 课程（科学、技术、工程、艺术和数学）。学生还可以通过实习积累宝贵的工作经验，就像戴维曾在科技公司实习那样。

探索项目团队会发布一个“目录”，它并非传统的项目介绍，而是一个动态的网站，包含了所有可选择的项目，每个项目都附有一段具体的描述以及相应的视频，你可以浏览此前的项目成果和其他学生的评价与反馈。我们会举办一个展会，所有探索项目的负责人会与要选课的学生进行面对面的交流。你会经常发现，个人魅力不容小觑，有时候学生会因为崇拜某个人，继而对他感兴趣或热衷的领域产生好奇。我们会为学生提供多种选择，然后让他们根据喜好自己做决定。

探索项目还有另外两个特色：1. 学生可以提议自行设计项目内容；2. 一部分项目由学生主导。我们知道无论项目列表有多长，也很难覆盖到每一名学生的兴趣点。所以我们鼓励学生为他们自己或自己所在的项目组自行设计项目内容。相应地，我们也会用专业的标准来要求他们。在项目的规划和提案阶段，我们会给予帮助和支持，当他们的项目通过后我们会非常高兴。

在进入探索项目时，由于学生选择的是自己觉得有意义的领域，他们很有兴趣并持有一种开放的态度。有些学生做了一次之后会发现他对某个特定领域其实并不是很感兴趣，其他学生则会热切地继续探索，全年都专注于同一个领域，他们甚至还会额外花时间去自学。

例如，米什卡非常喜欢电影，他每年的探索项目都会选择电影方面的内容。毕业之后，他选择继续上大学学电影专业，最近为了一部自导的纪录片还特地回萨米特取材。正因为在年轻的时候有时间、空间和他人的鼓励去探索和追求自己的兴趣，孩子们才能真正找到自己发自内心想要的东西。

吉米·苏尼卡高三的时候和两个同学一起申请了一个探索项目，他们想在萨米特成立一个模拟联合国小组，但却找不到可以负责的老师。在仔细研究了项目要求之后，他们申请自行设计项目内容——他们想要设计一门模拟联合国课程，不仅是为了完成自己的探索项目，还希望和其他探索项目选题一样，教给其他感兴趣的同学。我很兴奋，这正是我们所推崇的尝试。我可以想象，在这一过程中，这三位同学都会经历从被动的接收信息者到主动的信息提供者的观念和立场的转变，他们一定会大有收获，还会为其他同学树立良好的榜样。不过，协助他们确保项目合法合规的老师可就不太轻松了。毕竟，由学生牵头的探索项目内容恐会涉及诸多法律和安全性的问题，老师在审核时必须慎之又慎，好在我们找到了方法。

我们很清楚，吉米领导的探索项目想要真正成形，必须接受与其他专业探索项目老师和课程同等标准的检测。三个孩子欣然同意，并积极接受挑战。我们给他们提供了非常明确的对课程研发和引导工作的要求，并为他们提供了专业的培训。我现在回想，在这一过程当中，吉米加深了对自我的认知，找到了让自己“印象深刻的时刻”，这直接影响了他后来选择的道路。刚上高中的时候，他的目标是成为首席财务官。但之后包括模拟联合国项目在内的一些经历让他意识到，他更喜欢帮助其他学生，做课程规划，为他人提供反馈意见。他享受见证那些“豁然开朗的瞬间”：当他人终于理解了某个难点或解决了某个难题。而他在金融领域是找不到这些“印象深刻的时刻”的。

诚然，像米什卡和吉米这般，在年少时代就找到了自己内心向往的东西，并努力坚持下来的孩子并不多。绝大部分人在成功之前需要有体验各种新事物的机会，经历多次迷茫中四处碰壁的探索。这些尝试都是无用功吗？当然不是，因为他们一路都在学习。

发掘孩子的真实兴趣

·

尝试去开发孩子的兴趣爱好是件很微妙的事情，即使他们并没有把所有课余时间都花在练网球或小提琴上，大多数孩子在真正找到自己喜欢的东西之前恐怕都有过“乱投医”的经历。眼看着自己的孩子不断尝试然后不断放弃，家长心里也不好受。你或许会担心，他们到底还能不能坚持做什么。除此之外，尝试新鲜事物也需要相应财力和精力的支持。传统的渠道就是报学习班、参加夏令营或上那些需要预先付费的课程——事先除了一段简短的课程描述之外你对其一无所知。如果孩子去了一次之后就不想再继续，家长要么选择强迫孩子继续完成不喜欢的课程，要么只能任他放弃——无论怎么做都不是理想的方式。如果可能的话，我们当然希望这个“发掘兴趣爱好”

之旅能够更有效率，更能够激发孩子的好奇心和进一步探索的欲望。

用挑选书的过程来打个简单的比方，无论是年轻人还是成年人，当你想要挑一本书的时候，往往会先拿起来看看封面封底，之后就把它放回原处。但如果这时候正巧有人在旁边和你讲他读过这本书，他为什么喜欢，大部分人会再把它拿起来。经过别人的介绍，我们对这本书的了解更多了。如果你依旧不感兴趣，也不过是多花几分钟的时间，这不算什么大问题。退一万步讲，就算你真的从头到尾把书读了一遍，然后才发现确实索然无味，这也算不上多大的损失，因为读十本无聊的书所耗费的精力远远比不上报了十个兴趣班。和挑书一样，我们希望花合理的精力和时间去找到自己真正想要探索的领域。拿服装设计举例来说，如果运气好的话可能仅需要一个星期的夏令营，也许只是一本手工教程，或是看一小时的《天桥风云少年版》（*Project Runway Junior*）[①] 的其中一集，然后你看孩子想不想再继续看下一集。

关键在于，**我们要发掘孩子的真实兴趣，而非操控或强制孩子的"爱好"**。家长很容易就会掉入这样的陷阱。最近，我

① 《天桥风云少年版》是美国知名真人秀《天桥风云》的衍生节目，有超模梦想的青少年和时装设计师将在节目中展示他们的天赋。——译者注

朋友花高价咨询了一位非常著名的大学升学指导老师（以指导的学生被名校录取率高出名），她建议父母和高中一年级孩子选择一件事情，一年一年地坚持下去，直到高中毕业。我的朋友问我对此有什么看法。坦白讲，这是一个理性的建议，因为负责大学招生的老师多数也表示，比起参加一连串的社团和活动，他们更想看到学生专注于做某一件事，这能够反映出一个人是否有热情、有持之以恒的精神以及自身能力的高低，而前者不过是些流于表面的点缀。

尽管意图正确，但不幸的是，“钻体制漏洞”的想法让一切都变得扭曲起来。那个升学指导老师才不管学生是否真的喜欢他们指定的那些“加分项”——那不重要。关键要看大学买不买账，所以她会根据大学招生的偏好来为学生选择一项活动。“说来惭愧，”我朋友说，“我也是这么走过来的。我高中的时候，指导老师对我说，如果我想念自己心目中的那所大学，就得在校园里‘刻意做点事’，这样会显得我很有创业精神，这是加分项。所以我搞了个志愿者项目，想做志愿者的学生把他们的要求和感兴趣的领域告诉我，我负责为他们牵线搭桥。但是坦白讲，整件事其实弄得虎头蛇尾，因为我只是为了应付大学的招生。”颇具讽刺意味的是，那时我朋友正担任校报的编辑，她对这份工作充满了热情，和志愿者项目相比，态度明显不同。她喜欢看到一件东西在自己手里慢慢被打磨成形的过程。她说："我喜欢编辑工作的方方面面，正因为热爱所以我愿意去花时间。"现在的她是出版行业的一名项目经理。"为什么指导老师不建议我去钻研我热衷的东西？"她也很奇怪，"我还会因为自己在校报上花太多时间而感到愧疚，因为我浪费了很多时间却没有做他们想要让我做的事。"这是个发人深省的问题，而我的回答是：**如果我们错把考上大学或找到一份工作当成培养孩子的终极目标，那就真的是本末倒置了。某个大学或某份工作并不是人生的终极追求，我们应该要培养孩子有能力过上自己想要的生活，只有这样，他们才能够在考上心仪的大学、找到合适的工作之余，对生活感到由衷的满足。**这才是两全其美的做法，我们不需要向任何事妥协。

学会利用网络

·

谈及对孩子兴趣爱好的培养，不得不说互联网是最强大的工具之一。我下这样的结论心里也是惴惴不安，毕竟网络和电子设备都有各自的问题。尽管上网有一定的风险性，但它带来的前所未有的机会是毋庸置疑的。

在萨米特，学生们借助先进的科技跟踪学习进度、做项目研究等。当然，这种做法也招致了不少家长的质疑，他们担心孩子对着电脑屏幕时间太久，担心我们把该负的责任推给了科技。但实际上我们利用科技的方式是非常务实（互联网不会从孩子面前消失，我们要做的是教导孩子有责任地利用它）和积极的（无论老师还是学生都可以从技术中获益）。这就好比是谷歌的自助餐：**提供筛选过滤过的选项，然后在这个范围内给你选择的权利。**

通过网络，孩子可以搜索相关信息，满足自己的好奇心。正如几分钟的好书推荐要比单纯的封面更能激起读者购买的欲望，观看一条短视频也许会让孩子想要去进一步了解更多的内容。有了网络的接入，整个探索的过程变得异常简单，因为首先网络本身就是一个强有力的搜索工具，而且每一条链接总会指引你去阅读或观看新的东西。诚然，这也正是父母的担忧所在，孩子很有可能会误入一些不好的网站。

但如果成年人能够参与到这一环节当中进行必要的引导，哪怕起初采取一些家长控制措施，那么网络对孩子来说完全可以是安全的。我们可以同孩子一起上网，教他们如何正确地使用互联网，毕竟这些年轻人终有一天要独自在网上冲浪。乔丹·夏皮罗（Jordan Shapiro）在《新时代的童年生活：培养孩子适应一个互联的世界》（*The New Childhood: Raising Kids to Thrive in a Connected World*）中指出：与其对高科技严防死守，家长更应该同孩子一起学习如何利用高科技。在接受美国国家公共电台的采访时，夏皮罗曾被问及如果他的孩子在 YouTube 上浏览推崇消费主义的视频，他会怎么做。他说："我会和他们认真地谈一次话，因为我认为这种想法是有问题的，我必须把这个理念灌输给他们。我们之间聊得多了，那么下一次他们再看类似的视频时就会想，是谁在为这些东西埋单？他们又想向我推销什么？"[4]

此外，通过和四十个州的教育者和社区的合作，我们亲身体会到：网络极大地消弭了地理和社会经济层面的界限，冲破了阻碍探索和发现创新的桎梏。对于那些住在小城镇和乡村地区的人来说，网络提供了了解全世界的机会，通常来说图书馆也有类似的功能，但那些地方从来也不可能有图书馆。即便你住在像纽约这样的大城市里，其实由于各种原因你能接触到的东西也是有限的。学校和社区的活动来来回回就那么几样，而在网络上你是不受限制的，想了解什么都可以找到，可以说挖掘潜在兴趣爱好的成本是非常低的。

考虑到科技的发展和它所带来的各种机会，美国儿科学会（American Academy of Pediatrics）在 2016 年修改了建议屏幕使用时间，但人们对这项改动知之甚少。对于六岁及六岁以上的儿童，儿科学会不再对每天的屏幕使用时间做具体的限制，而是建议每个家庭规划适宜的媒体使用时间和地点，例如在用晚餐时和在卧室里不准上网，并对整体的屏幕使用时间做合理的限制，以避免妨碍睡觉、锻炼和社交。[5] 此外，家长也可以以身作则，教导子女保持好奇心，并通过网络进行探索和学习。

家长的终身学习

培养好奇心还意味着家长要帮助孩子理解看上去琐碎的信息是如何与更重要的事情相关联的。例如，十岁的艾丽问她的父母："为什么我一定要知道美国有五十个州？"她的父母回答："因为就该知道。"对于许多类似的问题，大部分家长有近乎本能的反应，但我们的孩子显然没有。"因为就该知道"这样的回答，除了诱发一个人对自己无法理解的事情产生本能反感之外，起不了任何作用。

艾丽的问题实际上为她的父母提供了一次很好的机会来建立上述关联。他们可以结合近来阅读到或思考过的问题给出解释。例如，一场严重的暴风雪将会影响到中西部的五个州，随后席卷整个美国。你首先要知道这五个州对于美国来说是怎样的一个概念，而后才能理解这次暴风雪的波及范围。超级碗（Super Bowl）也是个很好的例子，如果对全美联赛地域的划分知之甚少，你就很难想象比赛的规模和激烈程度。

当我们没办法回答孩子“为什么”的问题时，要保持自己的好奇心，和孩子坐下来一起上网认真地寻找答案。这时候会发生什么呢？首先，我们给孩子演示了如何合理地利用科技促进学习，我们还展示了如何与他人协作。除此之外，家长与孩子之间也找到了可以共同探讨的真实话题，开启一段对于我们看重什么和如何去理解世界的对话。最重要的是，在孩子眼中，我们也是在不断学习的。

第十章

什么是对孩子最好的

对孩子最好的，就是明确告诉他们，想要顺利长大成人，他们必须具备哪些通用技能；对孩子最好的，就是我们利用每一天、每一分钟，去帮助他们培养这些技能。

PREPARED

九年的时间里，萨米特取得了长足的发展，我们在全美共建成了四所学校，还有两所准备开始运营。所有的学校都以山峰的名字命名，这是为了提醒我们所有人——包括老师和学生，那些我们一起走过的道路，那些向着我们的终极目标奋勇攀登的岁月。许多家长给我们写信，希望我们也能在他们的社区建立一所学校。我们第一年拼凑起来的那辆摇摇晃晃的运货车如今已经大变模样，虽然它还不能和灰姑娘所乘坐的那驾南瓜马车相媲美，但这个世界上没有魔法，罗马不是一天建成的，我们每天都在努力。我们花了近十年的时间专注努力地做一件事，以一种永不言弃的精神不断地去改进和完善，最终才有了今天的萨米特，能够一直可靠地把每一位学生送到成功的学习旅途上。

我们先后送走了五个毕业班，首届萨米特毕业生即将出席人生中的另一场毕业典礼——大学毕业典礼。他们当中有很多人拿到了大学文凭，但并不是所有人都拿到了，这正是我们需要解决的问题。那一年，55% 的萨米特毕业生拿到了大学本科文凭，是全美平均水平的两倍，而低收入和少数族裔学生获得文凭的比例更达到了全美平均水平的八倍之多，大大超出了当年金伯利对这些孩子的预期！萨米特开始在全美优秀高中榜上崭露头角，但我们并没有因此而自满。相反，问题依旧存在，毕竟还有 45% 的毕业生未能拿到四年制大学的文凭。尽管大多数高中的情形比起萨米特相形见绌，但对我们来说，比其他高中做得好从来不是我们的目标，我们一直关注的是每一位学生的福祉。“**让每一位学生都能够获得成功**”并不是随便说说的，“每一位学生”意味着 100% 的毕业生，55% 当然还不够好。

我们也接触了一些萨米特的毕业生，了解到他们当中有的人仅选择了两年制的学位项目；有的则直接进入社会工作，比如成为电工；有的被高昂的大学学费拦在了大学门外；还有的则需要延时毕业，因为州立大学能够提供的课程有限。这些都是很现实的问题，我们大可以把这些当成借口。但我们不能安于现状，我们选择直面挑战。那些没能顺利念完大学的学生经常会谈起，萨米特对他们的高期待确实让他们成功升入了大学，但我们在高中四年里可能做得“太多了”，以至于这些学生上了大学之后反而有些无所适从。每当我们的学生遇到困难，或者面临失败的风险时，我们恨不得把他们拉起来背在背上一起向前。或许，在我们的帮助下，他们是顺利到达了下一个目的地，但在这一过程当中，他们也失去机会锻炼自己面对困难和失败的能力。等上了大学，没有人在身边帮助时，很多人感到无所适从。

这听起来不免令人扼腕，但这就是事实。我们会尽可能地为学生提供支持，因为我们深爱着他们，为帮助他们获得成功我们可以付出一切。但与此同时，在内心深处，我们知道这样下去早晚会出问题。和孩子的家长一样，我们给自己的行为找理由说如果现在不介入，孩子就没有未来可言。很多情况下，这么做是合理的，毕竟我们不能眼睁睁看着孩子跌倒了爬不起来。但小挫折应是可以容忍的，孩子可以从困境中学到东西，而我们也会给予相应的支持。因此，**我们决定从长计议，去思考如何更好地培养学生去面对一个真实的未来世界。**

培养通用技能

•

近八十位教育者先后来到萨米特，大家一边取咖啡，一边互相拥抱、击掌致意，流行歌曲的背景音逐渐烘托出了气氛。学校入口的通道两旁绘有巨大的哈士奇画像，那是我们第一届学生留下的作品，高耸的椽木上方挂着成排的大学三角旗。学生都外出进行各自的探索项目了，正好方便老师们聚在一起，这是属于我们的“专业时间”。未来的四十八小时任务很紧，我们将这个为期两天的设计体验活动命名为“创新萨米特”。为期一个月的高效而影响深远的专业实践即将开始。

我们并没有浪费时间在寒暄上。几分钟内，每个人都被随机分配到十三个设计小组当中，活动正式开始。第一件事情：快速建立一个包含六位成员的“设计工作室”，在未来两天会在一起紧密工作。老师和校长在一个巨大的物品堆间来回走动，选择移动白板、纸箱子、豆袋座椅、毛毯和枕头等各类所需物品。几分钟内，所有小组都已经成立，并各自布置了一个有个性和创意的工作场地，每组都有一大桶的便笺、马克笔和牛皮纸。

亚当拿他的扩音器换了个麦克风。他现在是萨米特的首席学术官，这次设计体验活动他和弗雷德里克筹备了一年多之久。弗雷德里克是谷歌的一名培训师，想必大家都听过谷歌的“车库实验室”了，弗雷德里克经验丰富，擅长帮助团队通过设计过程寻求解决重大问题的方法。这一次，他主动来帮助我们完成这次活动。

自萨米特建校起，我们每做一个决定前都会问自己：**“什么才是对孩子最好的？”**长此以往，这句话已经被问成了信条，是让我们坚守初心的试金石。而今天，我们则要更进一步。通常我们在问这个问题时会考虑到具体的情境：什么样的课程表是最好的？什么样的项目是最好的？什么样的作业是最好的？但这个月，我们要把镜头拉远，问一个更大的问题：如果我们不受任何限制，什么样的学校才是最适合孩子的？

弗雷德里克帮助构想了这次的“设计马拉松”项目。首先，你要有同理心，我们必须对学生有切实的了解，了解他们的生活，了解与他们有关的一切。每一组都有我们搜集的关于毕业生的相关数据，以及在读学生的各类反馈和建议。

在第一次和学生面谈之前，各小组有少许的准备时间，学生的年龄段从九岁一直到十八岁。随后的两天里，小组成员会同这些学生反复交谈，他们有的来自萨米特，有的则来自外校。弗雷德里克和亚当指导小组成员以一种“孩童式思维”去和学生开展对话，要对他们所说的东西抱有好奇心。交流时，老师不宜说太多话，问很长或复杂的问题。最好的方式就是简单地问上一句“为什么呢？”起初，许多孩子都有点拘谨，不知道是否该同大人分享自己的想法。但很快他们就放松下来，沉浸于对话当中。小组成员发现，实际上孩子们对于学校哪些东西对自己有用、哪些东西完全没有意义，是很有想法的。

五年级的卡伊给我留下了很深的印象，他在本地一所学校念书，可是他的校园生活不尽如人意，与他谈话的那个小组的老师最开始并不知道为什么会这样。卡伊是一位非常幽默的男孩，懂礼貌，有自己的想法，也很擅长与他人沟通，这样的一个孩子怎么会对学校毫无归属感，觉得学校不适合自己，甚至憎恨去学校呢？小组成员按照“台本”一遍遍地尝试去问“为什么”，他们得知卡伊出生于一个富裕的家庭，脑袋里有一个充满奇思妙想的世界。卡伊有着极强的好奇心，他会问很多问题，但他学校的老师并没有时间一一作答，或者根本就不想回答他。而老师留的作业他又觉得很没意思，完全不想去做，所以他不知道自己能从学校里获得什么东西。

接下来的两天时间里，各小组一边与学生会面，一边根据相应的谈话内容设计理想中的学校。孩子们回来的时候，他们会对各小组的提案和学校原型提出反馈和意见；当孩子们再次离开后，各小组会根据孩子们的意见做出进一步的调整。同卡伊的第二次会面严重打击了那个小组。虽然小组在设计方案的时候抓住了“孩子们需要机会来发掘自身兴趣爱好”这一关键点，但其实他们没有能够真正理解卡伊到底想要的是什么。其实，卡伊想要知道的是，这个小组提出的方案怎样能够帮助到他。仅仅是让他去学习自己感兴趣的东西，未必是一个必须去学校的理由。

每当设计小组遇到困难时，亚当和弗雷德里克都会给予他们鼓励和支持。第一天的设计活动进行到某一刻时，一个小组突然叫停，他们问了几个大家都在思考的问题——我们现在的这些想法与传统的办学模式相去甚远，那万一我们的方法是错的呢？我们是要拿孩子做实验吗？我们能付得起失败的代价吗？前一刻大家还在热火朝天地埋头苦干，此话一出，整个房间都安静了下来。

轻声细语的弗雷德里克此前一直在旁边提供协助，这时，他站了出来。首先，他表示当事情关系到一个人的生命或一生的时候，这种非常真实而严重的紧张是可以理解的。随后，他向大家分享了自己在无人驾驶车项目的工作经历。“我想那和设计一所学校也许没什么不同。”他说，“我们的目的是为了让大家的生活更加便利。想象一下，如果你可以利用开车的时间去做其他你想做的事，你在到达目的地的时候会多么的轻松。理想情况下，无人驾驶汽车能够大幅缓解拥堵，并消除每年因司机失误或分神而导致的数以千计的交通事故。”他停顿了很长时间才继续说，“但无人驾驶汽车不是没有风险的。到了某个阶段，我们必须进行实路测试。如果哪里出了问题怎么办？如果它撞伤了人呢？或者更糟糕的，如果它撞死了人呢？”听到这里，我不由得屏住了呼吸，我开始意识到弗雷德里克说这番话的意思。“每年，美国有三万人死于交通事故，他们都有各自的家人，而这些交通事故本该是可以避免的。你的亲朋好友里是否有因为交通事故而丧生的？如果我们本可以做些什么来阻止这件事，而我们却无动于衷，这本身就是不道德的行为。但行动往往伴随着风险。”他看着我们问道，“你们认为呢？如果你本可以出点力但你却选择不作为，你会不会良心不安？未来还会有多少孩子迷失在现行的教育体制下？”大家再一次沉默了，许久之后，人们陆续开始回归手头的工作。他们内心也许在想：**如果我们不能让所有的学生都做好准备，那么我们又打算先放弃谁？**

于是，各小组开始利用烟斗通条、黏土和色纸等材料一步步搭建学校的雏形，用胶水和胶带把所有零件一一固定好，尽管模型外观很粗糙，但却足以传达各自的办学理念：**做真正能对我们的孩子有帮助的实事。**

第二天快结束的时候，每个小组都将新学校的模型展示出来，供学生、家长、老师和社区成员检验。竞争开始了，每个人都持有一定量的游戏币可以投给自己心仪的学校模型，学生的游戏币配额要比成年人多一些。受访学生会和家长一同参与评选，他们可以把全部的游戏币都投给其中一个模型，也可以根据自己的喜好分开来投。最终，曾与卡伊交谈过的鹦鹉螺小组拔得头筹。卡伊给出的具体而又诚实的反馈听起来不太好接受，但该小组的成员没有回避问题。他们推翻了自己的首个学校模型，抛却了那些陈旧的观念，力求搭建一所能够让卡伊热爱和尊敬的学校。他们将最终的成果命名为“我的道路”，根据学生的兴趣爱好为其提供综合性的学习体验，并将其与大学和未来雇主所看重的技能有机地结合起来。借助一款应用程序，“我的道路”可以帮助学生明确自己未来想要做些什么，以及他们在上学期间又该做何准备。卡伊花了很长的时间，仔细观察了所有的学校模型，经过认真思考，他把自己所有的游戏币都投给了“我的道路”。

从某种层面来说，学校理应培养学生在未来过上自己想要的生活。但另一方面，这似乎又是不可能的，万一每个学生想要的东西都不相同呢？学校难道不会因此变得一团乱吗？

如果每个人都有各自的目标，学校又该如何教导所有人需要的一切呢？答案很简单，**我们应专注于通用技能的培养**。

通用技能是什么

•

一个月之后，我与萨米特－珠峰高中的全体老师站在一起，一同凝望着学校里最大的一面墙壁。创新萨米特项目启动以来的这一个月里，我们夜以继日地工作。我们从学生身上获得的有洞见的想法和灵感，以及和他们创新的合作，推动着我们努力创建一幅全面的“逆向思维导图”（backward map），整面墙壁挂满了彩色的打印纸和便笺，上面就是我们设计规划的内容。乍一看，就好像是欧迪办公用品商店（Office Depot）的通道爆炸了一般。通过和卡伊以及其他学生的交谈，我们意识到，学生也想知道自己未来可以做些什么，以及在上学期间他们又该做何准备。对于老师而言，“逆向思维导图”就是一份有明确结果的教学计划。老师希望学生在学习过程结束的时候都获得什么？学生又该在学习过程中做到哪些？逆向思维导图与传统的教学有天壤之别，后者仅是一些教学活动的集合，就好比是你开车漫无目的地闲逛。或许一路上你也能看到不少美景，但这种方式实际上无法可靠地将你送达目的地。

建校伊始，萨米特的老师就已经在用倒推规划法来进行课程的设计。一年结束后，老师希望学生获得怎样的知识和技能呢？他们会以此为出发点，去设计课题项目和一系列学习体验内容。在这一过程中，老师会互相协作，必要的时候他们也会开展“联合教学”。所以他们的教学计划中有不少协同效应的存在，但这种协同效应并不是提前规划的。所以导致的最终结果就是每一位老师都只负责自己的科目，都有自己的一套教学计划。虽然每门课都培养学生不同的技能，但课程之间没有协调，也不一致。比如，高中二年级的历史老师霍尔先生就殖民主义设计了一个精彩的课题项目，培养了学生查找资料和做研究的能力，但他却没有和高三的历史老师探讨在这门课中需要学生具备什么样的调研能力，需要掌握到何种程度。

老师在教学上的孤立状态其实由来已久，很有可能源自早期的老师都是在单间教室里独自工作的情况。到了工业时代，各学校又要求老师仅负责自己科目的教学内容。但这种职业孤立情形的存续实际上往往是因为老师根本没有时间和同事一起工作。对于绝大多数老师而言，在校时，每天不直接面对学生的时间可能还不到一小时，并且老师的空闲时间很少是彼此重合的。抛开日常工作不谈，一年到头老师恐怕也只有五六天的时间可以“摆脱”自己的学生，与其他老师聚在一起交流探讨。真实情况就是如此，每个人都有大量的教学任务要完成，几乎占据了老师全部的时间，并没有给他们留下任何互相协作的机会。

这意味着大多数老师在决定各自的教学内容和教学方法之前，是不会同其他老师交流协调的。所以，站在学生的立场上，关于他们到底应该学些什么东西，每天很可能会有来自不同老师的五六种看法。在这种模式下，学生会对自己应习得怎样的知识和技能，又该培养哪些良好的习惯茫然无知，有时候学生甚至要被迫接受二十多种不同的理念！而老师负责对学生进行评估，把控他们未来的选择，因此，在传递“什么才是对学生来说最重要的东西”这一点上，老师实际上拥有很大的权利。而学生也会理性地行动，遵从每一位老师的教导，满足他们的期待，而不是花时间去培养为未来做好准备所需要的通用技能。如果老师都没能对学生需要哪些通用技能以及如何培养这些技能达成一致，那我们又能期望学生学到什么呢？

创新萨米特项目让我们回到起点，去站在学生的立场上重新审视我们的课程体系。于是，我们发现，尽管我们精心设计了每一门课程，让学生能够习得重要的内容，但实际上这些课程之间并没有联结成一个有机的整体，对于学生来说，它们依然是各自独立且分散的存在，以致妨碍了学生年复一年地锻炼最为重要的技能并达到熟练掌握的程度。对于老师而言，对同一种技能有不同的称呼或者不同的衡量标准看起来不是什么大问题。在最好的情况下，他们知道一个老师的“发展出一个论点”（developing a thesis）和另外一个老师的“论述自己的立场”（making a claim）说的是一回事。时间允许的情况下，老师也学会参考彼此的打分标准，发现其实他们说的是一回事，即使他们用不同的话解释给学生听，用不同的打分标准。遗憾的是，这件事只有老师可以做，我们不能指望一帮学生去梳理出学科之间内在的脉络联系。所以对于学生而言，课程之间的彼此孤立和毫不相干导致学生根本不知道自己最后到底要掌握怎样的技能。

那么，我们是否可以从运动员身上寻找些灵感呢？大家都知道百米短跑是怎么一回事，也知道如何确定一个人是不是短跑健将。我们有一整套成形的标准去衡量谁是跑得最快的那个人，我们也知道新手和专业运动员的跑速范围。也就是说，一个十岁的孩子哪怕是在附近的公园里，只要借助一个计时器和一把卷尺，就能在父母的帮助下精准测算出自己的跑步速度，知晓自己运动能力的高低。更重要的是，在掌控这些信息的基础上，他可以进一步开展行动：他可以找到很多的资源帮助他提高百米短跑的成绩，也有很多指标告诉他是不是表现得有进步。尽管比起孩子自己或和朋友或家长一起摸索，专业的短跑教练会让孩子进步更快，但是，孩子不是完全依赖教练的。在教育领域，道理也是一样的，授人以鱼不如授人以渔，只有通过教授学生正确的学习方法，我们这些“教练”才能在经年累月的教学实践中不断培养他们未来所需的各项技能。而想要做到这一点，我们必须首先就关键的问题达成一致：何为必备的通用技能。

雇主看重的是通用技能

•

对于运动员来说，想要在自身领域有所建树，需要掌握一系列固定的技能。有些技能是某项运动（例如足球）所特有的，或者某个特定位置（例如投手）所必需的，但大部分技能其实适用于所有运动项目。毫无疑问，能够在竞技场上一展身手的运动员无不具备健康、强壮的体魄和敏捷的身姿。在生活中也是一样，想必大家都赞同诸如沟通能力、批判性思维和解决问题的能力等等是非常重要的技能。在招聘环节，具备这些宽泛性技能的应聘者会更受青睐，雇主会认为这就是他们所需的人才，更倾向于录用他们。无数的雇主所看重的技能清单都反映在这些技能上：

雇主想要从应届大学毕业生简历中看到的特质

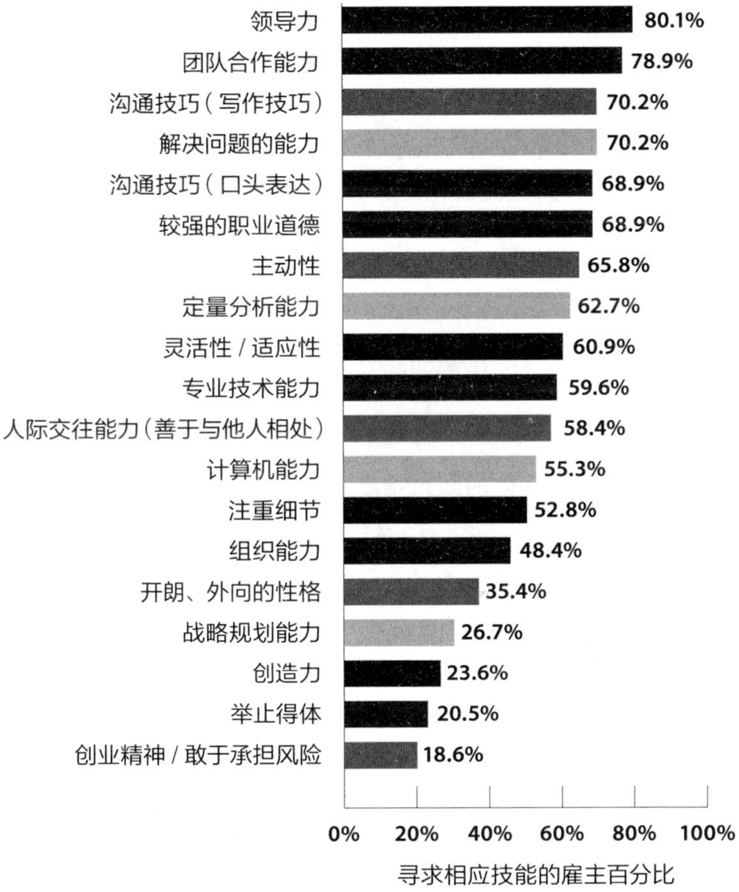

资料来源：全美高校和雇主联合会（National Association of Colleges and Employers）

这是一张很棒的清单，每一项内容都非常重要，但同时，你也许会发现，这些技能和特质的描述实际上都很笼统。到底什么是灵活性？你又如何确定一个人是否具备灵活性？有领导才能意味着什么？它和企业家精神有什么区别吗？具备主动性的人是否善于承担风险？倘若萨米特要培养这些通用技能，我们就必须对这些技能准确命名、定义和衡量。

在深入研究相关学科并请教了一些专家之后，我们选出了七个符合我们标准的通用技能。这些技能不但有具体的名称、定义和可衡量的方法，更重要的是，它们都是可以培养的。或许它们并非雇主最为看重的“前排”技能，**但如果把这七个技能，与成功的习惯和具体的知识结合起来，就是一位领导者、一个善于沟通和解决问题的人具备的品质**。我喜欢把这些通用技能、成功的习惯和获得的知识比喻为乐高积木，你可以用不同的方式将它们组合起来，最终让一个人具备一生所需要的高阶品质。

因此，聚焦培养这几个通用技能成为所有老师的共识，在此基础上，我们制定了两百多个课题项目，内容覆盖了所有学科领域。它们是循序渐进的，不同的阶段有不同的项目要做，通过持续不断的练习提高学生相应的技能水平，就好比棒球选手会日复一日、年复一年地去练习挥棒。

萨米特的每一位学生从高中一年级起，会有十几次机会训练通用技能之一的“引用文献”——足够多的训练才有意义。高中四年的英文和历史课，高二和高三的科学课，都会给他们提供大量的练习机会。我们有一条清晰的路径可以跟踪到底。

通用技能

跨学科的课题项目设计应考虑以下三十六种技能的培养：

文本分析	· 主题 / 中心思想 · 观点 / 目标	· 主旨展开 · 词汇选择	· 结构
作品展示	· 精准表达	· 使用多媒体沟通	· 口头汇报
调研	· 提问题 · 定义一个设计问题	· 规划和开展调查	· 提出假设
分析和整合	· 组织和展示信息 · 识别模式和关联 · 对比 · 建模	· 阐释数据/信息以提出有效论点 · 建立联系和进行推论 · 评估论点	· 评估不同设计方案 · 构建一个设计方案 · 给出基于证据的解释
说与听	· 参与基于证据的讨论	· 沟通的规范 / 积极倾听	
写作	· 有力的论点 · 提供相关信息 / 对论点进行解释说明 · 叙事 · 反驳	· 选择论据 · 解释论据 · 整合论据	· 组织（过渡、连贯、结构） · 引入和结论
资源使用	· 选择相关资源	· 资源的背景调查	· 整合不同资源

想要把整面墙的内容整合起来并不是件容易的事。因为老师无疑想要获得更多的自主权，可以自行决定要教什么。即便大家都从为孩子好的基点出发，也同意注重课程的整体协同性比将不同老师和学科彼此割裂开来的效果要好，但要做到这一点，老师必须放弃很多东西。在这一个月里，就通用技能应涵盖的内容大家进行了激烈的辩论，如何去定义它们？什么才是最有效的培养方式？有些老师慷慨陈词，试图证明某些科目是特别的，因而需要额外的通用技能，但反过来又会被质疑如果需要的是额外技能，就不能算是通用技能。所以，这一个月里我们花了很多时间去“粉碎”某些关于学习的根深蒂固的、缺乏科学依据和数据支撑的陈旧观念。

我们的老师都很专业，办学信条——什么才是对孩子最好的——已经融入他们的骨髓。而那一整面墙的规划内容就是我们的答案：**对孩子最好的，就是明确告诉他们，想要顺利长大成人，他们必须具备哪些通用技能；对孩子最好的，就是我们利用每一天、每一分钟去帮助他们培养这些技能。**

那一个月的研究和探讨重点其实一直围绕着的都是非常基本的学术内容，但我们得出的结论是具有启示性的，能够颠覆固有观念的。如果没有创新萨米特，我们就不会走到这一步，以一种开放的态度来探讨学校到底应该教授哪些技能，它迫使我们思考，如果无所畏惧，我们可以做到何种程度。

成长的过程

·

萨米特的学习之夜是为每一位学生准备的，他们可以和大家分享自己近期的学习成果。因为每个人所做的项目不同，其最终成果也各具特色。有人写了文章，有人做了模型，还有人进行多媒体展示。有人将自己在苏格拉底研讨会上的记录拿了过来，有人录下了自己的演讲内容播放给大家听。学生们还给自己的项目成果拍了照：模拟的庭审会、写给政治人物的信件以及利用数学公式创作的艺术作品等。这一系列高水准高质量的学习成果令人目不暇接，但令我印象最为深刻的却是学生们的反思环节。每一位同学都会谈及自己的项目目标，（他们要培养怎样的技能？为什么？）制订了什么样的计划，项目的进展如何，自身又从中获得了怎样的成长，哪里还需要改进，以及如何为下一个项目做准备等。

“当我刚开始做短视频课程项目的时候，”杰姬，一位长着雀斑的黑发高二学生，在和大家分享她创作和拍摄的一个视频，“我很擅长提出一个观点，但我的内容组织能力还有欠缺。具体来说，就是转场过渡方面还做得不够好。同时，我还必须加强自己的资源筛选能力，上一个课题项目中我就遇到了些问题。”围在她周围的人——包括几位家长和她的弟弟妹妹们——纷纷点头，他们互相望着彼此，眼神里充满了钦佩。

不论我进行过多少次类似的谈话，我都很难马上意识到对面坐着的其实还只是一位高中生。论点、转场过渡、资源筛选——哪个高中生会这么说话？杰姬又是怎么知道自己擅长哪些东西的？她当然知道，因为她一直在不断实践，她学会了这些专业术语，可以帮助她跟踪技能的提高。技能培养是她日常学习的一部分，在整个高中四年里，萨米特所有的课程都会为她提供这样的机会。

我问道：“你提到要提高自己资源筛选的能力，你具体是怎么做的？”我喜欢问学生这样的问题，因为答案不在写好的脚本上，学生会根据自己日常的学习情况作答，而不是照着稿子念给前来检查他们学习成果的家长听。他们会谈及自己所犯的错误、得到的反馈，他们如何与老师和同学开展合作，以及忽然发现自己做得越来越好的时刻。杰姬就是一个很好的例子，她一开始并没有意识到媒体资源有时会带有偏见，各自的标准也不尽相同。于是，她开始学习如何对这些内容再做些深入的调研，这么做并不是为了全盘否定，而是去了解这些媒体从资金到任务的方方面面。在面对不同的观点和有矛盾的信息时，要设法去了解隐藏在信息背后的东西，明确它们是否真实可靠。

有的学生会告诉我说他们没有达成自己预想的目标，还需要继续钻研。但他们的态度仍是非常积极的，因为他们很清楚马上就会有下一个课题项目供他们继续练习该项技能。归根结底，通过学习，每一位学生都有所成长，在这样的夜晚，学生不会被分成三六九等，每一场对话都是独一无二的。而这些学生身上蕴藏着一定的共性：每个人都有自己擅长的领域，每个人都在某件事情上努力着。诚然，当你试图去解决实际问题、去寻找更重要的问题的答案时，你往往会发现，即便我们脚踏实地地前行，结果可能依旧无法圆满。但这其实没有关系的，我们看重的是这个成长的过程。

第十一章

具体的下一步：毕业之后的人生

我们并不需要为孩子在成功和满足感之间做取舍，因为他们可以拥有全部。事实上，让孩子获得满足感，正是引领其取得成功的最佳途径。

PREPARED

2007 年一个温暖的春季午后，我感受到了久违的轻松与愉悦。过去的四年时间里，为了确保学校稳步发展，我的内心时常充满了压力和忧虑，有无数的问题等着我去解决，直到今天我终于可以松一口气，因为收获的时节到了。我辅导了四年的学生全部顺利毕业。这是我们这个导师小组的最后一次会面，我们决定开一个午餐派对，地点就定在国际薄饼屋。四年的时间把我们变成了彼此的家人，回学校的路上我们还在不断地互相开玩笑，亲密无间，毫无拘束。

十年后的意外重逢

•

不知道是谁最先注意到了等在学校办公室门口的那个拉丁裔男人，年纪大约三十岁。他看上去有点眼熟，但我想不起来他到底是谁。

我们走近的时候，他注视了我好长时间，才慢慢向我挥手，显然他认出了我。我站立的那条斜坡上，学生们一个个像小鸭子似的跟在我身后，这些学生的好奇心很重，喜欢管闲事，与我有关的闲事当然不会放过。

当我走到他跟前的时候，他开口问道："谢弗女士？不，我是说，塔文纳女士？"

灵光一闪，我认出他是我在霍桑高中教过的学生。"马特奥？"我不是很确定地问道。

"没错，是我。"他一只手按在心口，如释重负，我还记得他这个小动作，"我终于找到您了。"

"发生什么事了吗？"虽然这样想很不好，但一听到霍桑高中，我的第一反应就是哪个学生又出了问题。

"不，一切都很好，"他飞快地答道，"我和家人一起来湾区，我想要找到您，向您道谢。"

"道谢？为什么？"我有点惊讶。

我第一次见马特奥是在他高二的时候，他来上我的大学英语预科课。他是个好学生，不但认真完成作业，课堂上也比较积极。偶尔我们会利用课余时间讨论最近读过的小说或者谈谈人生和理想，他是个很幽默的孩子，交了一个女朋友，梦想是成为家里第一个考上大学的人。那时我担任校报的指导老师，邀请马特奥加入，之后的两年时间里，他成为我最信任的和最勤快的记者之一。高四那年秋天，他请我帮助他申请一所州立大学，但令我惊讶的是，他没能达到大学录取所要求的成绩。尽管他在我的课堂上表现出色，但成绩单显示，他的偏科有点严重。对这一结果他很失望，不过好在很快又振作了起来。1998 年 6 月，马特奥从霍桑高中毕业，他计划先去本地的社区大学念两年书，再转学到一所州立大学。

马特奥毕业后的第二天早上，我回学校收拾东西，那是我最后一次走进自己的教室，因为我马上就要动身搬去北加州找斯考特。那天的校园简直像是经历了一场灾难，前一晚的派对想必很疯狂，庆祝 1998 级毕业的横幅、五颜六色的碎纸屑和飘带散落在清晨的雾气里，充满了潮湿而伤感的混乱。我强迫自己移开视线，专注于整理的工作，这时，我听见了敲门声。“嘿，谢弗女士。不，我是说，塔文纳女士。”这些学生还不习惯改口称呼我婚后的姓氏。

“嘿，马特奥，有什么事吗？”我很高兴能够再次见到他，但隐隐地又有些担忧。毕竟昨天刚毕业，今天一大早为什么他会出现在这里？

“我想过来看看您需不需要帮忙。”显然，他的话有些言不由衷，从他的语气里我就能听出来，况且，他都不敢直视我的眼睛。

“当然，谢谢你特意过来，要不你帮我搬些纸箱吧。”我若无其事地答道，想制造一点机会，让他更容易把话说出口。

他低着头走向我，忽而停住了脚步说：“我其实是来告诉您，我不上大学了。”

“为什么？”我既惊讶又困惑。

“我想我得工作，您知道这些年来我妈妈为了供我上学付出了很多，我也该帮她一把了。”他抬起头，我捕捉到了他的目光。

“为什么你要来告诉我这件事，马特奥？”我问道。他虽然没有移开视线，但也没有回答我的问题。最终，还是我率先打破了沉默：“我猜你来找我是因为你知道我不会让你那么做。来，我们走。”马特奥跟我上了车，我们径直开去了当地的社区大学。我们穿过校园，来到登记处，填好了所有的书面文件，选好课程，当场办理了入学手续。接下来，我们去书店买好书，然后找到了他第一堂课所在的教室。门没关，我们就走了进去，坐在前排的椅子上，想象着马特奥今后在这里上学的情形。

那天，我们一起度过了四个小时，但我对此毫无印象，直到十年之后，马特奥本人站在了我的办公室门口。坦白说，我并没有觉得当时自己所做的一切有什么特别的，那只不过是作为一名老师应尽的义务，只要是老师都会那么做。

“我必须来这一趟，我想要告诉您，我现在也成了一名老师。”马特奥说道，“我念完了社区大学，然后按计划转到州立大学深造，我拿到了学位。我很清楚自己想要帮助那些像我一样的孩子。我现在就在霍桑教书，和您当年用的是同一间教室。”

“哇哦——”我的学生们一直在旁边围观这场久别重逢，听到这儿的时候他们不由得发出一片惊呼。

“我想帮助他们，就像您当初帮我那样。”他的话深深地触动了我。

我并没有意识到自己哭了。学生们紧紧围绕在我身后，我能够感受到他们无声的鼓励。我激动得说不出话来，上去拥抱了马特奥。当我还是他老师的时候，我从来不会拥抱学生，他恐怕一时间觉得有些突然，不过很快就放松了下来，我们都笑了。

之后的几周，我不时会想起那场意外的重逢。有多少给予过我帮助的人曾出现在我的生命中，可是我从没有感谢过他们。我的人生的确有几次非常重要的转折点，我遇见了贵人，也抓住了一些机会，才能走出塔霍湖镇，去另一个地方上大学。当我在马特奥那么大的时候，我的老师在盛夏的一天敲开了我的家门，我原本计划四天之后离开家去上学——那所大学我此前只在照片中看到过它的样子，距离我足足有五百英里[①]之遥。她对我说："黛安娜，收拾好东西，今晚就走。"

我本想同她争辩几句的，但她轻轻环抱住我的肩膀对我说："听我的，今晚就走。你存了那么久的钱才买了这辆车，还有这二百五十四美元，带上它，赶紧离开这个镇子。"那一年，她失去了两个学生：一个自杀了，一个死于酒驾。所以我多少能理解她为什么会说"收拾好东西，立刻走，我不能在这里再失去你"。我听从了她的建议。

还有许多其他人曾经给予我帮助，但我从未写过一封感谢信，从未与他们通过电话，更不用说在事隔十年之后驱车五百英里去找到那个人，感谢他改变了自己人生的轨迹。我为什么没有这么做呢？与马特奥重逢的喜悦险些被我的后悔和愧疚所淹没。我不值得马特奥的感谢，我并没有做什么特别的事，只是做了我应该做的，就像我认识的许多老师那样。

---

① 1英里≈1.6公里。——编者注

与马特奥的短暂交谈让我意识到许多重要的事情。老师每天所做的事情，无论大小，都有其价值。我们给予学生的信赖和支持意义重大。老师应与学生建立私人的联结，要能够看清他们是怎样的人，他们想要的又是什么，这样一来，学生才能借由这种关系的缔结逐渐认识自我，成长为自己想要的样子。显然对于马特奥来说，一件微不足道的小事影响了他的一生。有人曾向我伸出了援手，正如我曾对马特奥所做的那样，而如今，马特奥也有能力去帮助其他千千万万的孩子。尽管这种无私的付出在不断延续，实际上这还是不够的。那些对自己的未来产生犹疑的孩子，如果没有人在旁边适时地推上一把，他们怎么办？那些对未来完全没有任何规划的孩子又该怎么办？

“在夏天里融化”

•

如今，有一个术语用来形容差点发生在马特奥身上的事，叫作“在夏天里融化”。它被用来描述一个遍布美国的现象：每年有 40% 的高中毕业生计划在秋季继续上大学——无论是四年制的大学还是社区大学，他们最终都没有去成。[1] 成千上万的学生就这样“融化”在夏季。[2] 其中的原因有很多种：比如错过了一个重要的注册截止日期、深陷于申请助学金的繁复书面流程，或者认为自己要养家糊口。原本就只有不到 70% 的高中毕业生计划上大学，在真的上了大学的那些学生当中，还有 30% 的人根本念不到大二，现行的教育体制几乎让学生寸步难行，很快就有人坚持不下去，想要拿到大学学位就像是在倾斜的冰面上攀爬。

纵观萨米特这些年的情形，有 7% 的毕业生融化在了他们的夏天。而哪怕仅有一个孩子没能顺利上大学都需要引起我们的重视，我们必须找出背后的原因和解决的办法。我们与学生、毕业生和对这个现象与原因最了解的专家深入沟通，用一种严格切实的方法不断地改进萨米特。

通过这些努力，我们了解到，除了成功的习惯、通用的技能和以好奇心为驱动的知识获取，要真正为过上充实有意义的生活做好准备，我们的学生还需要一个东西，那就是，**具体的下一步行动计划**。

接下来要做什么？明确下一步计划

•

任何一个美国人都可以说他想去念大学。美国的社区大学体系实际上给每个人都提供了进一步深造的机会，而且学生不需要满足什么硬性的录取标准。但想要上大学的想法和实际上大学的行动之间存在天壤之别，我们看看社区大学的毕业率这一数据就明白了——大约只有25%，真的低得不能再低了。[3]

过去一二十年间，培养孩子上大学已经成了全美高中和家庭的头等大事。据数据显示，大学毕业生一辈子赚的钱要比高中毕业生多一百万美元。[4]对于普罗大众而言，这无疑是一个明确的信号：**考上大学和未来的财务稳定是直接挂钩的**。现在帮助孩子考大学已经发展出一整条成熟的产业链。只要家长出得起钱，就可以请专家来帮自己的孩子准备大学的入学考试、写申请书、完成申请流程和寻求奖学金等一系列事项。有专门的机构组织学生到大学参观体验，有专业的技术工具罗列出详细的学校信息。学生可以选择参加夏令营和各种课余项目来丰富自己的“简历”，以期给招生老师一个好的印象。市面上有大量的考试指南指导你具体该怎么应对这一切，此外，还有专业人士定期给全美的大学排名。每年都有无数“最好的大学”名单出炉，几乎覆盖了你能够想象得到的所有门类：东北部最佳大学、最佳文科院校、最佳技术学院、最佳科研院校……

高中则会聘请专门的大学申请顾问，组织宣讲会，在图书馆里塞满各个大学的资料册，有时候还会专门购买一些软件供学生查询适合自己的大学。越来越多的高中要求高一和高二年级的学生提前参加各类相关考试，例如初步学术评估测试（PSAT）和美国大学入学考试（ACT），所有的课堂时间都被用来为考大学做准备。学校会在晚间组织与家长面谈，介绍大学招生和奖学金申请等有关信息。校园里随处可见各个大学的三角旗。

所有这些努力的结果之一就是，当下 90% 的高中一年级学生都表示自己将来要上大学。[5] 但当被问及想上大学的原因时，几乎每个人的回答都是："因为我想成为一名医生 / 律师 / 兽医。"如果你再进一步问他们为什么要成为一名兽医，得到的回答往往是"因为我喜欢动物"，或者其他一些模棱两可的答案。接下来，大人一般又会问："那你想去哪所大学呢？"学生的回答往往会涉及某个具体的地理位置——"我想去纽约 / 波士顿 / 堪萨斯城"，或者"我想去离家近的学校"。

碰上刨根问底的人，关于具体想上哪所大学以及为什么要去那里，学生的答案通常可以归结为四类：1. "我家里有人上了那所大学。" 2. "我是那所大学校队的粉丝。" 3. "那所大学很棒！它通常都在那些最佳大学排行榜里！" 4. "那所大学的校园很美。"你可以发现，几乎所有的回答都源于某种程度的熟悉，这其实并不令人意外，学生多少对自己心仪的大学有所了解，现在鲜少有人会两眼一抹黑地随便选择一所学校。虽然这不奇怪，但同时这也非常有局限性，特别是涉及这么一大笔的投资。当下，想要念完四年制的大学平均要花四万美元[6]，有70%的大学生要靠贷款才能完成学业拿到学位证。[7]他们要在选择的学校及其价值体系里，度过刚步入成年期的四到六年时间。我经常发现学生在买第一辆车时做的调研和了解到的具体细节比在选择大学方面还要多，而大学本应是他们实践如何做一个成人的第一个地方。

也许这种情形要归结于一个事实：上大学对很多孩子来讲其实已经不再是一个可选择的事情了。国家每年发布的数据似乎在告诉大家一个残忍的事实——在美国上大学是件非常困难的事情。那些全科拿A的尖子生、超级体育明星和学生领袖的被录取率每况愈下，顶尖大学的录取率甚至降到了个位数。而如果这些出类拔萃的候选人都无法考入自己心仪的大学，你让相对普通的"凡人"还怎么去竞争？现状让人不寒而栗。如今，大多数学生和家长在考虑申请大学时都会略显卑微地问："哪所大学会接受我？"而我们真正要问的问题难道不应该是——"我会接受哪一所大学？"

我们希望所有的萨米特毕业生都能够找到一条最适合自己的出路，能够过上充实有意义的生活。对于我们的大多数学生来说，上大学是一条很好的出路，对其他学生来说，投身军队或者做一名工匠也不失为一种选择，关键在于是不是适合，对此我们制定了非常严格的标准，毕业生在做选择时应考虑：

· 成年之后，你想要过怎样的生活，当然，目标要基于对自我有明确的认知。

· 你想要做的事情必须是切实可行且有意义的。

· 在做选择前一定要全方位地考虑各种可能性。

· 你的决定应得到家里人和周围人的支持。

对于刚成年的孩子来说，想要明确下一步具体要做些什么，前提是要对自我有具体而深刻的认识，知道自己最在乎的东西是什么。同时，他们还必须了解这个世界可以提供些什么。更重要的是，他们要明白这两者之间的关联，这样一来才能够找到最适合自己的道路。

但明确下一步的过程不是一条线性路径，学生很有可能会在以下六种状态中来回摇摆：

明确具体的下一步行动计划

一个非线性的过程

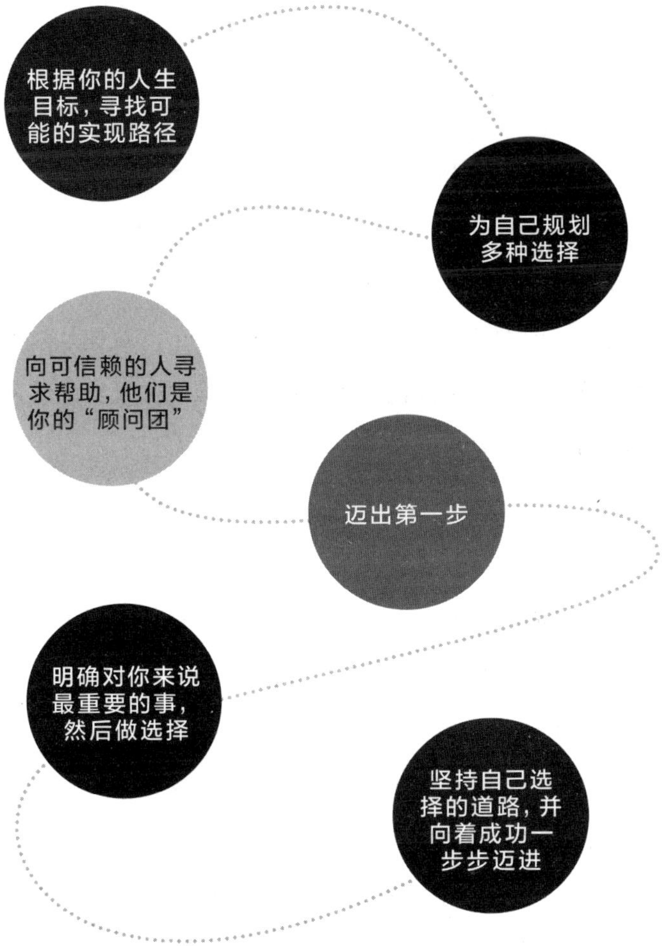

人们最开始往往会做许多不同的尝试，我们称这一阶段为原初目标（prototype purpose）阶段。学生可以选择参加一些实习或培训项目去体验，或者与已经明确自身目标的人多交流。学生会在总结经验的基础上畅想未来：如果我选择了这条道路会怎么样？——这就形成了个人的原初目标。正如马特奥曾在大学教室里描画自己的未来那样，每一名学生都应在脑海中为自己勾勒出不同的图景。那幅画面要尽可能丰富和完整，这样你才能真正意识到它是不是自己喜欢的，是不是符合自己的价值观，能否反映出自己是一个怎样的人。**这些认知有助于学生为自己筛选出合适的道路，并促使他们做最终的选择。**

我的一个好朋友经常会说："有时候你去买婚纱，往往试穿的第一件就是最合适的那件。"当然，这种说法有一定的道理，但她很快又指出，你只有试到第二件、第三件甚至更多的时候才能意识到这一点。学生很容易会对自己的首个原初目标过度依赖。其实我可以理解这种心理，因为现在的孩子经常会被问及"你以后长大了要做什么"，无论是迫于压力还是出于厌烦，孩子只想赶紧说出个答案来应付家长。这种做法的不利之处在于，过早地做决定通常会阻碍他们进一步发现和探索的动力，最终反而限制了他们的选择。所以对于孩子来说，做多手准备非常必要——即便很多人可能不愿意这么做。在萨米特，我们要求高四的学生至少为自己准备三套方案：是要取得大学学位，还是只要完成相应的大学课程就可以？又或者选择抓住一些继续受教育之外的机会？如果选择最后一种，学生个人的兴趣爱好和所掌握的技能能否成为助力？学生要具体描述自己下一步要做什么，要列时间表，做成本分析，并阐明该种选择适合自己的原因。

我和雷特近期就这件事谈了一次。他向我抱怨说学校要求他制订一个后备计划："我不明白为什么我不能先尝试自己的第一选择，如果不合适的话我再做新的计划不就好了？"我花了些时间向他解释计划是有时间要求的，等待可能会让他错过机会。更重要的是，当他和我谈及自己的打算的时候，准备一个后备计划的好处变得不言而喻：他想休学去国外工作一年，因为他热爱旅行和探索新鲜事物。"我又了解了你更多的一面，"我说，"之前没听你提过这件事，这是个不错的想法，我支持你。"

做多手准备很重要的一点在于，学生可以同家人、朋友和身边的其他人分享自己的计划，通过交流与沟通，你可以建立一个值得信赖的人脉网络，并从中收获有价值的反馈，反思自己的想法，以获得更多的支持。打个比方，某位学生毕业之后把当一名护士作为计划之一，尽管那不是她的"第一志愿"。

当一个朋友听到她的想法的时候，可能刚好会说：“嘿，我姨妈就是一名护士，你可以打个电话问问她的意见。”就我的亲身经历而言，很多人都愿意给这些刚步入成年的孩子一些指点，只是他们缺乏有效的途径来获取。当孩子将自己脑袋里的想法大胆地和别人讲出来，他们开始与能帮助他们的人建立联系，就逐渐建立起一个支持网络。

在萨米特，每年都有一群高四的孩子内心笃定于自己的选择，他们很清楚自己将来要做什么，丝毫不想浪费时间和金钱去尝试别的东西，甚至他们大多会反感这么做。有些人很固执，他们只考虑读第一志愿的大学，他们不接受自己的人生还有别的可能。这样的孩子实际上比其他人更需要做多手准备。当你知道还有 B 方案和 C 方案，而这些方案也可以证明自己，能够做自己想做的事，你通常就不会那么焦虑。比起 SAT 成绩和首选大学的一纸录取通知书（或者拒绝信），这更能让他们对自己和自己的目标有更真实和丰富的认识。

在另一种极端情况下，迈出第一步也有其价值所在。有些学生太害怕被拒绝，以至于他们根本不敢申请那些有可能会成功的学校，这一点在米格尔身上体现得尤为明显。米格尔是 2007 年萨米特首届毕业班的一名学生，在学校举办的招聘会上，他和国际电气工人兄弟会（IBEW）的招聘人员聊了聊，自此之后就下定决心要成为一名电工。高四那年他完全不想申请任何一所大学，而是执拗地要成为IBEW的一员。那时我们还没有正式确立“具体的下一步行动计划”，因而米格尔的历史老师凯丽·加西亚站了出来。她花了数月的时间同米格尔交流，最后甚至央求说就当是给她一个面子，去申请加州州立大学东湾分校。当他们坐在一起填申请表的时候，米格尔曾坦言说这根本就是在浪费时间，因为他不可能会被录取的。

几个月之后，米格尔收到了录取通知书，他惊讶极了。但他依旧坚持了自己的想法，拒绝了大学的邀请，选择去当一名电工。十年之后，他告诉我，凯丽的做法让他很生气。“那时候你们非逼我去申请大学，我感觉糟透了。因为我知道自己根本不会被录取，那样做只会令我难堪，可是没想到，我竟然接到了录取通知书！对那时候的我来说，上大学这种事根本连想都没想过。但长大之后，我开始思考这件事，尤其现在我也有了自己的孩子。我想或许我应该去上大学，我会选择电气工程专业，或许我现在去学还来得及。”米格尔停顿了一会儿，才继续说，“毕竟我曾经被录取过一次，他们也许会录取我第二次。就算我念不成大学，我也希望我的孩子可以成功。我知道他们该做些什么，我每天都会和他们聊这些事。”

米格尔的这番感慨里蕴含了太多的东西。那种害怕被拒绝或者说不被接受的恐惧在当下的高中生身上非常普遍。他们曾经有多少次被恐惧限制了选择和行动，认为没有人会需要自己？这种恐惧极大地削弱了他们采取行动的积极性。科学地建立一个具体的下一步行动计划，为学生打造真实的体验，让他们接触到真实的数据，从而实现真正的自我探索，只有这样，他们才能够有勇气去打破固有的观念，继而获得掌控自己人生的力量，指引自己不断前行，而不是被动地接受那些巨大且无情的教育机构的摆布。

我很欣慰米格尔能够去申请一所大学，而他最终决定拒绝大学的邀请其实也不失为明智之举。在萨米特念书的时候，他与几位导师合作良好，也发现了自己真正感兴趣的东西。他喜欢自己动手实践，而不是规规矩矩地坐在课桌前。每当完成一项任务后，他会有一种成就感，因为自己的劳动成果切实地帮助到了某些人或修理好了某样东西。看到自己的作品被应用到实际生活当中他很开心。他是一个勤勉的孩子。在几何课上，他第一次发现了数学的意义，因为他可以借此描绘出真实的物体。他喜欢稳定的、可预测的工作，喜欢有规律的作息时间，以便更多地与家人和朋友相处。他想住在湾区，因为他的家人都在这儿，他还想买一栋房子。因此，他必须找一份稳定的工作确保收入。他也曾尝试过其他与建筑类相关的职位，例如瓦工和园林改造师，但考虑到长期从事这类工作的压力对身体的影响，且技术含量又没那么高，他最终还是选择了当电工。米格尔的母亲很穷，所以米格尔也很穷。但他不想再穷下去了，他无法想象在还没开始工作前就欠一屁股债。如果他选择上大学，就不得不面临这一问题。米格尔很清楚自己的实际情况，也明白自己想要的是什么。在综合考虑了其他可能性之后，他做出了明智的选择。

第一百零一下

•

如果旅游的话，我一定不会选择去保加利亚，但我曾受邀去参加一场主题为个性化学习的国际教育会议。出发前的一个月左右，主办方打电话来，问我可不可以带上一位萨米特的高四学生一起来，他们想要让学生成为这次会议的核心，并希望这些学生能够就托德·罗斯（Todd Rose）的著作《平均的终结》（*The End of Average*）中所阐述的观点发表十分钟的演讲。我倒吸一口气，将学生纳入成年人之间的交流探讨值得一试，但带一个学生去保加利亚的一个小村庄参会会产生很多实际的出行问题，我不确定自己一个人是否能应付得来。我向主办方解释了我的疑虑，并提议“或许我可以带我儿子过去，他也是萨米特的学生，不过他今年刚读高一”。他们欣然同意，但我却突然有点慌。针对某个主题做十分钟的演讲对大人来说也不是件轻松的事情，更何况还要面对一大群来自世界各地的听众。我没有把话说死，我告诉主办方我需要去问一下雷特的意见。

我走到雷特的床前，坐下来和他聊了这件事，他一边听一边微微扬起了嘴角，我注意到了。我很清楚他这个表情就是在说：“我等这一刻已经等了很久了。”于是我开始劝他说这项工作没他想得那么容易，事先要做非常多的准备，而我经常要出差所以不能随时在他身边提供帮助。我是想劝他放弃的，因为我担心万一他答应了之后又没做到呢？万一我们到了会议现场他搞砸了呢？坦白说，比起给雷特留下糟糕的回忆，我更担心自己会丢脸。尽管嘴上没有承认，但我心里确实就是这么想的。

我把该说的都说完之后，雷特肯定地回答：“我要去。”

“好吧，那么你听明白自己要做什么了吗？”我依旧心存疑虑。

“妈妈，别担心，我可以应付。在萨米特，我们每天都在做这些事，这也是您建立萨米特的初衷吧。”我不由得向后仰倒在床上，他说得很对，是我的想法大错特错。

对于雷特来说，这无疑是个难得的机会。很少有孩子会主动给自己找额外的大项目做——他们在学校已经做得够多了，但这件事是雷特感兴趣的，他觉得很有意义。可以说，雷特是同萨米特共同成长起来的，这让他对教育领域表现出极大的热情和兴趣，尤其是国际教育问题，他甚至比我还要热衷。这要归结于他对历史、地理和时事热点强烈的好奇心。过去三年间，他不但培养了自主学习的能力，并且开始对自己未来要做些什么有了初步的认知。他小的时候，我偶尔会带他一起去大学上课，或者参加招聘会。他善于倾听，但更喜欢与他人分享自己的想法和经历。这次的保加利亚之旅提供了一次难得的机会，他可以将自己感兴趣的东西分享出来，因此他整个人都扑到了这个项目上。

接下来的第一步是寻求帮助，因为我马上就要出差，所以他就请他的父亲帮忙制作了一张计划表，确保各项准备内容能够按时完成。随后，他去学校找到自己的导师，两人共同搜集整理了校内可用的资源。得益于以往三年间的课题项目经验和自主学习实践，他知道什么才是适合自己的学习方式，因而到了周末的时候，他已经拿到了《平均的终结》的纸质书和有声书，并开始了阅读。那是我第一次见他将学校里所学的东西应用于校外的项目。在家里，他会寻求父亲的帮助；在学校，他同样会请教自己的老师和同学。就在我们出发的前几天，他将自己的演讲稿通过谷歌文档分享给我看，我怀着无比紧张的心情打开了它。我一边阅读一边瞪大了眼睛，我感到如释重负。非常棒的演讲稿，真的很精彩。更重要的是，我看到讲稿当中有很多人的评语，包括他的英语和历史老师，显然雷特曾向他们寻求过帮助。其中还有一些评语来自他的同学，他最大化地利用了身边的资源，并得到了中肯和有价值的反馈，当然还有支持。最后，我看到他的一个朋友写道："雷特，你做得非常棒，我为你感到骄傲。我知道这一直是你的目标，你正在一步步地实现它！你代表了我们所有人。"

曾几何时，我与雷特在作业问题上大吵特吵的日子还历历在目，雷特的成长令人难以置信，但又真真切切。教书的那些年，我非常喜欢雅各布·里斯的一段话，我把它抄写下来放在办公桌的显眼位置：

> 感到无助的时候，我会去看看石匠，他们挥舞着锤子第一百次敲击面前的大石，却没有看到丝毫裂缝。但当他敲第一百零一下的时候，石块轰然碎成了两半。我很清楚，那并不仅仅是第一百零一下的功劳，更是前面那一百下的辛苦积累。

这段话在那些艰难的教学生涯里一直提醒着我，**学习是一个缓慢的过程**。仔细想想，在小婴儿第一次开口叫“妈妈”的时候，我们已经对他说了不下五百次“妈妈”。所有人对此都习以为常，但当这些孩子上了高中之后，我们却期望我们只教一次，他们就该听懂。雷特第一次接触自主学习的概念时也不得要领，哪怕第二次、第三次也没什么起色。在随后的三年时间里，他每天都在练习，但实际上直到这一刻，我仍无法确认他是不是真的掌握了要领。想要顺利地完成演讲，他还要做许多的准备，应用很多其他的技能，我同样不知道他究竟能做到什么地步。雷特五六年级的时候，我还曾担心他连一个段落都写不出来，但逐渐地，一个项目接着一个项目，随着持续不断的练习和反馈，他的技能得到了成长和提高。如今，在一个他很感兴趣和充满动力的项目上，他已经能够去应用那些技能。倘若要他在运动员教练会议上发表关于足球的演讲，其结果大概会全然不同。无论是足球还是其他高中运动项目他都不感兴趣，那不是他想要涉猎的领域。因而，他也就不太可能在那样一个项目上取得成功，如果我们硬要逼迫他去做自己不喜欢的事情，他的表现一定会令人大失所望。

雷特的保加利亚之旅非常成功，他非常满足。雷特为此付出了努力，使出浑身解数，利用了自己手上的所有资源和支持。客观来讲，雷特在异国他乡为与会的一百多名成年人呈现了一场研究充分、写作出色、有说服力的演讲。毫无疑问，他取得了某种成就。而正因为这是他想做的事，他才能够取得成功，他才能够从中感受到意义和价值。雷特的例子一直提醒我，**我们并不需要为孩子在成功和满足感之间做取舍，因为他们可以拥有全部，而事实上，让孩子获得满足感正是引领其取得成功的最佳途径。**

几个月之后，雷特就要升上高中四年级了。一想到他很快就会收拾行囊奔赴自己的下一段旅程，我的内心就充满了不舍。我试想着自己抱着他的狗狗尼亚闷闷不乐地躺在他的床上，对着窗户望眼欲穿，盼望他能早点回家的情形。但与此同时，我也无法否认心中酝酿已久的兴奋与激动，我对他的未来充满了期待。他对于自我的认知、他所具备的各项技能和养成的良好习惯将如何影响他未来的人生，我迫切地想要知道。我很清楚他的能力所在，我会不厌其烦地一遍遍告诉他，他要敢于梦想，他可以做得很好。而且不只是我，他的父亲、导师和其他许多人都会组成他的“内阁”。这些人关心他、了解他，愿意去帮助他。在这人生的关键转折期，我们会陪伴他左右，同他分享自己的经验和看法，确保他可以真实地面对自己，找到最适合自己的“具体的下一步”。我想，过不了多久，我就要和他一起走进毕业典礼的游行队伍，只不过这一次，我是作为一名母亲，我知道自己的儿子已经做好了准备。

后记

竭尽所能不仅是一句口号，它是我们的文化，是我们做事的一种思维方式和行为准则，是驱动我们前进的力量。我们要始终坚信，总有办法打开一扇锁着的门。

PREPARED

我已经连续三天接到奥斯卡母亲的电话了。“他还在房间里不肯出来，门锁住了，他不愿意去学校。”

我深深地叹了口气，沉默了许久才对她说道：“我十分钟后就到。”随即，我抓起钥匙和钱包，出门前又从工具箱里拿了一把螺丝刀。

奥斯卡家的大门是敞开的。他母亲正坐在沙发边上，双手抱着自己的头。我在她对面坐了下来，她抬头看向我，眼眶又红又肿，她一定哭了很久。看得出来，她已经不知道该拿自己的儿子怎么办了，她的神情里除了沮丧还夹杂着恐惧。

我有很多的问题想问。他不用吃东西吗？不用去洗手间吗？她没有房间的钥匙吗？一个十五岁的男孩是怎么做到把自己锁在屋子里待三天的？但当我望着奥斯卡母亲的脸，我把这些问题暂且都抛到了一边。现在问这些毫无意义，我告诉自己。这位母亲已经尽力了。

我能够理解她的感受。萨米特建立的头几年，无论是我、亚当、凯丽还是其他同事，我们都曾经历过类似的事情：在培养这些年轻的孩子长大成人的过程中，偶尔会觉得自己所做的一切都是无用功，有些人或许真的无药可救，对此我们感到束手无策，继而完全丧失耐性。这种时候我们意识到自己得“让位”了，去寻找一些新的面孔，以另一种角度看待问题。

“奥斯卡的房间在哪儿？”我问道。

她指了指右面的一扇门。我从包里拿出螺丝刀，走到门前站定。他的母亲看上去有些吃惊：“你要干什么？”

我故意大声回答，想让奥斯卡也听到我的话。“我要把门锁拆下来。奥斯卡必须去上学。我知道他遇到了困难，我们可以一起帮助他，但前提是他不能把自己锁在里头。”

他母亲惊呆了：“你真的觉得那样管用吗？”

“当然管用！”我故意“恶狠狠”地说道，“只不过是一扇锁着的门而已，总有办法能打开它，我今天一定要带他离开。”

话音刚落，卧室的门猛地被拉开了，奥斯卡出现在我面前。他盯着我，眼神里充满好奇与惊讶。我深深地望了他一眼，说：“给你五分钟的时间穿好衣服。”他慢慢点了点头，然后连忙去拿自己的衣服。

在距离学校还有几个街区时，奥斯卡率先打破了车里的沉默氛围："您真的会把门锁拆下来吗？"

我毫不犹豫地答道："无论如何，我不会放弃你，奥斯卡，我会尽我所能。"

他看了我一会儿，而后再次转头看向窗外。当我将车开进停车场的时候，我听到他说："我相信您。"

竭尽所能（Whatever It Takes，即 WIT），这四个字经常会出现在我们的会议纪要中，我们还把它贴在学校的复印室里。老师与老师之间、老师与学生之间的对话也少不了它的存在。我们会彼此分享类似的经历，我们以此鞭策己身。**竭尽所能不仅仅是一句口号，它是我们的文化，是我们做事的一种思维方式和行为准则，是驱动我们前进的力量。**正如我们在萨米特所做的其他尝试那样，竭尽所能的定义也在不断进化。

竭尽所能不意味着我们要替孩子做所有的事情。

竭尽所能意味着我们不能一味地接受现状，而是要以更长久的努力去克服困难。

竭尽所能意味着我们不能遇到困难就降低标准或干脆放弃。

想要真正做到竭尽所能，我们必须找到有效的方法。首先，我们要始终坚信，总有办法打开一扇锁着的门。

很快，螺丝刀的故事就在校园里传开了，在我意识到之前，他们又给我起了一个新的外号——"终结者塔文纳"（那时阿诺德·施瓦辛格是加州的州长）。大部分人只会私底下这么叫，唯独凯丽喜欢在大型公共场合开我的玩笑。她每次都会摇头晃脑，一边举起拳头好像手里拿着把螺丝刀，一边笑个不停。我也不由自主地跟着她一起笑，但实际上我的内心并没有太多喜悦的成分——我根本不想做什么“终结者塔文纳”，但我的确不介意肩负起这个职责。

所幸我不是孤军奋战。我遇见了许多“终结者塔文纳”。他们是老师、校长、家长，甚至是学生自己，他们不能容忍一扇被锁住的门，他们不允许有如此多的孩子被拒之门外，他们同我一样，决心要去打开这些“门”，尽可能地去培养每一个孩子。

2015 年秋天，我们制订了萨米特学习计划，旨在同其他公立学校免费分享我们的课程、技术、培训内容和专业发展方向，鼓励其他老师在教学实践中开展基于实践的课题项目、自主式学习以及辅导与反思。第一批参与计划的学校一共有十九所，我不由得想起朱莉曾懊恼地问我：“我该怎么办，黛安娜？我没办法像你一样建一所学校。”这些学校和她的孩子就读的学校也并无不同。

通过参加各种会议和走访，我们结识了许多志同道合的教育者。尽管如此，那一年依旧充满了挑战。在任何一所学校，想要做出改变都不是件容易的事，更何况这些学校与萨米特有本质的不同。无论是一所大型的城市高中，还是一栋乡村的单间校舍，我们此前都没有过任何合作的经验，但我们又必须因地制宜地将萨米特的教学理念移植到具体的环境当中，满足不同的需求和价值观。好在每个人都愿意为之“竭尽所能”，到了年底，我们都学到了不少东西，也切实地帮助所有孩子取得了进步。我们的行动吸引了更多的人，另外有超过一百所学校想要加入我们。

我们当然不会拒绝。第二年，我们延续了这种合作和学习模式。萨米特学习计划取得了长足的进步，但要解决的问题依旧很多，毕竟我们现在要和二十七个州的公立学校开展合作，许多学校的环境要比以往所面临的更加复杂。我们应该还是做出了一些成绩，因为之后的一年时间里，又有三百多所学校想要加入我们的计划。开始的时候，每一位加入萨米特学习计划的老师都可以去加州的一所萨米特学校参加暑期的专业培训。到了 2017 年，来自全美四十个州的三千多名老师在十三个城市的体育馆里一起参加培训。我在自己的能力范围之内，去更多的城市和乡镇。我想去看看那里的教室，见见当地的老师和学生，同校长交流，和他们一起吃顿饭。

走过这么多的地方，我得到的种种反馈令人振奋不已。那些加入萨米特学习计划的人都在真心地为孩子们着想，想要为他们提供最好的教育。他们渴望得到我们所提供的资源、材料和培训，来帮助他们建立一所类似萨米特的学校：它注重实践，注重培养学生的自主能力、反思能力和合作能力；为学生创造有别于传统教育模式的学习体验。很多老师都表示，他们第一次真正了解自己的学生，他们的教学实践第一次开展得如此顺畅。此外，还有一些老师特地延迟了退休时间，留在萨米特学习计划中继续任教。“要做的事情太多，但值得我们去付出。”

波士顿、休斯敦、洛杉矶、新奥尔良、西雅图、芝加哥、奥兰多、底特律、纽约、华盛顿、丹佛、旧金山……我几乎走遍了整个美国，与各式各样的人共进晚餐，偶尔也会是午餐或早餐。我还在密苏里州、俄克拉何马州、犹他州、新墨西哥州、阿肯色州、堪萨斯州的小镇上和大家一起享用美味的佳肴。没有什么东西能够像食物那样把人们聚集在一起。每次聚餐，我都会询问同桌人的看法，**如果教育的目的是为了让所有孩子都过上美满幸福的生活，那么这种教育应该是什么样子？**

毫无疑问，大家的看法是一致的：孩子必须参与其中。他们要对学习抱有兴趣，要脚踏实地地去努力，解决实际的问题，他们要懂得团队合作，既要了解自己，也要了解他人。孩子应在好奇心的驱动下去学习。而老师则要为学生的学习持续提供指引、辅导和协助，其介入方式应是激励人心的、赋能的和可持续的。当然，孩子依旧要学习阅读和做数学题，但这仅仅是一个开始。学生明白学习的意义，而成年人以一种适合孩子的方式介入过程里。当学习不只在学校围墙里的那六个小时发生，又会产生什么样的效果？无论是在家、在学校，还是在社区邻里，我们无时无刻不在学习。因为大家的目的都是一致的：**我们希望孩子在长大成人后，能够自立，能够开心快乐，并成为对社会有贡献的人。**我们的目标如此一致，所有人都应负起责任，协助他们为未来做好准备。

我曾与不同种族、不同性别和不同党派的人坐下来交流，他们当中有些人乘坐自己的私人飞机来同我会面，有的人则要搭公交车。有些人是大财团、大企业的老板或者大学的校长，而另外一些人则一辈子都在给别人打工。其中有孩子的父母、祖母、姨妈、兄弟和姐妹。但这些人身上有两个共同点：他们都有其独特的成长经历；每个人都想为自己所爱的孩子争取更好的教育。

这不由得让我想起 2018 年盖洛普咨询公司发布的关于美国人对教育的看法的年度报告，大大的标题写着《70% 的父母满意子女的教育》。[1] 是我碰巧遇见了那剩下的 30% 吗？而那 70% 的父母又是否真的对现行的教育体制感到满意呢？我想不太可能，因为该报告同时显示，仅有 43% 的美国人对现行的基础教育质量表示满意。事实上，当被问及对教育的整体印象时，我们往往会下意识地忽视自己曾经的受教育经历（至少在年度报告中体现了这一点）。我相信这种反应的潜台词是我们可以将就。可我们为什么要将就？尤其事关我们的孩子，以及他们的未来。随后，我想起了奥斯卡的母亲，想到了那时她脸上的神情——她真的不知道该怎么办。她觉得自己孤身一人，别无选择，只能任事态恶化，却束手无策。也许回过头来她会说，奥斯卡会走出来，只不过是时间的问题，一切终归会恢复原样，他会没事的。

在同家长谈及子女的教育时，“没事”这种形容是我最常听到的。“她会没事的。”“他会没事的。”而往往在得出这样的结论之前，家长明明已经发现了问题所在或曾明确表示出担忧——有些事不太对劲：小到孩子觉得上学无聊、学习压力大或成绩退步，大到吸毒、校园霸凌、患上抑郁症以及考试不及格。说完“她会没事的”之后，往往还要跟上一句：“这就是生活，孩子们终将要面对这些糟心的事。我也曾遇到过同样的问题，但我熬过来了。现在你看看，我生活得不也挺好吗？”

如果我们所期盼的不仅仅是“没事”呢？如果“满意”不只意味着你的孩子“没事”，而是“很棒很开心”呢？我所说的开心并不是那种浅层次的情绪感受，例如得到了一颗糖果或想要的玩具。如果“很棒”意味着孩子觉得充实有意义，意味着他们在做有意义有目标的事情，有归属感，和亲人朋友有很健康的关系，家长又会如何回答？

在那些遍及全美的晚餐上，在我们共同描绘了学习可以是什么样和应该是什么样的未来愿景之后，我会问他们一个“魔法棒”问题：“如果我们挥动了魔法棒，让这一切变成现实，我们能够切实地帮助到每一个孩子。我们成功了！那时候，我们的国家会是什么样子？这个世界又会是什么样子？”

每到此时，谈话会陷入短暂的停滞，大家都需要时间思考。起初，也会有人踌躇不前，有人权衡利弊，但最终我们都会得出一致的结论：**如果每一个孩子都能够像本书中所描述的那样去学习，都能够为长大成人和过上美满幸福的生活做好准备，我们的世界也将会有所不同。**

“那也是我想要的世界。”

“不会再有贫穷。人们不会饥肠辘辘、无家可归。”

“我们会团结一致，去解决这个国家和我们整个星球面临的那些严峻课题。”

“人们会充满动力，能够掌控自己的生活，并与社区同胞一同做出改变。”

“我们会接受不同的观点，和那些与我们不同的人交流合作。人们会彼此接纳最真实的自我，尊重每个人的独特性。”

“人们会感到开心和快乐，热爱他们所从事的事业。他们的工作是有价值的，也能够赚足够多的钱，因而不再会有压力。”

每当谈论渐入佳境或进行到高潮时，甚至有人会大胆提出“这个世界将不再会有战争”，抑或“校园里将不再会有枪击案发生”。

一时间，房间里安静了下来，每个人都沉浸在一种积极乐观的希望之中。但当大家冷静下来之后，现实的阴影随即悄然蔓延。我们以为自己是谁，围着桌子坐成一圈幻想着自己能够带来世界和平吗？一想到这，我不由得心生惶恐。但我很快回想起了这些探讨的初衷：我们的孩子。我们的出发点是一种基于实践、自主、反思和合作的学习。我们的出发点是大人相信他们能帮助孩子为未来做好准备、做得更多，不只是教他们基本的听说读写。我们的出发点是拥抱我们的基本承诺：每个人都有生存、自由和追求幸福的权利，追求幸福、美满和充实的生活。而当下，有一扇紧锁的门阻挡住了太多人的脚步，我们必须拿起螺丝刀去拆掉那些门锁。

《准备》使用指南

我怎么知道我的孩子是不是已经为今后的人生做好了准备？做好准备应该是一种什么样的状态？而我又要做些什么？

PREPARED

我有种预感，应该是发生了什么事。

一般我和米拉一起出差的时候，上了飞机我们就会分开。出差对我们来说就像家常便饭，实际上我们还挺享受在飞机上的时光，可以处理点工作或者抓紧时间睡一会儿，因为落地之后我们又要忙起来了。但这次，米拉特意把我们的座位选在了一起，看得出来她想要和我聊聊。八年前，米拉来到萨米特工作。最近几年，随着萨米特学习计划的不断扩展，我们一起共事的时间多了不少。

米拉和我都是当妈妈的人，但我们的孩子年纪不一样。米拉的儿子一个一岁，一个五岁。她正在考虑老大上学前班的事，而我操心的是雷特的大学。看上去我们似乎不太会有共同话题，因而大家也很少会聊子女教育的事。但今天不一样，米拉需要找人聊聊，甚至在起飞前她就忍不住开口了。米拉告诉我，她对于育儿的期望仿佛一夜之间就被颠覆了，不同的人有不同的意见，有些意见甚至会彼此矛盾，吵得她头都大了，那种感觉就好像她一直以来所坚信的东西全部崩塌了，但又没有人能为她指一条明路，告诉她如何能够让孩子健康快乐地成长，并在未来取得成功。她没有给儿子报什么兴趣班，因为她拿不定主意儿子是不是该学学踢足球、游泳或上点武术课。学点艺术怎么样？不是说艺术有助于激发孩子的早期兴趣爱好和好奇心吗？

尽管她和丈夫每晚都会给孩子念书，但她的儿子连字母表是什么都不知道，更不会像他的同学或她朋友家的孩子那样流利地背诵出来。数字方面，他能数到十，但十三以上就有困难。虽说市面上有大量的学前益智读物，但她没那个精力强迫孩子坐下来保持专注，毕竟她还有自己的工作，还要出差，照顾老二，导致她和大儿子在一起的时间很少。大儿子敏感、害羞，对于米拉来说，他仿佛有着无穷的精力，很难专注于做某件事。他这个样子能上学前班吗？老师能够很好地了解他吗？而即便老师足够了解他，又是否能切实地帮助到他呢？

米拉也会找亲密的朋友或其他家人（很多也是老师，或曾经是老师）聊天，打个电话或发个短信寻求帮助和安慰。但她也坦言，自己并没有一五一十地向他们吐露所有的困扰。或许不是故意为之，因为关于教养子女，每个人都有自己的判断，她不想让旁人过多地指手画脚。

米拉曾认真地研习和理解萨米特所倡导的十六个成功的习

惯（毕竟这是她工作的一部分），这些内容深深地植根于她的脑海中。根据所有最权威的研究，孩子要想成功，就要在面对压力时保持冷静和镇定，集中注意力，控制自己的情绪，要知道自己的言行会给他人带来影响，要建立稳固的人际关系，做事要有条理，要对自己有信心，要有归属感，要善于把自己所学的东西应用到实际生活中，要勇于迎接挑战，学会自己做决定，要为自己设立目标，并保持好奇心。而这些仅仅是良好的习惯而已。孩子还必须掌握一系列通用技能，例如解决问题的能力。这一长串的名目背下来，她不由得垂下了肩膀，觉得自己要放弃了。

那么，谁又该负责教导他们这一切呢？要从什么时候开始呢？在家里，她该怎么做，相应地，她又该对学校抱有何种期待？学校真的能起作用吗？

她一直不停地讲了一个多小时。我认真地听了下来，其间我不由得想到，曾几何时，对于雷特的教育我也问过自己同样的问题，我也有过同样的愧疚和担忧。她长长地吸了口气，狠狠地呼了出来："到头来，我只想让他们开心。我希望他们都成为很好的人，他们身边有各式各样的、值得他们去学习的人。我希望他们可以了解自己，知道自己在乎的是什么，并且有能力、有机会去追求他们想要的东西。如果你问我在萨米特学到了什么，我会说，**一个孩子的成功不应该牺牲掉其他孩子或是他们的家庭**。但看上去这两者就是对立的。”

“就像我，”她继续说，“我受过良好的教育，经济独立，有一栋舒适的房子，可以说我对教育有相当程度的了解。但你也听到了我这一路的抱怨，我完全不知道现在该怎么做，怎么做才是对我的孩子最好的。如果连我都会有这种疑问，更别说其他大多数父母了。”

一时间，我仿佛再次经历了同朱莉的对话。而对话的内容并不陌生，来自全美各地的家长或多或少都有类似的问题。对于子女的教育，他们都有着同样的一种忧虑：“是否准备好了”——**我怎么知道我的孩子是不是已经为今后的人生做好了准备？做好准备应该是一种什么样的状态？而我又要做些什么？**

其实，建议说起来简单，但做起来很难，那就是：做一个倡导者。克里斯·布亚和一群家长联合起来，组建了社区高中基金会，共同为他们的孩子和整个社区寻求更好的出路。孩子到底需要什么？关于这一点，想要在观念上进行根本性的变革，需要从一种倡导支持的态度做起。而倡导就要从一场场对话开始。

我们互相望着彼此，心知这个答案并不能令人满意。米拉可以说是全美各地的孩子的倡导者，当然也包括她自己的儿子，但她依旧需要更多切实的行动建议。她需要支持和保证，需要有人能帮她出出主意，因为她实在没时间去翻阅最新版的育儿书籍。大多数的建议来自她的朋友——他们的孩子年龄相仿，但那些建议也未必就是正确的。

之后的几个小时，我们开始例行问自己为什么——在萨米特，我们经常会这样做。米拉为什么想要这些？她为什么会觉得孤独？尽管得到了那么多支持，为什么她还是觉得自己没能成为理想中的父母？走下飞机时，我们已经决定要为所有的父母提供支持。我们很清楚，阅读一本书是一回事，而把书中的内容运用到自己的实际生活中却是另外一回事。

于是，我们创立了网站 preparedforsuccess.org（“为成功做准备”），致力于为家长提供帮助，去更好地培养孩子长大成人。家长可以从网站上获取基于实践的学习体验内容，在日常生活中培养各年龄段孩子的自主学习能力、合作能力和反思能力。对于那些不想成为“虎妈”、“直升机父母”、“扫雪机父母”或对孩子采取放养态度的家长，这个网站将会提供有价值的资源。它所服务的对象是那些想要让孩子过上幸福快乐生活的家长。养儿育女好比是一段漫长的旅程，我们由衷地希望 preparedforsuccess.org 能够为大家提供有价值的指引。

和着手筹建萨米特的时候一样，做整体的规划之前，我们进行了科学严谨的调研。作为职场母亲，我们考虑到很多家长会面临的实际问题。毕竟该网站还只是一个雏形，我们要有耐心，相信随着我们获取的信息越来越多，它也会不断进化，变得更加完善。基于此，我们的网站非常适合家长前来寻求最新的教育观点和具体的行动建议。

就在此书写作之时，我们整理出了一系列的活动，你可以同家人一起，在日常生活中尝试去做做看。这些都是从本书的内容中整理出来的，你可以随时翻阅相应的章节查询更加具体的信息。

基于真实情境的项目式学习

• 创造机会，让孩子参与其中，表达自己的观点

很多家长会认为自己的作用就是监督孩子做作业和改正他们做错了的地方，而实际上，对于孩子的学习，家长所能够做的远不止这些。例如，可以让孩子尝试去寻找到达学校的各种交通方式，帮助解决汽车发出的古怪声响，或者搞清楚哪一种清洁用品对孩子和宠物来说是最安全和健康的。通常来讲，我们不会让孩子参与到这种事情中来，因为得不偿失，他们会把原本很简单的事情变复杂，又或者，我们会认为他们根本不感兴趣。但还记得我的学生詹姆斯吗？他在准备有关农产品补贴的演讲时曾对我说："我们年轻但不意味着我们不关注身边发生的事情。"

自主学习

• 让自主学习成为日常生活的一部分

即便学校里没有专门的自主学习课堂，你依旧可以在家里培养孩子相应的能力。例如，让他们确立一个目标，制订相应

的计划，然后按照计划去执行，最终进行成果展示并尝试反思整个过程中自己都学到了哪些东西。无论孩子想要做什么事，你都可以采取这样的方式去引导他们，比如说一周准备一次晚餐，或是为全家人下个周末的活动做个规划。

• 自主学习者的五个突出表现

自主学习能够为孩子提供重要的指引，自主学习者有五个突出特征：

1. 随机应变
2. 寻求挑战
3. 坚持不懈
4. 直面挫折
5. 适时求助

当然，这些特质你可能本来就会教给孩子，对孩子来说，有个统一的界定和框架是有帮助的。一旦你在孩子身上发现了这些特质，不要犹豫，大声指出来，并要求你的孩子也去发掘别人身上同样的特质。

• 强调有效的目标制定

这一点越早开始越好。每个孩子都应学会设立目标，这对他们来说非常重要，无论是今后上学还是步入社会都用得到。教导孩子目标的设立一定是具体的、可衡量的、可执行的、实际的和有时间限制的 SMART 目标。

目标的具体内容要与孩子自身息息相关，这样他们才会有内在的——而非外在的——动力去实现目标。他们的目标可以是非常远大的（并尝试去实现），同时也要学会去制定简单的小目标，特别是当他们年纪还小的时候。家长要多同孩子交流：为了实现目标要做哪些规划，中途会遇到怎样的障碍，又该如何克服。此外，家长还要定期检查他们的目标实现进度，以便适时提供帮助。

大人自己要做示范。当你制定了一个目标之后，看它是否满足 SMART 目标的标准，并将原因讲出来。以身作则地要求你的孩子也这么做。

• 牢记，技能的培养过程不是一帆风顺的

不要沮丧，失败也是一种经历。牢记石匠的故事——好事多磨，有时候你的努力要等到很长一段时间之后才能显现出结果。

> 感到无助的时候，我会去看看石匠，他们挥舞着锤子第一百次敲击面前的大石，却没有看到丝毫裂缝。但当他敲第一百零一下的时候，石块轰然碎成了两半。我很清楚，那并不仅仅是第一百零一下的功劳，更是前面那一百下的辛苦积累。

• 当孩子需要你的时候，学会控制自己

尽管你会觉得不舒服，但你要尝试同自己和解。适度地放手是为了更好地培养你的孩子。试着去接受另一种形式的“被需要”。

通过辅导进行反思

• 辅导，而不是指挥

正如雷特刚开始学习做饭时，我也要学会控制自己不去插手，甚至是直接接手整件事。我要往后退一步，给孩子提供反馈和指导，而不是直接说出答案。提出问题，帮助你的孩子进行反思：他们想要的是什么，他们是谁，他们在乎的是什么，有什么样的感受，以及最终，他们应该要怎么做。记住，你不能告诉他们怎么去做，而是要他们遵从本心，自己做出选择。

• 关注那些令孩子“印象深刻的时刻”

不要再问“你将来想干什么”，而是要问“你喜欢做什么”“哪个部分是你最喜欢的”。你的问题要能够直指孩子的本质兴趣点，帮助他们了解自己是喜欢创造、演讲、表演，还是解决问题。了解“印象深刻的时刻”有助于孩子更好地认识自我。

• 教孩子学会处理人际关系

孩子几乎无可避免地会面临人际关系的冲突，这种时候，把它当成一次机会，教导他们如何去缓和矛盾、修复关系、尝试合作和进行反思。以下几个问题是萨米特的导师经常会问的，你在教育子女的时候可以拿来借鉴。它们都属于开放性问题，通常要经过深思熟虑才能作答。你可以问：

在此种情形下，你想要得到怎样的结果？

你现在感受如何？

你表现出了怎样的行为？

哪些措施起作用了，哪些没有起作用？为什么？

你有没有站在他人的立场看问题？你觉得他们的立场是什么？

想要达到你的预期目标，你要做些什么？

为了改善人际关系你该做点什么？

你可以口头问孩子这些问题，或者写下来也是种不错的选择。孩子的成长与父母、导师和老师的支持与引导是分不开的。

- **合作**

教导孩子达成共识的重要性。

决策框架和“STP 法”是我们在萨米特经常会用到的两个非常重要的工具。

在决策框架下，你的目标应是达成共识，但你也有权利去做最终决定，或否决某项提议。在家庭决策中，该框架有非常现实的意义，可以帮助家庭成员决定从看哪部电影到合理的宵禁时间等一系列事项。而当决策过程遇到阻碍时，就要用到 STP 法了：首先，将所面对的现实困境归结为一个问题；其次，了解背景情况，听取每个人的意见——为什么他想要那么做，但不要妄下判断；随后，明确目标——当你找到解决办法之后就可以把它划掉。最后，在决策框架允许的范围内，提出具体的建议。

决策框架示例

这一决策框架有助于明确每个人在不同决策中的角色定位。

	利益相关者 1	利益相关者 2	利益相关者 3	利益相关者 4
A 决定	角色	角色	角色	角色
B 决定	角色	角色	角色	角色

角色代码

D/ **决定**：做决定的人

P/ **提案**：提出议案的人

I/ **意见提供**：意见提供者

V/ **否决**：有否决权的人

MBI/ **相关方**：决定的被通知方

成功的习惯

- 学会问为什么，然后继续问下去

如果你和孩子在诸如睡觉时间或家庭作业这些事情上发生争执，请本着一定的好奇心去看待和解决这些问题。就拿我来举例，当我认为雷特从来不做作业的时候，我就会不停地追问为什么，最终我了解到的不光是他怎么想的，还有他到底被要求做些什么。也问问你自己为什么，为什么你会自然而然地认为某些事情就应该那样？很多时候我们会满足于说“因为就是这样”，但当你开始刨根问底，往往会发现很多约定俗成的东西其实毫无意义。这也许就是你改变想法的一个契机。

基于好奇心的知识

• 针对课余活动，要按照“体验、探索和追求”的步骤进行

“体验、探索和追求”这一框架是由萨米特的亚当·卡特设计的，并在研究目标建立的专业人士的帮助下进行了测试。无论是在学校还是在家里，你都可以尝试这种方式，它能够为你提供最有价值的指引，告诉你该如何与孩子和家人相处，包括是否应该去参加课余活动。

在帮雷特寻找适合道场的过程中，我了解到，不是所有的课余活动都设计得那么好。尽管要面对预算和实际执行层面的诸多限制，让孩子广泛接触新鲜事物或到陌生的环境仍旧有助于他们开阔眼界，培养个人能力，哪怕不是每项活动他都能够从始至终地坚持下来，这没关系，但倘若在这个接触的过程中，孩子对某些东西产生了好奇，家长一定要鼓励他们进行更深一步的探索，不要仅仅停留在初次印象上。如果这份好奇心能够转化为具体的兴趣爱好，记得为他们敞开大门去追求更深层次的东西。

切记不要把时间安排得太满。留出些空闲的时间让孩子去发现新的兴趣点，去进一步探索和追寻。还记得热衷于过山车的布鲁迪吗？父母很容易会强迫孩子去学一些所谓“有用”的东西，但只有找到他们真正的兴趣所在，才能够帮助孩子更好地了解自我，建立属于自己的目标。

• 和孩子一起获取知识

不要一刀切地否认高科技的价值，利用互联网和孩子共同去探索和发现。花点时间想清楚为什么有些事情我们必须了解。不要简单扔下一句“这是你应该学习的”，向孩子解释为什么学习这些知识更有必要。

具体的下一步

• 重新审视大学的选择

选择大学时，引导你的孩子不要过多关注更喜欢哪个学校的足球队或对哪所学校的熟悉程度更高，而是要考虑以下几点：

- 成年之后，你想要过怎样的生活，当然，目标的设定要基于对自我有明确的认知。
- 你的选择应是切实可行且有意义的。
- 在做选择前一定要全方位地考虑各种可能性。
- 你的决定应得到家里人和周围人的支持。

• 鼓励计划B思维

即便孩子考上了第一志愿的大学，又选到了自己最喜欢的专业，仍旧要鼓励他们去思考和探索其他的道路，这有助于他们在面对未来时具备更多的灵活性，做出更基于对自我有清醒认知的选择，而不是只关注当前既定的固定道路。

我们由衷地希望preparedforsuccess.org所提供的这些活动、工具和资源能够切实地帮助每一位家长排除各种噪声，让你在处理复杂的育儿、孩子学习和上学问题上变得更加从容和有效率。我和米拉希望通过打造这样一个家长的群体，让大家彼此互相支持，在自己为孩子所做的每一个决定和选择上变得自信。

加入我们，成为做好准备的父母吧！

致谢

本书讲述的所有故事和阐述的所有观点都来自这样一群人，他们为了让孩子们受到更好的教育，二十年如一日地不断努力着。我非常荣幸能够借此机会通过本书和大家分享他们的故事。对于他们所做的一切，我心存感激，只恐笔力有限，不能表达其中之万一。

2018 年 1 月，陶德·罗斯从假期中抽出一个星期教我如何写这本书，他是一位非常优秀的老师。本书的最终成形离不开他无私的辅导、鼓励和支持，我很荣幸能够和他成为朋友。陶德和帕里萨·鲁哈尼共同创办了 Populace 中心（一个智库组织），致力于打造一个更加美好的世界，他们所做的事，以及他们的理念和故事深深地影响了我，让我变得更好。本书中的许多观点都得益于此。

陶德为我提供了许多的帮助，其中之一就是为我引荐了霍华德·尹，他是一位出色的代理人。我们刚通过几次电话后不久，霍华德就给我布置了一个任务：把它当成是你最艰难的一次写作。他的话语里夹杂着关心和期待——“我希望你能够一直写下去，直到你觉得困难、吃力，但不要觉得痛苦。”他遵守了诺言，陪伴我一步步走过了这条漫长的写作之路。霍华德非常擅长将人们凝聚在一起。

霍华德向我引荐了皇冠卡伦西出版社的蒂娜·康斯特布尔，这是非常重要的一次会面。蒂娜本人也是一位母亲，同时也是一位职业女性，仅仅是初次交谈，她就已经完全认同了我的理念，她是本书坚定不移的支持者和倡导者，她希望我们能够实现书中所描绘的那个未来。我既钦佩她那些富含创意性的想法，同时也感激她的领导和指引。

我由衷地感到庆幸，蒂娜和罗杰·肖勒是同一个团队的成员，罗杰能够成为我的编辑，对我来说是件很幸运的事，他业务能力很强，又是个非常热心的人，在本书的写作过程中，他一直给予我鼓励和支持，尤其是像我这种什么都不懂的新手作者，他帮助我解答了许多困惑。每次当我拿着写好的部分书稿小心翼翼地去征求他的意见时，他都会给出非常有价值的反馈，让我获益良多，《准备》正是在这样一次次的修改和完善中不断成形的。当然也少不了伊琳·利特尔的大力协助，确保我们在有限的时间内能够按时完成任务。

在我遇到才华横溢又认真尽责的卡伦西团队之前，我还必须感谢詹娜·弗里。我那时需要一个合伙人，霍华德说他或许有一个不错的人选。我永远也不会忘记我们之间的第一通电话，仅仅交谈了几分钟，我就明确地告诉自己，这就是我想要一起共事的人。那仿佛是一种源自本能的直觉，突如其来，但后来证明它是我人生中最为明智的决定之一。詹娜对我而言意义非凡：她是一名有天赋的作家，一位出色的项目经理和编辑，一位配合度非常高的合伙人，以及一名充满好奇心的学习者。我们会在一大早通电话，编辑稿件直到深夜，我们花费了无数个周末的时间，最终，詹娜和我一点点将《准备》打磨出来。在这一过程中，我收获了一位忠实的朋友，同时我也发现，詹娜正是一位做好了准备的母亲。

能够同一位坚强、出色又充满热情的女性合伙人共事已经让人受宠若惊，而我竟然遇到了两位。过去的八年间，米拉·布朗恩一直是我忠实的伙伴和所有孩子的坚定支持者。她是我认识的最努力、最坚定的人。她的理念、经历和专业素养对我的写作产生了极深的影响，当然更重要的是，她为支持家长一路前行创造了机会。与詹娜和米拉一同度过的这段充满田园诗意的神奇写作之旅，无疑是我人生中最为精彩的时光。

在萨米特，还有许多人同米拉一样，为本书的最终成形做出了无私的奉献。在本书中，你可以找到吉米·苏尼卡、扎克·米勒、叶乐娜·阿尔祖以及全体萨米特学生的故事，了解他们的想法。萨米特能够取得今天的成就离不开这些人每天的辛勤工作，请允许我在此致以由衷的敬意，我为你们感到骄傲和自豪。

此外，凯丽·加西亚和亚当·卡特也对我写作本书给予了巨大的支持，他们鼓励我分享萨米特的故事。回忆过往让人无比愉悦，他们帮助我想起了许多事，在最终成书前，他们会阅读我的手稿，并提出修改意见。过去的十六年间，我很荣幸能够同他们两位并肩作战，共同为我们所坚信的教育事业奋斗，他们既是教育者也是家长，与他们一起工作让我收获了非常多的快乐。他们对整个教育界做出了突出的贡献，而能与他们两人相识也是我莫大的荣幸。

我们三人的相遇要归功于萨米特的创始人，没有他们的高瞻远瞩、辛勤付出和坚持不懈，就不会有我们今天的成就。我永远都会感激克里斯·布亚发出的第一条集会信息，感谢他二十年如一日的无私奉献，还有与他共同努力的上百个家庭，感谢他们付出的人力、财力和时间，他们共同孕育了萨米特。萨米特之所以能够取得成功，归根结底要得益于这群人会聚在一起的初衷，他们想要为自己的孩子，为其他人的孩子，为我们所生活的这个世界，留下一些东西。

“等你建成了它，人们自然就会来。”这个经验并非屡试不爽。如果没有第一届学生和他们家长的支持，我们今天就不会有什么故事可以分享。在我看来，萨米特要比其他任何一所高中都更能够体现出我们的六个核心价值观：勇气、同情心、好奇心、正直、尊重和责任。我希望通过本书向这群特殊的人的付出和爱致以最崇高的敬意。

我们经常会看到，随着时间的流逝，当一个群体不断发展壮大，它会逐渐偏离原本的道路。而萨米特认真尽责的董事会成员二十年如一日地坚守着这所学校的使命，确保萨米特为学生和家长所描绘的那幅图景永不褪色。我谨在此向所有董事会成员表示由衷的谢意：保罗·孔茨、约翰·诺维斯基、史黛丝·基恩、贝斯·巴特利特、鲍勃·奥唐纳、史蒂夫·汉弗莱斯、布莱克·沃纳、安德鲁·汤普森、迪亚哥·安亚布拉和梅格·惠特曼。是他们的经历、远见、勇气、付出和无论在面对成功还是挑战时所给予的支持，铸造了今天的萨米特。过去的十一年里，鲍勃·奥斯特充分发挥了自己的领导才能，他是我见到过的最棒的董事会主席。恕我无法在此一一列举他的睿智之举，但他所坚持的原则是如此鲜明且始终如一。我们认识的这些年里，每一次大家坐下来交谈，他都会问：“什么是对孩子最好的？”

大多数时候，我都不太想谈论自己的事。有时候你很容易将过往埋葬在自己所取得的成就和所有辛勤的付出当中，但在我尚未意识到的时候，我甚至把自己也埋葬了进去。

这里我要特别感谢金姆·史密斯，他以睿智和独到的眼光在我身上发现了我自己都未能察觉到的东西，他向我提供了一个难得机会——加入帕哈拉学会（Pahara Institute），我开始慢慢地了解自我。在金姆和蒂亚·马丁内斯与约翰·辛普金斯的共同带领下，我第一次对一个组织产生了归属感，他们让我意识到什么叫作大爱无疆。我要感谢艾梅、爱兰、布莱恩、克里斯蒂娜、戴维、艾米丽、格雷格、杰伊、吉姆、乔、约珥、凯伦、金姆、克里斯汀、迈克尔、迈克、史黛丝、苏珊、汤姆、翠西和瓦妮莎给予我的支持，让我第一次有勇气将我的故事分享出来。能够成为这个大家庭的一员我深感荣幸。

乔伊斯、玛丽安、罗宾、瓦莱丽和我都是英语老师，我们曾在不同的学校教书，并负责制定作文的评分标准。写作把我们聚集到了一起，但最终，是书籍让我们彼此联结。经过二十多年的时间，我们共同阅读了上百本书，我们不再仅仅是一个阅读俱乐部，我们已经成了一家人。从这些美丽又令人敬佩的女性身上，我学会了如何做一位母亲、一位合伙人、一位老师、一位领导者和一名友人。感谢她们向我分享各自的经历，是她们的爱、鼓励和陪伴将我塑造成了今天的样子。

几年前，我和姐姐两家人坐在一起吃饭，大家讲起小时候的事，我最小的外甥女看着我们感慨道："我知道你们小时候很穷，长大成人对你们来说是件很辛苦的事，但你们现在依旧相处得很好。"一直以来我都很坚信一点，如果你想要寻找真理，那么就去问问孩子。每次当我发自内心展露最为真诚的笑容时，在我身边的永远是我的姐姐迪依。她教会了我许多事，其中就包括什么是纯粹的快乐，她们一家人都曾带给我这种快乐，感谢布列塔尼、杰克、布鲁克和特伦特。

于情于理，本书的最后一段都应该留给斯考特和雷特。因为从许多方面来讲，这本书就是在写他们。《准备》讲述的是我们的故事，是我们一家人的自我发现之旅。本书能够最终成形离不开斯考特和雷特的支持，他们鼓励我去做自己喜欢的事情，哪怕这会把我带离他们身边。每次当我觉得自己已经无法再向前时，雷特会望着我说："妈妈，其他孩子现在比我更需要你，所以不要停下来，放手去做吧。"我对他们的爱与感激是无法用语言表达出来的，此时此刻，我只想紧紧地拥抱他们。

注释

第一章

1. Jennifer E. Lansford, PhD, et al., "A Public Health Perspective on School Dropout and Adult Outcomes: A Prospective Study of Risk and Protective Factors from Age 5 to 27," *Journal of Adolescent Health* 58, no. 6 (June 2016): 652–58, https://doi.org/10.1016/j.jadohealth.2016.01.014.

2. D. A. Laird, and E. C. Laird, *Sizing Up People: How to judge and analyze personality, intelligence, and abilities in others for greater personal happiness and business success for yourself* (New York, NY: McGraw-Hill Education, 1964), 46.

3. Avil Beckford, "The Skills You Need to Succeed in 2020," Forbes, August 6, 2018, https://www.forbes.com/sites/ellevate/2018/08/06/the-skills-you-need-to-succeed-in-2020/# 48e6d098288a.

4. Gwendolyn Mink and Alice O'Connor, eds., *Poverty in the United States: An Encyclopedia of History, Politics, and Policy*, vol. 1 (Santa Barbara, CA: ABC-CLIO, 2004), 41.

第四章

1. Katherine Ellison and Louis Freedberg, "Project-Based Learning on the Rise Under the Common Core," *EdSource*, April 27, 2015,https://edsource.org/2015/project-based-learning-on-the-rise-under-the-common-core/78851.

2. W. R. Penuel and B. Means, "Designing a Performance Assessment to Measure

Students' Communication Skills in Multimedia-Supported Project-Based Learning (paper presented at the Annual Meeting of the American Educational Research Association, New Orleans, LA, 2000); also see William J. Stepien, Shelagh A. Gallagher, and David Workman, "Problem-Based Learning for Traditional and Interdisciplinary Classrooms," *Journal for the Education of the Gifted* 16, no. 4 (June 1, 1993): 338–57, https://doi.org/10.1177/016235329301600402.

3. W. Parker et al., "Rethinking Advanced High School Coursework: Tackling the Depth/Breadth Tension in the AP U.S. Government and Politics Course," *Journal of Curriculum Studies* 43, no. 4 (2011): 533–59, https://doi.org/10.1080/00220272.2011.584561.

4. U.S. Department of Education, Regional Educational Laboratory at WestEd, *Effects of Problem Based Economics on High School Economics Instruction*, by Neal Finkelstein et al., NCEE 2010-4002 (Washington, D.C., July 2010), https://ies.ed.gov/ncee/edlabs/regions/west/pdf/REL_20104012.pdf.

5. Gulbahar Beckett and Paul Chamness Miller, eds., *Project-Based Second and Foreign Language Education: Past, Present, and Future* (Greenwich, CT: Information Age Publishing, 2006); C. Horan, C. Lavaroni, and P. Beldon, *Observation of the Tinker Tech Program Students for Critical Thinking and Social Participation Behaviors* (Novato, CA: Buck Institute for Education, 1996); John Mergendoller, Nan Maxwell, and Yolanda Bellisimo, "The Effectiveness of Problem-Based Instruction: A Comparative Study of Instructional Methods and Student Characteristics," *Interdisciplinary Journal of Problem-Based Learning* 1, no. 2 (2006): 49–69, https://doi.org/10.7771/1541-5015.1026; R. Tretten and P. Zachariou, *Learning About Project-Based Learning: Assessment of Project-Based Learning in Tinkertech Schools* (San Rafael, CA: The Autodesk Foundation, 1995). John Thomas, *A Review of Research on Project-Based Learning* (report prepared for The Autodesk Foundation,March 2000), retrieved from http://www.bobpearlman.org/BestPractices/PBL_Research.pdf; Andrew Walker and Heather Leary, "A Problem-Based Learning Meta Analysis: Differences Across Problem Types, Implementation Types, Disciplines, and Assessment Levels," *Interdisciplinary Journal of Problem-Based Learning* 3, no. 1 (2009): 12–43, https://doi.org/10.7771/1541-5015.1061.

6. Jo Boaler, "Learning from Teaching: Exploring the Relationship Between Reform Curriculum and Equity," *Journal for Research in Mathematics Education* 33, no. 4 (July 2002): 239–58; Penuel and Means, "Designing a Performance Assessment to Measure Students' Communication Skills."

7. West Virginia Department of Education, Division of Teaching and Learning, Office of Research, *Extended Professional Development in Project-Based Learning*, by Nate Hixson, Jason Ravitz, and Andy Whisman (Charleston, WV, September 2012), https://files.eric.ed.gov/fulltext/ED565466.pdf; Johannes Strobel and Angela van Barneveld, "When Is PBL More Effective? A Meta-synthesis of Meta-analyses Comparing PBL to Conventional Classrooms," *Interdisciplinary Journal of Problem-Based Learning* 3, no. 1 (March 2009): 44–58, https://doi.org/10.7771/1541-5015.1046.

8. PBL Works, "Research Brief: PBL Helps Students Become Better Decision Makers," Buck Institute for Education, accessed February 23, 2019, http://www.bie.org/blog/research_brief _pbl_helps_students_become_better_decision_makers; Xin Zhang, et al., "Improving Children's Competence as Decision Makers: Contrasting Effects of Collaborative Interaction and Direct Instruction," *American Educational Research Journal* 53, no. 1 (February 2016): 194–223, https://doi.org/10.3102/ 0002831215618663.

第五章

1. Carol Dweck, *Mindset: The New Psychology of Success* (New York, NY: Random House, 2007).

第七章

1. Erik Larson, "New Research: Diversity + Inclusion = Better Decision Making at Work," *Forbes*, September 21, 2017, https:// www.forbes.com/sites/eriklarson/2017/09/21/new-research-diversity-inclusion-better-decision-making-at-work/# 4eac27ac4cbf.

第八章

1. https://www.turnaroundusa.org/.

第九章

1. David Duran, "Learning-by-Teaching. Evidence and Implications as a Pedagogical Mechanism," *Innovations in Education and Teaching International* 54, no. 5 (February 2016): 476–84, https://doi.org/10.1080/14703297.2016.1156011.

2. Donna Recht and Lauren Leslie, "Effect of Prior Knowledge on Good and Poor Readers' Memory of Text," *Journal of Educational Psychology* 80, no. 1 (March 1988): 16–20.

Further resources with similar findings include: D. Schwartz, J. M. Tsang, and K.P. Blair, *The ABCs of How We Learn: 26 Scientifically Proven Approaches, How They Work and When to Use Them* (New York: W. W. Norton & Company, 2016); Peter Brown, Henry Roediger, and Mark McDaniel, *Make It Stick: The Science of Success ful Learning* (Cambridge, MA: Belknap Press, 2014).

3. Sarah J. Priebe, Janice M. Keenan, and Amanda C. Miller, "How Prior Knowledge Affects Word Identification and Comprehension," *Reading and Writing* 25, no. 1 (January 2012): 131–49, https://link.springer.com/article/10.1007%2Fs11145-010-9260-0; John Bransford and Marcia Johnson, "Contextual Prerequisites for Understanding: Some Investigations of Comprehension and Recall," *Journal of Verbal Learning and Verbal Behavior* 11, no. 6 (December 1972): 717–26; Danielle McNamara and Walter Kintsch, "Learning from Texts: Effects of Prior Knowledge and Text Coherence," *Discourse Processes* 22, no. 3 (1996): 247–82; Katherine A. Rawson and James P. Van Overschelde, "How Does Knowledge Promote Memory? The Distinctiveness Theory of Skilled Memory," *Journal of Memory and Language* 58, no. 3 (2008): 646–68; Recht and Leslie, "Effect of Prior Knowledge on Good and Poor Readers' Memory of Text" ; George Spilich et al., "Text Processing of Domain-Related Information for Individuals with High and Low Domain Knowledge," *Journal of Verbal Learning and Verbal Behavior* 18, no. 3 (June 1979): 275–90.

4. Anya Kamenetz, "Forget Screen Time Rules—Lean In to Parenting Your Wired Child, Author Says," NPR.org, January 15, 2019, https://www.npr.org/2019/01/15/679304393/forget-screen-time-rules-lean-in-to-parenting-your-wired-child.

5. American Academy of Pediatrics, "American Academy of Pediatrics Announces New Recommendations for Children's Media Use," October 21, 2016, https://www.aap.org/en-

us/about-the-aap/aap-press-room/Pages/American-Academy-of-Pediatrics-Announces-New-Recommendations-for-Childrens-Media-Use. aspx.

第十一章

1. Benjamin L. Castleman, Lindsay C. Page, and Ashley L. Snowdon, "SDP Summer Melt Handbook: A Guide to Investigating and Responding to Summer Melt," Strategic Data Project, Center for Education Policy Research, Harvard University, 2013, https://sdp.cepr.harvard.edu/files/cepr-sdp/ files/sdp-summer-melt-handbook. pdf.

2. Kate Stringer, "'Summer Melt': Why Are Hundreds of Thousands of Freshmen Dropping Out of College Before Day One?" *The 74*, September 5, 2016, https://www.the74million.org/article/summer-melt-why-are-hundreds-of-thousands-of-freshmen-dropping-out-of-college-before-day-one/.

3. National Center for Education Statistics, Digest of Education Statistics, "Table 326.20: Graduation Rate from First Institution Attended Within 150 Percent of Normal Time for First-Time, Full-Time Degree/Certificate-Seeking Students at 2-Year Postsecondary Institutions, by Race/Ethnicity, Sex, and Control of Institution: Selected Cohort Entry Years, 2000 Through 2014," accessed February 24, 2019, https://nces.ed.gov/programs/digest/d18/tables/dt18_326.20.asp.

4. Anthony P. Carnevale, Ban Cheah, and Andrew R. Hanson, "The Economic Value of College Majors, Executive Summary," Georgetown University Center on Education and the Workforce, 2015, https://cew.georgetown.edu/wp-content/uploads/Exec-Summary-web B. pdf, 5.

5. Sharon Noguchi, "Report: Only 30% of Ninth-Graders Will Graduate from College," *San Jose Mercury News*, November 27, 2017, https://www.mercurynews.com/2017/11/27/report-only-30-of-ninth-graders-will-graduate-from-college/.

6. National Center for Education Statistics, Digest of Education Statistics, "Average Total Tuition, Fees, Room and Board Rates Charged for Full-Time Undergraduate Students in Degree-Granting Institutions, by Level and Control of Institution: Selected Years, 1984–85 to 2015–16," accessed February 24, 2019, https://nces.ed.gov/fastfacts/display.asp?id=76.

7. Abigail Hess, "This Is the Age Most Americans Pay Off Their Student Loans," CNBC,

July 3, 2017, https://www.cnbc.com/2017/07/03/this-is-the-age-most-americans-pay-off-their-student-loans. html.

后记

1. Megan Brenan, "Seven in 10 Parents Satisfied with Their Child's Education," Gallup, August 27, 2018, https://news.gallup.com/poll/241652/seven-parents-satisfied-child-education.aspx.

写给老师、家长和孩子的“普鲁斯特问卷”

● 第一部分

1. 黛安娜的教育理念源自她童年的经历和自身作为教育者的实践。你的人生经历对你的信念产生了何种影响？黛安娜的经历是否引起了你作为老师、领导者或父母的共鸣？

2. 过上充实有意义的生活对你而言意味着什么？

3. 萨米特办学理念的一个显著特征就是对我们习以为常的传统教育方式提出了质疑，例如毕业典礼的形式和老师的角色。哪些是你已经习以为常的传统做法？为什么？

4. 黛安娜在本书中提及“仿佛‘核军备竞赛’一般的大学招生现状”，这一现状对你的孩子或你的学生造成了怎样的影响？

5. 在你看来，什么才是考大学的秘诀？如果既能让孩子考上大学，又能过上充实有意义的生活，你会选择放弃什么（如果真的必须要放弃什么）？你对于人生的追求与你父母那一辈有什么不同？

6. 你的孩子或是你的学生想要的东西和你有什么不同？

7. 你觉得当今社会的成年人最需要的技能是什么？在工作场合和在私人生活中所需要的技能是否有很大的不同？

8. 试着描述一下你小学和中学的竞争环境，同学之间的竞争明显吗？这种竞争对你的行为是否产生了影响？

9. 社区环境是否会对教育产生影响？你所居住的社区是否对你的受教育机会产生了影响？

10. 如果让你从头开始建立一所理想中的学校，它会是什么样子的？

● 第二部分

1. 当你还是一名学生的时候，是否有过基于实践的学习体验？还记得具体的情形吗？你觉得那些体验是否起到了作用？为什么？

2. 试想一下，一种更加注重学生参与度的教育模式会给他们的人生带来怎样的影响？

3. 如今，学校的教学质量高低主要是由标准考试的分数来衡量的。你认为这种衡量方式可取吗？它对老师和家长起到了怎样的激励作用呢？

4. 我们如何在校园之外开展基于实践的项目式学习？有什么课余活动或亲子活动能够加深孩子的学习体验？在筛选该类活动时，有哪些问题是需要家长事先考虑的？

5. 很多人认为自主学习是一种内在的天赋，不是靠别人教就能学会的。你怎么看待这个问题？

6. 缺乏自主能力的人是否能过上充实有意义的生活？为什么？

7. 你是否在日常生活中尝试去进行自主学习？请描述一下具体的情形。

8. 你是怎么看待失败的？你又是如何看待你的孩子或你的学生的失败的？这两者之间是否有一定的关联？你会通过什么方式让你的孩子或学生体会失败，并从中学到有用的东西，就像黛安娜教她儿子做饭那样？

9. 很多人对于自己和孩子、学生之间的关系有一种固定认知。你认为你的角色应该是怎样的？你是否会担心这一角色定位有所改变？

10. 导师对你的人生有怎样的影响？

11. 在你看来，老师、父母和导师之间的区别是什么？他们的角色定位之间是否有重叠的部分？

12. 怎样的评分机制对学习是有促进作用的？怎样做又是

无效，甚至是有害的？

13. 你想知道自己的孩子在学校哪方面的表现？那些表现是否可以通过成绩来体现？如果不能，你又该通过何种途径去了解呢？

14. 你感兴趣的东西是什么？你又是如何发现自己的兴趣点的？

15. 在你看来，学校应该如何帮助学生了解他们各自的专业兴趣？

16. 有哪些途径可以抑制校园竞争型文化的影响？这么做是好是坏？

17. 你生活中遇到的那些群体性决策是通过大家达成共识做出的，还是通过少数服从多数来决定的？这两种方式的利弊分别是什么？

18. 你认为在当今的工作环境，是否还应该倡导团队协作？

19. 你是否可以在你的学校中推行基于实践的课题项目、自主学习模式、自我反思和团队合作？有哪些可能会出现的障碍？

- 第三部分

1. 对子女或学生的教育，你认为最应注重的是哪些方面？有哪些是被你忽视的？

2. 在扎克的问题上，你是赞同凯丽的意见还是黛安娜的？还是你认为她们都有道理？她们两个人的立场有什么不同？如果换作是你，你会怎么做？

3. 你认为孩子最应该培养哪些习惯？培养的方式是怎样的？

4. 对你的孩子或学生而言，做作业的目的是什么？目的达成了吗？

5. 你认为未来知识的作用是什么？我们是否还需要掌握知识？

6. 改变老师在教室中的角色为什么是一件困难的事？

7. 你认为一名好的老师应该是怎样的？为什么会有这种看法？

8. 你该如何引导孩子去“体验、探索和追求”？社区在这一过程中又能起到怎样的作用？

9. 你认为满足孩子的好奇心和兴趣爱好是一件重要的事吗？

10. 你如何评价互联网在发掘孩子兴趣爱好方面所起的作用？

11. 在创新萨米特设计体验中，弗雷德里克提出，放任对技术的恐惧而阻碍进步是缺乏职业道德的；在你有能力去做些事情的时候，无动于衷的代价将会非常大。你同意这种观点吗？你是否认为对于失败的恐惧会阻碍各行业的创新和进步？

12. 让孩子了解他们正在学习的技能是否是一件重要的事？

13. 孩子是否应该对未来做多手准备？你有没有曾经尝试过这样去做？

14. 为什么我们会说明确下一步具体要做什么很重要？你是否有具体的下一步规划？如果没有，为什么？

15. 你在受教育和进行职业规划时，曾获得过怎样的帮助和支持？我们如何为更多的年轻人打造类似的“智囊团”？

16. 为什么有人会认为考上大学和过上充实有意义的生活两者之间是有冲突的？

● 后记

1. 黛安娜在书中曾提到，每当我们问及家长自身的教育经历时，大多数人的回答往往是“我混得还不错”。你觉得这样的回答怎么样？它是代表了真实的情况，还是仅仅出于一种得过且过的心理？正确的回答又该是什么样子呢？

2. 如果你有机会挥动魔法棒，让所有的孩子都能够“做好准备”，你的国家会变成什么样子？这个世界又会变成什么样子？

关于作者

黛安娜·塔文纳是美国新型教育理念的开拓者。作为萨米特公立学校的联合创办者和首席执行官，黛安娜开创了一种新型的办学理念，即注重实践、自主学习、团队合作和反思，旨在培养所有的学生考上大学、毕业后适应当今社会的工作环境，并过上安全、充实、有意义的生活。时至今日，加州和华盛顿两地共计开办了十五所萨米特公立初高中学校，是全美知名的非营利性机构。本书的全部收益将无偿捐赠给一个学生奖学金基金。

黛安娜一直都致力于教育事业，二十年间，她在加州各地的城市和郊区公立学校做过老师、管理者和校长。萨米特预科特许高中建立后，很快就发展成为全美最优秀的高中之一。在黛安娜的带领下，萨米特从一所成功的高中逐步发展为遍及两个州的公立初高中学校网络。

2015 年推出的萨米特学习计划向全美所有的初高中学校

共享了萨米特的课程和专业发展规划，为广大学校提供源源不断的支持。今天，该计划的参与者遍布全美各地，有来自不同社区的上千名教育者和数百所学校加入其中。

萨米特荣获了众多的奖项和赞誉，《美国新闻与世界报道》评选其为全美最优秀的高中，《华盛顿邮报》评选其为全美最具挑战性的高中，《快公司》更是将其列为教育界十佳创新公司。时至今日，99% 的萨米特毕业生被四年制大学录取，学生的大学毕业率是全美平均水平的两倍。萨米特积极致力于不断完善自身，并同各行各业开展密切合作，与包括知名科学家和研究人员、大学、科技公司、教师培训项目、基金会与社区组织等建立了多种创新型伙伴关系。

黛安娜曾任加州特许学校联盟董事会主席，该联盟成员囊括了加州绝大多数特许学校；现任 T.L.P 教育、超越与教学促进卡内基基金会董事会成员，帕哈拉 – 阿斯彭教育学会成员、协调员，布罗德学会研究学者，青年总裁组织成员和分会主席。

黛安娜经常出席全美顶级的创业和教育大会并发表讲话，包括 ASU+GSV 全球教育科技峰会和卓越教育基金会大会，还曾同比尔 · 盖茨一道参加“西南偏南”教育会议。

黛安娜本科毕业于南加州大学，主修心理学与社会学，研究生毕业于斯坦福大学，主修管理和政策分析。

译后记

孩子的教育问题牵动了太多人的神经，被焦虑裹挟的家长，缺乏动力的学生，琐事缠身的老师，戴着镣铐跳舞的评价体系……有多少望子成龙的父母在他们并不认可的教育环境中苦苦思索、权衡利弊？有多少被逼无奈的孩子在激烈的竞争中亦步亦趋、迷失方向？而无论是父母也好，孩子自身也好，他们所有焦虑、压力和担忧的代价又是什么？

这些问题不仅仅在中国存在，在美国也一样。正如书中所写："为了买一栋学区房，我们花了不少积蓄。我向邻里打听，自己也做了些调查，我发现如果我想把孩子送进每天开车经过的那间幼儿园，我必须整晚等在外面排队，这样才有可能锁定一个珍贵的名额。住在附近的妈妈们告诉我，想要确保孩子在上小学时分配到好老师所带的班级，我必须从现在起就开始为筹款委员会做志愿工作，这样才有可能在校长那里说上话。想要加入“正确的”游戏小组和音乐班，需要使用各种技巧和方法。所有的信息都是私底下分享的，仿佛某种秘密俱乐部。因为名额有限，每个人都想要打破头去争取。”

本书的作者，也是美国萨米特中学的创始人和校长，讲述了从一无所有到创办一所与现行体制不同却非常成功的学校的办学经历，希望从自己的经历中给出上述问题的答案。作为本书译者，我们也都是教育行业的从业者，看完本书的英文版后非常激动，希望将这个学校的办学理念和方式介绍给更多中文世界的读者，希望能引发更多关心教育的人对教育的思考。

人为什么要接受教育？

对于这个问题，不同身份的人，学生、家长、老师、学校、政府等，有不同的看法和说法：有人说，上学是为了有知识，“有知识、有文化”才能过上更好的生活；有人说，重要的不是学到的那些知识，而是培养学习的能力，知道如何学习；还有人说，毕业其实就是为了一张文凭，而文凭是找份好工作的敲门砖；有人认为，学校培养了一个人对社会规则的遵循，比如勤劳和责任心，从而满足工业社会雇主的需求；也有人说，在学校里获得的社交圈子、交到的知心朋友，这才是最重要的。

从生物学的角度来看，人类是未成年期最长、父母在孩子身上投入资源最多的生物。这是人类能够站在食物链顶端的关键原因：这使我们的大脑有充足的成长和塑造时间，有足够的保护，使人类拥有了比其他生物更强的学习能力，成为主宰世界的物种。我们学习和教育孩子的能力，是天生的，是进化的结果。而在学校学习这件事情，其实才只有几百年的历史，当人类社会发展到一定阶段，有了更细的分工，社会各个方面专业化和机构化，才出现了专门的学校。

不管从哪个角度去看，“让每一个孩子为步入成人世界做好准备，过上充实而有意义的生活”，应该是大部分人都会认同的目标，也是作者创建萨米特中学的目标。

怎样才算做好准备？

对于家长来讲，平常听到的教育观点和理论，五花八门，眼花缭乱。每个学校都有自己的校训和办学方针，每个老师和家长都有自己的一套教育理念和经验方法。和其他信息一样，互联网上育儿经之类的内容也是爆炸式的，参差不齐，良莠难分：有鸡血 / 老虎 / 直升机 / 海淀家长，有佛系 / 朝阳家长，有“不配有梦想”的顺义妈妈群，还有“需要铂金包”的上东区妈妈群。有的说孩子摔倒了要自己爬起来，有的说这样不行，孩子会缺爱；有人说学生负担太重学得太累，有人说我们不都是这么过来的吗，孩子吃点苦是有好处的；有人说学好数理化走遍天下都不怕，有人说未来是人工智能的社会，要学些 AI 不容易会的东西……各种各样的声音，各种各样的理念，我们到底该听哪一个？教育学研究了这么久，到底有没有科学的结论供我们参考？

我们亟需一个科学的、基于证据和数据支持的教育框架，来告诉我们怎样才算做好了准备。

本书就给出了这样的一个框架，这个框架包含三方面：

- 养成好的习惯。
- 掌握该掌握的知识。
- 培养三十六个实用的通用技能。

萨米特学校采用了美国教育专家布鲁克·斯坦福－布里扎德博士开发的“学习模块”的概念框架，这个框架参考了几十年来教育和学习科学领域如认知神经科学、教育心理学等的研究精华。这个框架明确了十六个具体的技能，每一个技能都有助于学生在学校和未来的人生中取得成功，而且都是可以通过后天培养不断提高的。这些技能逐层递进，学生们要先习得较为基础的技能，然后再去尝试掌握更加复杂的技能。

学习模块示意图

这个工具是作者认为萨米特最有效的教学工具，因为它将大量的概念和信息归纳总结成一张简单的图表，让人一目了然，让所有人的讨论语言有了共同的参考。

在这幅图中我们可以看到，自主学习能力、好奇心和目标感在学习模块金字塔的最顶端。我们一直认为，终身学习是一种修行，而自学才是我们修炼的唯一途径。一个需要什么就能学习什么、学习什么就能掌握什么的人，一定是高自尊的人，一定是能适应未来社会发展的人。我们抱怨学生没有学习动力、有厌学情绪、高考一结束就全把书本扔掉，但有可能这并不是学生的问题，而是由于工业化时代催生出的建制化、被动式的学校教育导致的。当今，学生获取学习资源的途径也变得越来越多样化，搜索引擎、维基百科、各种学校和教育机构的网络课程和内容、视频网站、电子书籍、杂志、论文提供了空前丰富的信息，要有效利用好这些资源，就需要对自主学习能力提出更高更紧迫的要求。

为了培养学生的自主学习能力，萨米特在学习方式上进行了最纯粹的变革，他们直接放弃了“老师课堂授课”的方式，让学生自主学习：在学习进度和时间分配上，学生自己设定目标，自己决定想学什么，自己决定学习的进度，自己掌控学习的节奏，从学校的网络平台上通过老师事先整理梳理好的播放列表和资料进行学习。学生有了问题怎么办？学校借鉴苹果公司的“天才吧”，成立了“辅导吧”，让教师从面对学生的独舞者变成了答疑解惑的导师，从千篇一律的教学中解放出来，更大程度地体现了老师的价值。兴许，未来学校的模样就此改变，课堂教学再也不是学校的主要作用，学校成为“社交”的主阵地——让师生一起交流切磋技艺心法的场所。

如何做好准备？

·

由做好准备这个目标倒推，就要让学习和真实世界联系起来，进行跨学科的项目式学习。

应试教育的阿喀琉斯之踵就是因为考试太重要了，导致学习的初衷与实际背离，和真实世界脱钩。缺少和真实世界的联系，学生学习的过程很枯燥；学的东西考完了，就“还给老师”；到高中或大学毕业时，从象牙塔走出来，还是完全不知道如何选择专业和工作。

而真实世界中的问题，越来越多地需要运用多个学科知识才能解决。现在一个学科最前沿的科学研究发展，跨学科的融合和协作也成为常态。例如，人工智能领域很多问题的解决，需要用到数学、计算机、脑神经学、生物学，还有政治和伦理知识；面向人类的生存威胁问题，全球气候变化和流行全球的传染病，都是需要跨学科解决问题的例子。真实世界的问题如此，为什么孩子在学校里的学习要每个学科割裂式地去学呢？

项目式学习正是一种解决真实世界问题的模拟。学生从调查和应对一个真实、有趣而复杂的问题或挑战出发，在解决问题的过程中，需要学习、应用和融合各个学科的知识和相关的技能。学生通过项目式学习学到的知识会记得更牢固，对知识的理解更为透彻，解决问题的能力也会更快提升。老师都知道这一点，可是，现行学校仍旧把项目式学习当成是锦上添花的东西，而没有真正意义上去实施。为什么会这样呢？因为开发这样的课程，需要老师们有充足的时间和精力一起协同设计，需要学生们能突破标准化考试的束缚，需要校长们勇于革新不怕被指责短暂的排名下降，需要家长们突破固有思维模式的局限……不过，在萨米特，他们突破了重重阻碍，他们做到了。学校开设了“模拟城市”“畅所预言”等一系列基于真实生活问题的项目，让项目式学习不再是“餐前甜点”，而变成了“主菜”。

由做好准备这个目标倒推，还要有社交能力和情商，就是善于反思和合作。

步入成人社会，就意味着和各种各样的人打交道、相处、合作和竞争。你可能从一个小乡村到了大城市，从一个小学校到了大学校，从学校的象牙塔过渡到公司内部的世态百象，从一个趋同社群到一个文化、习惯、价值观都差异很大的环境，这个时候考验一个人的就是其社交能力、合作能力、共情能力、反思能力。

萨米特提倡一种合作而非竞争的校园文化，更能反映当今人类社会的发展趋势。学校里的每一位学生都有自己的长远目标，未来要走的路也不尽相同，没有必要竞争。成绩好不是唯一的衡量指标，社会上的评价标准从来不是单一维度的，每个人都可以寻求属于自己的成功，并且无须以牺牲他人的利益为代价。大家玩的不是相互竞争的零和游戏，而是一起创造更大价值的未来合作网络。萨米特也特别重视学生人际关系的培养，理解处于心理发展敏感阶段的未成年学生对同伴关系的渴求，所以学校注重对学生人际沟通的引导和为学生的人际冲突提供解决方案（例如反思训练和粉红纸条），为彼此之间的信任和合作打下基础。

萨米特的另一个值得一提的特点是用硅谷创业的方式，和用证据支持做决策的科学方法，来创建和管理学校。萨米特的管理者们有着开放的视野和包容的胸怀，他们没有把自己封闭在教育系统小的生态中，不因循自己小圈子里的游戏规则，而是从教育和学习理论、心理学、管理学到最先进的 IT 技术，进行大量的调研，寻求外部专家的帮助，把有科学支撑的研究结果和方法论吸收过来为自己所用。例如，他们采用丹尼尔·平克的《驱动力》来指导他们设计一种以精通、自主和目标为核心的学习机制，用管理学中的“SMART 目标”来设定目标，用组织发展阶段理论和“STP 法”为依据指导管理层做出决定，等等。

萨米特秉持的一个原则是：不放弃任何一个学生，坚信每个孩子都会成功，都能做好准备步入成人社会，过上充实而有意义的生活。这跟我们传统上对学校既有的认知是多么的不同：学校里有好学生和坏学生，有所谓学霸和学渣，有老师喜爱的“明星”学生和没有什么存在感的“普通”学生。做教育的人都知道“培优”比“补差”容易得多。千军万马过高考独木桥，是因为大家认为如果孩子们没有在高考中取得成功，没有进入好的大学，就意味着拿不到好工作的入场券，意味着将来不可能有好的生活。然而，我们每个人都能轻易地举出身边的反例。要做到“一只哈士奇都不落下”，需要强大的信念和巨大的牺牲。萨米特做到了：萨米特 100% 的毕业生为大学做好了准备，98% 的毕业生被四年制的大学录取，而大学毕业率是全美平均的两倍。

诚然，萨米特不是完美的，也一定不是学校的最终理想形态或适用于任何国家的万金油，但是，它的理念和实践，它取得的成绩，都能证明它是一次难能可贵的、成功的、令人深受启示的、非常值得宣传的实践。

我们一直在以很慢的速度翻译这本书。首先是因为要字斟句酌每一个字，总是觉得还不够好或者还应该更好，但更重要的是因为书中的每一个故事都会引发我们深深的思考。在翻译的同时，我们会在旁边再展开一张白纸，写下自己的思考，有的时候一写就是一个晚上——这是一个相当耗费时间和精力的过程。所以翻译的过程断断续续，翻译完成后又几易译稿，它给我们带来的思想的碰撞和精神的震撼确实非常强烈，它让我们重新审视自己现在作为一名教育者的使命和责任。我们可以从萨米特学习和借鉴什么？坚信和笃定什么？平衡和探索什么？中国的教育必须走出中国人自己的模式，一味照搬当然不行，必须要结合自己的国情去探索我们理想的教育。

最后，用书中引用的雅各布·里斯的一段话作为结尾，与各位教育界同仁共勉：

> 每当感到无助的时候，我会去看看石匠，他们挥舞着锤子第一百次敲击面前的大石，却没有看到丝毫裂缝。但当他敲第一百零一下的时候，石块轰然碎成了两半。我很清楚，那并不仅仅是第一百零一下的功劳，更是前头那一百下的辛苦积累。

感谢中信出版社给我们这个翻译的机会，让我们能够将这么棒的书介绍给中文世界的读者。感谢主编李静媛女士与我们不厌其烦地沟通，感谢编辑王莹倩老师的宝贵意见，感谢我们的亲人能给我们时间静下心来翻译这本书。

屠锋锋　和渊